四川抗战历史文献

大事记卷

主　编　四川省地方志工作办公室

分卷主编　何天谷

四川大学出版社

项目策划：舒　星
责任编辑：袁　捷
责任校对：高庆梅
封面设计：墨创文化
责任印制：王　炜

图书在版编目（CIP）数据

四川抗战历史文献．大事记卷 / 四川省地方志工作办公室主编．— 成都：四川大学出版社，2018.6
ISBN 978-7-5690-1919-3

Ⅰ．①四… Ⅱ．①四… Ⅲ．①抗日战争史－大事记－四川 Ⅳ．① K265.06

中国版本图书馆 CIP 数据核字（2018）第 116904 号

书　名	四川抗战历史文献·大事记卷
主　编	四川省地方志工作办公室
出　版	四川大学出版社
地　址	成都市一环路南一段 24 号（610065）
发　行	四川大学出版社
书　号	ISBN 978-7-5690-1919-3
印前制作	四川胜翔数码印务设计有限公司
印　刷	成都市前智印务有限责任公司
成品尺寸	185mm×260mm
印　张	22.5
字　数	538 千字
版　次	2020 年 8 月第 1 版
印　次	2020 年 9 月第 2 次印刷
印　数	501-2000 册
定　价	158.00 元

◆ 版权所有 ◆ 侵权必究 ◆

扫码加入读者圈

四川大学出版社
微信公众号

◆ 读者邮购本书，请与本社发行科联系。
　电话：(028)85408408/(028)85401670/
　(028)86408023　邮政编码：610065
◆ 本社图书如有印装质量问题，请寄回出版社调换。
◆ 网址：http://press.scu.edu.cn

《四川抗战历史文献》编纂委员会名单

2015年5月—2016年5月

主 任 委 员：陈越良　四川省人民政府副秘书长

副主任委员：张邦凯　四川省政协文史委主任
　　　　　　王承先　中共四川省委党史研究室主任
　　　　　　丁成明　四川省档案局局长
　　　　　　马小彬　四川省地方志工作办公室主任
　　　　　　侯水平　四川省社会科学院院长　四川省社科联副主席
　　　　　　何天谷　四川省人民政府文史研究馆馆长
　　　　　　赵川荣　四川省图书馆馆长
　　　　　　何一立　民革四川省委会专职副主委

委　　　员：钟　钢　四川省政协文史委副主任
　　　　　　李文星　中共四川省委党史研究室副主任
　　　　　　张辉华　四川省档案局（馆）副局（馆）长
　　　　　　王孝平　四川省地方志工作办公室机关党委书记
　　　　　　汪　毅　四川省地方志工作办公室副巡视员
　　　　　　张　彦　四川省社会科学院历史研究所所长
　　　　　　何先进　四川省图书馆特藏部副主任
　　　　　　何一民　四川大学历史文化学院教授
　　　　　　陈廷湘　四川大学历史文化学院教授
　　　　　　王　川　四川师范大学历史文化与旅游学院院长
　　　　　　曾　敏　成都市档案局局长

2016年6月—2017年7月

主 任 委 员：蔡 竞　四川省人民政府副秘书长

副主任委员：丁成明　四川省档案局局长
　　　　　　马小彬　四川省地方志工作办公室主任
　　　　　　侯水平　四川省社会科学院院长　四川省社科联副主席
　　　　　　何天谷　四川省人民政府文史研究馆馆长
　　　　　　何一立　民革四川省委会专职副主委

委　　　员：钟 钢　四川省政协文史委副主任
　　　　　　江红英　中共四川省委党史研究室副主任
　　　　　　张辉华　四川省档案局（馆）副局（馆）长
　　　　　　王孝平　四川省地方志工作办公室机关党委书记
　　　　　　张 彦　四川省社会科学院历史研究所所长
　　　　　　何先进　四川省图书馆特藏部副主任
　　　　　　何一民　四川大学历史文化学院教授
　　　　　　陈廷湘　四川大学历史文化学院教授
　　　　　　王 川　四川师范大学历史文化与旅游学院院长

2017年8月—2017年12月

主 任 委 员：钟承林　四川省人民政府副秘书长

副主任委员：马振犊　中国第二历史档案馆馆长
　　　　　　丁成明　四川省档案局局长
　　　　　　马小彬　四川省地方志工作办公室主任
　　　　　　侯水平　四川省社科联副主席
　　　　　　何天谷　四川省人民政府文史研究馆馆长
　　　　　　何一立　民革四川省委会专职副主委

委　　　员：郭必强　中国第二历史档案馆副巡视员
　　　　　　刘鼎铭　中国第二历史档案馆办公室副主任
　　　　　　许 茵　中国第二历史档案馆利用部副主任

钟　钢　　四川省政协文史委副主任
江红英　　中共四川省委党史研究室副主任
张辉华　　四川省档案局（馆）副局（馆）长
赵　行　　四川省地方志工作办公室副主任
张　彦　　四川省社会科学院历史研究所所长
何先进　　四川省图书馆特藏部副主任
何一民　　四川大学历史文化学院教授
陈廷湘　　四川大学历史文化学院教授
王　川　　四川师范大学历史文化与旅游学院院长

2018年1月—

主任委员： 钟承林　　四川省人民政府副秘书长
　　　　　　朱家德　　四川省人民政府副秘书长

副主任委员： 马振犊　　中国第二历史档案馆馆长
　　　　　　　陈建春　　四川省地方志工作办公室主任
　　　　　　　侯水平　　四川省社科联副主席
　　　　　　　何天谷　　四川省人民政府文史研究馆馆长

委　　员： 郭必强　　中国第二历史档案馆副巡视员
　　　　　　刘鼎铭　　中国第二历史档案馆办公室副主任
　　　　　　许　茵　　中国第二历史档案馆利用部副主任
　　　　　　钟　钢　　四川省政协文史委副主任
　　　　　　江红英　　中共四川省委党史研究室副主任
　　　　　　张辉华　　四川省档案局（馆）副局（馆）长
　　　　　　赵　行　　四川省地方志工作办公室副主任
　　　　　　邓　瑜　　四川省地方志工作办公室机关党委书记
　　　　　　陶利辉　　四川省地方志工作办公室副主任
　　　　　　张　彦　　四川省社会科学院历史研究所所长
　　　　　　何先进　　四川省图书馆特藏部副主任
　　　　　　何一民　　四川大学历史文化学院教授
　　　　　　陈廷湘　　四川大学历史文化学院教授
　　　　　　王　川　　四川师范大学副校长

《四川抗战历史文献》编辑部名单

2015年5月—2017年7月

主　　编：马小彬　四川省地方志工作办公室主任
　　　　　陈廷湘　四川大学历史文化学院教授

执行主编：何一民　四川大学历史文化学院教授

副 主 编：张辉华　四川省档案局（馆）副局（馆）长
　　　　　王孝平　四川省地方志工作办公室机关党委书记
　　　　　徐学初　西南民族大学政治学院教授
　　　　　王　川　四川师范大学历史文化与旅游学院院长

编　　辑：高伟明　四川省地方志工作办公室市县志工作处副处长
　　　　　朱艳林　四川省地方志工作办公室市县志工作处主任科员
　　　　　臧国亮　四川省地方志工作办公室市县志工作处主任科员
　　　　　张　华　四川省地方志工作办公室市县志工作处主任科员

2017年8月—2017年12月

主　　编：马小彬　四川省地方志工作办公室主任
　　　　　陈廷湘　四川大学历史文化学院教授

执行主编：何一民　四川大学历史文化学院教授

副 主 编：张辉华　四川省档案局（馆）副局（馆）长
　　　　　徐学初　西南民族大学政治学院教授
　　　　　赵　行　四川省地方志工作办公室副主任
　　　　　王　川　四川师范大学历史文化与旅游学院院长

编　　辑：高伟明　四川省地方志工作办公室市县志工作处副处长
　　　　　朱艳林　四川省地方志工作办公室市县志工作处副调研员
　　　　　张　华　四川省地方志工作办公室市县志工作处主任科员

2018年1月—

主　　编：陈建春　四川省地方志工作办公室主任
　　　　　陈廷湘　四川大学历史文化学院教授

执行主编：何一民　四川大学历史文化学院教授

副 主 编：张辉华　四川省档案馆副馆长
　　　　　赵　行　四川省地方志工作办公室副主任
　　　　　邓　瑜　四川省地方志工作办公室机关党委书记
　　　　　陶利辉　四川省地方志工作办公室副主任
　　　　　徐学初　西南民族大学政治学院教授
　　　　　王　川　四川师范大学副校长

编　　辑：高伟明　四川省地方志工作办公室市县志工作处处长
　　　　　朱艳林　四川省地方志工作办公室市县志工作处三级调研员
　　　　　张　华　四川省地方志工作办公室市县志工作处四级调研员

《四川抗战历史文献》专家组名单

首席专家：何一民　四川大学历史文化学院教授
特邀专家：谭继和　四川省社会科学院研究员
　　　　　王嘉陵　四川省图书馆原副馆长
　　　　　陈廷湘　四川大学历史文化学院教授
　　　　　徐学初　西南民族大学政治学院教授
　　　　　王　川　四川师范大学副校长
　　　　　侯德础　四川师范大学教授
　　　　　吴宏远　成都市建川博物馆副馆长

《四川抗战历史文献》审查验收小组成员名单

组　长：何一民　四川大学历史文化学院教授
成　员：陈廷湘　四川大学历史文化学院教授
　　　　高中伟　四川师范大学原副校长　四川省委宣传部副部长
　　　　姚乐野　四川省社会科学院副院长　四川大学教授
　　　　李　健　西华师范大学原副校长

四川抗战历史文献·大事记卷

编 委 会

编辑组组长：蔡 竞　吴显奎　何天谷

主　　　编：何天谷

副 主 编：张在德　谭继和

编　　委：梁清诲　钱声广　徐万华
　　　　　　屈小强　陈 琼　赵强烨
　　　　　　张 唯　赵正刚　伍 文

总　序

中国人民抗日战争暨世界反法西斯战争，是正义和邪恶、光明和黑暗、进步和反动的大决战。在世界反法西斯战争中，中国人民抗日战争开始时间最早、持续时间最长。面对侵略者，中华儿女不屈不挠、浴血奋战，以决死之意志赢得近代以来国家独立和民族解放的关键性胜利，也是近代以来中国抗击外敌入侵的第一次完全胜利。这场战争，彻底打败了日本军国主义侵略者，捍卫了中华民族五千多年发展的文明成果，彻底粉碎了日本军国主义殖民奴役中国的图谋，洗刷了近代以来中国抗击外来侵略屡战屡败的民族耻辱，重新确立了中国在世界上的大国地位，开辟了中华民族伟大复兴的光明前景，开启了古老中国凤凰涅槃、浴火重生的新征程。

在抗日战争中，中国人民以巨大的民族牺牲支撑起世界反法西斯战争的东方主战场，为世界反法西斯战争胜利做出了重大贡献，而四川人民更为此做出了特殊贡献。1945年10月《新华日报》发表社论《感谢四川人民》，其中写道："四川人民对于正面战场，是尽了最大最重要的责任的：直到抗战终止，四川的征兵额达到三百零二万五千多人；四川为完成特种工程，服工役的人民总数在三百万人以上；粮食是抗战中主要的物资条件之一，而四川供给的粮食，征粮购粮借粮总额在八千万石以上，历年来四川贡献于抗战的粮食占全国征粮总额的三分之一，而后征购与征借亦自四川始。此外各种捐税捐献，其最大的一部分也是由四川人民所负担。仅从这些简略的统计，就可以知道四川人民对于正面战场送出了多少血肉，多少血汗，多少血泪！"1946年5月7日《新民报》发表社论《莫忘四川》称："假如没有四川，我们就不能想象抗战何以能支持如此之久。"抗战十四年，四川被国人公认为"民族复兴基地"，"在整个民族解放战线上作最前进之先锋，在实际战事上为前方之后盾"，在人力、物力、财力等方面为支援抗战而倾其所有，其贡献与功绩可"历千万祀，与天壤而同久，共三光而永光"。

有鉴于四川及四川人民为抗战胜利所做出的巨大贡献，为让中华儿女乃至世界人民了解中华民族复兴之路的坎坷和所做牺牲，更为让历史铭记巴蜀儿女在国难关头感天动地的付出，四川省委、省政府高度重视传承和弘扬抗战精神，2014年10月对民革四川省委会参政议政委员会顾问、四川大学教

授何一民、民革四川省委会专职副主委、省政协副秘书长何一立提交的《关于编纂四川抗战历史文献,加强对四川抗战历史研究的建议》做出"关于编纂四川抗战历史文献,由省志编委组织研究、提出意见"的批示。按照该批示的要求,四川省地方志编纂委员会(简称省志编委,2015年7月30日更名为四川省地方志工作办公室)立即组织人员就编纂"四川抗战历史文献"分别听取民革四川省委会、中共四川省委党史研究室、四川省社会科学院、四川省档案局(馆)、四川大学历史文化学院、重庆市有关部门领导、专家意见,研究论证编纂的必要性和可行性。同年11月4日,省志编委向省政府呈报《建议批准编纂〈四川抗战历史文献〉的报告》,随后省政府批复同意编纂《四川抗战历史文献》,由省志编委牵头组织编纂。2015年5月4日,省志编委印发《〈四川抗战历史文献〉丛书编纂工作方案的通知》。同年5月20日,省政府召开《四川抗战历史文献》编纂工作专题会议,正式启动编纂工作。

编纂出版《四川抗战历史文献》具有重大的现实意义和学术意义。

首先,编纂出版《四川抗战历史文献》具有重大的现实意义。

一是有利于弘扬中华民族伟大的爱国主义精神,增强民族凝聚力,构建社会主义核心价值体系。十四年抗战,巴蜀儿女之所以为中华民族最终战胜日本军国主义侵略提供无以计数的人力、物力、财力支持,盖有爱国主义为精神支柱也。在战时巴蜀儿女的思想世界里,"四川是四川人的四川,四川更是中国人的四川""中国的苦难是四川的苦难,中国的屈辱是四川的屈辱""爱国与爱乡邦实一体两面"。面对日寇的侵略,四川人民同全国人民一起,"排除一切歪曲的认识,克服一切事实的障碍,前赴后继,百折不挠""务即摩顶放踵,贡献民族斗争"。正因为如此,编辑抗战时期四川相关历史文献,以展现巴蜀儿女高尚的爱国主义情操,必将增强当下中国人,尤其是四川人的爱国意识和民族观念,为中华民族的伟大复兴提供丰富的思想资源。

二是有助于反击当前日益活跃的日本右翼势力企图重构历史记忆和历史观的言行。日本右翼势力企图掩饰或美化1931—1945年日本军国主义对中国对亚洲乃至对世界人民所犯下的侵略罪行,如否认1937年的南京大屠杀,拒不承认第二次世界大战时期日本军队的"慰安妇"制度等。对于这股反人类、反历史的逆流,若任其发展,势必歪曲历史记忆,进而威胁世界和平。在这样的现实语境下,编辑抗战时期"民族复兴基地"四川的相关历史文献,向世界再现四川人民可歌可泣的抗战史迹,必将有助于粉碎日本右翼势力篡改历史的图谋。

三是有益于以史为鉴,强化中华儿女的历史意识、历史记忆,从而使中华民族的复兴道路更趋畅达。中华民族是最具历史意识的民族,也是最善于透过历史智慧擘画未来发展前途的民族。编辑作为中国抗战史重要组成部分的四川抗战历史文献，重温巴蜀儿女在抗日战争中所表现出来的自强不息、英勇无畏、同舟共济、艰苦奋斗的民族精神，能强化中华儿女的历史意识、历史记忆，从而使中华民族复兴道路更趋畅达。

四是有助于丰富巴蜀文化的内涵，加强民族团结。巴蜀文化源远流长，然为世熟稔者集中于三星堆文化、金沙文化、秦汉以来的蜀文化及饮食文化，抗战文化却没有得到充分的开发与弘扬。而四川抗战文化本身即为巴蜀文化在历史脉络的重要衍生品，其所蕴含的强烈的家国意识、民族观念及自强不息、百折不挠的精神等，值得大力弘扬。故此，编辑抗战时期四川历史文献，不仅能延长巴蜀文化的传承谱系，而且能使区域内外人士进一步认识四川、了解四川。

此外，四川各少数民族在抗战时期，为支持抗战也做了很大贡献，因而记载他们的抗战事迹，有利于加强民族团结。1931年九一八事变不久，十三世达赖喇嘛的驻京总代表贡觉仲尼、九世班禅大师驻京办事处处长罗桑坚赞及时联络诺那活佛、松朋活佛等康藏旅京人士，于10月7日成立"康藏旅京同乡抗日救国会"，召集在京藏族学生及各界代表共商抗日救国大计，做出多项抗日决议，发布"康藏旅京同乡抗日救国会"宣言，发表《为国难告康藏同胞书》。1934年，四川道孚县灵雀寺堪布麻倾翁发表《告五族同胞书》，呼吁"五族男女同胞，废除私见"，共同抵御外来侵略。卢沟桥事变后，四川各少数民族更是积极投身于抗日运动。如1937年12月，"四川回民抗敌后援会"（后改为"中国回民救国会四川分会"）诞生；1938年9月，藏族学者喜饶嘉措大师在重庆发表《告蒙藏人士书》，号召佛门僧徒团结起来，一致抗日，挽救国家厄运。多位藏传佛教大德高僧，也利用一切机会宣传抗日，所到之处，或聚众演讲、宣传抗日，或诵经读典、为国祈祷，听众深受教育和鼓舞。因此，编纂出版《四川抗战历史文献》，弘扬四川少数民族的抗日精神，有利于加强民族团结。

其次，编纂抗战四川文献具有重大的学术意义。

一是可以更有效地保护和利用抗战时期四川相关历史文献。关涉四川、四川人民在抗战时期所经所行之各种史事的载体，门类繁多、文本多样，此前尚无系统化的整理。这导致研究者在利用相关文献时，往往挂一漏万，不能全面真实地反映历史原貌。同时，主客观原因造成的四川抗战时期历史文献毁损现象亦时有发生，这极不利于传承历史记忆和培育历史意识。沧桑变幻，岁月流逝，当代人都亲身经历了许多事件。当事人在的就比较清楚好写，当事人不在，甚至物是人非，则会出现史料搜集方面的困难。再过若干年，这一代人都不在了，这一代的一些事就难以说清。特别是当前加快对建设四川的老一辈领导、专家学者的数十年历史经验及"三亲"（亲历、亲见、亲闻）资料的抢救性保护，形势紧迫，意义重大。因此，无论是拓展四川乃至中国抗战史研究的深度，还是"抢救历史"，都有必要系统地搜集、整理抗战时期四川历史文献，并编辑成册。此举既方便学术界研究，更要传诸后世。

二是可以为深入开展四川抗战史研究提供新资料和开拓新领域。前事不忘，后事之师。抗战史研究向来为中国近现代史研究的重心之一，但21世纪以前，研究视角多聚焦于宏观层面。随着新材料的发现、新研究方法的运用、新范式如民族国家范式的流行，尤其是地方史研究的日益深入，抗战史研究呈现出从宏观走向微观，从中心转移到边缘的趋向。在这样的学术背景下，编辑抗战时期四川历史文献，一方面势必为抗战史研究发掘更多的材料，另一方面必将深化如中华民族认同在抗战时期如何深入四川人民心灵、抗战与四川现代化进程的关系等问题的研究。

编纂组
2020 年 7 月

《四川抗战历史文献》凡例

一、《四川抗战历史文献》（以下简称《文献》）是一部大型历史文献丛书，旨在系统地发掘、整理四川一地抗日战争的相关历史文献，记录四川抗战伟大历史，传播四川抗战历史文化。

二、本《文献》所收历史文献上限为1931年9月抗战爆发，下限为1945年8月日本战败投降。为保持文献的完整性、系统性，个别文献适当上溯或下延。

三、本《文献》收录文献空间范围为抗战时期的四川省（包括重庆市及1939年至1945年的西康省）。

四、本《文献》收录文献内容为抗战时期的四川省（包括重庆市及1939年至1945年的西康省）行政区域内形成的档案、书籍、报刊以及亲历、亲见、亲闻等文献资料。如国民政府与四川省政府公文、历史档案、报刊文章、文学作品、文艺作品及其他各类公私文书等。文史资料选辑、口述史等各类历史文献，也在本《文献》收录之列。

五、本《文献》共11卷（具体册数根据资料情况进行调整），分为大事记卷、政治卷、社会卷、经济卷、军事卷、文化卷、科技教育卷、卫生卷、少数民族卷、川渝图书馆抗日战争时期出版图书联合目录和亲历、亲见、亲闻资料卷，个别卷下分册。

六、本《文献》对符合收录范围的相关文献一般不做裁选，以保证收录的原真性、系统性、完备性。

七、本《文献》部分卷次适当配以珍稀抗战图片，以图片见证四川抗战历史。

八、本《文献》以四川省档案馆、四川省图书馆、四川大学图书馆、四川师范大学图书馆的藏书为基础，中国第二历史档案馆、台湾中国国民党党史馆、台湾文献馆、台湾"中央研究院"等各公藏机构、个人藏书为补充。

九、本《文献》所收录每种文献原则上注明名称、卷数、著者、版本、时间、版别，或者收藏之公私机构、个人。

编辑说明

一、本卷是四川省地方志工作办公室主持编纂的多卷本《四川抗战历史文献》之一卷，是在四川省人民政府参事室、四川省人民政府文史研究馆1985年组织编写的《抗日战争时期四川大事记》基础上修订而成的，本卷对已有记载的事件从背景和内容上进行了考证完善，对遗漏事件进行了全面补充。

二、本卷在事件资料的选择上，坚持体现四川抗战全貌，既坚持政治原则，又重视史料价值，力求真实、完整地记载抗战时期四川行政区域的大事、要事。

三、本卷以编年体记述史事，以时为经、以事为纬，按年、月、日编排大事条目。

四、本卷所记述的历史事件，其时空范围，时间上自1931年，下至1945年，以1937年及以后为重点；其地域范围包括当时的四川省、重庆市及西康省行政区。

五、本卷后以"附录"的形式精选了若干与四川抗战大事相关的档案史料，以备参阅。

前　言

2015年，是中国抗日战争胜利70周年。为弘扬四川抗战文化，以史为鉴、资政育人，中共四川省委、四川省人民政府组织编纂《四川抗战历史文献》（以下简称《抗战文献》）。四川省人民政府参事室、四川省人民政府文史研究馆（以下简称省政府参事室、省政府文史研究馆）承担了《四川抗战历史文献·大事记卷》（以下简称《大事记卷》）的编纂任务。

抗日战争的胜利，是近代以来中华民族复兴史上的伟大转折点，是近代以来中国人民第一次获得完全胜利的反侵略战争，并由此结束了近代以来中国饱受帝国主义列强欺凌压迫的屈辱史。抗日战争时期，四川是大后方的主要基地，在饱受战争苦痛的日子里，四川人民仍然坚持生产，为抗战做出了巨大牺牲和贡献。国内外抗战历史的研究者都对抗战时期四川动员参战的兵员总数、牺牲人数有大致相似的论述，肯定四川是全国投入抗日战场人数最多，也是牺牲人数最多的省份：有350多万军人出川参战，有64万多人伤亡。有学者对全面抗战时期国民政府的财政收支数据做了分省考察，指出四川对抗战财政做出了巨大贡献：1938—1940年，四川解入国库的正税总额为8000万元（法币）以上，其他发行公债、临时摊派和募捐所获得的收入尚未计算在内。据统计，从1941年到抗战胜利的四年间，四川共征收稻谷总量约占全国总量的1/3。正如1945年10月8日《新华日报》社论《感谢四川人民》所言："仅从这些简略的统计，就可以知道四川人民为正面战场贡献了多少血肉，多少血汗，多少血泪！"同时，随着东部大片国土沦陷，四川成为全国民营企业、高等学校、科研机构内迁的目的地，截至1939年年底，内迁工厂410家，高等学校31所，学生数万人。这些都为抗日战争的最后胜利奠定了坚实的基础。

省政府参事室、省政府文史研究馆是具有统战性、咨询性、荣誉性的机构，承担着存史资政的任务，早在1985年抗战胜利40周年时，就组织编写了《抗日战争时期四川大事记》，并于1987年由华夏出版社出版发行（下文简称1987年版《大事记》）。这次编写《抗战文献》，省政府参事室和省政府文史研究馆高度重视，精心组织馆员及相关学者搜集了1985年以来出版的

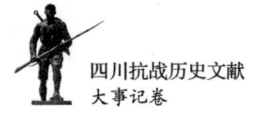

国内外抗战历史研究成果和历史档案资料,深入挖掘了四川抗战史实,对1987年版《大事记》进行增补遗漏、改正讹误,在规定的时间内完成了编写工作。

中国人民抗日战争的胜利开启了中华民族伟大复兴的光明前景。今天,走中国特色社会主义道路,实现中国梦,是民族复兴进程中的又一次伟大进军。省政府参事室、省政府文史研究馆将进一步发挥自身优势,通过文史研究、艺术创作、统战联谊等多种方式,大力弘扬以爱国主义为核心的民族精神和以改革创新为核心的时代精神,为凝聚民族智慧力量、咨政育人做出应有贡献。

目　录

1931 年	（1）
1932 年	（3）
1933 年	（4）
1934 年	（5）
1935 年	（6）
1936 年	（8）
1937 年	（10）
2 月	（10）
7 月	（10）
8 月	（13）
9 月	（18）
10 月	（21）
11 月	（25）
12 月	（27）
1938 年	（31）
1 月	（31）
2 月	（34）
3 月	（36）
4 月	（39）
5 月	（41）
6 月	（43）
7 月	（45）
8 月	（47）
9 月	（48）
10 月	（50）
11 月	（53）
12 月	（55）
1939 年	（59）
1 月	（59）
2 月	（62）
3 月	（63）

4月	(65)
5月	(67)
6月	(70)
7月	(71)
8月	(72)
9月	(75)
10月	(77)
11月	(80)
12月	(81)
1940年	**(86)**
1月	(86)
2月	(88)
3月	(90)
4月	(92)
5月	(94)
6月	(97)
7月	(99)
8月	(101)
9月	(103)
10月	(105)
11月	(108)
12月	(109)
1941年	**(112)**
1月	(112)
2月	(114)
3月	(116)
4月	(118)
5月	(119)
6月	(121)
7月	(122)
8月	(124)
9月	(127)
10月	(129)
11月	(130)
12月	(131)
1942年	**(134)**
1月	(134)
2月	(138)

目　录

3 月 …………………………………………………………………………………… (140)
4 月 …………………………………………………………………………………… (143)
5 月 …………………………………………………………………………………… (146)
6 月 …………………………………………………………………………………… (149)
7 月 …………………………………………………………………………………… (151)
8 月 …………………………………………………………………………………… (153)
9 月 …………………………………………………………………………………… (154)
10 月 ………………………………………………………………………………… (156)
11 月 ………………………………………………………………………………… (158)
12 月 ………………………………………………………………………………… (160)

1943 年 ……………………………………………………………………………… (165)
1 月 …………………………………………………………………………………… (165)
2 月 …………………………………………………………………………………… (167)
3 月 …………………………………………………………………………………… (168)
4 月 …………………………………………………………………………………… (170)
5 月 …………………………………………………………………………………… (172)
6 月 …………………………………………………………………………………… (174)
7 月 …………………………………………………………………………………… (176)
8 月 …………………………………………………………………………………… (178)
9 月 …………………………………………………………………………………… (180)
10 月 ………………………………………………………………………………… (182)
11 月 ………………………………………………………………………………… (185)
12 月 ………………………………………………………………………………… (187)

1944 年 ……………………………………………………………………………… (195)
1 月 …………………………………………………………………………………… (195)
2 月 …………………………………………………………………………………… (197)
3 月 …………………………………………………………………………………… (198)
4 月 …………………………………………………………………………………… (200)
5 月 …………………………………………………………………………………… (201)
6 月 …………………………………………………………………………………… (204)
7 月 …………………………………………………………………………………… (206)
8 月 …………………………………………………………………………………… (208)
9 月 …………………………………………………………………………………… (210)
10 月 ………………………………………………………………………………… (213)
11 月 ………………………………………………………………………………… (215)
12 月 ………………………………………………………………………………… (217)

1945 年 ……………………………………………………………………………… (221)
1 月 …………………………………………………………………………………… (221)

2月	(222)
3月	(224)
4月	(227)
5月	(229)
6月	(230)
7月	(233)
8月	(235)
9月	(238)
10月	(242)
11月	(243)
12月	(244)
附　录	(249)
一、迁都重庆	(249)
二、西康建省	(251)
三、四川建设	(266)
四、抗日救亡	(273)
五、川军战绩	(280)
六、战略基地	(291)
七、敌机轰炸	(301)
八、川康经济	(303)
九、工矿资源	(309)
十、农副产业	(313)
十一、财政税收	(318)
十二、教育文化	(320)
十三、重庆谈判	(325)
十四、还都南京	(330)
编后记	(335)

1931 年

9月18日 日本关东军炸毁南满铁路铁轨，炮轰北大营，制造了震惊中外的"九一八"事变。抗日战争的序幕由此拉开。

9月20日 中共中央发表《中国共产党为日本帝国主义强暴占领东三省事件宣言》。

9月26日 成都各地民众成立"反日救国会"。

9月下旬 重庆、成都、自贡、广安、长宁、泸县、万县、南充、涪陵、西昌等地民众都举行了盛大的反日游行及各种抗日活动，呼吁"全国民众一致武装起来对日宣战""打倒日本帝国主义"，要求当局"立息内争，共御外侮""立即对日宣战"等。重庆码头工人拒绝起运日货。日靖公司和日租界大型铁厂的华工，均自动退工与日绝交。重庆提货帮、山货帮的广大店员，乃至小业主，均纷纷宣称：誓死不买卖日货，实行与日绝交。各地反日团体还采取了登记、清查、禁运等手段，乃至组织"铁血救国锄奸团"，打击奸商。

10月初 成都市总工会、市职工联合会、市商会、成都市郊农民协会等7团体组织"讨日大会"。

10月7日 十三世达赖喇嘛的驻京总代表公觉仲尼、九世班禅大师驻京办事处处长罗桑坚赞联络诺那活佛、松明活佛等康藏旅京人士成立"康藏旅京同乡抗日救国会"，召集在京藏族学生及各界代表共商抗日救国大计，做出多项抗日决议，发布"康藏旅京同乡抗日救国会"宣言，并发表《为国难告康藏同胞书》。

10月22日 日本驻渝领事清野长太郎慑于民众的反日怒潮，率领侨商及日舰两艘逃出重庆，四川人民胜利收回王家沱日租界。

1901年，日本与清政府订立《重庆日本商民专界约书》，在重庆南岸王家沱建立租界。按照条约，1931年9月24日是30年租期届满之时，全川人民坚决支持重庆民众收回王家沱租界的正义斗争，组织了"四川各界民众自动收回王家沱日租界运动委员会"。尽管帝国主义和反动当局对爱国反日斗争进行各种破坏和镇压，但四川人民无所畏惧，不断进行斗争。成都、自贡人民举行示威游行，工人罢工，教师罢教，学生罢课，商人罢市，一致抗议日本帝国主义的侵略。然而，日本帝国主义仗恃武力，不愿交还租界。日本从武汉调来军舰，增派部队，逼迫国民党当局镇压四川人民的反日救国运动。国民政府也以"收回租界，事关整个外交问题"，应"力持镇静"为借口，压制人民的反日爱国热情。9月5日，国民政府外交部致电刘湘，要他特别注意民众行动，电称："深虑不惟无益，反于交涉前途有碍。"10月2日，重庆各抗日团体举行联席会议，讨论收回王家沱租界问题，决定举行罢工、罢课、罢市和示威游行。接着，全市民众特别是王家沱租界内的居民，一律闭门罢市，悬挂国旗，门上贴出各种反日标语。在四川人民的英勇斗争面前，日本侵略者被迫归还王家沱租界。

11月 成都各抗日组织联合组成"四川省抗日救国大会"。

1932年

1月28日 日军制造"一·二八"事变。中国第十九路军奋起抵抗。

2月4日 成都成立"国民救国会四川各界民众促进会"。

2月11日 四川国术义勇军组织敢死队、大刀队，准备开赴上海抗日。

2月15日 重庆市"四川各界民众反日救国大会"通电全川，要求正在准备混战的刘湘、刘文辉、邓锡侯、田颂尧等军阀出兵抗日。通电指出："大敌当前，存亡之秋……欲救国保种，势非全国一致动员，万难有济。"重庆市商会亦电请四川各军出川抗日，并捐款1万元慰劳上海抗日军队。

3月8日 由于四川军阀拖延出兵抗日，"四川省抗日救国大会"组织了有八万余人参加的出兵请愿大游行。是日，工人罢工，学生罢课，商人罢市，农民罢耕，还派出"请愿出兵代表团"，分别向省府、第二十四军、第二十八军和第二十九军军部请愿。

3月10日 重庆市、江北县和巴县民众又召开了"督促川军出兵抗日请愿大会"，限期刘湘出兵，否则进行罢工、罢课、罢市及抗捐，各代表并以绝食相抗争。同日，乐山反日会联合商学界，查封仇货。

3月18日 成都各界人民在公共体育场举行"九一八"周年纪念会，通过提案：（一）通电全国一致反日；（二）反对不抵抗军阀；（三）反对镇压反日运动的军队；（四）拥护真正对日宣战的军队；（五）交涉释放大会宣传队队员，反对逮捕反日群众。会后举行示威游行。

3月19日 泸州学生组织抗日宣传队外出宣传演讲，揭露日本侵略者的罪行，要求川军出川抗战。

3月26日 巴中县民众两万余人举行示威游行，要求川军出师抗战杀敌。

3月 刘湘、刘文辉争夺四川统治权的"二刘战争"爆发。战争历时近一年，刘文辉战败，刘湘基本统一全川。

12月起 红四方面军入川建立川陕革命根据地。

1933 年

6月25日 中共川陕省委在通江召开第二次党员代表大会。会议通过《目前政治形势与川陕省党的任务》,文件对当时的国际形势做出了分析:"日本占领中东路为进攻苏联据点,英国与苏联断绝商务关系,等等,证明帝国主义进攻苏联的战争,更加迫近了。""日本更进一步的武力侵略热河、察哈尔和平津,各帝国主义瓜分中国和进攻中国苏维埃革命的阴谋更加明显,证明帝国主义更露骨的直接的镇压殖民地革命,并瓜分还没有瓜分清楚的殖民地。"国内"更广大区域的工农卷入为苏维埃政权而战争。在这种革命巨潮压力之下,国民党及其政府为了对中国工农的苏维埃革命进行残酷的战争,已是更公开的投降日本帝国主义,对日签订停战协定,出卖中国苏维埃、镇压全国反帝运动"。根据对当前形势的分析,大会要求川陕省党的组织普遍建立反帝拥苏大同盟。川陕革命根据地反帝拥苏大同盟的主要工作是:结合根据地的中心工作,通过开展重要节日的纪念活动,对苏联的实际生活,特别是对苏联社会主义的建设进行广泛的宣传,号召群众拥护苏联;反对帝国主义进攻苏联,反对日本帝国主义和其他帝国主义瓜分中国;反对国民党及其政府投降帝国主义、进攻苏维埃和红军,动员群众支援苏维埃军队消灭刘湘的斗争。

7月 根据《全国军事整理草案》"对地处沿海的兵工厂进行迁移,对靠近前沿的兵工厂亦应迁移,其位置颇适于国防之地位的兵工厂则加以扩充"的原则,国民政府下令,要求济南兵工厂与四川第一兵工厂合并。

8月25日 茂县、叠溪发生7.5级大地震,叠溪古城及附近20个羌寨全部毁灭。

9月 成渝公路全线通车。

10月 刘湘"六路围攻"川陕革命根据地,历时十个月而以失败告终。

1934 年

10月10日 中央红军主力开始长征。

是年 四川道孚县灵雀寺堪布麻倾翁在《蒙藏月报》上发表《告五族同胞书》,呼吁"五族男女同胞,废除私见",共同抵御外来的侵略。麻倾翁在文中表示:"列强侵略,无法抵抗,民怨四塞,朝夕忧惶。想我地大物博,数千年来文明中华大国,将被蚕食沦亡。事急矣……每阅书报,见国家衰弱景象,不啻身受刀刺,寝食难安,痛心报国无从……国难犹殷,仍未敢苟安一时,于礼佛诵经静修外,则训导全体喇嘛,发愤为雄,以图将来效命国家。"抗战期间,甘孜藏区的寺庙纷纷在日常诵经中增加为国家祈福的内容。

1935年

1月12日 贺国光、杨永泰率领的蒋介石参谋团一行抵达重庆。

1月 设在上海的中国共产党的中央特科派张曙时赴川开展工作。张曙时在重庆、成都等地通过地方上层的关系,利用蒋介石与刘湘的矛盾,争取刘湘抗日反蒋。

2月2日 国民政府公布《西康建省委员会组织条例》。7月22日,西康建省委员会在雅安成立,刘文辉任建省委员会委员长。西康建省是战略后方建设的一部分。

2月 刘湘被任命为四川省政府主席。全川废除防区制,实现川政统一。蒋介石通过组织峨眉训练团等措施,整顿了四川的军事、财政、金融,推行保甲制度等,加强了国民政府在四川的影响。

3月2日 蒋介石偕其高级幕僚陈诚、顾祝同、杨永泰等乘飞机由武汉飞抵重庆,开始长达半年之久的西南之行。

3月4日 蒋介石出席四川省党务特派员办事处举行的纪念活动,其间以"四川应作复兴民族之根据地"为题做了到四川后的首次公开演讲。演讲指出:"就四川地位而言,不仅是我们革命的一个重要地方,尤其是我们中华民族立国的根据地。无论从哪方面讲,条件都很完备。人口之众多,土地之广大,物产之丰富,文化之普及,可说为各省之冠,所以自古即称'天府之国',处处得天独厚。"演讲阐明了四川在区位上的重要性及其在历史上的作用,以及四川各界应尽的责任。

3月28日 红四方面军主动撤离川陕革命根据地,西渡嘉陵江接应中央红军。随后红四方面军亦参加长征。

6月5日 蒋介石指示兵工署署长俞大维:"凡各兵工厂尚未装成之机器,应暂停止,尽量设法改造于川黔两省,并须秘密陆续运输,不露形迹。"决定将兵工厂向川黔后方转移。

8月1日 中华苏维埃中央政府和中共中央发表《为抗日救国告全体同胞书》(通称《八一宣言》),呼吁停止内战,一致抗日。

10月8日 蒋介石在成都做题为"四川治乱为国家兴亡的关键"的讲演,提出"只要我们四川能够稳定,国家必可复兴",基本确立了以四川为抗日根据地的思想。

10月19日 红军抵达陕北保安县吴起镇,中央红军胜利完成了二万五千里长征。

12月9日 北平爆发"一二·九"抗日爱国运动。四川的青年学生迅速投入抗日救亡运动,成都、重庆、万县、自贡等地均以宣言、通电等形式支援北平学生,反对敌伪汉奸及国民党卖国集团。重庆大学、万县师范等在校学生发表了抗日宣言。

12月24日 "重庆学生救国联合会"成立,领导全市学生开展各种爱国活动,并派代表向重庆行营、重庆市政府和国民党市党部请愿,要求南京国民政府"立即出兵讨逆，收复失地""贯彻革命外交"等。这些爱国活动虽然遭到当局的禁止和阻挠，但重庆学联仍组织了80个宣传队，深入城乡各地宣传抗日救亡。

12月25日 中共中央政治局瓦窑堡会议通过《关于目前政治形势与党的任务决议》，确定了抗日民族统一战线的理论和政策。

是年 国民政府制定《1935年度防卫计划大纲》，明确将全国划为三个防卫区域。四川区与晋绥区、宁夏区、甘肃区、陕西区、湖北区、云南区一道被划为第三线。

△ 经冯玉祥介绍，汪导予、李荫枫、郭秉毅随冯玉祥幕僚高新亚入川，担任刘湘的顾问，并就支持抗日运动、加强部队的训练与政治思想工作等多所建言，对刘湘、王陵基部出川抗日起了推动作用。他们还利用政治教官职务和"武德学友会"团体，向二十一军中下级军官宣讲只有抗战才能救亡和抗战必胜之理，对二十一军出川抗战起了思想推动作用。

1936 年

6月 重庆各界救国联合会秘密成立，统一了各方面的抗日救亡力量。

8月 四川人民开展反对日本在蓉设领事馆的斗争并获得胜利。1936年7月，日本以"保护侨民"为名，擅自宣布在成都设立领事馆，引起四川人民强烈反抗。重庆、成都等地乃至旅居上海、南京各地的川人，纷纷发表抗议电和请愿书表示反对。8月3日，日本派遣岩井英一等人乘轮自南京赴川，17日到达重庆。重庆人民以事关国家主权为号召，群起反对。18日，重庆市及江北、巴县等地人民团体的百余名代表，在巴县召开了"重庆市、江、巴各界民众反对日本非法在蓉设领大会"，决定于次日请愿游行。19日，日舰"保津号"又在重庆港肇事，撞沉货船4只，毁伤8号囤船，四川人民对日本侵略者的横蛮行为怒不可遏。当天，重庆、江、巴各界民众不顾重庆军政当局的阻挠，推派代表800余人，分6组向重庆行营、市政府和国民党重庆市党部等党政军机关请愿，要求政府与日方交涉，将在蓉非法设领的原议撤销，并表示不达目的，绝不罢休。他们还发表《告民众书》，号召四川7000万同胞团结起来，抵制日本帝国主义的侵略；又致函成渝等地的交通机关，要求不售票给岩井等人。与此同时，成都各界人民亦纷纷集会，协商抵制办法，于22日筹组了"成都各界民众反对日本在蓉违法设领大会"，23日举行了反日设领的集会、游行，发表了拒绝岩井的宣言。在众怒的震慑下，岩井虽被迫滞留重庆，不敢赴蓉，但却暗地派遣随员渡边恍三郎、深川经二、田中武夫、尚户等4人以私人游历的名义，于8月23日到达成都，住骡马市街大川饭店。成都人民莫不义愤填膺。当日，成千上万的群众奔向少城公园，举行反抗大会。会后举行了万余人的示威大游行，高呼"誓死反对日本在蓉设领""岩井英一依法离川"等口号。24日下午，愤怒的群众将大川饭店捣毁，并痛殴了来蓉的4个日本人，同时捣毁了与日本帝国主义有勾结的交通公司和贩卖日货的宝源蓉、益晋恒等商店，还与前往镇压的军警发生冲突。日人渡边恍三郎和深川经二被打死，其余2人被打伤，由军警护出。群众和警察亦受伤多人。事后，岩井英一仍滞留重庆不走，还想到蓉建领事馆。当局密切注意，从外交途径告其民情愤慨，不可遏止，岩井这才奉日外交部令离去。此即"成都事件"，又称"大川饭店事件"。

12月12日 张学良、杨虎城发动西安事变。在中国共产党的斡旋下，蒋介石于25日被迫接受"停止'剿共'政策，联合红军抗日"等六项条件，西安事变得以和平解决。从此，十年内战基本结束，国内和平初步实现。

是年《1936年度国防计划大纲》将全国划分为4个大区：抗战区、警备区、绥靖区、预备区。四川被分别划入绥靖区和预备区，与陕、甘、鄂、湘、赣、云、贵等省共同组成预备军总指挥部。

是年 四川发生旱灾，延续至1937年春夏之交，全省百余县受灾，灾民达3000万余人，通江、巴中等地出现吃人肉的现象。

△ 国民政府逐渐重视和推动经济备战。全面抗战爆发之前，资源委员会计划在川开采或建设的各厂矿，如四川彭县铜矿、重庆临时炼铜厂、四川金矿，四川巴县、达县石油矿等均已建成投产；四川长寿水电厂已进入筹备阶段。这些厂矿的建成和投产，初步奠定了战时国防工业的基础。

1937 年

2 月

2月15日 国民党五届三中全会在南京召开，22日结束。全会接受了宋庆龄、何香凝、冯玉祥等14人提出的恢复孙中山的"联俄、联共、扶助农工"的三大政策，接受国共合作、团结御侮的主张。

7 月

7日 日本侵略军向驻守北平卢沟桥的中国陆军第29军发起进攻，守军奋勇抵抗。中华民族全面抗日战争正式开始。

8日 中共中央发布《中国共产党为日军进攻卢沟桥通电》，号召全国团结起来，建筑民族统一战线的坚固长城，抵抗日寇的侵掠。

△本日上午，国民政府军事委员会参谋总长何应钦在川康第二次整军会议上报告了日军在卢沟桥进犯国军第29军的经过，谓中日大战殆已不可避免。全场闻讯愤慨，41军军长孙震等当场请缨，愿率所部出川，与日军决战。与会川军将领纷纷响应，愿率所部出川，参加对日作战。

△成都各界救国联合会（由中共党员发起，于1937年3月成立）召开援助平津抗日将士的市民大会，发布《为日军进攻平津宣言》，指出："民族解放的战争已经发动，四万万五千万人生死存亡，要在这一次抗战中决定。"会后，改"成都各界救国联合会"为"四川民众华北抗敌后援会"。

9日 川康整军会议闭幕。川康整军会议于本月6日至9日在重庆召开，参加会议的有川康军事整理委员会主任委员何应钦、副主任委员顾祝同、刘湘，委员贺国光、邓锡侯、刘文辉、杨森、唐式遵、潘文华、王缵绪、孙震、李家钰、范绍增、向传义、董宋珩、郭勋祺、许绍宗、张邦本、徐源泉、夏斗寅、李蕴珩、周浑元等19人。这次会议要求川康军队经过整理，各军缩编三分之一，团长以上军官，由中央直接委派；各部队饷糈，每月由中央派员点名发放。这些要求由于危及四川省政府主席刘湘的根本利益，致使蒋介石与刘湘之间的矛盾更趋尖锐，会场空气十分紧张。

△时值卢沟桥事件突然爆发，军情紧急，川康整军会议遂草草收场，仅就川康军队

的编制问题，达成如下协议：

21军军长唐式遵，副军长范绍增，辖三个师。23军军长潘文华，辖三个师。44军军长王缵绪，辖三个师。川康绥靖主任公署直辖部队共计60个团，除编为以上三个军外，另编两个独立师，七个独立旅。24军军长刘文辉，副军长陈光藻，辖两个师，一个独立团。41军军长孙震，副军长董宋珩，辖三个师，一个独立团。45军军长邓锡侯，副军长马流智，辖三个师，两个独立旅。47军军长李家钰，辖两个师。

10日 川康绥靖主任兼四川省主席刘湘电呈国民政府军事委员会委员长蒋介石，请缨抗敌，并通电全国各省（市）军政长官，主张全国上下，同心同德，共赴国难。

13日 成都新闻界电宋哲元，对卢沟桥英勇抗敌将士敬致慰问。

△四川省赈会公布：自5月3日起，至7月10日止，共收到各界人士捐助赈款505,060元。

14日 刘湘向蒋介石痛陈国事，请早定抗敌大计；又通电各省军政首长，谓日军侵略绝非一省一部之问题；主张全国总动员，拼死与之一决。望全国上下同德一心，在全国整个计划之下，共赴国难。

△国民党重庆市党部宣布：援助华北将士，只在文字上宣传，暂不采取任何行动。

△毛泽东致电在桂林的张云逸，根据全面抗战爆发后的形势变化，就中国共产党的统战工作提出了新的要求。电报强调说，中共中央代表团正与蒋氏协商抗日方针，为坚定蒋氏抗日决心，各方面应表示诚意，拥护蒋氏及南京抗日政策，不可有牵制意。电报指出：四川整军计划，应照刘湘已指示的方针去办，不可横生波折。

15日 中共中央派赴庐山与国民党商谈两党合作抗日问题的代表周恩来将《中国共产党为公布国共合作宣言》（简称《宣言》）交给国民党中央。《宣言》提出了抗日的三项基本主张：（1）切实地、迅速地发动抗战以恢复失地，恢复领土主权之完整；（2）实现民权政治，召开国民大会，以制定宪法，规定救国方针；（3）切实救济灾荒，安定民生。发展国民经济，解除人民痛苦，改善人民生活。同时重申了苏维埃政府更名为中华民国特区政府，红军改为国民革命军等"四项保证"。

16日 国民党讨论第一期庐山谈话会议，讨论中日局势，宣布对日应战。刘湘向国民政府表示四川愿出兵参战："在此国难当前，正我辈捍卫国家报效领袖之时……主张于委座整个计划之下，同心同德，共同御侮。……川省应负责任，不惟不敢迟误，且思竭尽心力，多所贡献。"

△中共党员参与领导的成都妇女华北抗敌后援会成立。

17日 国民政府军事委员会委员长蒋介石在江西庐山谈话会上对"卢沟桥事变"作严正声明："和平未到根本绝望时期，决不放弃和平，牺牲未到最后关头，决不轻言牺牲；在和平未绝望前一秒钟，我们还是希望由和平外交方法，求得卢事解决。但是，我们的立场，有极明显的四点：（1）任何解决，不得侵害中国主权与领土之完整。（2）冀察行政组织，不容任何不合法之改变。（3）中央政府所派地方官吏，如冀察政务委员会委员长宋哲元等，不能任人要求撤换。（4）第29军现在所驻地区，不能受任何约束。我们希望和平，而不求苟安；准备应战，而决不求战。如果战端一开，那就是地无分南北，年无分老幼，无论何人，皆有守土抗战之责任，皆应抱定牺牲一切之决心，所以政

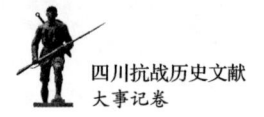

府必特别谨慎，以临此大事。"

△中国共产党代表周恩来、秦邦宪、林伯渠同国民党代表蒋介石、张冲、邵力子等在庐山举行会谈。

△四川省各界抗敌后援会成立。国民党四川省党部派员同"四川民众华北抗敌后援会"（简称"华抗"）谈判，要求该会并入"四川省各界抗敌后援会"（简称"省抗"），以统一后援会组织。双方达成协议：在"华抗"领导成员进入"省抗"领导机构、"华抗"下属组织原领导机构不变的条件下，结束"四川民众华北抗敌后援会"。

18 日 国民政府军事委员会重庆行营参谋长贺国光，升任重庆行营副主任。

△重庆市各学校学生救国会代表抵上海，即转华北劳军。

19 日 重庆各界援助平津守土将士大会成立，并发出通电：重庆 40 万民众誓为抗战将士后盾。

20 日 四川省政府委员会第 161 次会议通过了《四川省政府合署办公施行细则》，共 7 章 123 条。文件对政府合署办公后，省政府组织规模、遵行行营法令、人员经费等问题做出了规定。

21 日 四川省各界抗敌后援会本日在成都市开会，决议统一各后援会组织，已成立者取消，未成立者停止，各抗敌后援力量均加入四川省各界抗敌后援会之系统中。

23 日 中共中央发表《中国共产党为日本帝国主义进攻华北第二次宣言》，提出反对一切对日寇的让步妥协，坚决抗战到底。

△四川省各界抗战后援会发布通电：（一）就成立事通电全国，近来卢沟桥事变，举国兴悲。天下兴亡，匹夫有责。一俟全国总动员之日，定当事先效命，救亡图存，冀以倾国之师，大雪积年之恨，敌忾同仇，曷胜奋勉。（二）电呈蒋介石：各界民众，无不披发缨冠，枕戈待命。（三）电呈刘湘：于中央整个计划下，共赴国难，危亡迫切，宁惜牺牲？（四）通电声援宋哲元：敝等集合全川志士，誓为后盾。

25 日 川康绥靖主任刘湘召集各军军长筹商整军抗敌；并命令各军长、师长于三日内驰赴原防，开始整军。

27 日 先是，郭沫若接受中国共产党指示，秘密逃离日本，现奉命只身归国参加抗战。郭氏是日抵上海，以无党派人士身份，在周恩来直接领导下从事抗战文化工作，担任救亡日报社社长。

△四川自贡抗敌后援会成立，并发布宣言，指出自"九一八"以来，日寇侵略中国，东北沦陷，扶持儿皇，组织汉奸，毒化华北。现在发动卢沟桥战端，狼子野心。自贡廿万民众虽地处西陲，自愿枕戈仗剑，敌忾同仇，沉舟破釜，拥护中央国策，维护领土之完整。

28 日 四川各界人士及抗敌后援会先后电国民政府：强烈要求拒签丧权辱国协定。电蒋介石：迅速增援华北。电宋哲元：勿失国家一寸土地。

30 日 华北局势危急，重庆运往华北的货物停运。

31 日 四川省政府召集成都新闻出版界人士开会，重申《新闻检查制度》。

△日本驻重庆领事槽谷运二，于是日午后 6 时，率全体日侨 20 余人，乘宜阳丸轮起碇赴王家沱，东下返国。

是月 四川省政府拟定《四川后方国防基本建设大纲》。

8月

1日 日寇侵略平津,四川各地民气激昂,成都、重庆、安岳、叙永等数十(市)县,纷纷组织抗敌后援会,为抗战后盾;并电请四川省政府及国民政府:速颁抗战命令,出兵杀敌;厚恤华北抗敌阵亡将士佟麟阁、赵登禹等。

△四川各界抗敌后援会通电各省一致对日经济绝交。电文为:"日寇侵凌,邦交决裂,举国民众,愤慨同深。此间虽在西陲,抗战何敢独后!昨经本会决议,厉行全川经济绝交,各商现存仇货集中拍卖,严禁今后贩卖。惟抵制仇货,首在杜绝来源,务须各地同时检查,执行始能彻底。特此电请贵会,对于上项工作,务采一致行动,倘有仇货经过,立预扣留。如已私运过境,事后发觉者,希立即立电通知,以便俟其入口时设法处理。"

△四川民众华北抗敌后援会呈请国民政府:立即对日宣战。要求四川省政府:立即出动川康军队,驱逐丑虏,收复失地。全四川7,500万民众,当以赤血静候驱策。

△四川民众华北抗敌后援会电慰救国会七君子沈钧儒、章乃器、邹韬奋、王造时、李公朴、史良、沙千里出狱。

2日 四川民众华北抗敌后援会发出通电,要求蒋介石立即对日宣战;要求川军出川抗战;要求对日经济绝交,抵制日货。

△据沪商会电,有大批日货由上海西上,成都商会即电告沿江各县注意检举;重庆市商会8日紧急通告抵制日货,19日成立五个稽查组检查日货。

△四川省各界抗敌后援会发起缝制12万件寒衣的运动。

4日 重庆市各界抗敌后援会电呈国民政府:请速颁抗敌令,并请厚恤华北抗敌阵亡佟麟阁、赵登禹两将军之遗属。

5日 陆军第47军军长李家钰,电呈蒋介石,愿率整编后之新生力军,出川抗敌。

7日 四川省政府主席刘湘奉电飞赴南京出席国防会议,邓汉祥、刘航琛同行。行前一日,刘湘召集在成都的各军长、师长,征询四川政要对国防会议的意见。同日成都各界代表5,000余人到机场送行。各界抗敌后援会代表向刘湘递交请愿书,刘湘表示竭诚接受,并发表书面谈话:"定将各界同仁及民众救国抗敌热情转述中枢。决不有负殷望。"刘湘抵南京后,又发表谈话:"决以四川人力物力贡献国家。"刘湘在南京期间,中共中央代表周恩来、朱德、叶剑英皆与之会见,对他的爱国热情,给予鼓励和赞赏。

△四川各界抗敌后援会在成都少城公园广场,召开市民大会。与会者十万人,群情激昂。大会议决:请国民政府发动全民抗战,收复失地,肃清汉奸。在此前后,全川各地,亦相继举行声势浩大的抗日群众大会和示威游行。

△四川省政府决定调整县级教育机构:一等县设教育局,二等县设教育科,三等以下教建合并,设教建科。

8日 中央社报道了四川各界抗敌后援会召集成都市民大会的情况。全市下半旗,停止娱乐活动,各机关放假一天,商店停业半日,以示抗战决心。

10日 川康各军遵照川康整军会议规定,完成整编。

川康各军整编后的编制为:

川康绥靖公署直辖部队:共计60团,编为三军,两独立师,七独立旅,番号如下。

21军军长唐式遵,副军长范绍增,辖三师,计145师(师长饶国华),164师(师长范绍增),162师(师长彭诚孚)。

23军军长潘文华,辖三师,计147师(师长杨国桢),148师(师长陈万仞),146师(师长张邦本)。

44军军长王绩铭,辖三师,计149师(师长郭昌明),150师(师长廖震),163师(师长陈兰亭)。

两独立师:计161师(师长许绍宗),144师(师长郭勋祺)。

七独立旅:计11旅(旅长邓国璋),12旅(旅长范南轩),13旅(旅长田钟毅),14旅(旅长周绍轩),15旅(旅长杨亮基),16旅(旅长刘树成),17旅(旅长刘若弼)。

24军编为两师一独立团,每师辖两旅,每旅各辖两团,军长刘文辉,副军长陈光藻。137师师长刘元瑭,副师长刘元琮。第一旅旅长杨生武,第二旅旅长刘元瑭。138师师长唐英,副师长杨学端。第一旅旅长张巽中,第二旅旅长曾言枢。独立团团长刘元琮。

41军编为三师一独立团,每师各辖两旅,每旅各辖两团,军长孙震,副军长董宋珩。122师师长王铭章,副师长杨俊清。第一旅旅长王志远,第二旅旅长童澄。123师师长曾宪栋,副师长李炜如。第一旅旅长马泽,第二旅旅长陈宗进。224师师长孙震(兼),副师长税梯青。第一旅旅长吕康,第二旅旅长曾苏元。独立团团长余大经。

45军编为三师八旅十六团,军长邓锡侯,副军长马毓智。125师师长陈鼎勋,副师长孙贤颂,辖卢济清、林翼如两旅。126师师长刁世杰,辖龙渭清、李树华两旅。121师师长陈离,辖陶凯、杨宗礼两旅。独立一旅旅长谢无圻,独立二旅旅长杨晒轩。

47军辖两师,军长李家钰。104师师长李家钰(兼),178师师长李青廷。

11日 四川省建设厅发布全川乡村电话统计:已架设者153县,有交换机3,500部,路线共长53,306公里,员工1,460人,每年开支经费302,800元。

△国民政府任命王陵基为四川省保安处处长。

13日 日军向上海发动进攻,我军奋起反击。

14日 国民政府发表《自卫抗战声明书》,声明:"中国为日本无止境之侵略所逼迫,兹已不得不实行自卫,抵抗暴力。"

△刘湘在南京参加最高国防会议后返回成都。刘湘于12日在最高国防会议上慷慨陈词,力主进行全面持久的抗日战争,表示:四川目前即可以出兵30万,还可提供壮丁500万和大量财力、物力。

△国立四川大学成立抗敌后援会。9时,在文学院大礼堂举行成立大会。除校长及各院院长为当然执行委员外,并推黄宪章、熊子俊、李炳英为教职员中之常务委员。此次成立大会,整合了四川大学所有抗日学生组织,形成新的、更有组织力量的抗战宣传

组织。

15日 四川大学学生陈思龄、成都县中学生田家英创办《金箭月刊》，宣传抗日救国。该刊发行五期后，成都警备司令部强令停刊。

△日本政府发表声明："帝国的忍让已经达到限度，为膺惩支那军的暴戾，促使南京政府的反省，今后将采取断然措施。"同日，日军14架九六式陆上攻击机从台北基地出发开始对江西南昌实施跨海轰炸。这是日本对中国全面实施"无差别轰炸"的开始。

△日本陆军航空部下发《航空部队用法》，指出"无差别轰炸"就是："破坏政治、经济、产业等中枢机关，或者直接对居民空袭，造成敌国民最大的恐怖。"

△四川省政府转发国民政府财政部电咨，指示战时地方财政应注意之点是：（一）各级地方政府支出预算，原列数目，应即尽量缩减；其不急需之款，暂缓支付，以留余力。（二）地方收入之可靠者，无过于田赋及营业税两项，必要时可为筹措战费之资源。城市负担，在于房捐，亟应同时加以整理。（三）非常时期，后方治安为重；尤以稳定金融，平准物价，调节粮食三者为最重要。以上三者，应即妥为筹划，并严防奸商操纵，以免动摇市面。省政府并令各厅、处拟具落实计划呈核。

16日 川康绥靖公署以中日大战爆发，敌机四处滋扰，成都、重庆两地，应即成立防空指挥部，特函四川省政府查照办理。

△川康绥靖公署拟订的办法为：（一）成渝两市，为四川省政治、文化、军事、经济重心所在，基于目前紧张的形势，应即日分别成立防空指挥部，以资防范。（二）成都市防空指挥部，由保安处、警备部、市政府、特务团、宪兵、航协会组织而成。重庆市防空指挥部由警备部、航务处、市政府、宪三团、警察局等机关组织而成。（三）基于可以办到的经济环境，做如下准备：甲、高射炮队，将川康各军高射枪炮集中成渝，由保安团团部指挥应战。乙、高射机关枪，照前项办法办理。丙、设防空监视哨。丁、设听音机。戊、实行灯火管制。己、积极整理消防。庚、设防空情报班。辛、成立工务队。（四）所有军事机关工作人员，均应配置防毒面具。（五）目前应从速办理者：甲、将日寇各种飞机图样制版印册，并详细说明其性能，发给各情报人员及市民，以免误报误认，扰乱民心。乙、准备各项防毒器材。丙、应从速制造简单防毒面具，发给军政工作人员及士兵。丁、速印制防空防毒手册，发给市民。戊、由防协会、保安处防空科、航建会及川康绥靖公署，派员共同组织防毒播音讲演会，轮流讲演防空防毒知识，唤起人民注意。己、由警察局详细调查市区内之民间地窖及娱乐场所数目、容量及所在地的避难室。

△川康绥靖公署执行整军会议决定，先后将原21军飞机队、重庆子弹厂及银元局交由重庆行营派员接收。

△重庆妇女抗战后援会成立。

17日 国民政府电告全国拟发行公债，由于"爱国民众毁家纾难之热忱，自当加以鼓励"，故定名为"救国"公债。对该公债的性质，国民政府财政部部长宋子文说："纯为供给政府一般经费，与其他公债性质类似，皆在予各人以报国之机会，共同建立、强固国家之基础，抵抗侵略，免受敌袭犯。""当此国难极度严重关头，凡我国民，对于政府，希望尽其份内之职，殆为同一心理。"

18日 刘湘约集邓锡侯、刘文辉、孙震、李家钰等商讨川军出川抗战问题。经商定共出兵11个师。计：川康绥靖公署直辖的唐式遵、潘文华、王缵绪三个军，每军出两个师；邓锡侯、孙震各出两个师；李家钰出一个师。现各师已整装待发，一俟中央调令，即可开拔。9月8日，李家钰加一个师。再加上驻贵州安顺一带的川军杨森部第20军的两个师，以及驻防黔东南之川军刘雨卿第26师，共14个师。

19日 国民政府颁布《防空法》，细则由最高军事机关制定。

20日 国防参议会正式成立，确定聘张伯苓、胡适、黄炎培、沈钧儒、毛泽东、晏阳初、傅斯年、梁漱溟、蒋方震、陶希圣等24人为参议员。参议员均以个人身份聘请，基本容纳了中国国民党以外的在野各党派的代表人物，目的是集中意志，团结御侮，是为抗战时期党派合作的开端。

△重庆银根奇紧，本比利息，每千元高达9至10元。

21日 成都举行首次防空演习，国民政府军事委员会重庆行营派飞机三架参加。

△中苏两国签订互不侵犯条约（9月20日正式公布）。

22日 中共中央革命军事委员会发布中国工农红军改编为国民革命军第八路军的命令（9月11日，按战斗序列，改称为第18集团军）：朱德任总指挥，彭德怀为副总指挥，叶剑英为参谋长，左权为副参谋长，任弼时任政治部主任。下辖三个师：115师，师长林彪，副师长聂荣臻，政委罗荣桓；120师，师长贺龙，副师长萧克，政委关向应。129师，师长刘伯承，副师长徐向前，政委邓小平。

23日 国民政府军事委员会重庆行营委重庆警备司令李根固兼重庆防空司令，重庆市市长李宏锟兼副司令。指挥区域包括南岸、江北、瓷器口、广阳坝。

24日 刘湘在成都召集唐式遵、潘文华、王缵绪三军长，川康绥靖公署参谋长傅常，以及在成都的各师旅长，共商出兵抗敌问题。

△四川省各界抗战后援会发布《根绝仇货委员会章程》。文件第三条指出本委员会的权责如下：一、登记仇货事项；二、拍卖仇货事项。

△《救亡日报》在上海创刊，这是上海文化界救亡协会的机关报，文化界统一战线的报纸。社长郭沫若，总编辑夏衍。创办时，经国民党和共产党协商，由双方派出人员并共同提供经费。后期，国民党方面的工作人员陆续退出，报纸的编辑工作主要在共产党的领导下进行。该报广开言路，报道各党各派、各种政治力量的抗日主张和活动；宣传坚持抗战，团结进步，反对投降、分裂、倒退；坚持办报与组织救亡运动相结合的方针，同抗日群众建立密切关系。该报日发行量8,000份，影响及于西南、华南各省与海外。郭沫若在上海主办《救亡日报》的同时，还组织文化宣传队、战地服务团赴前线劳军。

25日 中共中央在洛川召开政治局扩大会议，通过了《关于目前形势与党的任务的决定》和《抗日救国的十大纲领》。

26日 刘湘发表《告川康军民书》，号召大家集中精力，站在国家民族立场上，为民族抗战而效命。《告川康军民书》称："中国民族为谋巩固自己之生存，对日本之侵略暴行，不能不积极抵抗，此盖我全国民众蕴蓄已久不可动摇之认识。今者，自卢沟桥事件发生，此一伟大之民族救亡抗战，已经开始；而日本更乘时攻我上海，长江、珠江、黄河流域各大都市，更不断遭其飞机之袭击。我前方将士，奋不顾身，与敌作殊死战，连日南北各路，纷电告捷；而后方民众，或则组织后援，或则踊跃输将，亦均有一德一心，誓复国仇之概。默察此次战争，中日双方均为生死关头，而我国人所必须历尽艰辛，从尸山血海中以求得者，厥为最后之胜利。目前斗争形势，不过与敌人搏于寝门；必须尽力驱逐大门之外，使禹域神州，无彼踪迹，不平条约，尽付摧毁，然后中国民族之独立自由可达，而总理国民革命之目的稍告完成也。惟是艰苦繁难之工作，必须集四万万人之人财力以共赴；而四川为国人期望之复兴民族根据地与战时后防重地，山川之险要，人口之众多，物产之丰富，地下无尽矿藏之足为战争资源，亦为世界所公认。故在此全国抗战已经发动时期，四川七千万人民所应负担之责任，较其他各省尤为重大。我各军将士，应即加紧训练，厉兵秣马，奉令即开赴前方，留卫则力固后防。各界奉公人员与文化知识份子，更应集中精力，分配部门，一致努力于后方民众之组织训练，与战时管理建设诸工作。我农工商各界广大民众，为组织中华民国之主要份子，尤应认清责任，及民族解放与民族抗战之不可分割，敌忾同仇，毁家纾难，在国家统一指挥下，整齐步调，严整阵容，在实际战事上为前方之后盾。如此军民一心，上下共济，只知目前抗敌是唯一的中心，只知抗敌解放中国是唯一的坦道，排除一切歪曲的认识，克服一切事实的障碍，前仆后继，百折不挠，则最后胜利必属于我民族，而抗战始于斯时告其完成。湘忝主军民，誓站在国家民族立场，在中央领导之下，为民族抗战而效命。年来经纬万端，一切计划，皆集中于抗敌。睹我七千万同胞抗敌情绪之高亢激昂，与其意识之坚决，所以领导提挈之者，惟恐落后。今战幕已启，正吾人躬行实践之时，是非诚伪，正于斯时判决。我各界人士尚不及时奋然兴起，平日空言高论之谓何？务即摩顶放踵，贡献民族斗争。湘倘或不忠于抗战，愿受民众弃绝；抑或各界人士反暴弃退缩，湘亦执法以绳其后。须知国家民族之生命，系于此时，非可容吾人之瞻顾与假借也。至敌我长短，政府知彼知己，早经分析；连日前方战报，亦予吾人以事实上之证明。总之，我民族为自己生命及世界人类公理正义而奋斗，势逼处此，虽赤手空拳，尤当与彼飞机重炮一角；何况我优势正多，前途利钝，只系于吾人今后决心与努力之程度如何。我各界人士其共兴起！各界人士其共凛之哉！"

27日 刘湘召开四川省财政会议。

△四川省各界抗敌后援会为"在大光明影戏院的抗战话剧宣传周"一事致函成都市警察局：本宣传周已定于9月1日起至9月6日止在大光明影戏院举行，并就全市范围分成西、南、东、北四区。

28日 四川省各界抗敌后援会致电国民政府军事委员会，要求坚决拒绝英国"中日军队共同撤出上海四周之地，上海为中立区，以中止战争"的提议，"将对日军事行动贯彻始终，庶百年之积耻得湔，千万之忠魂有慰"。

△四川省各界抗敌后援会发布《四川省各界抗敌后援会章程》，分12章75条，阐明后援会的宗旨是唤起民众、动员民众，在国民政府领导下抵抗敌人，保全领土，维护国家的主权独立。

四川大学抗敌兵役宣传团

30日 国民政府颁发全国征兵令："东邻肆虐，侵我疆土，自非全民奋起，合力抵抗，不足以保卫国家之独立，维护民族之生存。在此非常时期，凡属兵役适龄之男子，均应有入营服行兵役之义务。兹特依《兵役法》第三条之规定，着由行政院转饬各兵役主管机关，得随时征集国民兵，俾资服役，而固国防。"

△川康绥靖公署决定：出川抗敌部队，限1937年9月5日以前开拔。所需开拔费480万元，由四川自筹。办法：向中央银行、中国银行两银行共借200万元，重庆金融界及绅商借垫280万元。

是月 国民政府财政部电咨四川省政府，要求整理战时地方财政。指出：一、各级地方政府支出预算，原则数目，应加尽量缩减，其不急需之款，暂缓支付，以留余力。二、地方收入之可靠者，无过于田赋及营业税两项，必要时可为筹措战时之资源。城市负担，在于房捐，九月亟应同时加以整理。三、非常时期，后方治安为要，尤以稳定金融、平准物价、调节粮食三者为最重要。……渝行营每月开支为十二万余元，九月起缩减为每月八万余元；川康绥靖公署每月薪饷开支亦从九千余元减为四千元。

△丁雪松等发起组织重庆妇女抗敌后援会，12月改称中国妇女慰劳自卫抗敌将士委员会重庆分会（简称"重庆妇女慰劳会"）。

9月

1日 川军出川抗战部队分东、北两路出发，东路集中重庆及下游各埠，乘轮东下；北路徒步至宝鸡乘火车东进，开赴平汉铁路方面担任防务。全面抗战时期，川军先后调入抗日前线共有6个集团军及部分独立师旅，约占国民政府抗战兵力的五分之一。此外，还调出257万壮丁参战。1938年9月，四川各界集会，定九月一日为川军参战永久纪念日。

△重庆防空司令部正式成立，指挥区域包括南岸、江北、瓷器口、广阳坝等地。重庆行营委重庆警备司令李根固为重庆防空司令。

△四川省各界抗敌后援会话剧宣传周开幕，先后演出《保卫卢沟桥》等抗日话剧。

该会动员成都各学校学生，组织430余个宣传队宣传抗日。

2日 四川省政府为筹集临时困难费，决定在1937年田赋项下，附征三成，加收国难费三成，三征共加收九成，以资挹注。省政府通令全川各县（市）遵照办理。原令为："暴日侵凌，抗战开始，前线之胜负，系民族之存亡。吾川虽远处后防，举凡人力财力，自应贡献国家，加强力量，延我国脉。关于粮秣之输送，资源之补充，部队之增援，后方之设备，皆为川人应负之责任。惟此种种，均非筹集巨款，支应无从。自上季亢旱成灾，各县缓征以来，库空如洗，负债日深。当此前线激战之际，国势垂危之秋，既不应以后防急用，上累中央；亦不能以集款艰难，放弃责任。乃遵委员长及行政院迭电指示，增加税源，力筹自给办法。特规定本年度田赋，暂加临时国难费附加三成。全军三征县份，共数九成；一征或两征县份，准照比例办理，以期集腋成裘，俾资填补。此项附加，即从本届开始征收。其征收手续，于粮民完税时，在粮票上加盖'奉命自二十六年度起，每年田赋暂增临时困难费三成'字样戳记，并注明加收数目，以资识别。"

△四川省教育厅公布：已办义务教育146县，计：短期小学3,431所，共开设6,493班，受课学生276,305人；暂设短期小学1,022班，招收学生17,800人。全省短期小学教师5,809人，开支经费997,414元。

3日 出川抗日川军经国民政府军事委员会编为第二路预备军，总部设许昌，刘湘任司令长官，邓锡侯任副长官。下分设两个纵队，第一纵队司令由邓锡侯兼任，副司令孙震；第二纵队司令由刘湘兼任，副司令唐式遵、潘文华。

△四川大学抗敌后援会宣传队分赴温江、郫县、新繁等县宣传抗日救亡。

△成都市各业商人共同商定：各商家不得再购售日货；已购进者登记，偷进及隐匿不报者，由市商会呈请政府没收货物，查封商店。

4日 四川省政府通令各（市）县，从速增设兵役股，办理兵役事宜。

5日 四川省各界民众欢送出川抗敌将士大会于上午9时在成都少城公园大光明电影院举行，刘湘及各军、师、旅长和各界代表万余人到会。大会由张澜致辞，并向出征将士献旗，大会气氛热烈。

△四川省政府决定：缩减政务费四分之一，将省预算原列支的1,600万元缩减为1,200万元。

△刘湘电贺朱德、彭德怀就任第八路军总指挥、副总指挥职。

△四川省战时后方统制委员会成立，对抗战物资实行统制、开发和建设。刘湘任委员长，聘尹仲锡、张颐、张秀熟、邓汉祥等为委员或专门委员。

6日 陕甘宁边区工农政府正式更名为陕甘宁边区政府，辖23县。

9日 国民政府国防参议会成立，成员包括共产党的周恩来，青年党的曾琦、李璜、左舜生，国社党的张君劢、张东荪，国民党的陈布雷、周佛海、陶希圣、傅斯年。

10日 四川省政府发布统计数据：（1）全川土地（除重庆市、靖化县、金汤设治局及三峡实验区以外），共417,734平方公里；（2）人口（除昭觉、盐边两县外），共52,085,011人；（3）田赋额（除成渝两市及昭觉县外），一征共为7,573,819元。

△西康建省委员会因地方政府经费拮据向国民政府发出请缓设西康省、裁撤巴安行政督察专员公署的要求。

是旬刘湘设立川康绥靖公署武汉行营。

△川军第21军唐式遵部，分别自邛崃、内江等驻地向重庆集中，候轮东下赴抗日前线。川军第47军李家钰部，自西昌徒步出发，开赴北方战场抗日。

12日 第二路预备军副司令长官邓锡侯奉命兼任第4军团军团长。

△四川省统制委员会组织肃清仇货委员会，并制定《根绝日货办法》。

△四川省义务教育委员会公布：1937年度义务教育经费增加为200万元。

△张志和等创办的《抗战周刊》发刊。

13日 重庆市20余校学生代表在国民党重庆市党部开会，筹组重庆市学生抗敌会。

14日 四川省政府秘书长邓汉祥致刘湘签呈："金陵大学移蓉借用小天竺暨桑蚕学校两处，略事修葺，堪充宿舍之用。……实因钧座每次谈话对外省避难来川者，无论何界人士或求学学生，应予优待之表示。"

△日军在制订大轰炸南京的作战计划中，明确指出："在制空权下，对南京的军事、政治、经济各机关进行空袭。""轰炸不一定直中目标，使敌人恐惧为主要目的。"

17日 国民政府财政部转录军政部《关于解决四川财政与军费问题意见致关吉玉代电》，以四川财政病态，虽由军费支出过多，然其最大原因仍在年度预算不能确定，收入多不可靠，额定支出多越范围。

18日 《星芒周报》在成都创刊。该刊为中华民族解放先锋队成都部队（简称"民先"）组织的"星芒通讯社"创办，胡绩伟任主编，主旨是开展抗日救国宣传。

△成都各界抗敌后援会召开"九一八"六周年纪念会，与会群众万余人。大会呼吁政府：立刻武装民众，彻底开放学生救国运动，彻底查缉日货，肃清汉奸、卖国贼，对日实行经济绝交，动员全民族对日抗战。会后举行了声势浩大的示威游行。

△四川救国公债分会在四川省政府大礼堂举行成立大会。刘湘任主任委员，刘航琛任副主任委员，委员由何北衡、胡文澜等12人担任。该会的任务是在三个月内，即在12月份底募足1,700万元交付国民政府财政部。为了统一部署起见，四川分会制定《四川救国公债办事大纲》，规定"各县（市）设支会，以县长为主任委员、征收局长，地方财政委员长为副主任委员，并由主任委员遴聘地方正绅九人为委员"，同时对各个县（市）及各个行业实行了分配计划。计划将全省150个县按富裕程度分为14等，每等级的摊额从0.4万元到16万元不等。

19日 日机轰炸南京。到25日，轰炸南京11次，夺走大量市民的生命，并造成非军事设施的严重破坏。

21日 第二路预备军长官司令部成立武昌行营，余中英任参谋长。

△川康殖业银行、重庆平民银行、四川商业银行等三家私营银行，实行合并经营，改称"川康平民商业银行"，资本定为400万元，总行设重庆，以宁芷村为新行总经理。

22日 根据国共两党代表自7月中旬至9月下旬在庐山、南京的六次谈判，国民党通过其中央通讯社发表了《中共中央为公布国共合作宣言》。23日，蒋介石发表谈话，实际上承认了中国共产党的合法地位和团结救国的必要。至此，国共两党第二次合作的抗日民族统一战线正式成立。

△救国公债四川劝募分会成立，刘湘任会长。四川认购额为1,900万元。

24日 国民政府军事委员会重庆行营与四川省政府在重庆合组成立四川贸易局。其职能为取道滇越铁路进出口货物办理报关、运输及保险业务，蔡元龙为局长，何北衡、吴晋航为副局长。

△中共代表罗世文到达成都，带来毛泽东写给刘湘的亲笔信和刘湘派驻延安的代表王干青写的介绍信。罗世文还带来朱德、刘伯承等八路军高级将领分别写给刘湘、刘文辉、邓锡侯、潘文华、杨森等川军将领的信，加强了对四川实力派的统战工作。

28日 川康绥靖公署奉令抽调作战补充队10,000人，已集于重庆候轮东下。

29日 国民政府军政部在四川设八个募兵处，预定募兵15,000人。

30日 国民政府公布《金类兑换法币办法》，改黄金放任政策为统制政策。

△四川省政府建设厅订立《四川省战时增加粮食生产办法》并公布施行。

△四川省政府令公路局整理全川公路，决定于1937年10月10日前川、黔、陕、湘等五省联运。

△中共中央派张曙时以特派员身份返川，开始进行建党工作。同时派李一氓一同来川，建立共产党与刘湘之间的正式关系。一个月后，李返延安，中共中央即派罗世文以正式代表身份来川，与刘湘继续联系。

△四川省政府拟定《四川后方国防基本建设大纲》，举出三大要目：（1）开发五大资源（动力、化学、粮食等），（2）创立、扩充八大工业（炼钢厂、铜矿局、兵工厂、机器制造厂、基本化学工业、水泥厂、纺织厂、伐木公司等），（3）修筑完成三大铁路（修筑成昆、成宝路，完成成渝路）。此计划后被束诸高阁，并未实施。

△成都《国难三日刊》出版，钟汝为任社长。12月6日，刊物被国民党当局查封。后经改组，由刘东父任社长，继续出版。

△四川青年救国会（简称"青救会"）在成都成立，创办了《救亡周刊》，由熊复任主编，肖泽宽负责发行。后"青救会"与"民先"合并，出版了《星芒救亡联合周报》。

△由中共党员发起组织的"四川省妇女抗敌后援会"在成都成立。该会出版了《妇女呼声》，举办了4期妇女训练班，组织了前线慰问队，积极开展出征军人家属的优待工作。1939年下半年，该会被国民党解散。

△四川省政府颁布《四川省根绝仇货规则》，共18条。

△四川省政府为适应非常时期发展西南交通起见，拟修川滇路。

10月

1日 四川省政府为优待本省出征将士及义勇壮丁，免除其义务及解决其家属生活困难起见，特拟定《出征将士及义勇壮丁优待条例》，已由省务会议通过。《出征将士及义勇壮丁优待条例》要点：（一）凡合作、农贷，各种仓储、义赈、农赈，对出征将士及义勇壮丁之家属清贫者，应优先贷与，或提早发放。（二）出征将士及出川义勇壮丁所遗田地无人耕种者，应由当地保甲长组织耕种队，轮番代其耕种。（三）其家属所负债务，在出征期间，债权人应暂缓催收。（四）如有被告未了案件，在出征期间，亦不得向其家属追问。

△重庆开始征收战时临时统税。凡进口货物，无论空运、陆运、水运，均一律按照转口税征7.5％。

2日 刘湘令出川抗日的第二预备军所属各军、师、旅长，限于10月中旬到达指定地点待命。

△四川省政府颁布《四川省抗战时期中心工作提要》，其主要内容如下：训练民众，补充兵源，储备粮食，厉行禁烟、禁毒，增筹战时财政，训练战时需要的技术人员，尽量开发资源，建设各种工业，完善各种交通，振兴水利，实施战时教育，维持地方治安等12项。

△四川省禁烟总局局长唐华辞职，四川省政府委高显鉴继任。

△四川省统制会议通过《战时利得税章程》。自1937年10月1日起，开征"战时利得税"。又议决征收"纸烟救国捐"，税率从价50％。

3日 前四川军政府都督尹昌衡等200余人在成都成立在野军人会，支持国民政府抗战，推胡文澜、肖静轩等为执行委员。

4日 四川省政府秘书长邓汉祥出席成都党政军联合纪念周，报告川军出师抗敌经过："四川抽调14师出川，原限8月底开拔，四川于诸种困难环境下，先头部队已于9月1日开拔。"

△四川省政府公布成都、新都等61县旱灾查报情形：十成收者有新都等2县，九成收者有成都等5县，八成收者有广汉等5县，五成以下者有叙永等32县。威远等6县只有一成收获。

5日 四川省政府向温江、郫县等13县征调民工2万余人修建成都凤凰山军用机场。

8日 四川省教育厅遵照国民政府教育部电令，呈报成渝各大学可容纳战区大学生来川借读人数：四川大学650人，重庆大学815人，华西大学400人，四川教育学院120人。

10日 成都文化界救亡协会成立。12日选出执监委。执委有黄宪章、李嘉仲、张宣、张秀熟、洪傲予、杜桴生、王达非、李劼人、车耀先等。监委有沙汀等。12月20日被国民政府勒令解散。

△由张澜、张秀熟、金满城、沙汀等编辑的《抗战星期刊》在成都创刊。

11日 中央大学自南京迁重庆，觅定沙坪坝松林坡为校址，定次月复课。

12日 国共两党达成协议：除广东琼崖红军游击队外，留在南方八省的红军改编为国民革命军新编第四军，以叶挺为军长，项英为副军长兼政治委员，军部设南昌。翌年2月编成。下辖4个支队，9个团，共10,300人。

13日 王铭章师长由成都飞西安，赴前线督师。川军孙震部经过陕西继续北上，先头部队日前过潼关开赴前线。

△川军第20军军长杨森，自对日抗战发动后，率部由贵州开赴前线。本日晚杨森率所属第133师师长杨汉域、134师师长夏炯，在淞沪蕴藻滨大场一带，与日军第三师

主力相遇。敌以优势火力向我军猛烈攻击，我军在杨、夏两师的协助下奋勇抵抗，陈家行顿悟寺得以保住。嗣因敌部源源增兵，攻势益烈，我军伤亡惨重。133师799团团长林相侯，及所部营长先纠华与全团官兵千余人，同殉国土。

15日 国民政府军事委员会改任第二路预备军司令长官刘湘为第七战区司令长官；邓锡侯为第22集团军总司令，孙震为副总司令；刘湘兼任第23集团军总司令，唐式遵为副总司令。11月底委陈诚为第七战区副司令长官。

17日 川军刘雨卿第26师开抵淞沪战场，到大场接替38师。

18日 重庆市及江北、巴县各界民众在夫子池举行欢送出川抗敌将士大会。

△四川省政府成立四川救济难民分会，办理战区来川难民之救济安置事宜。

19—26日 川军第20军经过与日军的四次激烈拉锯战，仍全线屹立。

22日 邓锡侯、孙震由成都乘机飞抵西安，赴前线督师。

23日 川军第26师，由师长刘雨卿率领，自黔南驰赴淞沪前线，于本月17日抵达上海大场，进入战斗序列，与日军接战。敌以优势火力，向我军猛攻，刘师装备虽较差，而全师官兵无不奋勇争先，予敌打击。经七昼夜之惨烈鏖战，我方计阵亡团长1员，伤亡营长11员，初级干部及士兵伤亡达70%。敌方死伤亦极惨重。我军最终固守阵地，等待友军接替，圆满完成任务。国民政府统帅部于1938年春在汉口召集全国高级干部，举行军事会议，检讨第一期作战得失，蒋介石嘉誉26师为参加淞沪战役中战绩最优的五个师之一。

24日 晋东娘子关战况紧急，平汉路日军14师团由娘子关南之侧鱼口镇窜入晋东，有窜袭娘子关我军侧后之企图，川军第41军221师王铭章部364旅，由旅长王志远率领，到达晋东前线，参加作战。由川军第41军、45军编组而成立的第22集团军（总司令邓锡侯，副总司令孙震），在第二战区与日军对战至12月，始改调第五战区。王志远旅到达阳东车站，奉命向铁道东南侧方向之东回镇、西回镇、马山村前进。25日抵马山村西端，与敌遭遇，战斗惨烈。王铭章师长继率366旅童澄部到达阳泉，配合王志远旅，阻敌西进。26日，41军214师372旅曾苏元部抵阳泉，受王铭章指挥。27日，124师税梯青代师长率370旅吕康部抵寿阳，于28日徒步推进辛与镇，支援作战。131师及124师的372旅迄29日止，与敌血战三昼夜，伤亡甚重，奉命撤至寿阳以南的龙泉镇，继续阻敌。11月2日，寿阳失守，友军向铁路以北转移，3日，该集团军向太原转移，6日，先头抵太原南的南盘村，猝遇敌袭，后方跟进各部，在榆次以北地区，亦遭受敌袭，均西退至太常镇，始悉太原已撤守，友军均退向晋南地区。12日，退至晋南洪洞，与指挥晋南国军的卫立煌部取得联络，奉命扼守晋南韩侯镇一线，拒敌前进，自此与敌对峙迄12月。

24—30日 第22集团军总司令邓锡侯、副总司令孙震飞西安转赴太原，向阎锡山报告所部情况，请求换发和补充武器装备。该集团军原属第七战区刘湘指挥，担任平汉铁路方面的作战任务。国民政府军事委员会以晋东战事吃紧，令其不待集中及补充、换发武器装备，随到随开，驰赴山西战场。该集团军先在娘子关以南、以西阻敌。11月12日，集团军全部退至晋南洪洞和韩侯岭一带作战，牺牲极大。至12月，调离山西战场时，计122师损失二分之一，124师损失三分之一。在洪洞期间，邓锡侯、陈离等曾会晤朱德总司令，请朱为该军连长以上军官讲解抗日游击战的战略与战术，使官兵备受鼓舞。

邓锡侯报告称："四川抽调14师出川，原限8月底开拔。四川于诸种困难环境下，先头部队，已于9月1日开拔。由东路出川之田冠五等部，早已到达指定地点；陈师亦均分别由渝万乘轮出川。其他各部，均已离开原驻地点，分别向渝万两地开拔，候轮东下。至于由北路出川之孙、邓各部，已早有一部到达宝鸡；大约不出一月，即可全部开赴指定地点。因大部队之移动，一切准备，自须相当时日。如交通不方便而必须步行，则每日行程不能超过百里。凡非轻装之长途行军，都是如此。四川出征军之所以不能迅即到达前线，实有数因：（一）整军问题：四川整军结束期间，原定为8月15日……到8月底，仍即全部告竣，并赓即抽调各师，立即出动。（二）经费问题：各省应调部队所有开拔、作战各费，多由中央补助。川省因为向来情形较各省略佳，责成本省自筹……于万分困难中，另筹四百万元，作开拔及补发欠薪各费，刻已分别筹发。这是与他省出征部队有异的地方。（三）交通问题：大部队之活动，固须全赖交通工具之帮助。川中部队之开拔，东路经川湘、川鄂两路，北路经川陕路，皆须步行，不能利用少数汽车，以作军运。至于渝汉两线之少数轮船，因早由行营统制，以供运输中央驻川各部出川之用，无有余剩。除田旅系输运外，陈鸣谦师等近始商得行营同意，拨轮运输，所以能提前出川。否则川鄂相距数千里，自非数日之时间，即可集中。"

25日 川军第23集团军唐式遵部到达郑州的先头部队陈万仞师，开赴河南新乡、汤阴一带阻击日军。唐式遵本日由重庆飞抵汉口。

△重庆熟毛、苏裱、机械、驳船、军服、西服等90多个工会，组织请愿代表团，到国民政府军事委员会重庆行营和重庆市政府请愿，要求立即从严处理被重庆抗敌后援会查获的日货。翌日，重庆35所高、初级中学的代表百余人，亦到重庆行营和重庆市政府请愿，要求处理这批日货。

27日 川军第22集团军孙震密电南京："顷据124师曾旅感亥电称，职旅宥夜赶到阳泉，奉黄副长官、孙总司令连仲命令，星夜兼程赴平定县前方石门口，部署阵地。感已方到石门口，午刻即与敌人接触。敌以飞机、大炮、机枪猛攻石门，我阵地自午至亥，死伤甚重。职督部尽力撑持，暂以牺牲决心，固守该点。"

28日 四川第一座水泥厂——重庆水泥厂开窑，日产900桶。

△四川省防空司令部编制《民间消极防空与设施讲义》。

29日 蒋介石在国民政府国防最高会议上做题为"国府迁渝与抗战前途"的讲话，确定了以四川为抗战大后方、以重庆为国民政府驻地的抗日方针。

30日 川军第22集团军孙震密电南京："顷据王师俭申电称，职师王、童两旅在西回村与敌遭遇，经有、宥两日激战后，官兵伤亡二分之一以上。计塞团陈营在争夺阵地战中全营牺牲殆尽，王团连长伤亡十员，排长廿余员。……又据曾旅俭电，职旅奉命扼守平定前方石门口、西郊村一带，感巳起，讫俭止，与敌激战。我744团伤亡颇重，其黄营因迭次向敌逆袭，全营牺牲，仅余数十。"川军第22集团军自10月26日至30日，在已结冰的天气里，还脚穿草鞋，身着单衣，手持简陋武器，坚守阳泉和平定达四天之久；后因战局变化，不得不放弃。

△四川省政府通令各（市）县，呈报各地出版物，并普遍加强邮电检查制度。

△中央大学医学院迁来成都，与华西大学合并上课。

是月 中共重庆工委成立，由漆鲁鱼负责。工委直接领导秘密组织"重庆各界救国联合会"；后来，又建立和领导了公开的救亡组织"重庆市文化界救亡协会"，广泛开展抗日宣传活动。

△四川省政府颁布《四川省抗战时期中心工作提要》。

11 月

1 日 成都文化界救亡协会招待本市外侨，揭露日本侵华罪行，争取国际声援。

△四川省政府决定，自本日起，将原按营业额征收2%的营业税率，增为征收3%。此前尚未开办营业税的（市）县，全部自1937年12月份起按新税率开征营业税。

△四川省政府决定，撤销成都市政委员会，恢复市长制，委陈炳光为成都市市长。

2 日 中国航空公司自本月起，开辟渝港航线。

△川灾救济会成立，嵇祖佑、冷曝东、雷飙等为常委，并将6月19日国民政府公布之赈灾公债600万元之用途进行了分配：农贷400万元，水利200万元。

3 日 重庆抗敌会战地服务团携带慰劳品赴前方服务，调拨运输工人，义务为服务团搬运慰劳品8万余件。

△旅蓉外侨致电九国公约会议，要求制止日本侵略。

4 日 李家钰率47军军部开抵广元。其先头部队于2日到达宝鸡，旋赴西安集中。

7—19日 常熟之役："11月7日，军团奉命……构筑常熟附近……19日晨，苏州亦失陷……20军以掩护15AG主力南侧安全为任务，经努力奋斗，坚苦撑持，始得遵限于19日晚完成任务。……本会战，我20军中将师长杨汉忠等13员负伤，上校团长林相侯等5员阵亡，其余连长以下军官伤亡亦多至280余员，士兵八千余名。战斗之惨烈、牺牲之重大，与乎各官兵同仇敌忾，视死如归之精神，可为概见。"

8 日 太原弃守。

9 日 第七战区司令长官刘湘奉命离开成都赴南京，请示抗战事宜，筹组第七战区司令部。川康绥靖公署及四川省政府政务，分别由总参议钟体乾、秘书长邓汉祥代行。

△国民政府禁烟总局决定：鸦片烟内销税每担600元，外销税每担300元，另加护运费80元。

10 日 刘湘在汉口将赴南京晋见蒋介石前，接受中央社采访，发表谈话：（一）抗战最后胜利必属于我。（二）四川省除已抽调壮丁3万员赴宁及补充各团2.5万员外，拟在两月内调足12万员；在物力方面，四川省之蕴藏至少可供全国抗战两年之需。（三）本人必尽其所能报效国家。

11 日 川康绥靖公署、四川省政府指令印发《仇货调查证训令》。训令说：为防止杜绝仇货过程中滋生流弊、策应事机起见，特由省后援会制定调查证，以备后援会工作人员使用，并将其作为发生特殊事件后，工作人员请求军警、宪兵及保甲人员协助的凭证。

12日 四川省政府订颁《救济战区来川借读大学生办法》，文件规定，除免除借读生学费外，每生每月救济费不得超过10元。由于国土沦陷，造成大量大学生失学，于是四川大学就成了他们的首选。1937年夏季，四川大学录取新生270人后，国民政府教育部命令再招137人。1938年6月，四川大学先后收借读生488人。对于大批涌入的借读生，四川大学校长张颐表示，对"因母校不能开学，来到这里借读的学生"，"我们更当一面表示同情，一面表示欢迎。因本校既属国立，合全国为一家，应无主客之分"。由于借读生大大超过本校学生，学生的结构发生了巨大变化。1938年，四川大学在校学生共1,318人，其中四川籍学生912人。

△国民政府军事委员会委任刘湘兼任四川学生军训总队队长，保安处处长为王陵基，国民军训会主任为杨芳毓，教育厅厅长蒋志澄兼副总队长。

△天池、黎民等人编辑的《抗战周刊》在成都发刊。

13日 四川大学抗敌后援会发起援战反奸运动，组织"汉奸理论检讨委员会"，由本日至20日开展"汉奸理论检讨周"活动，对各种投降论予以批驳。在此前后，重庆文化界救亡协会亦相继召开民众肃清汉奸示威大会、检讨汉奸理论座谈会。

△四川省第一期应征壮丁10万名已征调足额，集中重庆候轮东下。

15日 四川省财政厅拟定《抗战时期四川财政工作大纲》，提出：（1）整理田赋。（2）改进营业税。（3）推广房捐。

△代行国民党中央政府委员会职权的国家最高决策机关——国防最高会议常务会决定，国民政府及中央党部迁都重庆。

16日 战地服务团成都办事处运皮、棉背心25,000件赴前方慰劳抗敌将士。

△国民政府迁都重庆的法律程序完成。

△国民政府主席林森在南京登永丰舰，次日启程西上。到宜昌后，换乘民生公司民风轮，继续上驶。

18日 四川省政府订立《四川省抗敌救亡宣传纲要》，发全川各（市）县加强宣传。

19日 蒋介石在南京国防最高会议讲话，指出"自从'九一八'经过'一·二八'以至于长城战役，中正苦心焦虑，都不能找出一个妥当的方案来执行抗日之战"。到了1935年进入四川，"这才找到真正可以持久抗战的后方。所以从那时起，就致力于实行抗战的准备"。

20日 上海沦陷。

△国民政府就迁都重庆发布第751号《移驻重庆办公宣言训令》，并通告中外：迁都重庆，继续抗战。面对日寇贪黩暴虐，《移驻重庆办公宣言训令》说："国民政府兹为适应战况、统筹全局、长期抗战起见，本日移驻重庆，此后将以最广大之规模，从事更持久之战斗，以中华人民之众、土地之广，人人本必死之决心，以其热血与土地凝结为一，任何暴力不能使之分离，外得国际之同情，内有民众之团结，继续抵抗，必能达到维护国家民族生存之目的。特此宣言，惟共勉之。"

△四川省政府主席刘湘特电国民政府主席林森，代表全川民众竭诚欢迎其莅川。

21日　重庆市文化界救亡协会成立，吴朗西、方召、肖崇素等当选为执行委员。

△川军大部出川抗敌，为兵员补充、不虞缺乏计，四川省政府下令在渝、万、嘉、泸四处设补充兵训练处。

23日　47军军长李家钰偕该军师长李宗昉、李清廷等三人飞抵西安。其部47军已全部出川。

24日　川军第23集团军唐式遵部，自平汉路调至京沪地区阻敌西进；该部之144师、147师，在宜兴、长兴至湖州一带拒敌，掩护自淞沪战场西撤之国军，直到27日午夜始移交防务。是役两师伤亡极重，144师师长郭勋祺、旅长黄柏光均受伤。

25日　国民政府以重庆高级工业中学（大溪沟学田湾）为驻渝府址，并改建完成。

26日　国民政府主席林森乘船抵达重庆。重庆军政当局及各界代表十余万人前往码头热烈欢迎，盛况空前。此时的重庆成为中国名副其实的政治、经济、军事和文化中心。

28日　第七战区司令长官刘湘吐血病发，由南京转汉口万国医院治疗。

△四川大学抗敌后援会部分师生，在该校进步教授黄宪章、学生康乃尔率领下，到凤凰山慰劳修筑机场的民工，师生们见民工住所破陋，不能抵御冬寒，除由该后援会买3万斤稻草捐赠民工外，又组织成都大、中学生代表到四川省政府请愿，要求改善民工待遇。国民政府军事委员会重庆行营竟电令川康绥靖公署，以煽动民工、破坏国防工程罪，传讯、法办黄宪章、康乃尔。12月6日，黄宪章被逮捕。经四川大学师生坚持不懈的斗争及社会舆论的强烈抗议，当局被迫将黄宪章释放。

30日　广德陷敌。守军川军145师师长饶国华殉国。28日，饶国华奉命据守广德，奋战两昼夜，伤亡枕藉，孤军无援，饶于本夜自戕殉国。

是月　四川省政府颁布《抗战时期四川财政工作大纲》。从整顿田赋、改进营业税、推广房捐进行了详细的、原则性的规定。

△川军第27集团军参加武汉会战，担任安庆长江以北沿岸防务。

△由夏云瑚率领之上海影人剧团，包括上海明星、联华、艺华、新华各电影公司演员白杨、吴茵、谢添等60余人抵重庆，连日作抗日救亡宣传演出。

△"民先"成都部队编印的《抗日先锋》出版。

△四川在国内首次使用旋转机在巴县钻获天然气。

12月

1日　国民政府迁都重庆，府址设在曾家岩大溪沟重庆高级工业中学，开始正式办公。

△八路军在平型关大捷的消息传到南充，南充蚕丝改良场职工，凑资缝制丝绵背心1,000件赠送八路军，表示慰问和支援。

△四川铜梁县竭诚欢迎、拥护国民政府转移到重庆进行持久抗战。欢迎大会在《宣言》中说："四川为最后民族复兴的根据地。今天'元首'莅渝，已算是最后胜利的决

定了，就很值得我们的集会欢迎，很解得我们的忧虑疑惧了。历史告诉我们，民族斗争，有战无和，假如似宋对金，和战不定，抗战不终，必至亡国无疑。我国府今既移渝，坚定长期抗战的决心，便和欧战时的法都，从巴黎移住宝图，得到最后的胜利一样，不是很好的消息么？我们民众就该在欢迎'元首'莅渝声中，全体动员，积极致力于农工商学各业务，来做长期军实的补充，来做抗战到底的准备，尤其要把现在的财力、物力、人力尽量献给国家，来做复兴民族的先驱，来做最后胜利的后劲。"

△23集团军副总司令唐式遵、潘文华在安徽防次兼任第24、25军团长。

6日 西康省各界竭诚欢迎、拥护国民政府转移到重庆进行持久抗战。

7日 国民党中央党部举行迁重庆后的首次执监委员、常务委员联席会议。

10日 四川省政府公布《四川省初中以上学生寒假在校战时训练教育大纲》，共16条。中共四川省工委，通过统战关系，派张秀熟、杜桴生、刘披云等一批党员，进入战训团任职，向学生宣传中共的抗日救国主张。

11日 国民政府明令褒扬饶国华的英勇事迹，同时追赠其为陆军上将，准予国葬。命令说："陆军第145师师长饶国华，夙娴武略，忠勇性成。此次奉命抗敌，率部应战，奋厉无前。乃于反攻泗安之役，躬冒锋镝，捐躯殉职。追怀忠烈，悼惜弥深。应予明令褒扬，并交行政院转行从优议恤，以彰忠尽，而励戎行。"

12日 重庆市及江北、巴县各界在夫子池公共体育场举行追悼饶国华师长暨全国抗敌卫国将士大会，到会民众万余人。国民政府军事委员会委员长蒋介石为重庆灵堂撰写对联："虏骑正披猖，闻鼓鼙而思良将；上都资捍卫，冒锋镝以建奇勋。"

13日 南京沦陷。

△四川省政府省务会议通过《1938年度地方经费预算纲要》。要点：（1）以1937年度经费的八成，作1938年度地方开支，以二成作为战时新增事业经费。（2）裁员减薪，裁撤县金库、修志局等骈枝机构，使地方经费开支不得超过1937年度八成。

14日 北平伪政权"中华民国临时政府"成立。

16日 四川省政府通令：学生参加校外集会、学校延聘校外人士讲演者，在成都应报省政府核准，在外地应报当地市、县政府核准。

20日 张曙时向中共中央报告四川政局、党派活动、民众运动和党的组织工作时说：在四川政局方面，刘湘对西南桂系军阀进行联合，对共产党表示友好，对民众运动极力支持，四川呈现出一派开明趋势。这正是由于中国共产党注重统战工作，尤其是上层统战工作的加强，使共产党和四川实力派的关系前进了一大步，改善了抗日救亡活动的社会环境。

21日 四川省动员委员会成立。其职能为动员人力、物力、财力支持抗战。

23日 南京伪"维新政府"成立。

25日 四川禁烟总局公布历年禁烟收入：1933年7,806,428元；1934年10,182,430元；1935年5,991,646元；1936年6,809,704元。

27日 中央工矿调整委员会在武汉开会议定：西迁纱厂不得少于5万锭，震环及裕华两厂共迁3万锭，新申迁2万锭。

28日 成都设立灵堂，为饶国华将军举行追悼大会。国民政府军事委员会委员长蒋介石为成都灵堂撰写对联："秉节之来，捍国卫民方倚畀；存仁而达，喑生吊死倍哀思。"

△成都剧人协社成立，吴雪、朱影樵、匡直等九人为理事。

31日 国立四川大学抗敌后援会完备组织、落实人员、开展宣传任务。

下旬 刘湘向蒋介石提出撤销国省联合金库的要求，川康军费由国库开支，四川省预算由四川省财政厅执行。经蒋介石同意，定于1938年1月1日起执行。

是月 川军第22军军长杨森升任第四兵团副司令，受第五战区指挥。部队移安庆整休。该部经由四川拨给的六个补充团补充并更新装备后，担任长江北岸舒城、庐江、桐城地区的防务。

△中共中央派邹风平、廖志高、于江震等6人从延安来四川，恢复和重建四川党组织。邹、廖于12月14日到达成都，当月在平安桥街设立了中共四川工委机关。根据中央决定：邹风平任四川省工委书记，廖志高任副书记；于江震等4人赴川北开展工作。在四川省工委的领导下，罗世文以八路军驻成都代表的身份，从事上层统战工作；张曙时以中央特派员身份从事秘密工作，在四川省工委内部分管统战工作，负责统战部。他通过郭秉彝等继续和刘湘及其上层幕僚保持联系，开展统战工作。在此前后，宜宾党组织开展对宜宾行政区督察员冷寅东的统战工作。而国民党中将参谋长吕超，在共产党团结抗战政策的感召下，也秘密派人从宜宾持他的团结抗战亲笔信到延安，吕超的代表受到毛泽东的亲切接见，毛泽东复函给吕超，指出："团结为第一义，此物此志，当与先生同之也。"

△四川省政府主席刘湘嘱托建设厅厅长何北衡、工业专家胡先镳在汉口向愿意迁川的工矿企业详细介绍四川资源、设厂环境，并与各厂、矿代表20余人就运输、厂地、电力、劳力、原料、税捐等问题，进行具体商讨。因鉴于各厂、矿在武汉购地遭到地主抬高地价乃至拒绝出售的先例，故刘湘特电告四川省政府秘书长邓汉祥，务必协助迁川工厂购地，并予以减免赋税之便利。

△《烽火》半月刊在成都创刊。

是年 四川省政府制定《四川后方国防基本建设大纲》（简称《大纲》）。《大纲》明确指出："四川地广物博，为后方比较安全之地带，国人皆以复兴民族最后之根据地目之。故论其地位之重要，不惟关系长期战争最后之胜负，亦实为国家民族最后生命之所寄托。吾人今日对于四川，既真切认识其地位，宜迅速增厚其基础。在原有各种建设事业，除增进速度、努力完成之外，尤宜应非常时期军需及民生两面之要求，尽量开发其富有之资源，创立或扩大重要之工业，并修筑打通国际路线及作战需要之铁道，以完成后方重心之国防建设。"

《大纲》还指出："对于长期抗战之贡献，将不仅在兵员上陆续补充，而要在发挥古来所谓天府之国之富力，予国家以最大之供给。此固为支持长期抗战必要之图，亦为缔造新中国基础之良谋也。惟兹事体大，宜集中全国之人力财力以共赴之，绝非四川一省之力量所能担负也。"

《大纲》明确分析了四川尽量开发的五大资源，包括：（1）动力资源——煤炭、石油、水力；（2）金属资源——铁、铜、锑、金、铅、锌；（3）化学资源——硫、硝、

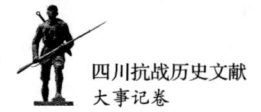

盐；(4) 粮食资源——米、麦、杂粮；(5) 服装资源——棉花、羊毛、皮革。《大纲》明确指出在四川创立或扩充的八大工业：钢铁、炼铜、兵工、机器、化学、水泥、纺织、伐木。次第修筑三大铁路：成昆、成宝、成渝。为争取上述资源、工业、铁道三项建设的顺利开展，《大纲》要求四川金融界应尽量予以支持，筹集资金；同时，还设立了统筹机关，以开展后方国防基本建设活动。

△南京金陵大学、山东齐鲁大学、江苏东吴大学生物系、北平协和医学院部分师生及其护士专科学校，先后迁来成都，借用华西协合大学校园复课。

△四川桐油出口22万担。

△全川符合《工厂法》规定，即拥有动力和30名工人以上的工厂，共115家，占全国工厂总数3,933家的2.93％；共有工业资本2,145,000元，占全国工业资本总额的0.58％；共有工人13,019名，占全国工人总数的2.85％。全川有手工纺车228,710架，手工布机约10万台（折合铁轮机65,606台）。

△全省已完成的公路里程共计5,000公里。

△自"七七事变"到1937年底，全川分批送武汉转拨前线部队补充的壮丁达103,837名。

△截至1937年底，法币发行总额为16.39亿元，发行指数为117％。同期，重庆物价趸售指数为98.00％，货币购买力指数为战前的100.72％。

1938年

1月

1日 国民政府改组行政院，蒋介石请辞行政院院长兼职，孔祥熙、张群继任行政院正副院长。铁道部并入交通部，实业部改为经济部。任陈立夫为教育部部长，张嘉璈为交通部部长，翁文灏为经济部部长。

△刘湘为重申四川支持抗战的决心，特发表元旦论文，题为"长期抗战中的四川"。文中提到四川的地位一天比一天重要，四川是一致拥护政府抗战到底的；并深信有四川作为抗战的一个忠实后方，抗战一定能够进行到底并最后取得胜利。

△国民政府军事委员会免去刘湘第23集团军总司令兼职，任命该集团军副总司令唐式遵为总司令。

△周文、沙汀等联络在蓉作家朱光潜、李劼人、陈翔鹤、曹葆华、谢文炳、叶菲洛、周太玄等20余人成立成都文艺界联谊会。

2日 上海生活书店在成都祠堂街156号开设分店。

△四川省粮食管理委员会在成都成立，四川省民政厅厅长嵇祖佑兼主任委员，何北衡、刘航琛、王陵基、何乃仁等为委员。

3日 国民党中央和国民政府在重庆忠烈祠公祭四川先烈。

6日 四川省政府查封《锦江新闻》，并规定：以后凡新闻稿件，未送检者，不得刊发。

7日 熊佛西领导的中华平民教育促进会农民抗战剧团一行23人抵成都。

9日 成都学生寒假战时训练在南校场开学，来宾及学生共12,000余人。

△国民政府军事委员会重庆行营订颁《整理川黔两省各县保甲方案》。

10日 四川省财政厅厅长刘航琛谈四川国税、省税划分办法：自1938年起，盐税、统矿税、印花烟酒税由中央征收；田赋、契杂税、屠宰税、营业税、房捐等由四川省征收。军费由中央发放、政费由省库支给。

本旬 四川旅外剧人组织的抗敌演剧队一行20余人，由吴雪、黄亿年率领，2日抵渝演出，后又到成都演出《塞上风云》《夜光杯》《怒吼吧中国》等剧。继又往彭山、峨眉等十余县演出《中华民族的子孙》《群魔乱舞》《飞将军》《渡黄河》等剧。

11日 中共中央长江局主办的《新华日报》在汉口创刊，社长潘梓年。

△《华西日报》载：国民党关押政治思想犯的四川反省院裁撤。吴纪明等已先期保释，余下28名，经层转司法行政部向国民政府建议：准予取保释放。1937年11月10

日国民党中常会否定了该项建议,规定:受反省处分者,仍须一律送回监狱,依原判执行。

13日 国民党主办的《中央日报》刊发了冯玉祥、何应钦看望刘湘的消息。

14日 川军第22集团军邓锡侯、孙震所部,奉命驰援鲁南,收复邹县(邹县于6日陷敌)。

△四川省动员委员会开办兵役训练班。四川省肃清仇货委员会扣仇货。

15日 南京《新民报》迁重庆复刊。

17日 日本外交部声明:日本与中国国民政府断绝外交关系,但并未对华宣战。

△国民政府修正并公布《军事委员会组织大纲》,其中,战区划分为:一战区司令长官程潜,辖平汉铁路方面;二战区司令长官阎锡山,辖山西;三战区司令长官顾祝同,辖苏、浙;四战区司令长官由何应钦兼,余汉谋副,辖两广;五战区司令长官李宗仁,辖津浦铁路方面;八战区司令长官由蒋介石兼,朱绍良副,辖甘、宁、青;武汉卫戍司令陈诚。截至1938年1月,国民革命军共有总兵力210个师,35个步兵旅,11个骑兵师,6个骑兵旅,18个炮兵团,8个炮兵营。

△国民党成都市党部、成都市警察局联合成立成都市戏剧、电影检查委员会。

△四川漫画社成立,并举行第一次救亡漫画展览。

20日 川康绥靖主任、四川省政府主席、第七战区司令长官刘湘,在汉口万国医院病逝,终年48岁。刘湘弥留之际,口述遗嘱,略谓:"今后惟希我国军民在中央政府暨最高领袖蒋委员长领导下,继续抗战到底,尤望川中袍泽一本此志,始终不渝,即敌军一日不退国境,川军则一日誓不生还,以争取抗战最后之胜利,以求达到我中华民族独立自由之目的。此嘱。"

△成都戏剧界发起成立"成都戏剧界抗敌协会",下午2时,在国民党四川省党部开发起人会,推刘骥、熊佛西、孙怒潮、周慕源、陈彝、吴雪、倪岭啸等7人为筹备委员。后因国民党四川省党部的限制和阻挠,协会未得批准成立,但仍多次举行劳军公演。

21日 蒋介石明令撤销第七战区和七战区司令长官部,任命国防最高会议秘书长、行政院副院长张群兼理四川省主席,在汉口发表治川方针。消息传到四川,舆论哗然。"武德学友会"是刘湘仿照蒋介石的黄埔同学会成立的松散组织,他自任会长。后经中共地下领导张曙时等精心经营,郭秉彝等成为刘湘的高级顾问,郭还是"武德学友会"的总干事。他们帮助刘湘训练部队,培训抗日骨干,建立实际由中共领导的学会核心组织"武德励进",使得川军成为中共朋友。刘湘去世,"武德励进会"为稳定川军留川部队和四川局势,主要办成了三件事:(一)联络刘文辉、邓锡侯两部力量,共同抵制张群主川。当任命消息传来,"武德学友会"马上召开紧急会议,做出三项决议:1. 举王陵基为会长,主持"武德学友会"全面工作;2. 会议宣布,没有"武德励进会"的命令,所有部队不准调动;3. 立即与邓锡侯、刘文辉联系,团结全川实力派,反对张群入主四川,要求蒋介石收回成命。会后,刘湘生前高级幕僚张斯可即专程会见刘文辉第24军驻蓉代表,邀请刘文辉速回成都,共商大计。1月25日,王陵基、潘文华、钟体乾、乔毅夫以及郭昌明等师旅长数十人联名拒绝张群来川。蒋介石见留在后方的川军部队结成一体，不甘屈服，只得改变主意。1月29日，国民政府宣布在新任省主席未到任之前，四川省政暂由四川省政府秘书长邓汉祥代理。川康绥靖公署主任暂由总参议钟体乾代理。随后，又陆续宣布：邓锡侯为川康绥靖公署主任；潘文华为副主任兼28集团军总司令；王缵绪为29集团军总司令；王陵基为30集团军总司令，克日出川抗战。嗣后，令王缵绪代理四川省主席。至此川事暂告一段落，打乱了蒋介石完全控制川政的企图。（二）迫使王缵绪下台。川政暂时平静下来后，王缵绪就投向蒋介石的怀抱而置同僚于不顾，引起了川人的不满。"武德励进会"按照共产党的意见，决定赶王缵绪下台。1939年8月5日，成都发生"倒王事件"。刘文辉、邓锡侯、潘文华手下的7个师长联名发出通电，列举王缵绪十大罪状，要求蒋介石撤去王缵绪的四川省主席职务。与此同时，调动军队，摆出了以武力驱逐王缵绪的态势。蒋介石得知此事，十分震怒，立即令王缵绪以出川抗战为名辞去代理省主席职务。这时，张群本想借此机会入主四川，但仍然受到四川实力派的反对。蒋介石见时机尚不成熟，只好自己亲兼四川省主席一职，由成都行辕主任贺国光以四川省政府秘书长的身份代行其职权。"倒王"成功，增强了四川实力派的内部团结。（三）保卫抗日宣传阵地《华西日报》。《华西日报》是刘湘创办的四川省政府机关报，实际上是中共组织掌握的抗日宣传阵地。蒋介石及其代理人贺国光早有霸占《华西日报》的企图。1940年2月，贺国光指使其特务机关"复兴社"出面强行"接收"。"武德学友会"为了保卫这一重要阵地，同"复兴社"巧妙周旋，由邓汉祥、彭光汉、刘树成等组成《华西日报》董事会，在复兴社还未来得及动手之前，即派武装士兵强行接收。"复兴社"无计可施，"接收"失败。"武德励进会"通过"武德学友会"做出的努力，团结了川军留川将领，稳定了四川后方局势，为巩固和发展抗日统一战线，进一步争取四川实力派创造了条件。

22日 国民政府明令褒恤刘湘，追赠其为陆军一级上将并宣布举行国葬。原令为："川康绥靖主任、四川省政府主席刘湘，才猷练达，器度恢宏。早岁绾领军符，维护地方，励勤夙著。嗣膺兼圻主任，整军施政，悉洽机宜。尤于国家统一大计，竭诚匡助，卓识渊谋，至深嘉赖。近以奉命抗战，统率师旅，亲赴前方，筹策辛劳，宿疾遽增，遽闻溘逝，震悼良深。刘湘着追赠陆军一级上将，发给治丧费一万元，派内政部部长何键前往代表致祭。并交行政院转行从优议恤，生平事迹存备宣付国史，用示国家笃念功勋之至意。"

△国民政府行政院议决改组西康省建省委员会：派刘文辉、段班级、李万华、任乃强、叶秀峰、周学昌、王靖宇、韩孟钧为西康建省委员会委员。刘文辉为委员长，王靖宇为保安处处长。

26日 四川省政府转饬成都市政府关于调查成都"民先队"下乡宣传情形密令，调查该组织下乡的活动情况。"民先队"全称"中华民族解放先锋队"，是1936年2月为贯彻共青团中央《为抗日救国告全国各校学生和各界青年同胞宣言》的指示精神，在北平成立，并迅速向全国发展的抗日救亡组织。它类似改造后的团组织，是青年抗日救国运动的重要领导力量。受北平党组织和"民先队"总部的指示，共产党员韩天石、王广义通过报考四川大学来到成都，经过精心活动和宣传，组织了一批进步青年，于1936年10月初，在四川大学文学院秘密成立"中华民族解放先锋队成都部队"（简称

"民先"成都部队）。旋在成都的大中院校发展队员、开展活动、刊印《民先报》《M.S》周报等油印刊物。后来与中共党员车耀先共同重建"成都各界救国联合会"。11月初，在车耀先支持下，"民先"成都部队于车耀先开办的"努力餐"饭馆楼上创办了《活路》旬刊（出版三期，12月6日被当局以未获准立案为由强行停刊）。自此，"民先"成都部队联合各界抗日救亡团体，在成都掀起了广泛的抗日救亡活动，开展了支持傅作义绥远收复百灵庙的"援绥运动"，声援"七君子"活动等。在1936年12月12日西安事变中，"民先"成都部队以"学生联合会"（简称"学联"）的名义刊发《宣言》，通过散发、张贴《宣言》等行为，支持张、杨的八项主张，赞扬张、杨的义举，当时影响很大。国民党四川省党部惊呼：没想到成都共产党还有这么大的力量！并采取了相应的牵制措施，但反而促使"学联"更进一步地发展起来了。随着抗战形势的不断发展，"民先"成都部队还与同时活跃在成都的另一个青年抗日救亡组织联合起来，合并成立"中华民族解放先锋队"。队员发展到200多人，其活动也扩展到全川范围。它先后在广安、灌县、三台、罗江、乐山、荣昌、宜宾等县建立组织，开展活动，基本上把成都地区的学生运动、青年运动统一了起来，对全川的抗日救亡运动发挥了重要的指导作用。

28日 国民政府发表《维护领土主权及行政完整的声明》，指出："中国政府于任何情形之下，必竭全力以维护中国领土主权与行政之完整，任何恢复和平办法，如不以此原则为基础，决非中国所能忍受。同时在日军占领区内，如有任何非法组织，潜窃政权者，不论对内对外，当然绝对无效。"

△四川省棉作改良场分别向陕西、苏北订购脱籽棉种共10,000担，陕西棉种3,000担已在运川途中；苏北棉种，以战事作罢。

是月 国立中央戏剧学校由南京迁来重庆（后再迁江安）。

△郭沫若与于立群会合，同由广州赴武汉，就任国民政府军事委员会政治部第三厅厅长，并当选为中华全国文艺界抗敌协会理事。

△四川省政府颁布《四川省肃清仇货委员会密告惩奖暂行规则》，共8条。

△原属国家军事委员会的工矿调整委员会（1937年9月成立）改隶国民政府经济部，国民政府规定该委员会的任务有二：（1）扩张官营工业；（2）对原有或新设之民营厂矿，采用接管或加入股份等办法，由政府统筹办理或共同经营。

△和成银行在重庆成立，嵇祖佑为董事长，吴晋航为总经理。

△南京金陵女子文理学院迁来成都，与华西协合大学合并上课。

2月

1日 四川省政府决定，由重庆市市长、江北县县长、巴县县长、重庆市商会会长、四川省建设厅驻重庆代表、建筑专家、工业专家、国民政府军事委员会所属厂矿迁移监督委员会代表组成的"迁川工厂用地评价委员会"，拟定征地实施办法，以免地主抬高地价，规定凡迁川工厂，厂址用地税契一律免收契税附加三成（后减收五成），以示优待，并协助各工厂解决设备运输问题。

2日 蒋介石电李宗仁，以川军邓锡侯、孙震部纪律严明，人民爱戴，转战各地，备著勋劳为由，着即传谕嘉奖。

△日本外相广田弘毅在日本众议院宣布：中国国内已无日本承认之中央政府，中日两国已进入战争状态。

△国民政府军政部令四川各师管区及各部队停止募兵；所需新兵，概由各县义务壮丁常备队征调。

4日 刘湘灵柩运抵重庆。

5日 成都各界民众在成都少城公园举行刘湘追悼大会。

6日 国民政府军事委员会成立政治部，陈诚任部长，周恩来、黄琪翔任副部长，张厉生任秘书长，贺衷寒、康泽、郭沫若分任第一、二、三厅厅长。

△成都《华西日报》全文刊载美籍作家史沫特莱撰述的长篇通讯：《八路军之战绩》。

7日 阆中等35县开始办理农贷。

8日 蒋介石特电国民党中常会，以"川故主席刘湘兼绾军符，历膺疆寄，翊赞中枢，忠贞自矢。去岁领师抗日，不幸赍志遽殁，勋在党国，宜有特典以昭矜式。拟请由常会决议，转函国府，予以国葬"。9日，刘湘灵柩移送成都。

10日 上海光华大学迁川，定本月15日在成都王家坝临时校址上课。

上旬 为了策应平汉、津浦两线战事，八路军总司令朱德、副总司令彭德怀分别担任第二战区东路军总司令、副总司令。除八路军外，中央军李默庵部及川军李家钰部拨归其指挥。

12日 国民党中央常委会第67次会议通过蒋介石国葬刘湘的电谕。

13日 成都各界人士张澜、李璜、高兴亚、熊子骏、冷曝东、张志和、蔡军识、王干青、黄宪章、余中英、吴景伯、王白与、车耀先、李筱亭、刘披云等发起组织中苏文化协会四川分会。

△成都各界民众万余人为响应国际反日援华特别会议于本月25日在伦敦召开，故于13日在少城公园举行反侵略大会，会后举行了火炬游行。重庆、梁平等地，相继举行了反日侵略的集会和游行，万县开展了反侵略宣传周的活动。

14日 国民政府追赠刘湘为陆军一级上将，明令国葬刘湘。令中说："川康绥靖主任、四川省政府主席刘湘，积劳病逝，业经明令褒恤，追赠陆军一级上将，并派员致祭在案。查该故主席矢志忠贞，功在党国，饰终之典，宜从优隆，应即特予国葬，以示政府崇德报功之至意。"

△四川省政府明令撤销资（中）内（江）糖税局，糖税并入统税。

16日 川军第20军军长杨森在安庆防次就任第18军团军团长兼职。

17日 日军进犯东阳关。36集团军总司令李家钰率部参加山西前线战斗，其师与敌激战三日，伤亡极重。川军所用武器均为四川制造，质量极差。川军虽奋力抵抗，但与日军空军飞机、大炮、坦克相比，装备悬殊，川军死伤累累。21日晚，川军弹尽援绝，官兵们用破枪、砖石、拳脚与日军肉搏。守城司令李克源等督促士兵肉搏巷战，亲率预备队，逐街战斗至深夜才从南门撤出。李克源和副司令李克渊、参谋长李浩东等均身负重伤。未能退出城的官兵与敌拼杀至死。营长杨岳泯,连长夏抚涛、杨显模等,负重伤后宁死不做阶下囚,举枪自尽。东阳关遂告失守。

19日 日本飞机空袭巴县广阳坝机场,投弹11枚,这是目前档案文献中记载的日军飞机对重庆的第一次轰炸。

△全国戏剧协会年会在重庆新环球电影院举行,张道藩主席、郭沫若到会致辞。

20日 日军进犯长治,李家钰部104师312旅与敌逐街逐屋争夺,终因伤亡惨重,长治城于21日失守。

23日 国立山东大学迁万县复课。

△国民政府行政院将四川省禁烟禁毒事务交由四川省政府民政厅主管。

24日 四川省政府制颁《四川省督垦荒地大纲》,共7条,规定:"为督促人民承垦荒地,从事种植,增加生产,以作长期抗战之充分准备,特依照《督垦原则》第一条之规定,参酌地方情形,制定本大纲。"四川省推行垦殖事业备领之荒地以下列区域内的官荒为范围:(一)通江、南江、巴中、城口、万源。(二)北川、平武。(三)松、理、懋、茂、汶及靖化。(四)天全、芦山、宝兴、金汤。(五)昭觉、冕宁、宁南、盐源、盐边、会理、越西。(六)雷波、马边、屏山、峨边。(七)南川金佛山。(八)酉阳、秀山、黔江、彭水。(九)永川、荣昌、铜梁、大足、璧山、泸县、隆昌等县间之东西山。(十)合川、邻水、武胜、广安、岳池等县间之华蓥山。(十一)昭化、广元、剑阁。

25日 故宫文物700余箱运来重庆存放,因堆放文物的楼房被压垮,文物损坏很多。

27日 万县举办"反侵略宣传周",100多个抗日救亡团体组织两万余人参加火炬游行(包括和尚、道士等方外人士)。

是月 中共川北工委在南充成立,于江震任书记。

3月

1日 南京金陵大学借成都华西大学空地建筑的新校舍修竣开学。

2日 四川省政府通令各(市)县成立社会军事训练总队,县长兼总队长,军事教官任副总队长,原有壮丁自卫总队撤销。

△《抗战戏剧》半月刊在蓉创刊。

3日 重庆丝业公会请国民政府经济部疏销川北滞积蚕丝2,200余担,以赈济丝业。

4日 川康绥靖公署改组。国民政府任命邓锡侯为川康绥靖公署主任,潘文华为副主任。另任刘文辉为国民政府军事委员会重庆行营副主任。

△重庆各界电慰八路军朱德总司令,略谓:我公为国家民族生存而抗战,平型关一役,国家声威遐震,愿公率素著善战之游击健将,出兵晋北。

△国立武汉大学迁乐山开课。

6日 三台县县长郑德泽邀请国立东北大学迁三台。

△由文化界抗敌工作团周文、沙汀、孟引、马天心、毛一波等人主办的《文摘周刊》创刊。

△成都市文艺界召开成都市文艺界抗敌工作团发起人大会,推出周文、马宗融、沙汀、陈思苓等11人为筹备员(由于国民党成都市党部拒不批准,工作团未能成立)。

8日 成都、重庆各界妇女开会纪念"三八"节,通电各国妇女,联合制止日寇暴行。

△四川省公路局通过《关于修筑川滇东路训令》并附《修筑公路办法概要》。

10日 川滇东(公)路(由隆昌经泸县、叙永、毕节至昆明)开工,动员民工5万人分段施工。

上旬 国民政府教育部为救济各战区来川中小学教师,将他们组织成四川服务团(共500人),分配到各地参加动员民众工作,推进义务教育和社会教育。

11日 中央广播电台迁重庆播音。

12日 汉口《新华日报》在成都祠堂街103号设推销组,罗世文任主任。

13日 成都各界人士3万多人在少城公园集会,反对日本法西斯侵略中国,会后举行火炬游行。与此同时,重庆、梁山等地也举行了反侵略集会和游行示威。

14日 鲁南会战开始。日军向据守界河、龙山、濮阳山一线的川军第45军阵地猛攻。

15—18日 滕县保卫战:15日9时,日本第10步兵联队在界河南安楼、房岭地区集结。根据54号中平飞行部队的侦查要图分析,得知中国军队以滕县为中心,在其北设有数道坚固阵地。11时25分,日本第10步兵联队决定将第12中队留在界河驿警备,以主力(步兵5个中队)从滕县防备薄弱的东部攻击。下午3时,日军到达崔家庄,沿龙山店—东郭—王庙攻击前进,战斗异常激烈,我军防守顽强,击败日军多次冲锋,双方伤亡惨重。驻在临城的总司令孙震乘火车到滕县视察,并指示王铭章师长及各级部队长,要抱有敌无我、有我无敌的决心,与日军血战到底!晚8时50分,日本第10联队集结在姜家楼、王庙一线,联队长赤柴八重藏大佐综合各方情报判断,川军主力集结一线,滕县附近无大量兵力,决定抛开当面阵地,第二天拂晓以两个大队兵分两路乘虚攻击滕县县城。16日晨,又向滕县猛攻,滕县守城的川军41军部队,在代军长、122师师长王铭章指挥下,同滕县县长周同率领的保安团队和警察,与突入之敌反复冲杀,坚守到18日上午,完成了阻敌三天的任务,为第五战区部署军队赢得了时间,为台儿庄大捷创造了条件。是役,王铭章、周同以下官兵5,000余人殉国,师长陈离以下3,000余人负伤。此战的重要性正如李宗仁的评价:"若无滕县之苦守,焉有台儿庄大捷?台儿庄之战果,实滕县先烈所造成也。"李宗仁指出,进攻滕县的"板垣、矶谷两师团是日军中最顽强的部队,发动'二二六'政变的日本少壮派,几乎全在这两个师团之内"。而一入晋便兵败如山倒的川军第22集团军面对比之前更强的敌人却能在保卫滕县中一战成名,据李宗仁的分析,这是他摒弃门户之见的效果:"川军方抵山西而太原已告失守。……川军立足未稳,便被冲散,随大军狼狈后退,沿途遇有晋军的军械库,便破门而入,擅自补给。败兵之际,士兵强买强卖皆所难免。阎锡山大为震怒,认为川军是'抗日不足,扰民有余'的'土匪军',乃电请统帅部将川军他调。……我便立刻告诉白崇禧:'我现在正需要兵,请赶快把他们调到徐州来!'……我问邓锡侯、孙震有什么需要,有没有困难要我代为解决的。邓、孙异口同声说,枪械太坏,子弹太少。我乃立刻电呈军委会,旋即拨给新枪500支,每军各得250支。我又于五战区库存中,拨出大批子弹及迫击炮,交两军补充。……大军出发前,我并亲临训话。举出诸葛武侯统率川军北抗司马懿的英勇故事,希望大家效法先贤,杀敌报国。滕县一战,川军以寡敌众,不惜重大牺牲,阻敌南下,达成作战任务,写出川军史上最光荣的一页。"

18日,124师自滕县冲出之通信兵丁世俊报称:"我军死守滕县,自15日迄18日,敌军大部突攻,飞机、大炮猛轰不绝……至18日敌乘城倾塌冲入城内,我军誓死巷战,全军完全壮烈殉城。"

第22集团军滕县战役战斗详报:"王师长(铭章)见援兵不到,敌众我寡,城破敌入,大势已去,知杀敌报国之时机已至,乃自持手枪,率同赵参谋等转登西城督战。……不幸遭敌机关枪扫射……时有敌兵数人欲趋前加辱,被王师长连毙其三,余惊骇而退,无奈伤势太重,竟于手刃敌贼,大呼'中华民国万岁'以亡。自抗战以来,除宝山之役外,如此悲壮战役,尚属第一幕也。"

滕县老百姓也积极配合川军守城。"当敌军围城之口,民众自动协助军队抬沙、挖壕,在猛烈敌火之下,帮助军队运送伤员,故民众伤亡亦不在少数。尤可感者,当敌军完全占领县城以后,一部零星官兵无法突围,都化妆潜伏居民家中,俟敌军搜索完了再设法护送归队。王铭章遗尸城郊,由民众私下掩埋并暗立标记,后闻我军在徐州收容,又于夜间挖出,间道抬到徐州……民气之激昂,与对真能抗战者之爱戴可见一斑。"

16日 22集团军总司令邓锡侯在汉口发表谈话:"本人自去岁10月率部出川以来,但知抗敌报国,尽我军人捍御国土之天职。近方督师前方,忽奉召来汉,原拟俟报告战况聆训之后,即行返防。乃承中枢畀以重任,蒋委员长激励有加。本人才薄能鲜,深惧弗胜厥职。承委员长迭次训示,只得遵命回川一行。此去除宣达中枢及委员长意旨外,谨当本诚挚公允之态度，与桑梓各将士袍泽，切实筹商绥靖地方，巩固后防，整理训练军队之步骤，以期完成抗战图存之使命。"

17日 马寅初筹组之中国经济学社重庆分社成立。

18日 在中共地下党领导和四川省妇女抗敌后援会的支持帮助下，以肖玲为团长的四川妇女战地服务团一行11人，启程赴抗日前线。

23日 有川军参加的台儿庄战役开始。4月6日战役结束，中国军队取得重大胜利。

25日 中国学生救国联合会代表大会在武汉市总商会开会，出席的四川学生代表向大会提出要求政府实施抗战教育，开放学生救亡运动，实行言论、结社自由等八项主张。会毕返川，立即分赴成、渝等地作传达报告。

△《国立四川大学抗敌后援会简章》形成。

△上海业余剧人协会、国立戏剧学校、"怒吼"剧社、戏剧工作社等在重庆举行话剧、歌舞、评剧、汉剧联合公演。演出《祖国进行曲》《放下你的鞭子》《反正》《八百壮士》等节目。

△成都工人抗敌宣传团成立。

26日 四川省政府拨四川省建设公债1,000万元，救济四川省难民。

27日 成都市文化界救亡协会在少城公园社训总队召开会员大会，成都市警察局派人前往破坏，禁止开会。

29日 国民党全国代表大会在重庆开幕，4月1日闭幕，通过了《抗战建国纲领》和大会《宣言》，设立"三民主义青年团""中央调查统计局"，组织成立国民参政会，改进党务，建立总裁制等案；选举蒋介石为总裁，汪精卫为副总裁。

是月 国民政府经济部资源委员会与军政部兵工署合组"四川钢铁厂迁建委员会"，并合资将綦江民营铁厂收归官办，资本100万元；又合办南桐煤矿。

△国民政府军政部兵工署将原重庆钢铁厂改为242厂，预订年产钢锭2,300吨，钢制品500吨。

△中共川南工委在泸州成立，万进修任书记。

△川军第20军军长杨森以上海抗战有功，升任第27集团军总司令，仍归第五战区指挥。

4月

1日 国民党临时全国代表大会在武汉闭幕。会议通过《抗战建国纲领》。

△成都市营业税局公布：自3月份起，遵照《营业税法》，按30/1000征收营业税（1937年开办时，为谋推动顺利，特准照20/1000减征），引起全市商民罢市反对。后税局准许仍照旧征收20/1000，并自1938年3月份起实行。各商纷纷复市。

4日 上海业余剧人协会宋之的、沈西苓、顾而已、赵丹等40余人由渝来蓉，公演宋之的、陈白尘合编之《民国万岁》等剧。

5日 四川农林水利贷款基金增为540万元。

6日 台儿庄大捷。是役摧毁了日军第5、10两个精锐师团,共歼灭日军2万余人。先是山东省政府主席韩复榘放弃济南、泰安、兖州,致徐州正面暴露于敌人阵前。李宗仁急调川军邓锡侯、孙震所部驰援鲁南,阻滞敌人前进,得以争取时间在台儿庄布置阵地。

△范长江所著《川军在前线》出版。

△国民政府明令褒扬王铭章,追赠为陆军上将。

△重庆市儿童发起捐购中国儿童号飞机。12月,中国儿童号飞机全国筹备会在重庆成立。

10日 川军第41、45两军,自从转战晋东、鲁南战场以来,伤亡极大,缺额达2万多,川康绥靖公署主任邓锡侯请为补充2.8万人。

△四川各县工商业代表集于重庆开会,呼吁废除四川省苛捐杂税,促进后方生产建设,发展全川工商业。

13日 28集团军总司令潘文华奉命兼任川康绥靖公署副主任。

14日 成都各界通电声讨汉奸梁鸿志等组织南京伪"维新政府"。

△四川省营业税局以偏僻县份工商业不发达,设所征收营业税徒耗公帑,将边远40余县的税所撤销,营业税停办。

17日 由中共党员领导的救亡团体群力社组织宣传队到新繁、彭县、郫县等地进行抗日救亡宣传活动。郫县县政府肆意阻止,并于22日派军警将该队押送回成都。成都各救亡组织数百人前往迎接、慰问。

△迁川工厂联合会在重庆成立,选举颜耀秋、庞赞成为正副主任委员。

19日 川康绥靖公署主任邓锡侯辞第45军军长兼职,国民政府军事委员会以该军副军长陈鼎勋继任。黄隐升任第95军军长。45军辖125师(师长王士俊)、127师(师长陈离)。95军辖126师(师长谢无圻)、新九师(师长杨晒轩)。

20日 中央军校自南京内迁铜梁。

△国民政府经济部工业司司长吴承洛宣称:成都、昆明等地兴建的7处电厂建成。

△国民政府财政部与四川省政府合组的"国川联合库"负债达1,600余万元。

23日 中苏文化协会成都分会在国民党四川省党部正式成立。到会者400余人,选黄季陆为会长。

26日 国立四川大学抗战后援会刊布敦促川军出川抗日与川军将领邓锡侯、王缵绪的来往函文。函文表达了川人保卫国家、捍卫领土完整、抗战到底直至胜利的决心。

27日 国民政府行政院以"张群一时不能来川",派王缵绪代理四川省政府主席。

△上海《时事新报》迁重庆复刊。

△四川省政府拨救济入川难民经费100万元,列入四川省政府预算开支。

△自贡盐务局合组富(顺)、荣(县)引盐湘、鄂、赣、皖运销营业处。

28日 四川公路局本会计年度亏折20余万元。

29日 50余家迁川工厂中,有十余家工厂的机器已运抵重庆。其中上海机器厂等数家已安装完竣,全部复工。

是月中旬 以荣昌、隆昌为中心的川中地区纵横二三百里遭受特大雹灾（雹块有重达5斤6两者），被雹块击毙及房屋坍塌压死者43人，重伤120余人。庄稼、房屋、牲畜损失估计在1,500万元以上。

是月 中共万县、梁山特支成立，欧阳克明、赵章明分别担任书记。

5月

1日 由成都工人抗敌宣传团等救亡团体发起召开的"五一"劳动节纪念大会，在成都少城公园举行。

4日 王达非、杜桴生、苏爱吾等发起成立中国青年记者协会成都分会。

△王陵基就任第30集团军总司令，其部队的编配，除就川康绥靖公署直辖的4个独立旅划归统率外，另在保安团队调拨一部，共编为72、78两个军。王陵基自兼72军军长，张再任78军军长。师长定为刘若弼、陈良基、李根固、范华骢。该集团军隶属于第九战区，定于8日开始，集中重庆航运出川。

△三民主义青年团成立，并以本日为青年节。

8日 武汉人民在大智门火车站迎接王铭章师长灵柩并公祭。中共中央委员会毛泽东等敬挽："奋战守孤城，视死如归，是革命军人本色；决心歼强敌，以身殉国，为中华民族争光。"王铭章遗像移入祭堂后，举行了安灵礼。是日晚6时，王铭章师长追悼会筹备处在汉口市广播电台连续播放哀乐、挽歌、悼念公告及蒋介石祭文；国民政府政治部第三厅厅长郭沫若还发表了题为"把有限的个体生命融化进无限的民族生命里去"的广播讲演。从11日至14日为民众公祭日，在四天时间里，有5万群众前往祭奠。

△四川省政府代理主席王缵绪，川康绥靖公署副主任潘文华，通电就职。

△重庆临江门大火，烧毁沿江民房7,000余家，燃烧达7小时，死伤百人以上，无家可归者3万余人，估计损失200余万元。

9日 四川省政府局部改组：委员兼财政厅厅长刘航琛，免本兼各职；委员卢作孚、关吉玉免本职；王缵绪、何北衡、吴景伯为四川省政府委员；甘绩镛兼财政厅厅长。

△上海剧人赵丹等在成都少城公园举行抗敌宣传演出，观者6万余人。

12日 四川省政府、川康绥靖公署联席会议决定：四川省除前已出兵14个师外，再出8个师，并成立22个补充团。又公布：截至1938年3月份，出川部队自招壮丁4万余人，国民政府军政各练编处共招11万名，合共招收壮丁16万名。

15日 成都天府中学校长唆使部分学生捣毁星芒通讯社和战时出版社。舆论界要求惩办祸首，国民党当局竭力庇护。汉口《新华日报》28日发表社论：《成都天府中学事件》，对此进行了揭露和批判。

是日起至6月15日止 国立四川大学抗战后援会在理学院办事处举办战时民众常识讲座。

16日 上海复旦大学迁四川，在重庆北碚觅定校址。

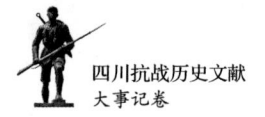

△毛若夫、文启蛰等编辑的文艺刊物《五月》出版。

17日 为反对车主加租剥削，重庆人力车工人数千人举行罢工。

△三台郑泽堰落成，灌溉面积4.5万余亩。

18日 四川省政府决定：成渝铁路续征股本200万元。

△四川禁烟督察处在各县设禁烟事务所，主管缉拿私烟，推销官膏。

20日 由《救亡周刊》改组的《战时学生》旬刊在成都发刊。

△中航公司重庆至乐山航线开航。

22日 四川各界欢送第二期出川抗敌将士大会在成都少城公园举行。

△邓锡侯兼任四川省防空司令，王陵基、严啸虎兼任副司令。

23日 王铭章将军灵柩抵达重庆。

24日 国民政府各院、部及社会各界代表数千人齐集重庆朝天门码头，举行王铭章师长灵柩入城大典。王铭章师长灵柩在商会祭堂停放两天，供人们公祭。26日，启运成都。

△四川省政府决定施行《战区来川借读学生免费办法》，分别为：膳费全免及补助一半两种。

△四川省政府委员会召开第231次会议，议案七《整理川政意见书》提出自川政统一四年来，"虽政治途径逐渐修明，施训诸材无微不至，然因法令滋彰、民生穷困，欲推行之尽利，每扞格而难施"。指出官制、吏治、教育、财政、保安、兵役等方面，均须加以改进，并提出了具体改进办法。以兵役为例，大会既指出了问题所在，又提出了相对应的解决办法：（一）社会军训各级教官宜注重人选。社会军训，为抗战时期救亡图存之基本工作。各级人员必须具有国家民族认识力及军事、政治常识，始克胜任。现在负责各员，其学识、经验宏富者固多，而滥竽充数者亦不在少数，尤以各县在营模范队毕业者为劣，以之负责基本训练工作，实无异于盲人牵瞎马，欲求成效，嘎嘎其难。是宜慎重各级教官、队长、队副人选，严格训练，果真成绩卓然，然后分派工作，务使实副其名，方不欺上误国。（二）改善各验编处壮丁待遇。抗战以来，各县选送义勇壮丁，最初激于忠义，人皆踊跃，后因人数增加，待遇不良，部分县长更将其视同奴隶，壮丁因而逃亡。壮丁逃亡后，军政部乃责令各级队长分别赔偿，意在责成严密管教，以免逃亡。殊不知虑及于此而弊兴于彼，队长因为赔累过重，乃预行克扣饷粮，以备将来赔偿。壮丁因每饭不饱，疾病日多，逃亡日众；队长赔累愈多，积累成怒，相待宜酷，有过动施非刑，疾病不施医药，死亡抛尸旷野，见者酸鼻，视为畏途。以前慷慨赴难之义民，一变为避役逃兵之罪犯。各县选送壮丁成至难之事，抗战前途殊深危险。是宜建议军政部严饬各验编处，提高壮丁人格，改善壮丁待遇，加以务使壮丁乐于效死疆场，然后抗战之胜利可操。

25日 张子权、赵有涛编辑的《统一抗战》半月刊在成都创刊。

28日 汉口《新华日报》在重庆苍坪街69号设立分馆，发行《新华日报》航空版。

29日 天府（包括北川铁路公司）、中福两公司共集资450万元，组成"天府矿业股份有限公司"，卢作孚任董事长，孙越崎任总经理。

30日 国民政府任命四川省政府代主席王缵绪兼四川全省保安司令。

是月 中共四川省工委鉴于成都"民先"队员大多加入共产党,决定停止"民先"队的组织活动。韩天石继杜桴生(工作调动)之后,任中共成都市委书记。

△川军29集团军所属第67、44两军,在代总司令许绍宗率领下,先后乘船至湖北兰溪登陆,配属第五战区,开赴鄂东,沿罗田、英山至安徽太湖、宿松一线布防,受战区副司令长官李品仙指挥,参加武汉外围保卫战。

6月

1日 王陵基部范师、邓师、陈师,王缵绪部廖师,自5月从四川开拔赴前线抗敌后,已分别开抵指定地点,集中待命。

△重庆市举行5万人火炬游行,欢送第二期出川抗敌将士。

△四川省兵役行政机构——四川军管区司令部在成都成立,由四川省政府代主席王缵绪兼司令。四川省自1937年起,设有成茂、叙泸、渝西、建南、夔绥、川北等6个师管区,分别以龙杰三、周建陶、钟彬、李铸、黄汉勋、苏煜等为司令,直隶国民政府军政部,受四川军管区的指挥监督。每个师管区之下,设3至4个团管区。县政府改兵役股为兵役科,办理兵役事宜。

4日 成都开始发行镍、铜硬辅币,以取代市面流通的川造"当200文"铜元。

△国民政府免去王陵基四川省保安处处长,任命刘兆藜为保安处处长。

5日 国民政府军事委员会核定:四川省每月应征送兵额为2.4万名。

△国民政府军事委员会重庆行营任命何北衡为四川农村合作委员会委员长。

6日 重庆各学校教师及战区教师四川服务团在重庆第二女子师范学校开会,庆祝教师节。到会教师500余人。议决组织"四川教师抗敌后援会"。

△四川省肃清仇货委员会造报拍卖没收仇货价格、数量清册,对瑞兴祥、万镒长、泽源、利义和、信乎、浓记商号的仇货进行登记拍卖。

9日 国民党驻武汉党政军机关开始撤退。党政机关移往重庆,军事机关移往湖南。

10日 国民政府公布《公库法》。

△重庆市开始疏散人口。

11日 蒋介石电勉第27集团军总司令杨森,督励所部,确保安庆。

△西康建省委员会致函四川省政府,商请从速办理省界划分,完成西康省治。主要之点为:"尤鉴于抗战情势,日迫一日,中央以沿海各省,受敌挟制,将筹划康缅滇青之交通网,与乎国际路线之新辟,所责望于边疆,至重且巨,期于从速建省,促进新机,以负荷此重大责任。"

15日 王铭章灵柩运抵成都沙河堡码头。为了迎灵入城,成都迎灵委员会做了周密安排,并决定全市下半旗志哀,停止一切娱乐活动和宴会,各商家、店铺停业半天。安灵仪式后,成都各界十余万人前来悼念,缅怀这位民族英雄。5天后,王铭章灵柩移入东城根街王师长故居安放。其间，前来祭奠者络绎不绝。

△留川保安团队再电请缨杀敌。

16日 四川已有40余县合作金库通汇。

19日 四川省政府颁布《四川省各县市政府办理兵役暂行办法》及各项兵役法令。

20日 四川省粮食管理委员会与国民政府经济部农本局联合组成"四川粮食公司"，经营粮食调剂购销业务。

△蒋介石任命唐式遵为第三战区副司令长官，仍兼第23集团军总司令。

△世界学联代表团到成都访问。成都各抗日救亡团体在蜀一电影院举行欢迎大会。22日，成都新闻、文化、学生界在青年会大礼堂联合举行茶话会，招待世界学联代表团。24日，代表团离蓉，经西安到延安访问。

△四川省肃清仇货委员会造呈补报拍卖万镒长仇货价款清册。

21日 中央造币分厂（原重庆铜元局）开始鼓铸20分、10分、5分镍、铜辅币。

22日 国民政府教育部制定《1938年度全国各国立院校统一招生办法》，规定9月1日至4日在武昌、重庆、成都等21城市举行招生考试。

25日 《时事新刊》创刊，由王达非主笔，刘刁慈总编。该刊发行达3万份，远销大后方各省。

26日 成都市学生抗敌协会在成都召开成立大会，回川养伤的川军师长陈离应邀到会讲话。

△四川省政府、西康建省委员会向国民政府呈请核定川康两省划界办法。呈文指出："近以国难，川省一隅，已成吾国民族最后复兴根据地。西康唇齿相依，不仅关系后防，且为国家西南国防之前线。中枢以沿海各省受敌胁制，将筹划完成康、缅、滇、青交通网，并新辟国际交通之安全路线，俾裕抗战能力。"明确指出，西康建省是一项中华民族复兴、最后夺取抗日战争胜利的重大决策。

28日 四川省军管区在四川省政府大礼堂召开全川兵役会议。与会者有省保安处处长刘兆藜，军管区参谋长，各师管区司令，各团管区司令，各专员保安副司令等90余人。王缵绪在开幕礼致训词，谓全川现有壮丁总数800余万，受训壮丁已达180余万，直接输送出川之补充兵，亦在20万以上。"今后改进之道：一、在切实整顿保甲，依照行营规定期限编整完竣，随即清查户口，举办人事登记，以树兵役基础。二、厉行兵役考绩，定各县行政人员报最之优劣，不容宽假。三、改善人民生活，以唤起国家利害，民族意识。"29日上午闭幕。

30日 四川省政府通令各中等学校：把宣传努力抗战作为暑期中心工作。

是月 西康籍参议员叶秀峰、萧铮、洪陆东、黄季陆提案："自抗战以来，中枢西迁，为后卫之西康，在形式上外控卫、藏、内控川、滇、北通青、新，其重要性乃骤增；而在资源上，西康对国家危难之时应负之责任亦重。"

△中共中央代表董必武、林伯渠、陈绍禹由陕北经成都、重庆去汉口参加国民参政会。在成都、重庆逗留期间，曾与刘文辉等分别会面，解释中共的抗日救国方针和统一战线政策，促进了中共与川康地方实力派的统战关系。

中共重庆市委成立，省工委副书记廖志高兼任市委书记。重庆市委负责开展川东地区的工作。

中共重庆市委决定停止"重庆各界救国会"的活动，其下属组织作为共产党的外围组织公开活动。

△川军陆军第44军在武汉会战中参加了包括1938年6—9月的宿松、黄梅、广济各战役，1938年9—10月的黄白城、西河驿、凤凰地、淋山河、新洲、黄陂各战役。

7月

1日 川康绥靖公署与四川省政府会衔布告：严禁"非法团体"活动，违者按照《危害民国紧急治罪条例》从严惩处。

△四川省政府决定成立四川省戏剧教育实验学校，委熊佛西为校长。熊原来领导的平教会农民抗敌剧团成员分别转入剧校任教或学习。

3日 四川省政府通令，规定自1938年度起，田赋一年两征，并加征九成国难费，分上下两季征收，每季附征四成半。

原令为："查本省田赋，原定一年四征，嗣复减为三征。比者寇深祸急，国势阽危，川省地居后防，责任綦重，凡属有关国防之各种建设，急不可缓，需费至多，而本省政务各项开支，为数尤为庞大。本主席忝膺疆寄，志切恤民，虽值非常时期，度支奇窘，宁从简政着手，用纾民力。筹维至再，爰定于本年下季起，再予核减，改为一年两征，以资兼顾。至国难费一项，亦因国难期中，开支浩繁，关系至为重大，上年田赋三征，随粮每征附加三成，全年共计九成。刻值寇焰高涨，国难愈趋严重，此项附征之国难费，仍按旧案年征九成，分为上下两季按季随粮征收四成半，以济公急。该县本年下季应征一征田赋及附征四成半国难费，着即于7月1日开征，截至12月底全数扫解。就中分别淡旺月，计7月份摊解5％，8月份摊解10％，9月份摊解20％，10至11两月各摊解25％，12月份摊解15％。所有每月摊解银数，附表列明，务须遵照按月报解足额，不得延欠。至于各县学粮，仍予一年两征，并附征国难费，与民粮同样办理。现值开征期迫，该县粮票如尚未领，应即克速派员领运，准备开征。一面遵照规定速具开征表，连同开征布告呈报查核。各专员职司考核，义不容辞，各税务督察处长及县局长等督解催科，责无旁贷。务各恪遵规定，切实奉行，并晓谕人民，勉力担负。须知本主席在此省库奇穷之日，尚能排除万难，毅然减赋，实属逾格体恤，爱护周至，应各激发天良，踊跃输将，同纾国难。除分令外，合行检发摊解表一纸，令仰遵照办理，并录令布告周知，仍将奉令日期及遵办情形具报查核。"

△成都各界救亡团体发出快邮代电，声援西安地区的抗日救亡运动，要求西安当局恢复被解散的"西北青年救国会""中华民族解放先锋队西安总队部"等团体，释放救亡运动积极分子。

5日 国民党中央修订《省党部组织条例》，规定省党部设主任委员。主任委员得参加各该省省务会议。

△国民政府行政院赈济委员会制定《难民输送纲领》，指定湘西、川西北等地暂时

安顿难民，并办理小手工业及流动性生产；俟垦殖事业展开，再分别移往垦区。

6日 国民参政会第一届第一次会议在武汉开幕。

7日 国民政府明令规定：每年7月7日为"抗战建国纪念日"。

△重庆市火炬游行纪念"七七"并举行献金。三天共献金18万余元。成都市10万市民集会纪念"七七"，举行献金，并慰问征属1,200余户。

△已集汉口难童3,000名，陆续西来重庆。长江中下游来渝入户人口，截至6月底，已达41,900余人。

△重庆市警察局设兵役股执行《四川省各县市政府办理兵役暂行办法》各项兵役法令。

9日 四川军管区自本日起至8月18日止，分成渝两地集训学生，参加学生共18,000余名。

10日 成都文化界救亡协会、星芒抗敌宣传团等16个救亡团体向在汉口召开的国民参政会提出《联合建议书》，要求：加强团结，巩固抗战，开放民众运动，健全各级国民参政机构，改善人民生活，实施战时教育等。

△周文、刘盛亚等编辑的《文艺后防》创刊。自第三期起，该刊改为文艺界联谊会会刊。

12日 四川省肃清仇货委员会就处理仇货的情况呈文四川省政府。

15日 在武汉召开的国民参政会首届一次会议闭幕。1938年4月12日，国民政府公布《国民参政会组织条例》，规定：国民参政会为咨询性机关，"在抗战期间，政府对内对外之重要方针，于实施前，提交国民参政会决议"；参政员由国民党遴选产生，正副议长由国民党中央执行委员会指定。6月21日，国民党中央常委会选任汪精卫为国民参政会议长，张伯苓为副议长；同时公布《修正国民参政会组织条例》第三、四条，规定参政员名额为200名，并公布参政员名单，计：各省（市）88名，内蒙古、西藏地方6名，海外华侨6名，其他方面人士100名，其中有中国共产党党员毛泽东、陈绍禹、秦邦宪、董必武、吴玉章、林祖涵、邓颖超7人。川籍参政员计有邵从恩、谢健、张澜、胡文澜、晏阳初、曾琦、李璜、王立明、朱之洪、吴玉章、喻维华、陈豹隐、任鸿隽等13人。7月6日，国民参政会首届一次会议在武汉开幕。会议选举了张君劢、左舜生、沈钧儒、董必武、陈绍禹、秦邦宪等25人为驻会委员。

△四川省政府制颁《统一兵员征募办法》，共21条。规定了征兵用抽签的办法。

17日 四川军管区拟订全川壮丁训练计划：全川壮丁共800万人，除免、缓、禁、延及公务员与学生外，须受训练的约600万人，1938年上下两期可训练300万人，1939年再训练300万人。

18日 日机轰炸武汉，死伤平民千余人。

27日 国民政府财政部公布《非常时期调剂川盐滞销办法》，共15条。

30日 国民政府行政院《关于川康划界、西康省的训令》："经提出本院第372次会议决议：（一）川康划界，准照四川省政府及西康建省委员会会呈所转，转送国防最高会议核定。（二）西康更改省名，候建省筹备完全后再呈候核办。"

△在未得到成都市警察局西区分局批准的情况下，车耀先邀请川军师长陈静珊等在

新又新戏院参加文化界救亡协会等13团体举办的欢迎前线抗战将士的大会。陈师长在会上讲话说：抗战杀敌是军人应尽的天职，我们要抱定长期抗战的决心。后方做救亡工作的同志们，要领导民众加强民众自信心，团结起来，站在一条线上，共起图存，一致抗战。相信最后的胜利属于我们。

31日 成都市文化界救亡协会、《战潮》半月刊社等13个团体在祠堂街新又新戏院召开欢迎前线抗敌归来之将士的大会。前线抗敌归来将领陈书农、陈离及文化界车耀先等数百人出席。西区警察分局调集警力封锁戏院，以转奉国民党四川省党部通知及川康绥靖公署、四川省政府命令为由，制止在此开会。到会人等乃临时改往少城公园球场举行会议。

是月 中共川南工委撤销，成立中共宜宾、泸县两个中心县委。廖寒非、李亚群分任书记。

8月

1日 国民政府行政院决定改组四川省政府，免去重庆行营主任顾祝同本兼各职，接受张群辞职，特派张群继任行营主任。免去嵇祖佑四川省民政厅厅长兼职，免去蒋志澄四川省政府委员兼教育厅厅长，免去邓汉祥四川省政府委员兼秘书长，任命王缵绪兼任四川省政府主席，胡次威、杨廉、陈筑山、吴景伯、杜炳章为四川省政府委员，胡次威兼民政厅厅长，杨廉兼教育厅厅长，何北衡兼建设厅厅长，陈筑山兼秘书长。免去重庆市市长李宏锟职务，派蒋志澄为重庆市市长。

2日 重庆防空大隧道举行开工典礼，隧道共分7段，可容纳4万余人。

△国立四川大学抗战后援会实行夏令服务，夏令服务团赴嘉峨工作两周。

3日 重庆至贵阳的川黔公路建成通车。

9日 国民政府升重庆市为特别市。

11日 西康建省委员会主席刘文辉致电四川省政府主席王缵绪关于接管雅安14县的相关事宜：一、9月1日，由四川省政府通令，由西康省接受各县政务。二、接收后的各县政府财务，希望四川省政府顾念边省瘠苦，仍给予统筹。

12日 成都市政府下令查禁抗战文艺刊物28种，各报副刊亦多被取缔。

13日 中华职业教育社机关刊物《国讯》在重庆复刊。编辑委员及发行人有黄炎培、江恒源、杨卫玉、叶圣陶、孙起孟、孙伊凡等。

△四川省银行增加资本为1,000万元，并将在各（市）县设立分、支行或办事处。

14日 新任成都市市长杨全宇到职，原市长陈炳光任第五区专员。

△四川省政府在成都、重庆、万县、绵阳、广元五地分别设置救济战区难民婴孺寄托所，收养哺乳者及5岁以下儿童。预定收养5,000人，每月经费2万元。

15日 川军王陵基第30集团军参加南浔路会战，协同友军反攻麒麟峰及万家岭，围歼日军106师团，直至10月份战役结束。

△第一批战区难童70名，第二批200名，先后到达成都。

16日 四川各地土匪猖獗，川康绥靖公署派陈兰亭师负责川东，周成虎师负责川南，杨晒轩、曾宪栋两师负责川北及川东北，刘树成师负责上川南，彭焕章师负责川西等地的清剿事宜。

22日 日军下令攻占武汉。

26日 内江县兴华救亡歌剧社在内江电影院举行成立大会。

27日 王铭章师长公祭于国民党四川省党部礼堂举行。

30日 王铭章师长忠骸运回新都原籍。新都县各界举行了盛大的迎灵仪式和祭奠活动。

是月 国民党四川省党部通令全川，禁止人民组织任何抗日救亡团体和集会游行，并宣布战时图书杂志的审查办法和标准，压制舆论。接着，于23日、28日先后查封了《大声周刊》《星芒报》等，并派出特务捣毁由潘文华出资经营，由中共地下党员参与编辑的《华西日报》报馆。

△日本对武汉施行无差别大轰炸，共投弹1,715枚，死者829人，重轻伤2,283人，烧毁建筑物2,298栋、民船35只、炸死牛1头、马16匹。

9月

1日 经国民政府行政院决定：四川省所辖雅安、西昌两个专区，除雅安专区所辖的名山县划归眉山专区外，其余各县自1938年9月1日起划归西康省管辖。四川省政府分电各专县遵令移交。

刘文辉在《致电宁、雅两地父老昆季书》中分析时局，就西康建省指出："抗战展开以来，寇入益深，国难日亟，西康不特为目前国防之重镇，亦且系将来国际交通之中心。此时，敌寇气焰方张，局势岌岌可危，国家几至累卵。而前方将士现正出生入死，浴血沙场，以争取民族光宠；后方人民，应破除私见，惕厉身心，共谋精诚团结，以挽救国家之危亡。"

西康建省委员会颁布《望雅、宁两属人民于西康建省后各安生业布告》，对建省始末、省界划分、诸县组成、中央核定批准等情况予以公示，指出："寇患寝深，国难益亟，四川一隅已成吾国民族复兴根据地，西康相依唇齿，同系国家后防。"希望所属两地人民尊重国策，共济时艰，勿惑流言，各安生业。

△四川省政府将原设之家畜保养所、蚕丝改良场、稻麦改进所、棉作试验场等合并改称为农业改进所。

△四川省肃清仇货委员会就"关于查处蓉市六号仇货情况"一事呈文四川省政府。

△王铭章上将的灵柩安葬于新都县城西门外川陕公路左侧新建墓园内。

3日 四川省政府公布：截至1938年6月底，四川省共欠交壮丁62,904名；7、8、9三个月又欠8万名。决定10月份交足17万名。自11月份起，征兵事宜即交由军管区接办。

△生活书店、商务印书馆、中华书局等20余家出版社联名具呈蒋介石，请求撤销

对战时图书杂志的审查。

4日 国民政府通令：自1938年起，将行政年度改为历年制，即从每年1月1日至12月31日为一个年度，以与会计年度一致。

5日 徐中齐继任重庆市警察局局长。

△川江航务管理处成立水上保安团，曾广燧任团长。

6日 汉口女工、童工5,000人撤退来重庆。

8日 国民政府军事委员会政治部制定《非常时期新闻检查规程及违检暂行办法》，规定各报社将所发全部稿件于发行前一日送审，违则罚令停刊一日至一周，乃至永久停刊。

9日 国民政府军事委员会重庆行营为整理四川财政在重庆举行谈话会。

△四川省政府将原由民政厅厅长兼任的四川粮食管理委员会主任，改由四川省政府委员嵇祖佑兼任。

10日 四川省保安司令部奉令抽调12个保安大队出川抗敌，归国民政府军政部直接指挥。

△川康绥靖公署奉令：从留川部队中抽调徒手劲练兵（指经过正规训练，身体强健的老兵，用以充任新兵干部）6,000人，出川补充前线。

△四川省政府将鸦片烟税由每担700元加为900元。

11日 四川粮食管理委员会负责人发表谈话：四川省1938年增产粮食3,000多万市石，计：增产稻谷1,700余万市石，小麦和杂粮2,000余万市石。

△四川省营业税局自1938年9月1日起课征奢侈品营业税。奢侈品类目：（一）舶来毛呢衣料；（二）洋酒、洋烟、咖啡；（三）舶来化妆品；（四）外国唱机、唱片、玩具。

13日 国民政府行政院第380次会议决议："前第122师师长王铭章，在滕县殉国，事极壮烈，决议呈请国民政府明令公葬，以慰忠贞，而昭激劝。"

△四川省政府决定：成渝铁路征收土地，照地价八折付给。

14日 川军参战周年纪念大会筹备会在川康绥靖公署成立，并拟定"九一"为川军参战永久纪念日，纪念大会定于11月9日举行。

15日 四川省开始征收直接税。

△《中央时报》由长沙迁重庆出版。

△四川省政府制定出征壮丁家属优待办法：壮丁出征后，其家属可在积谷项下，一次具领优待谷2市石；满一季后，每季发9市斗，以三个季度为限。

△中国青年党机关报《新中国日报》自汉口迁成都出版。

△四川省政府向中国、农民两银行及四川省合作金库商借500万元，以改进丝、棉、桐、蔗、稻、麦、柑橘的生产与运销。

△川康绥靖公署副主任潘文华请辞第23军军长兼职，国民政府军事委员会准以该军副军长陈万仞升任。

16日 川军第23集团军驻守皖南8个月，破坏长江敌舰运输线，先后击伤击沉敌寇舰艇300余艘。继6月荻港大捷之后，川军在湾址一带，击溃敌第6师团、第12师

团之一部及台湾守备队波田支队组织成的扫荡军。23集团军（后改番号为50军）获奖1万元，陈万仞记功一次，并获华胄荣誉勋章。

17日 国民党中央社会部通告全国文化团体：每半年须向当地国民党党部报告会务一次，否则以停止活动论。

18日 重庆戏剧团体国立剧校、怒潮剧社、怒吼剧社、歌星剧社等先后演出《血祭"九•一八"》《流亡三部曲》《为和平自由而战》《黎明》等抗战戏剧、歌剧，纪念"九一八"。

△川军第22集团军的124、125师，由第45军军长陈鼎勋率领开赴罗山，接受第17兵团司令胡宗南指挥，参加信（阳）罗（山）战役。自18日起，先后在竹竿铺、小罗山，沿狮河一带阻敌；阵地被突破后，向湖北枣阳鹿头镇撤退。是战该军伤亡3000余人。

21日 四川省债务清理委员会成立，财政厅厅长甘绩镛任主任委员，李伯申、谢霖甫等任委员。

25日 国民政府经济部与西康省政府合作开发西康金矿，派林霁青为矿长。

△许晓轩主编的《青年生活》在重庆创刊。

26日 国民政府公布《省临时参议会组织条例》，规定：省、市参议会均为咨询性质，其议决案对同级政府均无约束力，参议员由国民政府遴选产生；正、副议长由行政院提请国防最高会议决定。

28日 四川土地陈报办事处成立，四川省财政厅厅长甘绩镛兼任处长，祝平任专任副处长；各陈报县、区设办事处，职能为整理地籍，增收田赋。

29日 国民党中央改组四川省党部，以陈公博为主任委员，黄仲翔为书记长。

是月 川军第44军参加9—10月黄白城、西河驿、凤凰地、淋山河、新洲、黄陂各战役。

△中央电影制片厂迁设重庆。

△国民政府交通部在重庆化龙桥设汽车配件厂，钱大钧任理事长。

△国民政府军政部兵工署筹建282工厂于瓷器口，生产合金钢，周志宏为厂长。

10月

1日 由国民党中央宣传部、社会部，国民政府行政院教育部、内政部、军事委员会政治部合组的"中央图书杂志审查委员会"在重庆成立。

△国民政府军事委员会主办的《扫荡报》在重庆出版发行。

2日 第29集团军总司令王缵绪请辞第44军军长兼职，国民政府军事委员会以该军副军长廖震升任。副军长职以师长王泽浚升充，仍兼师长职。

4日 日机9架袭重庆，在广阳坝投弹30余枚后，首次窜入市区牛角沱一带投弹数枚。另批日机36架袭梁山我空军前进基地，经我空军迎战，击落1架。

6日 国民政府修正公布《非常时期农矿工商管理条例》，规定政府可以对各类企业实行"代管""投资合办"及"收归政府办理",各企业之员工不得罢市、罢工或怠工。

7日 川军第41军扩编为4个师,由曾宪栋、曾甦元、王志远、吕康分任师长。

8日 中华全国文艺界抗敌协会主办的《抗战文艺》自第17期起在重庆出版。

10日 重庆文艺界为庆祝第一届戏剧节,决议:(1)征求抗战剧本。(2)开展都市与乡村戏剧活动。中华全国戏剧协会14日在重庆社交堂举行"5分钱票价公演",演出《我们的国旗》《戴天之仇》《抗战进行曲》等剧,连续7昼夜,以庆祝戏剧节。

△国民政府设立西南经济建设委员会,与金融界合作筹集3,000万元作资金。

11日 重庆市各界300余单位25,000余人,召开万家岭祝捷大会。万家岭战役是南浔路会战的一次重要战役,川军第30集团军刘若弼之新13师参与是役。

12日 川军第29集团军奉命在浠水、上巴河逐次阻敌,协同友军掩护五战区部队转移。10月22日,该集团军在上巴河受日军前后夹击,各师各自夺路向鄂西溃退。后在当阳收容残部,全集团军损失过半。

13日 国立重庆儿童教养院成立,国民政府行政院派屈映光为主任。

14日 四川省政府订颁《四川省粮食节约实施办法》,共10条,厉行粮食节食及掺和杂粮造饭,严禁制售精白米,一律制售健康米,并不得以米麦酿酒、熬糖、饲养牲畜。

15日 四川救济难民分会规定:(一)衰老残疾及无力自救之妇女,送收容所。(二)哺乳婴孺送婴孺育托所。(三)贫苦男女儿童,由保育教养院尽量收容。(四)少壮难民,分送各县安置工作。

16日 西康成立师管区,刘文辉兼任司令。原由四川军管区代管之雅安、西昌两团管区,拨归其指挥。

19日 四川省动员委员会在四川省政府举行全体委员会议,决议除由陈公博、邓锡侯、潘文华等为当然委员外,增聘张澜、邵关叔(从恩)、尹仲锡、胡文澜、梁漱溟等为常务委员。委员会下设兵役、宣传、救济、物资四组,兵役组组长戴高翔,宣传组组长由省党部委派,救济组组长由民政厅委派,物资组组长由建设厅委派,定下人选后公示。并决定在每一师管区内设特派员一人,每县设指挥员二人。又,该会通过《中心工作18条》,略为:协助兵役机关推行役政;计划动员学生及知识分子宣传抗战;统一民众组训及指导工作(均为建议性质)。

△因长江中游航运断绝,淮盐无法上运,楚、湘、豫等省形成盐荒。川盐运济湖北者,已达百载;运济湘、豫者亦逾百载。

△中华文艺界抗敌协会和鲁迅纪念委员会在重庆举行鲁迅逝世两周年纪念会,郭沫若主持并致辞,号召大家学习鲁迅的精神和作风,为实现抗战最后胜利而奋斗到底。

△四川省政府任命郭松年、甘绩镛、潘昌猷、杨灿三、唐华、洪戒虚、熊觉梦、王成章、李星枢等九人为四川省银行董事,郭松年为董事长;李翰臣、康心如、周宣甫为监事。

21日 广州弃守。

△汪精卫与路透社记者谈话,再次鼓吹与日议和,他说:"如日本提出之议和条件,不妨害中国国家之生存,吾人可以接受之为讨论之基础。"又说:"就中国方面而言,吾

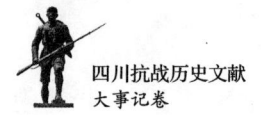

人未尝关闭调停之大门。"宋庆龄、何香凝等联名致电国民党中央,表示拥护抗战到底,反对汪精卫主和言论。

22日 日机18架袭梁山,投弹160余枚。

25日 汉口失陷。武昌、汉阳于26、27日相继失陷。历时四个半月的武汉会战结束。

△《新华日报》在武汉停刊,自汉口迁重庆,同日在重庆苍坪街出版发行。

28日 国民参政会迁到重庆后,第一届第二次会议在重庆召开,11月6日闭幕。

△重庆戏剧界在国泰大戏院联合公演大型话剧《全民总动员》。赵丹、白杨、施超、舒绣文、张瑞芳等200余人参加演出。表演于11月11日结束。

△国民政府军事委员会重庆行营主任张群及四川主要军政官员联名电请蒋介石"驻跸"四川。12月8日,蒋介石于南岳军事会议后,从桂林飞抵重庆。

29日 四川省政府任命叶元龙继胡庶华为四川省立重庆大学校长。叶于11月7日偕同教务长段调元、事务长沈重宇、理学院院长何鲁、工学院院长税西恒、商学院院长马寅初同时就职。

30日 国民政府拨款100万元交四川公路局整理川陕公路。

31日 原隶川康绥靖公署的川康宪兵司令部,奉国民政府军事委员会重庆行营命令撤销。所遗宪兵两营及警卫部队,改为整编师,由原宪兵司令李根固任师长。

下旬 川军杨森部奉令将133师拨交第8军李玉堂指挥。在进攻罗盘山、棺材山战斗中,该师397旅遭受重大伤亡,全旅营长只剩一员,连排长存者极少,为该军参加抗战以来伤亡最大的一次。

是月 梁漱溟等在第一届第二次参政会上提交建议改善兵役实施办法的提案,提出推进《兵役法》宣传的议案。此后,在全国开展了抗战兵役宣传运动,以增强前线的兵力。

△中共长江中央局领导成员、中共参议员董必武、林伯渠从延安赴重庆出席国民参议会第一届第二次会议,途经成都时,在方正街晤见刘文辉,向他介绍了中国共产党的抗日救国方针和抗日民族统一战线政策,以及团结地方力量,坚持抗日,反对蒋介石妥协投降的主张。刘文辉表示拥护中共抗日方针,对蒋介石有所戒备。

△八路军驻重庆办事处在重庆机房街70号成立。原设联络处撤销。

△四川省立戏剧学校派出巡回演出队赴川北安岳、乐至等7个县的城乡巡回演出《中华民族的子孙》《生死关头》等抗日爱国话剧,直至次年1月始返校。

△国民政府经济部地质调查所与四川省地质调查所合组地质调查队,赴威远、荣昌、资中、宜宾、屏山等地调查石油资源。

△驻重庆八路军办事处举行"新升隆"轮船罹难同志追悼会。该轮载武汉八路军办事处及《新华日报》部分工作人员由武汉向重庆撤退途中,23日在湖北嘉鱼县附近被日机炸沉,船上24人全部遇难。

△国民政府迁都重庆后,日寇飞机接连轰炸重庆、成都。

11月

1日 四川省政府制发《川军抗日周年纪念宣传纲要》，对川军抗战周年的意义、军队沿革、军人事迹、刘湘出川抗战周年纪念的感想等做了细致的叙述。

△四川军管区接管全川役政，统筹全省的征训、补充工作。国民政府军政部原设在四川的各练编处同时撤销。

2日 国民政府财政部颁布《黄金买卖条例》，禁止银楼收买土产黄金；各银楼存有实物黄金，应悉数扫归中央银行。同日，四川省政府下令，禁止白银外运。

3日 重庆女青年会在社交堂举办女参政员讲演会。邓颖超到会，就国民参政会的产生和意义、持久战的意义、青年在抗战救国中的任务等7个问题做了讲话。

4日 中国航空公司新开辟的渝港航线通航。

△《妇女文化》半月刊在重庆出版战时特刊。

△国民政府资源委员会组织嘉阳煤矿公司开发岷江下游煤矿。

5日 国民党中央决定将重庆市特别市党部改归中央直辖，并任命洪兰友为特别市党部主任委员。

△日军轰炸机轰炸绵阳。

8日 日机18架首次袭成都，在南、北郊投弹数十枚。我空军迎击，击落敌机1架。自1938年11月8日起至1944年12月18日止，在长达6年又40天（共2,230天）里，日寇先后对成都进行了31次大轰炸。执行轰炸任务的是日本陆军航空兵第三飞行集团所属的第一飞行团、第三飞行团。1939年以后，日海军航空兵第二联合航空队所属的第13、第14航空队以及高雄航空队等部亦投入作战。轰炸目标主要集中在政治、经济、商业中心，包括城区的平民居住区、学校、医院、外国领事馆、外国教堂等非军事区，以及各交通要道、军事基地、空军机场等，上述各处无一例外地遭到日机的"无差别轰炸"。日军专门制定并实施了针对成、渝的战略轰炸计划，即"101号"作战计划和"102号"作战计划，对成都、重庆和四川各地进行了大规模的"轮番轰炸""月光轰炸""疲劳轰炸"。其目的在于摧毁我中华民族的抗战意志。在这6年又40天里，日寇先后对成都出动飞机921架次，投弹2,455枚，造成5,337人死伤（其中死1762人，伤3,575人），炸毁房屋15,208间，致使成都满目焦土，一片废墟。

△四川省防空司令部加紧疏散成都市人口。四川省政府财政厅拨款20万元，作为防空建设经费。

9日 成都市民5万人在少城公园集会，纪念川军出川抗战一周年。

△新都实验县及其毗连的金堂、广汉、新繁、简阳等8县的哥老、把头，聚集武装团丁数千人，包围新都县城。部分乡区发生砸毁联保办公处，打死督导员、农技员，火焚教育区，捣毁县农场，毁坏试验作物诸事。川康绥靖公署及四川省政府于12日派省保安处处长刘兆藜率保安队1个团及成都警备部队1个营前往弹压；另派绥靖公署副官处长黄瑾怀、温江区专员陈志学、新委新都县县长罗远猷等前往安抚。围城哥老及团队

提出：停止征兵，撤销乡村警察，取消实验县及其设施，撤换县长陈开泗。经黄瑾怀、罗远猷与策动此次事变的哥老会首领吴肇章等谈判，政府基本答应其所提要求。14日前后围城团队陆续散去。事后，四川省主席王缵绪对各有关县长、专员，分别给予撤职、记过等处分。该县县长陈开泗受撤职记过处分后，改委为南充地区专员。

10日 国民党中山学社所办《中山周刊》改为半月刊，梁寒操为发行人，在重庆出版。

13日 中国自然科学社第11届年会在四川巴中县举行，宣读了论文35篇。会议议决组织西北及西南科学考察团。

△岳阳失陷。长沙驻军奉命执行焦土政策，火焚长沙；全城9/10被毁，烧死2万余人。

14日 四川军管区开办军管总队，由各师、团管区及军事单位申送在乡军官投考。本期正取、备取共收300人。

15日 日机17架分两批空袭成都，在凤凰山机场投弹数十枚，伤1人，毁房3幢。我空军击伤日机1架。

16日 全国救济委员会秘书在重庆举行记者招待会，宣布：抗战以来迄1938年10月24日，日机空袭中国城市3,318次，被炸城市314处，平民死伤66,000余人（其中炸死29,968人）。

△妇女抗敌救国会在重庆开会，议决发动家庭妇女赶制寒衣。决定将第一批寒衣（2,000件）迅速送出，加速赶制第二批寒衣（8,000件）。

18日 战区儿童保育会成都分会已设成都、乐山、郫县3个保育院，收养战区难童1,000名。因战区扩大，难童增多，决定再增设新津、双流两个分院，预计收养难童1,000名。

19日 中央造币厂成都分厂开始鼓铸辅币。

21日 中共四川省工委在成都召开扩大会议，会议于25日结束。会议决定四川不再成立省委，分别成立川东、川西两个特委，直属中共中央南方局领导。川西特委书记罗世文，副书记邹凤平，组织部部长兼工委书记程子健，宣传部部长兼文委书记郑伯克。川东特委书记廖志高，组织部部长宋林，宣传部部长漆鲁鱼。同时决定撤销成都、重庆两个市委。

23日 国民政府军事委员会派空军军事学校教育长晏玉琮兼任四川省防空副司令。

24日 四川省政府通令成都、华阳等65县分别设立农业推广所。

25日 国民党中央任命程天放为四川省党务人员训练班主任。

28日 国民政府行政院第390次会议决议批准西康建省，并于1939年1月1日成立西康省政府。

是月 因延安抗日军政大学在四川招收第5期学生，前往投考者极多，四川省主席王缵绪通令所属一律禁止。

△四川省政府制发《川军抗战周年纪念宣传纲要》。

△杨森升任第9战区副司令长官，仍兼第27集团军总司令，不再兼任第20军长，所遗军长一职以133师师长杨汉域升充；递遗师长职务，以副军长夏炯调任。在编制上，增加炮兵、辎重、补充3个团，1个整编第54师，共为4个师。

△国民政府教育部颁布《青年守则》12条，规定以"忠孝仁爱信义和平"为"国

训",通令各级公私立学校遵行。

12月

1日 报载,四川省债务清理委员会债务清理完毕,计共负债（包括公债等）4,600余万元。

2日 四川省政府公布：1938年下半年省预算,经国民政府行政院核定为2,900余万元。

△日本大本营颁布命令,确立"政略进攻、战略持久"的战略。命令陆海航空兵联合实施对大西南的"航空进攻作战,尤须打乱并压制敌之战略、政略中枢"。

为了迫使国民政府投降,日本大本营以天皇名义发布《大陆第241号命令》："大本营的企图是确保和促使占领地的安定,以坚定的长期围攻战压制残存的抗日势力,使其衰亡。""为了实现此目的,中支那派遣军司令部主要展开对中支那、北支那的航空进攻作战,特别是压制和扰乱敌人的战略和政略中枢,歼灭敌人的航空兵力,并紧密同海军配合。"在接到该命令当日,日本大本营向战地三军司令官下发了《大陆第345号命令》,具体下达了关于进行航空作战的指令："攻击敌战略与政略中枢须抓准时机,集中战斗力,特别要捕捉敌最高统帅及最高政治机关,一举歼灭之。"并且在指令中着重指出："在支那各军可以使用特种烟（包括赤烟、赤筒和绿筒）。但在使用时须避免在第三国人居住的市街使用,严格保密使用瓦斯的事实,注意不留任何痕迹。"自此以后,对国民政府的攻击,由一般轰炸改变为无差别的战略轰炸。日军的陆海空协同作战态势保持了良好的协调关系,即强化了空袭的规模和力度。随后的1939年"一百号作战"、1940年的"百一号作战"、1941年的"百二号作战"使得重庆的旧城区化为一片灰烬,市民在一拨接一拨的日军飞机的轰炸下不敢离开防空洞,日军将其称之为"疲劳战术"。直到日美开战的1941年秋,市民才逐渐从空袭的疲劳中解脱出来。

3日 由重庆直达湘西的川湘公路,全线整理完竣。

7日 中江县第一、二区区署伙同联保抽壮丁舞弊及县政府以大斗强买民间存谷,小斗卖出；又擅自变更禁烟办法,引起乡民公愤。农民数千人捣毁数处乡镇联保办公处,包围县城。四川省政府派保安处副处长王元晖率领两个保安团前往弹压；同时将县长廖育群撤职,以平民愤。另委肖烈为县长,成立宣抚委员会进行善后,农民遂散去。

8日 四川各地再次掀起抢购铜元的风潮。原银元与铜元的正常兑换率为22吊（千文）上下（有的地区曾高至二十七八吊）,现跌至20吊以下,致使以铜元作价的物价上涨,铜元逃匿,找补发生困难。当局一面禁止抢购、囤积铜元,一面令成、渝两造币分厂加工赶铸角、分辅币投放市场,并引导市场以角、分作为交易单位,减小铜元比率波动对物价的影响。

△国民党执行委员会为制止成都市学生抗敌协会召开"一·二九"纪念会议致四川省会警察局公函,认定该协会是非法组织,对其活动应当予以制止,并取消该协会。四川省政府令成都市警察局制止并解散该协会。

9日 由成都市学生抗敌协会组织的成渝两地学生200余人在皇城保育院大礼堂集会纪念"一·二九",发表《宣言》,并要求国民党政府定是日为"学生节"。国民党四川省党部、四川省政府宣称该集会非法,严令警察局派人制止。督察员侯德新向学生宣读了四川省政府训令,经过宣告,纪念会改为学术讲演会,由教员叶某、马先明、邓初明等递次讨论学术,约一小时即行闭会。当时并未发生事故,警察局收走签名册、主持人名单、《宣言》各一份。

10日 私立武昌中华大学迁重庆复课。

11日 国民政府财政部公布《限制私运黄金出口办法》,限制私运黄金及金制品出口或运往沦陷区。

△旅渝归国华侨协会成立,选举胡万里等9人为理事,郭威白等5人为监事。

13日 重庆市各界义卖献金委员会成立,并公布义卖献金办法。接着,重庆举行了义卖月,成都组织了义卖协进会。18日,新华日报社在重庆各区举行了声势浩大的义卖献金日,支援前线抗敌。

△国民政府行政院公布西康省政府人选:任命刘文辉、段班级、李万华、叶秀峰、韩孟钧、王靖宇、格聪呼图克图、杨永浚、黄达为委员;刘文辉兼主席,段班级兼民政厅厅长,韩孟钧兼教育厅厅长,叶秀峰兼建设厅厅长,李万华兼财政厅厅长,王靖宇兼保安处处长,张为炯任秘书长。同时核定西康省政府每月经费50万元。

16日 国民党中常会决定:各省之县党部改为书记长制。

18日 汪精卫偕其妻陈璧君自重庆出逃昆明,次日转往河内,周佛海、陶希圣同行。国民党四川省党部主任委员陈公博先期自成都飞昆明转赴河内,随汪叛国。29日发表"艳电",叛国投敌。

△国民政府经济部筹组川南煤矿公司,由翁文灏任理事长,唐子章任经理。

23日 新任四川大学校长程天放履任。本月13日国民政府行政院通过程天放的任命案后,川大师生举行罢教罢课,并发出电文反对。嗣由四川军政首长邓锡侯、潘文华、王缵绪从中调解;程天放又依照川大师生要求,呈请国民政府教育部撤销了该校秘书长孟寿椿的职务并保证办好四川大学,乃得接事。

24日 蒋介石请其顾问美国人端纳通知英、美两国驻华大使:汪精卫绝对无权与任何人谈判和平。

25日 中苏文化协会在重庆召开第二届年会,修改会章,推孙科为会长;邵力子、陈立夫为副会长;蔡元培、于右任、冯玉祥、颜惠庆、苏大使、潘有新为名誉会长。

△中国全国音乐界抗敌协会在重庆成立,盛家伦、贺绿汀等当选为理事。

△国民党中宣部组织的中国文化服务社在重庆成立,王世杰任董事长,程希孟任总编辑,刘百闵任社长;全国共设立分支机构616个。

△17时,日军陆军第一飞行团团长寺仓正三少将在汉口飞行基地(W基地)向所属部队下达了攻击命令:"飞行团以主力攻击重庆市街,震撼蒋政权上上下下,攻击时间定于12月26日13时。"命令明确了"市街""上上下下"这一无差别的轰炸理念。

26日 蒋介石驳斥日本首相近卫文麿第三次对华声明。22日,近卫文麿发表以所谓"承认满洲国""中日共同防共""中日经济提携"为核心内容的第三次对华声明。本日，蒋介石在重庆发表长篇演说，予以驳斥；同时又对汪精卫叛离重庆一事有所解释。蒋说：汪精卫"此次离渝赴河内，实为转地疗养，纯系个人行动，毫无政治意味。此行不仅与军事委员会无关，即于中央与国民政府，亦皆毫无关系"。

△重庆妇女团体在青年会举行茶会，欢迎印度救护队及西藏民族慰问抗敌将士代表团。

△日军按计划每日分两次（上下午各一次）对重庆实施轰炸。从此，日军的野蛮轰炸使重庆成为"二战"期间被轰炸时间最早、历时最长、次数最多的都市而载入历史。这也是无差别轰炸城市的先例。

据日军前四次大规模轰炸重庆的《轰炸报告书》：第一次，1938年12月下旬，航空兵团司令官江桥英次郎中将命令第一飞行团攻击重庆，命令第三飞行团攻击近距离要地。第一飞行团选定12月26日为对重庆的第一次攻击日。10时，江桥英次郎根据侦察机的气象报告下达了攻击命令，分两批进行轰炸。第一批于10时30分自汉口出发，13时35分到达重庆上空，因云层过密不能确定目标，飞行第六十战队（"九七重"12架）没有实施轰炸。飞行第九十八战队（"意式重"10架）10时50分从汉口出发。14时，到达重庆上空，从密云间隙中发现重庆东侧地区，即以此为基准进行了推测轰炸。以后分别在1939年1月7日、10日、15日共计分九批次轰炸重庆，给重庆市民带来了巨大的灾难，对该市建筑、物资等造成了重大损失。

29日 汪精卫在河内发出"艳（29日）电"，致蒋介石及国民党中央执、监委员，要求国民政府根据日本首相近卫文麿所提之"承认满洲国""共同防共""经济提携"三原则，"与日本政府交换诚意，恢复和平"。

是月 周恩来率领中共代表团到重庆。

△内迁工厂已达124家，以机器工业为多，计49家；印刷厂29家，电料厂、米厂各12家。

△中共川北工委在南充召开代表会，决定撤销川北工委，分别成立南充、遂宁、阆中3个中心县委，于江震、王叙五、胡景祥分别任书记。在此前后，还成立了嘉定中心县委、北碚中心区委，侯方岳、沈钧分任书记。

是年冬 在中共川北工委领导下，南充"南华艺社抗日救亡宣传团"前往西充、南部、阆中、苍溪、营山、蓬安、岳池、广安等8县宣传演出，受到各县抗日救亡团体和艺术界的好评，收到了良好效果。

是年 四川征送壮丁174,145人。

△截至本年12月，法币发行额为23.1亿元，发行指数为164.0%，较上年增长40.6%。同期，重庆趸售物价指数为164.0%，较战前增长673.0%，货币购买力指数为战前的60.9%。

△国民政府设定的移垦区，位于四川的有平武—北川移垦区，预定移民2,000人，经费98,000元。

△民生公司的轮船由原有的46艘增加到117艘。

△四川大学组织成立了"川军抗战史料搜集整理委员会"，并函请中央古物保管委员会联合调查四川文物。学校对四川的石器时代遗址、汉晋墓葬、古代建筑、壁画、石

刻、造像等进行了全面普查。这是国内第一次文物普查工作。学校成立了应用化学研究处，研究包括"利用川省资源提制代替汽油或汽油之研究""川省盐产之利用与溴碘之提取""钝碱制造之改进""四川天然硫黄之调查与提炼""利用川煤提取煤膏苯甲苯等物之研究""测量彭山芒硝之产量与藏量"等在内的战时急需课题。

△西康建省委员会向国民政府拟呈《西康省建省方案》，分析了西康在中国版图上的历史地位、历朝历代中央政府对该地的治理政策，以及当今治理该地所存在的困难。文中特别指出，自民国成立以来，国家动荡不安，内忧外患日益加剧，康藏分裂势力与外来势力遥相呼应，而捍卫国家的统一、充实西康、健全藩卫，既是国家统一的需要，也是民族复兴的需要。《西康省建省方案》提出：

一、西康建省必须依靠国家的力量来经营，才能够实现。这是历史经验的总结，特别是有清以来建设边疆的经验教训。鼎革以来，单纯由四川地方经略，实难以支撑。因此，中央政府的支持是非常重要的。费在一时，利在永久。

二、自从1918年，西藏不法分子鱼肉川边，虽然刘文辉督促所部成功驱逐了盘踞在邓柯、德格、白玉、石渠四县的西藏不法分子，但西康所辖区域仍不过19县，人口仅有426,000余。加之内外匪患日益猖獗，人民彷徨无归，奸人作祟，地方空虚，军队虚设，后果难料。由国家的力量，建省安民，势在必行。

三、西康建省的提议始自清末，早于热、察、绥、青、宁夏。北伐完成之后，国民政府第153次中央政治会议决议："热河、察哈尔、绥远、青海、西康，均改行省。"今国家统一告成，安内攘外，固边为急，西康关系綦重。此实为国家宏远久大之图，非徒计一时一隅之利害。

四、西康建省后，宜酌增近边各县，以臻健全。《西康省建省方案》从地理、政治、经济、历史、民族五个方面详细分析了增县（包括宁、雅、松、理、茂、汶、懋、靖等县）的必要性与紧迫性。指出：

（一）军事方面，西康对内震慑反侧，对外防止侵略，皆需要相当之兵力。

（二）交通方面，急需建设公路、铁路、航空。

（三）民政方面，急需完善制度，配备人员。

（四）民团方面，急需安抚土司，调整民间武力。

（五）宗教与教育方面，宜汉、藏并举，加强宗教教育、文化教育，方可得其要领。

（六）生产方面，急需开发边区，兴办实业。

△《国立四川大学抗战后援会工作报告摘要》：本会成立之后，通过下乡宣传，参加纪念会、欢迎会，捐制棉衣，开展汉奸理论检讨会，救济，游艺，话剧，歌剧等多种形式，在欢送川军将士大会、"九一八"纪念会等活动中发挥了重要作用。

△武昌艺术专科学校遭日机空袭，学校被迫迁至宜都，再迁四川江津，艰难地恢复了教学活动。

1939年

1月

1日 西康省政府在康定成立。国民政府行政院任命刘文辉兼西康省政府主席。刘文辉、段班级、李万华、叶秀峰、韩孟钧等宣誓就职。会上宣读了《西康省政府成立宣言》，指出："西康省治，建立于国家危急存亡之秋，任重千钧，端绪万端，前途事业，剧感艰难。然事在人为，功因力就，与其侈言事功，何若慎使人力。吾人于此，将以整齐步伐，同跻于新西康之路。"蒋介石作《训词》："西康据岷岭之高原，跨长江之上游，屏蔽川滇，实为中国西南之奥区。前代政教不能及远，进步久滞。前清怵于边患，始置川滇防务大臣，且有改建行省之议。但以措置失当，坐树大梗。民国以来，国事日纷，无暇及于边计。西康建省，经始之艰难，成功之不易。"

西康省政府公布了《西康省施政纲要十七条》。

西康省政府主席刘文辉在西康省成立大会上做《完成西康省之意义及今后施政之中心骨干》讲话，就西康省建省的筹备经历、建省意义、今后施政的主要任务做了阐述，指出："西康边防国防建设之胜利完成，当以获得中央政府的支持赞助，与相邻各省的互助合作为先决条件，即西康本身决不能离开国家民族而孤立存在。就军事而言，康藏防务，它是四川防务的延伸。就事业观点来讲，康藏的经营是中央政府筹边大计的一部分，它的成败得失与国家的支持和四川局势息息相关。"

△国民党中央执行委员会常务委员会召开临时会议，决议永远开除汪精卫党籍，撤除其一切职务。中央监察委员会临时常委会亦于同日通过上述决议。

△为纪念中华全国戏剧界抗敌协会成立一周年，重庆戏剧界举行火炬游行并表演《抗战建国进行曲》《自由魂》等7个戏，轰动了山城。

△由川康地方实力派邓锡侯、潘文华、刘文辉等出资创办的《建国日报》创刊（年底终刊）。报社董事长周绍芝，社长赵星洲，主笔王达非。

2日 《新华日报》发表社论《汪精卫叛国》，揭露、批判汪精卫之流的民族叛贼对抗战前途丧失信心的亡国论调。

△中华民族解放行动委员会在重庆发表《讨汪声明》，指出："国民党对汪执行党纪后，国民政府须严申国法，下令缉汪，并缉办潜藏各地的附汪分子，以期除恶务尽。"

△周恩来在重庆对路透社记者谈话，指出汪精卫之行动，既不能破坏中国内部团结，亦不能损害中国抗战力量。

△康藏间久悬数十年未决之大金寺案，由康藏代表在德格解决，议定：（一）大金

寺应赔与汉商之款，其不足之数由康藏双方补足。（二）大金寺应赔款重建邓柯县政府3.2万元藏币，其能力不足之数，亦由康藏双方补足。（三）大金寺由甘孜县政府派民工重修。（四）前由藏方供给大金寺喇嘛之枪支全部回收，寺内仅留30支自卫，平时须存县政府保管。

4日 张澜、黄炎培、梁漱溟、冷遹、江恒源在重庆联名发表《声讨汪精卫宣言》。

△国民政府军事委员会密电通令《严禁各地文化团体举行拥护国策示威游行》，谓："游行示威举动，妨碍战时秩序，应严行禁止。如违，即予惩办。"

6日 四川省银行决定增资1,000万元，并增设50个支行，以支持农村经济事业。

7日 日机第二次轰炸重庆。除首次参与轰炸的飞行队外，第12战队也加入其中，总计31架敌机。"九七重"携带250公斤炸弹各2枚（计24枚），"伊重式"携带100公斤炸弹各3枚（计57枚）。炸死5人，伤7人，房屋损失5栋。

9日 欧亚航空公司新辟重庆至西安的航线。

10日 日机3个战队、30架飞机（"九七重"12架、"伊重式"18架），对重庆实施大密度轰炸，投弹4500公斤。

△日机8架空袭泸县，投炸弹19枚，伤20人，亡7人。

11日 成都《大声》周刊等近10个文化、新闻单位和四川大学等校学生文化团体在川康通讯社举行"拥护抗战国策讨论会"，并定于13日在少城公园举行游行示威大会。国民党四川省党部、四川省政府转国民政府军事委员会委员长蒋介石侍从室电，令成都市警察局查禁这次集会。

△冯玉祥到达成都作抗日宣传讲演，马不停蹄地奔走于大学、政府部门、军校、广播电台和全国文艺界抗敌协会成都分会，作了一系列的讲演，直到18日回重庆参加会议。

12日 国民党中央党部密函重庆市党部派员打入中国学生救国会联合会等抗日救亡团体，进行控制和破坏。

△冯玉祥到华西坝拜见华西协合大学校长张凌高，张校长邀请冯玉祥于13日下午为该校师生演讲。

13日 冯玉祥在华西坝上的"五大学"（分面抗战时期，金陵大学、金陵女子文理学院和齐鲁大学三所教会大学，以及南京中央大学医学院都迁到成都与华西协合大学联合办学，时称"五大学"）做讲演。

△中华全国文艺界抗敌协会成都分会成立，由李劼人、刘开渠、罗念生、刘盛亚、谢文炳等负责。分会编辑出版了《笔阵》，又和总会合编了《通俗文艺》。

14日 日机6架空袭泸县，投炸弹31枚，伤65人，亡47人，毁房45幢。

15日 日机27架空袭重庆，并首次发生了空战。我空军起飞迎战，被击落6架，击伤4架。日机4架中弹负伤。投弹58枚，炸毁房屋20余栋，重庆居民被炸死124人，伤166人。

△日机4架飞万县肆虐轰炸，炸死群众50余人，伤80余人。

16日 日机轰炸重庆，平民死伤300余人。日机被我击落1架。

△四川省抗敌后援会、星芒抗敌宣传团等15个蓉市救亡团体，联合向即将开幕的

国民党五中全会提出加紧肃奸，巩固扩大抗日民族统一战线，容纳各党派建立共同工作委员会，完成抗战建国，切实给予人民言论、出版、集会、结社、信仰及居住自由，保障民权，帮助并扩大民众运动等29项建议。

△根据中共中央六届六中全会决议，中共中央南方局在重庆成立。书记周恩来，常委周恩来、博古、凯丰、吴克坚、叶剑英、董必武。中共中央南方局直接领导四川、云南、贵州、湖北、湖南、广东、广西、江苏、江西、福建以及香港、澳门地区的党组织。

17日 重庆文化工作座谈会在中苏文化协会四川分会举行。郭沫若在会上做战时文化工作的讲演，提出"文化人到农村去，到敌人后方去"的口号。

18日 国民政府军事委员会任命潘文华为川陕鄂边区绥靖公署主任。

19日 蒋介石在重庆约见周恩来，再次询问中共对他关于统一国共两党为"一个大党"提议的意见。周恩来再次断然表示"不可能"后，蒋要求周再电延安，希望中共对此做出让步。22日，中共中央根据周恩来的报告和提议，除给国民党五届五中全会发去贺电外，并致电蒋介石（由周恩来于25日转交），指出：中共诚恳地愿与国民党共同为实现民族独立、民权自由、民生幸福之三民主义新中华民国而奋斗，但绝不能放弃其马克思主义的信仰，将其组织合并于其他任何政党。

20日 国民党中常会第111次会议以国民参政会议长汪精卫业经撤职，决议推蒋介石任国民参政会议长。

21日 国民党五届五中全会在重庆开幕（30日闭幕）。蒋介石在会上做了题为"唤醒党魂，发扬党德，巩固党基"和"整顿党务之要点"的讲话。会议决议组织国防最高委员会，统一全国党政军的指挥，由蒋介石任委员长。会议确定了"防共""限共""溶共""反共"的方针，通过了设立"防共委员会"等案。根据会议确定的原则，国民党于会后陆续制定了《限制异党活动办法》《异党问题处理办法》《处理异党实施方案》《沦陷区防范共产党活动办法草案》《陕甘两省防止异党活动联络办法》等一系列反共文件。

24日 中英两国就开辟中缅新航线达成协议。是日在重庆换文。

25日 国民政府经济部公布《川康铜业管理规则》，并由资源委员会成立川康铜业管理处，管理及收购精、粗铜及废铜。

26日 连日铜元价格飞涨，重庆市社会局召集有关机关，商讨对策，遂决定：（一）暂定法币价格为每元21千文，并严禁自由短少。（二）市内专营钱业之商店，由警察局派员切实清查账目，如有囤积居奇者，除将铜元没收外，并严加惩办。（三）限制铜元出境，凡携带100吊及以上者，即禁止出境。（四）商人囤积铜元，由警卫部、警察局会同社会局等秘密调查，依法惩处。

30日 国民党中宣部密订《各地战时服务团体管理取缔办法》，规定各战时服务团体凡限期未立案者，一律停止活动；凡有宣传违反"国策"之言论者，应立即予以取缔或惩处。社会部拟定《抗战时期文化团体指导工作纲要》，决定限期举行"文化团体总登记"，以整理现有文化团体。

是月 成都人力车工人大罢工并示威游行，反对车行老板增加车租和收买流氓暗杀退车工人。罢工持续10天，成功迫使成都市政府拘禁了凶手，将车租减少1/5。

△四川省防空司令部印制《在省各机关团体学校疏散办法》。

△国民政府确定军务费预算，自本月起，月约3,000万元。国防建设费月约2,000万元。战务费月约5,000万元。共计每月1亿元以上。

△中共万县中心县委成立，欧阳克明任书记。

2月

1日 由于国民政府军事委员会移重庆办公，军事委员会委员长重庆行营奉命结束，另于成都、西昌设委员长行辕，派贺国光、张笃伦分任主任。

3日 资阳县3,000多农民为反抗拉丁抽税，举行武装示威。全县18个联保主任被杀死17个。县长派保安队进行镇压，打死打伤700多人。

4日 国民党四川省党部主任委员陈公博外逃叛国，遗职由黄季陆继任。

△日机2批18架空袭万县，投炸弹134枚，伤219人，亡229人，毁房352幢。

△国民政府教育部统计室公布：抗战以来全国专科以上学校迁入四川者，计有国立中央大学、武汉大学、东北大学、国立药学专科学校、国立牙医专科学校、山东省立医学专科学校、私立复旦大学、金陵大学、齐鲁大学、朝阳大学、金陵女院、文华图书馆专科、武昌艺专等院校。

△中华工商协进会在重庆举行成立大会。孔祥熙、翁文灏、张道藩、黄中及会员400多人出席。大会选举温少鹤、蒋志澄、胡子昂、王延松等13人为理事，选举何北衡、康心如、洪兰友等6人为监事。

6日 日机2批18架空袭万县，投炸弹99枚，伤150人，亡235人，毁房155幢。

7日 国民政府国防最高委员会成立。蒋介石兼任委员长。常委为五院院长、外长、正副参谋总长、国民党中央常委3人，共11人。秘书长张群。

△川陕实业界人士在川陕两省设立战时物产运输调整处。总处设西安，重庆设办事处。具体业务为办理川省糖盐运陕及陕省药材、棉花运川事宜。

12日 国民参政会第一届第三次会在重庆开幕。出席参政员116人。21日闭会。会议通过提案90余件，其中有《组织川康建设视察团案》。蒋介石以新任议长身份主持了会议。他在致辞中强调在抗战结束以前，"要以军政时期的工作为主"。议长蒋介石提议，设立川康建设期成会，并组织视察团，于3月底分赴各地视察。

14日 国际反侵略大会中国分会在重庆举行招待会，到会400余人。副会长邵力子主持。张继、陈诚、周恩来等先后讲话。周恩来在讲话中指出：日寇已为全世界之公敌；号召加强团结，一致御侮。

15日 国民政府财政部拨款3,000万元，收购土产运外销售，由财政部所属之贸易委员会同中央信托局、中国植物油公司、中国茶叶公司等联合办理。

16日 国民党中常会通过《修正印刷所承印未送审图书杂志原稿取缔办法草案》及《修正检查书店发售违禁出版品办法草案》。规定对出版、发售未送审图书及违禁出版品者，分别情节给以警告、没收罚款、封闭等处分。

21日 国民政府令：特派刘峙为重庆卫戍总司令（刘于3月6日就职）。

△国民政府行政院第二次会议决议：经济部提议将汉口商品检查局暂时停办，即以该局原有人员及设备，组设重庆商品检查局案。决议通过。

23日 四川省政府保安处查封成都群众抗日救亡团体"抗敌宣传社"。

24日 中国航空公司派机由重庆试飞仰光。

25日 中共中央南方局成立妇女运动委员会。邓颖超为负责人，卢镜如任秘书，委员有邓颖超、廖似光、刘群先、卢镜如、陈奇雪、梁洪、徐克立、范元甄、张玉琴。

26日 国民党中宣部秘密传达《禁止或减少共产党书籍邮运办法》及《查禁新知、互助及生活等书店所出书刊办法》。

1—2月 自贡市工人举行全市大罢工，反对资本家无故解雇工人。资方勾结军警，逮捕工会负责人。罢工18天，迫使当局释放被捕工人，增加工资。

3月

1日 国民政府批准《重庆市紧急疏散人口办法》。重庆市社会局宣布10日前为自动疏散期；11日后，强迫疏散。

△渝昆长途电话正式通话。

△中国地质学会在重庆举行年会，选举李四光、翁文灏等9人为理事。

3日 重庆中央图书杂志审查委员会搜查重庆生活书店，以未经审查合格为借口，搜去库存图书7,000余册。

△四川彝族代表20余人赴成都谒四川省政府主席王缵绪，请缨杀敌。

△重庆各界举行节约献金竞赛，民众热情空前高涨。仅3日下午举行的妇女献金活动，即募得60余万元。在渝韩国妇女和外国记者也踊跃捐献。

4日 重庆市政府为疏散人口，由社会局发布《告民众书》，敦促公务人员眷属、老弱妇孺，一切不必留在市区之团体、住户、商店、工厂、堆栈仓库，立刻自动疏散。4月10日成立重庆市疏散委员会。

△第三次全国教育会议在重庆闭幕（4日开幕）。蒋介石到会讲话，要求全国学校以"礼义廉耻"为校训。会议决定全国专科以上学校设训导处，推行训导制。

5日 国民参政会第三次大会决定成立川康建设期成会。川康建设期成会由议长指定参政员邵从恩、张澜、李璜、黄炎培、梁漱溟、吴玉章、陈豹隐等14人为会员；以李伯申、黄肃方、魏时珍等为顾问会员。指定由李璜、黄炎培、冷遹、林虎等21人组成视察团，立赴川康各地视察；根据视察情况，拟定川康建设方案，建议政府采纳施行。该视察团于3月18日分5路赴川康各地视察100天，于7月返回重庆。

8日 国民政府交通部中国航空公司辟重庆至河内航线。首次试航机由重庆起飞，经昆明抵河内。

9日 四川省政府协助组织华西垦殖公司，认股20万元，并令四川省银行投资30

万元，决定先行开展滇、川、甘、新四省农垦工作。

11日 四川省政府发表全川人口统计：9,200,435户，51,421,521人。男27,542,398人，女23,879,123人。

△国民政府国防最高委员会颁布《国民精神总动员纲领》及《国民精神总动员实施办法》。3月12日，蒋介石通电全国施行。13日，蒋介石指定张群兼任国民精神总动员会秘书长。

12日 新运会5周年纪念会举办的"节约献金竞赛"结束，献金总额达246万余元（金银饰物未计在内）。

△中国边疆文化促进会在重庆成立。负责人为沙克都尔扎克、喜饶嘉措、马亮、张元夫等。

△政治建设学会在重庆成立。孙科、于右任等21人为名誉理事。韦以黻、高秉坊等19人为理事。

15日 川军王陵基30集团军参加南昌会战，担任武陵方面的守备任务。20日，日军第6师团开始向武陵方面进攻，该军奋勇阻击，激战10日，于29日凌晨退守武陵以西之莆田桥、烟港街阵地，武陵遂陷。

18日 中央、中国、交通、农民四大银行在四川境内筹设江津、太和、南部、绵阳、广元、酉阳、达县等办事处。

△四川省动员委员会成立四川省抗敌后援会分会，省主席王缵绪任主任委员。

△四川省政府制颁《四川省土茧土丝管理办法大纲》，决定设立四川省土茧土丝管理委员会，职权如下：与国民政府财政部贸易委员会议定土茧土丝的中心价格；订立购销协议；在各茧丝产地组织产销合作社及评定品质委员会；未加入产销合作社者，不得购茧缫丝；四川省土茧土丝一律由该委员会收购，各产销合作社及蚕农自缫丝，不得售予其他任何组织和个人；贸易委员所需外销出口茧丝及丝商所需内销蚕丝，由该委员会分别售予。该委员会于4月下旬在重庆成立，由四川省建设厅厅长何北衡任主任委员；其设于南充、阆中、乐山、三台、合川的5个办事处亦于同期成立。

23日 中国农民银行扩展农村放款，计分合作、农仓、动产抵押、农场、特种农村放款等5项。中国农民银行自开办以来，已贷出7,000余万元。其发放农贷的方针如下：一、战区农村救济放款，以原有及新组织之合作社或互助社为对象，由四川省政府及合作行政机关负责办理。二、在后方，如云、康、青、新诸省，划定特产区域，办理特产放款。又推行战时生产农场贷款。三、协助合作金库办理抵押放款。

△四川省试办"土地陈报方案"，经国民政府内政、财政两部备案施行。规定全省各县除业经开始土地清丈者外，一律举办土地陈报。

24日 欧亚航空公司辟重庆至哈密航线，与中苏航空公司之哈密、阿拉木图线联航。

25日 中法比瑞文化协会在重庆成立。吴稚晖任会长，周恩来、吴玉章等40人为名誉理事，毛庆祥等25人为理事。

27日 四川省动员委员会发动"国民精神总动员"。规定每月举行国民月会；并决定在成都各机关、团体、学校、军队及市民中分区段集中，按国民党中宣部颁订的《国民公约及誓词》举行国民公约宣誓。

△自全面抗战以来，各种物价上涨，国民政府经济部电请四川省政府平抑物价，取缔投机操纵，要求各地主管官署与参与评价之工商团体公开协商，评定价格，取得生产者之合作协助；以评定趸售之批发价为主，如批发、零售差价过巨，再评定零售价；办理平价以县（市）为单位，但邻近各县应互相沟通，以求同一物之评价一致。

28日 成都各大学教授联合组成"川康县政考察团"分赴各县实地考察，以作改进各地县政工作之参考。

29日 日机18架侵入四川，在梁山等地投弹。

△日机1批9架空袭万县，投炸弹1枚，毁房6幢。

是月 中央图书杂志审查委员会密订《图书杂志原稿审查工作纲要》，共87条，要求图书检查人员与当地特务机关取得联络和配合，以了解各书店、印刷所负责人之背景与活动。

△海军在宜昌、巴东间成立宜巴区第一、二两总台，下设四台及九分台。10月间，又在巴东至万县间成立巴万区要塞第三、第四两总台，分驻于宜昌、巴东、万县、重庆各地，并派第一舰队司令陈季良驻万县指挥。

4月

1日 国民政府令免四川省立重庆大学校长胡庶华本职，遗缺于5月5日由叶龙继任。

△四川省政府组设四川省战时乡村服务团，辅助县以下各级行政机构，由任觉五任团长。团部设三组，分掌政训、民教、军训等事项。

△在国民政府财政部贸易委员会的支持下，由川省桐油业巨商组织的四川桐油贸易股份有限公司正式成立，资本100万元；在彭山、达县、万县、叙永、巴中、南充、乐山等29处设立分公司。该公司统筹收购全川桐油，经由贸易委员会运销国外。

4日 四川各县（市）卷烟业工商户，因停业已久，生计困难，前曾分别呈请国民政府救济，久未获复。中江、金堂、什邡、简阳、成都、广汉等17县代表在成都集会，推出代表5人赴重庆向国民政府财政部请愿。

5日 世界红十字会成都分会举行成立大会，并在重庆、成都两地分设慈幼院教养战区难童。另外还组织抗战后援救护队分赴各战场，展开救护伤兵、难民等工作。

9日 中华全国文艺界抗敌协会在重庆召开首次年会，选出理事郭沫若、老舍、田汉、茅盾、邵力子等45人，并推于右任等为名誉理事。

10日 民生轮船公司在川省内河航道中新辟合川至广元一线及由合江沿赤水河至赤水一线。另在洪水期中恢复由泸县沿沱江至富顺邓井关线，以利自流井盐业之运输。

中旬 中共川康特委组织了"五月革命行动委员会"，由程子健、韩天石、郑伯克、甘棠等组成，程任书记，领导川康人民坚持抗战、反对汪精卫投降、争取民主的斗争。

12日 四川省政府订颁《四川省政府查禁敌货实施规程》，共21条。前颁《四川省根绝仇货规则》及《四川省抗战时期处理仇货暂行办法》同时废止。

13日 国民政府颁布《1939年建设公债条例》；14日又颁《1939年军需公债条例》，总额均为6亿元，年息6厘，要至1966年才能还清。

14日 国民政府财政部川康区所得税处重庆分区，从3月15日开征营利事业所得税。1个月来，各类税收达170余万元。

△负责改良川丝，增加川丝产量的四川丝业公司，本年发配各地的春蚕种发育甚佳，春茧可望丰收。这批春茧统归该公司收买。美丰、川盐、川康等银行以抵押借款方式借给该公司100万元，协助该公司收购春茧。

16日 国民党中央监察委员、国民政府委员谢持在成都病逝。5月6日，国民政府明令褒扬，发给治丧费5,000元，派四川省政府主席王缵绪前往致祭，并举行国葬。

△国民政府整理西康币制，以法币收回藏币。

17日 蒋介石在重庆就中日战争答中外记者问，指出："我国既已抗战，就必须贯彻到底。"

20日 国民政府经济部设立煤矿管理处，统制煤炭生产运销。

△重庆市总工会召开成立大会，46个工会参加。大会通电声讨汪逆；并请求政府兴办识字班、托儿所、劳工医院，组织工人福利委员会，收回关帝庙总工会会址，决定国民代表大会工人代表名额等8项议案；选举李森荣、王鸣岗、刘靖五、林焕章等11人为理事。

22日 重庆大学增设商学院，聘马寅初任院长。

23日 中国地政学会第五届年会在重庆开幕。会议通过建议政府积极实行"耕者有其田"的政策及划陕北等二区为平均地权实验区等5项决议。

△中苏文化协会成都分会举行成立大会，推黄季陆为会长。

24日 重庆市成立评定物价委员会，先对布匹、棉纺、文具、纸张、中西药品、粮食、鞋袜、皮革等8类商品进行价格评定。

25日 报载：城口春荒严重，大米每斗已由3元左右涨至5元，且几无上市者。民间多以树皮草根为食。饥民遍全县。抢劫案日必数起。

△重庆市猪肉价，每斤由3角涨至4角。

26日 国民政府军事委员会核定《调整米盐价格办法》。规定：米盐商不得自由抬价；各省不得加收通过税，铁路不得增加运费；并由各地政府加强民间水陆交通运输，保证粮、盐运道畅通。

28日 第30集团军总司令王陵基向国民政府军政部复命呈报《关于第30集团军在武宁一带作战经过概要报告》（简称《报告》）。《报告》对武宁战役敌我双方的兵力、态势、经过、结果做了详细的呈报。《报告》说："未战前，敌军到2月28日止，兵力共2万余人，飞机30余架，炮20余门。我军兵力第30集团军全部两军三个师另一旅和湘鄂边区游击总指挥部全部两个军四个师及孔荷宠部三个支队。敌军布置在龙腹渡、箬溪、罗盘山、大桥河一线，主力在箬溪。我军布置在三边滩、芦边小长沙、上滩头、棺材山、张林公、眼眉山一带。武宁战役从2月12日开始部署，3月19日战役由敌军突犯73军阵地开始，直到3月28日午后结束。整个战役惨烈，具体经过略。3月28日敌复加兵力进攻，并以气球升空指挥，猛向我72军老鹿头、大并山、金鸡山之线迫击，飞机30余架不断轰炸，战车由公路冲突，更兼是日风向不利，敌连施放毒气，我官兵以极败窳之武器骤当此最猛烈之火力，以肉弹与敌相持，自晨至午，阵地几次全被轰毁，正面几度被敌突破，均赖我官兵以必死之决心，前赴后继，血肉横飞，争夺至再，虽因伤亡惨重，阵地屹然未动。延至午后3时，敌以竭尽威力，无法进展，遂集中火力、兵力于我公路左侧一点，实行中央突破，我防守该线之新15师黄团一部人与阵地俱成齑粉，同时战车由公路猛力前进，阵地遂被突破。其步兵在其飞机、大炮掩护之下前进，我左翼黄团被侧射而致溃，右翼新14师左侧后受击而全部陷入包围。彼时在敌猛烈炮火制压下、飞机气球监视下，预备队使用告尽，无法增援，不得已放弃武宁。并令樊总指挥所部以现势依山扼守，令78军保持南岸现阵地，使敌左右均感威胁，不敢深进，而令第72军各师之残部队迅速整理，即扼守甫田桥、烟巷街一带要点，阻敌西进。"

30日 第一次随（县）枣（阳）会战开始。驻守大洪山地区的川军22集团军各部先后与日军战至5月上旬，乃北经唐河、邓县退往襄樊。

是月 重庆的中央大学中苏问题研究会邀请中共中央副主席周恩来就国际国内形势和战场上敌我双方形势进行分析，指出"战争将是长期的、持久的、复杂的、残酷的，但最后结局，灭亡的绝对不是中国，而是日本帝国主义的反动军事统治集团"。

△《新华日报》成都推销处扩大为成都分馆（又名《新华日报》川西北总分销处），经理洪希宗。从建立推销组到成立分馆的1年中，发行量由40余份增加到12,000余份。推销站已遍布彭县、西昌、嘉定等十余（市）县。分馆营业部还出售延安各种书刊、报纸。

△中共成都市委发动并领导了印刷排字工人的加薪斗争，迫使资方按物价上涨25％的比例增加工资。

△国立四川大学校长程天放呈准国民政府教育部，决定将校本部和文、理、法三个学院迁至峨眉山报国寺，农学院及理学院的应用化学研究处、测候所、植物园继续留在成都。

5 月

1日 国民政府公布四川省临时参议会正副议长及参议员名单，共70人。议长李伯申，副议长向传义。

△中共川康特委"五月革命行动委员会"部署由成都工人抗敌宣传团出面主持的"五一"劳动节纪念大会。成都各救亡团体，各界群众3,000余人参加。会上提出坚决反对汪精卫卖国行径，支持香港反汪罢工的主张。晚上举行火炬游行。同日，重庆万余工人在夫子池举行纪念劳动节大会，会后也举行了游行。

△川军刘雨卿26师在29军军长陈安宝的率领下投入反攻南昌的作战。是役，该师王克俊旅曾攻占南昌机场，击毁日机3架，毙敌甚众。军长陈安宝阵亡殉职，师长刘雨

卿负重伤。该师官兵伤亡约 1/3。

△根据国民党中宣部《国民精神总动员纲领及实施办法》，国民精神总动员开始在全国各地实施。当晚 7 时，重庆市 3,000 余人在重庆军委会广场召开国民精神总动员宣誓大会。蒋介石、孔祥熙等到会。林森致训词。会后，举行火把游行，参加者十余万人。

△国民政府财政部令海关对进口钢铁、机器减税 2/3，暂以 6 个月为期。

3 日 日机 4 批 36 架以密集队形狂炸重庆。日机投炸弹 166 枚，大梁子、苍坪街、左营街、新丰街、陕西街等地被炸起火，伤 350 人，亡 673 人，毁房 1,068 幢。我空军起飞迎战，击落敌机两架。

4 日 日机 27 架分 3 个编队再度轰炸重庆。都邮街、柴家巷等繁华市区尽毁。电话、电信、电灯、自来水等设施，均被炸毁。地面燃起了比前一天更大的火海。这一天日机投弹 126 枚，致死人数 3,318 人，负伤 1,937 人，房屋损失 3,803 栋。英国大使馆、英国领事馆、德国大使馆、法国领事馆也遭到了轰炸。

据《重庆抗战纪事》对日机轰炸重庆的记载：5 月 3 日死亡约 1,000 人，5 月 4 日死亡约 4,400 人，两天死亡 5,400 人，负伤 3,100 人，这个数字是空前的。轰炸后的第三年，日本参谋本部部员、第 34 陆军中佐难波出版了一部《防空》（钻石社，1942）。其中一个章节是"重庆空袭概况"，记录了 1939 年 5 月 3、4 日的轰炸情况："市街民宅燃起了大火""死亡约 1 万人"。当时亲历两天空袭的怀特写道："这次轰炸是空中恐怖历史上不能忘却的里程碑。在高空暴力的历史上，是日本军队制造了从空中对毫无防备的人们的最大杀戮。"

5 日 国民政府命令：重庆由四川省政府直辖乙种市改为国民政府行政院院辖市，法定市区为 300 平方公里。

△蒋介石发表演讲："把国耻的 5 月作为雪耻的 5 月。""面对如此悲惨的遭遇，民众没有一声抱怨，看到了民众咬牙坚持的情景，我充满了胜利的自信和勇气。自古以来，中华民族的正气在异族入侵之时必然表现出来，任何残忍的暴行也不能使我们屈服。"

△重庆各机关设立空袭联合办事处。赈济委员会拨款 100 万元，急赈被难同胞。5 日至 7 日，国民政府采取紧急措施救济难民，并统制公私船舶、车辆疏散市民。三天之内，重庆居民疏散至各县乡村者约 25 万人。

△重庆《时事新报》《大公报》《新蜀报》《新华日报》《国民公报》《扫荡报》《中央日报》《商务日报》《新民报》《西南日报》10 家报纸因日机轰炸，水、电、交通及印刷发生障碍，奉国民政府军事委员会令，是日起一律停刊，暂由各报发行联合版，组织联合委员会主持其事。各报社公推《中央日报》程沧波为主任委员，下设经理委员会：主任委员黄天鹏（《时事新报》）；编撰委员会，主任委员王芸生（《大公报》）。重庆各报联合版于 6 日开始发行，同年 8 月 12 日结束。

7 日 四川省疏散重要城市人口委员会召开紧急会议，决定成都各学校限于本月 15 日前一律停课，将政府所发疏散费 30 万元中的 20 万元，用于在郊外建筑疏散平房。

8 日 日机轰炸成都。

9日 蒋介石通令西南各省，严禁种植鸦片。原令为："查禁烟要政，正本清源，首在禁种。川黔二省，去年即据呈报，决于年底提前禁绝，并经分别电复嘉勉在案。在康省则按诸禁烟法令规定：本系绝对禁种区域。自中正来川以后，更复三令五申，责令切实严查，务期肃清。本年实际情形，所属各地，偷种甚多，而且地域广阔，情形严重。直至最近，已届收割，明知查铲不及，当种户重视厚利在货之时，始报派员查铲。衡之实际，何能有效。似此情形，不惟迹近敷衍，尤其已报而不能实践，奉命而不能切遵，更有自欺欺上之重大错误，其何以完成革命之任务，言之可为痛恨。兹特再行手令申诫，限于本年内将各该省辖境以及边区地带，一律绝对禁种，不得再以任何理由，容留片面寸蘖发现。各该省党政军各主管机关，务须深自警惕，痛下决心，奉命之后，即应共商有效办法，切实负责，层层督饬所属各级机关主管人员，通力合作，认真执行。关于一切施禁之宣传查缴等事，尤应于下种之前，及初种出土之始，即行严办，以免仓猝不及之弊，而收事预则立之功。须知西南各省，为抗战复兴根据之地，而鸦片流毒，则为各该省妨害抗战之心腹大患。吾人必须举全力加以铲除，决不容其滋蔓。凡有包蔽纵容，或因缘贪利者，即为党国公敌。无论共人居何地位，有何关系，均必断然法绳惩处，不可稍存宽假，恪切遵循，协力以赴。否则届时再经查获，即惟党政军各主管长官是问，咸以抗命违法论罪，幸勿视为具文。并随时将遵办及进行情形具报。"

11日 国民政府任命贺国光为重庆市市长（原市长蒋志澄免职）。

12日 日机3批27架再袭重庆，被我击落3架。日机共投炸弹116枚，伤348人，亡62人，毁房362幢。

15日 贺国光就任重庆市市长。

20日 国民政府任命贺国光兼重庆卫戍区总司令。

25日 日机39架分2批袭重庆，我空军起飞迎战。首批日机被我击落1架。其第2、3批未能进入市区。

30日 四川省政府与国民政府资源委员会协议，设四川汞业管理分处，其盈亏由双方平均分摊。资源委员会所得盈余，全数作为发展四川重工业之用。四川所得归四川省政府支配。

△周恩来在重庆中央广播电台播讲《二期抗战的重心》，指出二期抗战重心在敌人后方，任务是建立游击根据地，消耗敌人的有生力量。

是月 中共为争取川康军政上层投身抗日民族统一战线，董必武、林伯渠等在重庆曾家岩潘文华家与刘文辉、潘文华晤谈，向他们阐述抗战必胜，妥协必败的道理。刘文辉后来回忆说："尔后我对抗战胜利的信念能够坚定下来，这次晤谈是有很大影响的。"

△中共川东特委委员、青委书记杨述被捕，中共资中特支被破坏。随后，国民党特务机关接连在四川各地逮捕共产党员，破坏党的组织，制造反共反人民事件，公开压制群众的抗日运动。

△中共南方局和八路军驻重庆办事处由市内迁至化龙桥龙隐路红岩嘴大有农场。

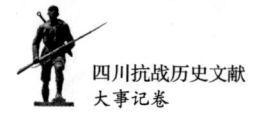

6月

月初 四川大学雇用了1,500部板车和若干木船,将图书和仪器等从水陆两路开始向峨眉山运送。在搬迁过程中,运输的木船在岷江中被狂风掀翻,仪器、箱子沉入江中,桌椅满江漂流。运送图书和档案的板车在山道上被抢劫,一些教员的衣物也丢失了。

1日 国民党中常会通过《战时新闻检查办法》《战时新闻检查局组织大纲》和《非常时期人民团体组织纲领》。5日,国民政府军事委员会设战时新闻检查局,熊斌、潘公展任正副局长。

2日 国民政府赈济委员会在成都设立难民运输总站,并于沿公路各县设立分站,以救济来川难胞。

4日 中央银行发行"无线本票":计5,000元、10,000元、20,000元、30,000元、40,000元、50,000元6种,与现钞同时使用,凭票兑换现金。

6日 国民政府军事委员会委员长行营别动总队在重庆浮图关开会,由康泽主持。会议决议结束该别动总队,改编为第28、39两师正规部队。

7日 日机4批36架空袭万县,投炸弹118枚,伤536人,亡44人,毁房492幢。

9日 日机3批27架,下午先后袭重庆,被我击落3架。日机共投炸弹69枚,伤21人,亡12人,毁房216幢。

11日 日机分袭重庆、成都两地。成都方面,日机投掷炸弹、烧夷弹111枚。市区多处着火,盐市口一带大火一直燃烧至午夜。日机致伤我432人,亡226人,毁房4,709幢。空战中,日机被我击落3架。重庆方面,亦有3批27架日机来袭,投炸弹139枚,伤90人,亡181人,毁房119幢。

12日 第27集团军总司令杨森秉承国民党当局密令,派其总部特务营第二连,前往湖南平江嘉义镇,包围了新四军驻该地的通讯处,将新四军上校参谋涂正坤、中共湘鄂赣特委组织部部长罗梓铭、中共江西省委组织部部长曾金声、中共湘鄂赣特委秘书主任吴渊及通讯处工作人员吴贺泉、赵绿吟等十多位干部及在平江的新四军家属千余人杀害,制造了惨绝人寰的"平江惨案"。

△川军第44军参加鄂北随枣会战,包括1938年11月中旬到1939年4月中旬襄河东岸雁门口、永隆河、黑流渡各战役。

13日 国民政府特派全权代表孙科与苏联特派全权代表米高扬在莫斯科签订《关于苏联贷与中国1.5亿美元协定》。16日又签署《中苏通商条约》。

15日 重庆卫戍总司令部为便于指挥调整与推进重庆卫戍区内各(市)县事宜,遂行拱卫战时首都的特殊任务起见,特设立重庆市卫戍区总动员委员会,由刘峙主持,受国民政府军事委员会直接指挥监督,动员全区民众及军政机关,实行精神动员,兵员补充,统制物资,组训民众,民众自卫,军民合作,整饬保甲,统制交通,防止汉奸,疏散人口,救济流亡及慰劳劝募等事项。

16日 根据成都市防护团发布的损失统计报告：炸塌、烧毁房屋1,239号（以门牌号数计），死亡211人（内防护团员43人），伤457人。空战中，日机被我击落3架。

19日 国民党中宣部在成都创办《（成都）中央日报》。

22日 国民政府赈济委员会由中国银行汇款10万元，作为成都市难民救济费及空袭救济准备金。

26日 国民政府教育部决定，自1939年度起，国立各大学及独立学院统一招考新生；聘罗家伦、王星拱等19人组成招生委员会；设成都、重庆等15处招生区。

28日 蒋介石在重庆浮图关中央训练团第三期党政训练班做题为"确定县各级组织问题"的讲演。嗣后即将讲稿交国民政府国防最高委员会秘书处整理，草拟《县各级组织纲要》及《县各级组织纲要实施办法》。

△日机3批27架空袭奉节，投炸弹若干，伤1,200人，亡600人，毁房过半。

29日 国民政府拨款1,000万元改进四川省农工业生产。

△国民政府招商局3,300吨江轮首次上驶长江，安抵重庆。

是月 中共自贡中心市委领导的抗日宣传组织以及《新华日报》自贡分销处，被自贡市政府查封。

7月

1日 管理中英庚款董事会主办的川康科学考察团成立。武汉大学工学院院长邵逸国任团长，西北联合大学史地系主任黄国璋任副团长，团员41人。全部考察工作计划分3期进行，每期1个半月至两个半月不等。

△四川省临时参议会在成都正式成立，到会参议员61人，由李伯申议长主持。

2日 周恩来致电陈诚，抗议国民党当局制造"平江惨案"，指出：此举目的在造成国共裂痕，以便其破坏抗战，走入不得不对日妥协之途；要求严令查明此案真相，抚恤死难者，严惩肇事者，并保证以后不再发生此类事件。

5日 重庆4批日机来袭，投炸弹37枚，伤1人，亡42人，毁房412幢。

6日 日机30余架夜袭重庆，投炸弹46枚，伤92人，亡2人，毁房118幢。日机被我击落1架。

△四川省建设厅与国民政府经济部组织西南麻纺公司，将各地产麻织为麻织物，代替棉布使用。

7日 中共中央委员会发表《为纪念抗战两周年对时局宣言》，提出"坚持抗战，反对投降；坚持团结，反对分裂；坚持进步，反对倒退"，动员全党和全国人民为克服国民党的反共投降逆流，争取时局好转而斗争。中共中央南方局曾召开会议，讨论应付突然事变问题。周恩来传达了中共中央对形势的分析和工作安排。会后，中共川东、川康特委传达了中央和南方局的指示，做了应付突然事变的安排。特委和一些中心县委在此前后举办了党员学习班。南方局同时抽调了一部分四川骨干党员于7月9日进行集中训练。

△蒋介石为抗战二周年发表《告全国军民书》《告日本民众书》《告友邦人士书》等文告，声称"抗战到底"的国策不变。

△重庆、成都各界集会纪念全面抗战两周年并公祭抗战阵亡将士及死难同胞。何应钦在重庆集会上报告：全面抗战以来，致敌军伤亡917,000人，俘日伪军8,555人，毁日机716架，击沉击伤敌舰644艘。

9日 三民主义青年团四川支团部成立，任觉五为主任，李天民为书记。

12日 日机来袭奉节，投炸弹41枚，伤13人，亡5人，毁房121幢。

△日机4批空袭巫山，投炸弹61枚，伤59人，亡106人，毁房105幢。

14日 成都为便于防空疏散，开始在市区内强迫拆除火巷。各拆除火巷评议会对拆除建筑物进行查勘评价，以便补偿。

15日 重庆《国民公报》报道：重庆实业家集资创办中国兴业公司，资本总额1,200万元。孔祥熙任董事长，傅汝霖任总经理，胡子昂任协理。

20日 四川省临时参议会第一届第一次大会闭幕。决议案最重要者为整饬吏治，筹备自治，厉行禁烟、剿匪等。

△国民政府财政部规定桐油、猪鬃、茶叶、矿砂四类物资由该部贸易委员会统购统销。

22日 在中共中央南方局支持下，由生活教育社出面在重庆北碚创办育才学校，著名教育家陶行知任校长。郭沫若、翦伯赞、马寅初、李公朴、史良、邓初民等先后在该校讲课。

23日 中国边疆学术研究会在重庆成立，张西曼、马鹤天、黄奋生等9人为理事。

24日 日机27架夜袭重庆，投炸弹136枚，伤58人，亡29人，毁房205幢。

25日 日机1批4架空袭巫山，投炸弹48枚，伤6人，亡8人，毁房340幢。

26日 国民政府公布重庆市临时参议会名单：议长康心如，副议长文化成。

△中国回民救国协会全体会员代表大会在重庆开幕。29日，选出白崇禧等77人为理事，达浦生等33人为监事。

29日 国民政府宣布：中国、中央、交通、农民四银行，截至1939年6月，共发行法币26.26亿元。现有准备金占发行额的44%。

31日 日机两批空袭重庆，投炸弹38枚，伤5人，亡6人，毁房77幢。

是月 周恩来致函蒋介石，抗议颁布《限制异党活动办法》。

△中共万县党组织的据点——国华中学被查封，数人被捕。中共中心县委撤往大竹，改建成中共梁（山）大（竹）中心县委，书记欧阳克明，副书记蒋歌浪。

8月

1日 自贡盐业工人反抓丁斗争进入高潮。自贡数百名盐工到五云村联保办公处要求释放被抓的工人。门卫开枪打死盐工1名，打伤5名。中共自贡市委适时发动全市数万名工人、学生、市民举行罢工、罢市、罢课和游行示威。当局被迫答应惩办凶手，抚恤死亡工人家属，医疗伤者，给盐工发缓役证。

2日 四川省各（市）县国民兵团改组，实行征训合一。常备队专管兵员补充，自卫、社训两队维持治安及训练后备壮丁。

△两批日机空袭重庆，投炸弹85枚，伤134人，亡80人，毁房45幢。

△一批日机来袭忠县，投炸弹4枚。

3日 国民党中央执行委员会调查统计局（简称"中统局"）通报重庆文化救国团体及共产党人活动情况，称自"五三"敌机轰炸本市后，"共党"多随民众移往四乡；"青运"方面，则随五月书店的迁移及各校的疏散，已迁往北碚一带活动；文化救国团体方面，则随书店的迁移而散入各市镇；"工运"方面，则随印刷工人等的迁移而移动；宣传方面，唯富于宣传与煽动性之壁报，则普及市内。文化界由《新华日报》领导，大量刊印售卖赤色书籍。"共党"在重庆活动的基干机关一是位于西三街二号的《新华日报》及其化龙桥正街分售处、小龙坎二处发行处、沙坪坝代办处，二是位于成渝公路红岩嘴复旦中学附近的第18集团军驻渝办事处，三是位于化龙桥半里之红岩嘴33号的董必武私人住宅。重庆市共产党基本外围团体有中国学生救国联合会、中华木刻界抗敌协会、自强读书会、战时书报供应所、书世界同仁联谊会、"七七"少年剧团、民族剧团、"七七"宣传队、中航歌咏队、"一二·九"剧团、青年歌咏研究社、戚继光中年团、民众歌咏会、青年职业互助会、铁血少年团、中国平民法律指导所、怒吼剧社、华北同学会工作队等。

△日机2批空袭重庆，投炸弹59枚，伤8人，亡12人，毁房21幢。

4日 四川省财政厅拟定了整顿、清理公产的四项办法：（一）各县斗息等项税收，一律投标竞包；（二）所有公学田产一律竞佃；（三）改变过去处理公产押重租轻的积弊，今后应设法向当地银行贷款，偿还重利之押金并增加租金；（四）将零星公产变卖或收买，化零为整，以便管理。

△日机2批空袭重庆，投炸弹81枚，伤22人，亡4人，毁房60幢。

5日 驻川川军七个师长联名通电反对王缵绪，要求撤销其主席职务。1938年春，蒋介石为安抚川康地方实力派，让川军将领王缵绪执掌四川省政务大权。王缵绪上台后，迅即投入蒋介石的怀抱，处处同川康地方实力派作对。邓锡侯、潘文华、刘文辉遂策动原刘湘系彭焕章、陈兰亭、刘树成、周成虎，邓锡侯部谢德堪、杨晒轩，刘文辉部刘元瑭等共7个师长联电倒王（联电中列举了王的十大罪状），并从四面调动军队进逼省垣，摆出将以武力驱王的架势。蒋介石乃决定改组四川省政府，自兼省主席，以成都行辕主任贺国光任四川省政府秘书长，负责处理省政府日常事务。9月19日，国民政府正式发布改组四川省政府令。

7日 川康科学考察团理工、农林、地矿、社会、经济等组均已进入西康省境内，决定下旬齐集康定，重新分配工作及制定考察路线（该团于10月底返重庆，往返历时3月）。

△国民政府教育部举办全国统一高考，10日试毕。参加高考的人数有22,000人左右，超过1938年度统一招生应考人数的1倍。

11日 重庆《新华日报》发表纪念"八一三"周年社论，号召全国民众坚持长期

抗战、长期团结之国策；与为敌寇做鹰犬的汪派、托派做无情的斗争；与挑动摩擦、箕豆相煎，实际为敌人开路的人做无情斗争。

12日 第18集团军驻渝办事处召开"平江惨案"烈士追悼会。中共中央代表董必武、第18集团军参谋长叶剑英、新四军代表肖正岗及重庆各机关团体200余人出席。

15日 重庆市临时参议会秘书处成立，秘书长为龙文治。

△重庆、香港间无线电话通话。

△四川省政府令成都、自贡、宜宾、万县、乐山等（市）县，限期成立评价委员会，评定日用品价格，取缔投机操纵。8月25日，成都市非常时期评定物价委员会成立。

17日 四川省卫生处于省内分批设立卫生院。第一期设于温江、郫县、简阳、灌县等8县。

19日 日机4批36架空袭乐山，投炸弹100枚，伤380人，亡838人，毁房300幢。国民政府24日拨款3万元赈济灾民。

△四川军管区订颁《壮丁缓征办法》：委员以上公务员，小学以上教师，公营银行营业职员等可分别免役或缓役。

22日 国民政府财政部废除"川盐运销引岸制度"，将其改为民制官收、官运商销原则，并制订了《川康引盐招商代运暂行办法》，于同年9月公布施行。

23日 四川省政府决定购储粮食，发放农贷以调剂粮价。四川粮食管理委员会拨款2,000万元，采取"折征""摊购"办法，进行购储。又，国民政府军政、经济两部于9月7日拨款1,000万元购储粮食。

△日机夜袭重庆，被我空军击落2架。

25日 中共中央政治局发出《关于巩固党的决议》。中共川东特委、川康特委根据中共中央指示精神，停止发展工作，重点转入整顿、巩固组织的阶段。

△《新华日报》社长潘梓年致函国民党中宣部部长叶楚伧，列举四川泸县、资中等地国民党当局勒令各代销书店具结停售《新华日报》，强索订户名单，或无理扣留，擅行没收，甚至逮捕订报人等情况，要求彻查纠正。

△日机2批空袭重庆，投炸弹13枚，伤4人，亡3人，毁房6幢。

28日 日机2批空袭重庆，投炸弹102枚，伤47人，亡33人，毁房45幢。

29日 国民政府财政部拟订《取缔收售金类办法》，共11条。9月15日，国民政府训令直辖各机关执行。《办法》规定除中国、中央、交通、农民四银行及其代理机构外，其他任何团体、个人均不得收购金类，违者没收。

31日 日机2批空袭重庆，投炸弹60枚，伤31人，亡52人，毁房37幢。

△日机1批空袭南川，投炸弹1枚，伤4人，亡5人。

△国民政府发行1939年度四川省建设公债，定额750万元，年息6厘，15年还清。

是月 中共中央青委在重庆召开大后方青年工作会议。会议主要传达了中共中央关于"隐蔽精干"的方针，研究了在国民党加紧反共的形势下如何开展青年工作的问题。

△印度国民大会党主席尼赫鲁访华抵重庆，重庆各界举行盛大欢迎会。30日，尼

赫鲁抵成都访问。9月5日，由重庆返印度。9月2日，尼赫鲁曾致电毛泽东，对其未能应邀访问延安表示遗憾，并祝中国革命成功。尼赫鲁在重庆期间，蒋介石曾与之会谈中印合作问题。中共在重庆的代表王明、博古、林伯渠、吴玉章等会见了尼赫鲁。18集团军驻渝办事处于9月4日为尼赫鲁举行欢迎会。

△国民政府教育部、国民党社会部联合规定8月27日为教师节，与孔子诞辰同时举行纪念。成都市首届教师节由四川省教育厅主持举行。

9月

1日 报载：猪鬃购销统归国民政府信托局办理。

△凌晨，法西斯德国大举进攻波兰。8日，英、法对德宣战。

△国民党宣布正式成立三民主义青年团，蒋介石兼任团长，陈诚任书记长。

△日机1批空袭重庆，在广阳坝机场投弹。

△日机3批18架空袭梁山，投炸弹136枚，伤15人，亡2人，毁房158幢。

△日机1批空袭万县，投炸弹88枚，伤78人，亡58人，毁房51幢。

3日 日机36架分批夜袭重庆，发生激烈空战，日机被击落2架。

4日 日机3批空袭重庆，投炸弹88枚，伤27人，亡8人，毁房8幢。

△日机1批空袭奉节，投炸弹2枚。

5日 四川省督办肃清私存烟土公署成立。

6日 四川省政府颁订《四川省荒地清理规则》，共14条，分荒地为施垦区和留垦区两种。文件规定，凡正在开垦或即行开垦的荒地区域为施垦区，由四川省地政局于各县（市）设置荒地清理处负责清理。凡当时不能开垦的荒地区域均为留垦区，由各县（市）政府负责清理；但设有荒地清理处的县（市），应归清理处一并办理。

△重庆1,300余名船员发出呼吁：反对破坏抗战，妥协投降，坚持抗战到底。

8日 国民政府改组中央、中国、交通、农民"四行联合办事总处"（简称"四联总处"），同时公布《巩固金融办法纲要》。改组后的"四联总处"以蒋介石为主席，孔祥熙、宋子文、钱永铭为常务理事。全国一切金融大权皆集中于"四联总处"，使之作为国民政府最高金融集权组织，对中央、中国、交通、农民四银行实行战时管理。

9日 国民参政会第一届第四次会议在重庆开幕，18日闭幕。孔祥熙在大会做秘密财政报告称：1939年收支不敷约25亿元。抗战25个月，增加内外债34.649亿余元。川康建设期成会和川康建设视察团根据《川康建设视察团报告书》制成《川康建设方案》，由国民参议会议长兼川康建设期成会会长蒋介石提付会议讨论通过。会议期间，共产党七参政员毛泽东、董必武、林伯渠、秦邦宪、陈绍禹、邓颖超、吴玉章发表对过去参政会工作和目前时局的意见；提出反对投降妥协，肃清汪派汉奸，实行战时民主，发展游击战争，努力增进外援，明令保障各抗日党派合法权利，取消《限制异党活动办法》等主张。陶行知等在参政会提出："抗战进入第二阶段以后，经过数次有系统试行，更觉壮丁志愿入伍有扩大提倡之必要。"并提出了具体操作的五项办法。

△四川、西康两省政府合建乐（山）西（昌）公路，正式动工。

△国民政府颁布《非常时期监犯调服军役条例》。

11日 日机36架分两批空袭泸县，投炸弹185枚，伤446人，亡303人，毁房3,326幢。

12日 日机27架侵扰万县。

13日 日机27架空袭万县，被我防空高射炮队击落10架。

14日 《川康建设方案》在国民参政会第一届第四次大会上通过。该方案包括：（一）行政组织；（二）兵役；（三）财政民生；（四）治安；（五）经济建设；（六）禁烟；（七）教育；（八）夷务；（九）边区司法。其中，第二方案"兵役"中关于征兵事项特别指出：1.法令务须简单明白，切合实际，且勿轻易更改，使人迷乱，罔所适从。2.征送仍以抽签最为公平。3.重行整理壮丁名册。凡绅富适龄壮丁，均须列入，不得漏列。高中以上肄业者外，一律加入抽签。4.配赋须求平允。5.实行征训合一，使训练壮丁常备队之人，同负征送责任，以受训者应征之多寡，为训练奖惩标准。该方案还就验收、新兵待遇、家属优待抚恤、逃避兵役等做了详细的条陈。

15日 中国、交通、农民三银行及中信、储汇两局，自本日起在重庆、成都、昆明、贵阳、桂林、西安、兰州七处开展黄金存款及法币折合黄金存款业务。

△成都华西、金陵等大学中外教授创办的《成都日报》出版。

16日 四川省政府卫生实验处处长陈志潜在成都区防疫会上报告：入夏以来，全川已有40余县霍乱流行，仅成都市临时组合之隔离医院和大学联合医院，自8月初组成以来已收治病人902人（其中住院250人）。自7月上旬至9月上旬，仅成都市区内即已死2125人。

18日 重庆市妇女界发动反汪签名及"1角征募"运动以来，迄本日止，已有13,000多人签名，收款2,000余元。

△成都市各界民众举行纪念"九一八"八周年暨讨汪宣传大会，到会市民有10万人；组成宣传队659队，分别进行化装演讲，并有飞机凌空散发传单。

19日 四川省政府前主席刘湘国葬典礼在成都举行。蒋介石、林森和国民政府其他官员及各省军政官员均派代表或亲自参加。八路军总司令朱德、副总司令彭德怀特电悼念。

△刘湘墓园，经综合本人遗愿、家属意见和四川主政者意见后，选定在成都市南郊武侯祠旁。刘湘墓园的工程，由总工程师杨廷宝设计，基泰工程公司监造，华西兴业公司承建。1939年兴工，1941年建成。整个墓园占地115亩，合计4590万平方米。墓园牌坊门上刻"刘故上将墓园"六字，石料坚固，甚为雄伟。《国葬令碑》和《褒扬令碑》，分别由时任成都市市长、书法家余中英和川康绥靖公署秘书处处长、书法家刘东父手书。《国葬令》和《褒扬令》为国民政府主席林森颁发。

△由于四川省政府主席王缵绪率部出川抗战，国民政府发布《改组四川省政府令》：（一）准王缵绪辞四川省政府主席职务，率部驰赴前线御侮，由蒋介石兼理四川省政府主席职务。（二）任命贺国光为四川省政府委员兼秘书长。原秘书长陈筑山免职。（三）任命陈筑山为四川省政府委员兼建设厅厅长。原厅长陈国梁免职。

△国民政府颁布《县各级组织纲要》，共16条，强化保甲制度与县以下各级统治机构，加强对县以下各级政权的控制。其目的在于"使异党无活动余地"。10月19日，又颁布《县各级组织纲要实施办法》。

20日 国民政府教育部颁布《文化团体组织大纲》，国民党社会部颁布《抗战时期文化团体工作指导纲要》，规定：凡有违反三民主义言论或行动者，不得为会员；文化团体不得于三民主义及法律规定之外进行政治活动。

22日 重庆市政府为转发全国征募寒衣运动总会《1939年度寒衣征募计划》给所属下达训令。按：全国征募寒衣运动总会《1939年度寒衣征募计划》，四川分担寒衣200,000件、西康分担寒衣100,000件。

25日 四川省军管区司令部公布《征集国民兵第二次抽签办法》，规定：每月抽签一次，由县长召集所属区长或乡镇联保主任代表全县役龄壮丁（依法免、缓役者除外）抽签。中签壮丁应集中联保处，听候征调服役；非法定缓役之适龄壮丁，因特别情形，在缴纳缓役费或优待捐后，可免参加抽签；如不一次缴纳缓役费200元，应在每次抽签前呈缴优待捐10元，可免抽签一次。

△四川省征募寒衣运动委员会决定全川征募寒衣数目：特等县2,000件，一等县1,500件，二等县1,000件，三等县600件。

26日 重庆市征募寒衣运动分会拟定征募寒衣的七项标准。

28日 日机3批空袭重庆，在广阳坝机场投弹。

29日 日机2批空袭重庆，在广阳坝机场投弹。

△日机1批空袭遂宁，投炸弹110枚，伤2人，亡3人。

△日机9批空袭梁山，投炸弹161枚，伤14人，亡30人，毁房65幢。

△日机空袭奉节，投炸弹23枚。

30日 陕西省来川难民经四川省赈济委员会拟定配置办法：少壮者分发昭化、广元、剑阁、苍溪、阆中、梓潼、绵阳、巴中、通江、南江等10县安排生产；老弱者由广元县设收容所收容。

△日机2批空袭奉节，投炸弹300枚，伤145人，亡120人，毁房265幢。

是月 王陵基30集团军参加第一次长沙会战，奉命固守修水、武陵间阵地，并以新14、15师分别挺进德安以西和增援傅家埠作战。10月初进犯长沙之敌受挫后，其一部曾一度窜踞修水，王部72军协同第8军旋予克复。会战结束后，王陵基被升为第9战区副司令长官，仍兼30集团军总司令。

△参加第一次长沙会战的杨森部第20军先在鄂南通城南面的南楼岭、桃树港一线迎击南犯之敌33师团，继又在湘东长寿街与敌激战；10月6日，奉命自长寿街东进，协同王陵基30集团军反攻修水；12日又攻鄂南通城，毙伤敌逾千。

10月

1日 国民参政员褚辅成、张澜、沈钧儒等12人在重庆举行宪法座谈会。中共参

政员董必武、吴玉章及《新华日报》社长潘梓年等应邀参加。座谈会决定组织宪政促进团体。

△王缵绪请命出征，整装待发，特电令四川各县县长，指示后方防务工作要点，以三事相训勉：（一）各级地方军事政治训练机关，应即加紧训练整理，用备编整补充。（二）积极组训民众，发展生产，加强军政联系，以增强抗战力量。（三）坚定必胜信念，毋为流言所惑，照常推行政令，用奠后防，借固前线。

△国民政府经济部采金局设立南部区采金处，办理四川南部、南充、建安、阆中、苍溪、广元、昭化等县金矿开采事宜。10月16日，经济部采金局设立南溪采金处开采南溪一带金矿。11月30日，又设立松潘区采金处，办理松潘、懋功等县采金事宜。

△重庆市临时参议会举行第一次大会。议长康心如。14日闭幕。

△日机2批轰炸成都，投炸弹50枚，伤1人，亡7人，毁房2幢。

△日机2批空袭遂宁，投炸弹90枚。

△日机空袭新都，投炸弹1枚。

△日机空袭武胜，投炸弹7枚。

2日 日机6批空袭泸县，投炸弹14枚，伤21人，亡2人，毁房9幢。

△日机2批18架空袭宜宾，投炸弹300枚，伤4人，亡6人，毁房10幢。

3日 日机1批9架空袭重庆，投炸弹54枚，伤2人，亡1人，毁房3幢。

△蒋介石飞赴成都，兼理四川省政。

4日 日机5批空袭重庆，投炸弹12枚，伤3人。

9日 四川省卫生实验处决定在交通冲要城市如简阳、郫县、璧山、遂宁、綦江、泸县、万县、新津等8县设置卫生院。

△日机30架空袭自贡市。另9架空袭秀山县。

△成都《中央日报》正式发刊。

△中华全国戏剧界抗敌协会举办的第二届戏剧节在重庆开幕。至15日，各剧团又分赴四郊演出。参加公演剧目中有日俘表演的《中国魂》。

△国民政府邮政储金汇业局奉命在全国1,000多所邮局同时发行节约建国储蓄券。

△参政员褚辅成、沈钧儒、秦邦宪等在重庆召开第二次宪政座谈会，七八十人到会。张澜、董必武等7人为主席团。座谈会主要讨论宪政与抗战建国问题。发言者强调：只有民主，才能动员全国人民。

△黄河受灾难民1.5万人由陕西来四川。四川省赈济机关已在川陕公路设置黄河灾民配运站，将来川难民安置在通江、南江、巴中三县。

10日 上午8时，蒋介石偕夫人在成都主持国庆日阅兵典礼，川康军政首长邓锡侯、贺国光、刘文辉、王缵绪暨外宾多人莅会。下午，蒋介石偕夫人招待成都市出征军人家属，慰问殷勤。

△日机17架空袭自贡，投炸弹110枚，伤80人，亡27人，毁房170幢。

△日机6架空袭秀山，投炸弹若干，伤31人，亡18人，毁房1,260幢。

13日 日机18架空袭南川，投炸弹93枚，伤142人，亡151人，毁房821幢。

△日机36架空袭梁山，投炸弹314枚，伤30人，亡28人，毁房765幢。

△日机空袭云阳，投炸弹1枚。

15日 蒋介石发表《告四川同胞书》，宣布治川要旨十条：以清剿盗匪、禁绝烟毒、筹备地方自治为主要内容；以改革社会，转移风气，变化气质，振作人心，提高公共道德，奠定复兴基础为急务。17日，蒋介石飞返重庆。

19日 四川省政府颁布《四川省桐油贸易管理暂行办法大纲》，指定万县等32处为桐油内地市场，重庆、万县、泸县、宜宾为桐油输出口岸；除国民政府财政部贸易委员会指定的收购机关外，任何商号或个人皆不得收购、囤积及私自外运。

△成渝两市文化界分别举行鲁迅先生逝世3周年纪念大会。两地各有千余人到会。秦邦宪、吴玉章、董必武、叶剑英、叶挺、陈绍禹等在重庆参加了纪念会。

20日 国民政府战时新闻检查局以《新华日报》19日刊登《毛泽东同志与中央社等记者谈话》一文，迫令是日停刊一天；并派宪警搜查报社，检扣当日报纸。市区张贴之报尽被撕毁。《新华日报》当即向战时新闻检查局提出抗议，并要求刊登启事向读者说明停刊原因。21日该局函复"奉谕"不准刊登。22日，《新华日报》再次提出抗议。

△全国妇女慰劳抗战将士总会所属之战时儿童保育会在重庆开会。主席李德全报告会务称：该会设有保育院46所，收容儿童2万人。该会于26日闭幕。

24日 欧亚航空公司港渝线复航。

△日机3批来袭遂宁，投炸弹200枚，伤2人，毁房1幢。

△日机2批来袭奉节，投炸弹100枚，伤70人，亡28人，毁房400幢。

△日机5架来袭巫山，投炸弹58枚，伤21人，亡13人，毁房4幢。

△日机数架来袭武胜，投炸弹4枚。

△重庆卫戍总部发出布告称：无论何人贩运或囤积铜圆及1分辅币，意欲图利者，一律以扰乱金融、危害治安论罪，从严惩处。26日，重庆市破获熔、贩铜圆奸商案两起。重庆市各报报道：重庆因铜圆荒，市面零星找补多以邮票代替。

25日 袭川日机3批27架空扰。

30日 中国重庆至缅甸仰光航线通航。

31日 国民政府财政部贸易委员会组织贸易复兴商业公司，对桐油、猪鬃、丝等主要出口物资进行统购统销。

是月 国民参政会部分党派参政员和个别非参政员发起组织的"统一建国同志会"在重庆成立。与会者有救国会沈钧儒、邹韬奋、张申府、章乃器，中华职业社黄炎培、江恒源、冷遹，乡村建设派梁漱溟；国家社会党罗文干、罗隆基、胡石青，青年党曾琦、李璜、左舜生、余家菊，第三党章伯钧、丘哲，以及无党派人士张澜、光升等人。

△成都印刷排字工人在中共成都市委领导下发动第三次加薪斗争。结果，各报馆答应工人工资一律增加为18元。

△10月—11月，自贡工人运动委员会发动工人开展反剥削、反压迫，提高工资，改善生活的斗争。贡井同济社工人还同资本家协定：解雇工人必须取得工会同意和发给三个月改业费。

△中共三台中心县委建立，书记侯方岳。至此，中共川康特委辖区建有宜宾、乐山、阆中、遂宁、三台5个中心县委和自贡中心市委。中共川东特委辖区建有泸州、梁

山、大竹、北碚、南充4个中心县委。年底,中共西昌中心特支建立,书记徐永宁。

11月

2日 国民政府行政院拨款200万元与四川省政府,以收购方法肃清私存烟土。先设临时仓库30所,并设鉴定员评级,定价收购。

△川康建设期成会在成都成立。蒋介石指定邵从恩、莫德惠、褚辅成、黄炎培、李璜、张澜、林虎等七个参政员为常委。是日,召开首次常委会,由邵从恩主持。国民参政会秘书长王世杰宣读蒋介石《告川康同胞书》,内称:除大毒(禁烟)除大害(绥靖地方)两事,"目前尚不能达到理想之程度,故应更进一步,谋根本之办法,予以彻底解决"。8日闭幕后,各参政员分赴各地视察。此外,川康建设期成会下设成都、万县、阆中、宜宾及雅安5个办事处,分别由李璜、褚辅成、张澜、黄炎培、林虎担任主任。

4日 日机54架轰炸成都。投炸弹123枚,伤18人,亡16人,毁房62幢。我空军奋起迎战,击落日机3架,在仁寿、射洪等地发现日机残骸。日海军航空队司令官奥田喜久大佐随机丧命。

△日机27架空袭温江,投炸弹210枚,致死平民6人。

5日 第三次宪政座谈会在重庆举行,讨论《"五五"宪草》应如何征求民意的问题。发言者30余人。发言要点为:(一)请政府开放人民言论、集会、结社、出版之自由;(二)由召集座谈会的25位参政员指定负责人筹备一具体组织;(三)将三届座谈会中的意见,尤其是关于修改国民大会《组织法》与《选举法》的意见转呈国民政府。

10日 四川省临时参议会组织的县政考察团分8组出发。

△成都市政府制订颁布《成都市疏散人口办法》。

12日 成都发售节约建国储蓄券。这是根据国民政府9月12日颁布的《节约建国储蓄券条例》而发行的。重庆市已于月前发售。

△由陕甘宁边区妇联驻渝代表团、难民妇女服务团、东北救亡总会、妇女慰劳分会等27个妇女团体发起的"宪政与妇女座谈会"在曾家岩举行首次会议。有各界妇女共百余人到会。史良主持会议。

△国民党五届六中全会在重庆开幕(20日闭幕)。国民政府行政院院长孔祥熙做财政报告,称:国民政府岁出预算,1939年度为17亿余元;所发公债计37亿元,连全面抗战前所发公债,共负债65亿元;钞票发行额,全面抗战前为14亿元,至1939年6月增至23亿元,至10月增至25亿元。(按:截至6月底,法币实际发行额已达26亿余元,孔祥熙报告的数字,比实际发行数少得多。)军费支出,1939年度为17亿余元。大会推蒋介石兼任行政院院长;王法勤等15人为中央执行委员会常务委员,叶楚伧为秘书长,朱家骅为组织部部长,王世杰为宣传部部长,谷正刚为社会部部长,吴铁城为海外部部长。

△参政员黄炎培由成都赴重庆转泸州,筹备成立川康建设期成会泸州办事处。

13日 成都市物价三日来飞涨不已,日用物品尤甚。四川省政府以此种病态,系奸商囤积操纵所致，拟照蒋介石《限制重庆物价上涨手令》，着物价评定委员会严加取缔。

△重庆市组织肃清敌货委员会，市长贺国光兼主任委员。

15日 国民政府军事委员会参谋总长何应钦在中国国民党五届六中全会上做军事报告：1938年12月，全国征兵"月配征为16万名，其中四川4万名。1939年1—2月份，为编练新军，依照月征额加倍特征，共计32万名，四川为8万名"。

18日 四川省赈济会发表：该会从1939年4月改组以来，救济难胞总数达4万余人。

△日机26架空袭梁山，投炸弹170枚，伤14人，亡8人，毁房29幢。

△日机空袭达县，投炸弹1枚。

19日 四川省政府成立垦务委员会，统筹规划有关难民垦殖事宜。

△重庆各界参政员举行第四次宪政座谈会，决定成立宪政促进会，选举黄炎培、沈钧儒、董必武等84人为筹备委员。

△日机26架来袭梁山，投炸弹200枚，伤31人。

△日机21架来袭南川，投炸弹80枚，伤17人，亡8人，毁房17幢。

△日机4批36架来袭宜宾，投炸弹100枚。

△日机来袭奉节，投炸弹1枚。

26日 "宪政与妇女座谈会"在重庆求精中学举行第二次座谈会，除原有的27个发起团体外，还有新运妇女干部训练班、两江女校、妇抗协会等单位代表共353人参加。

30日 由沈钧儒、董必武、张申府等召集的宪政促进会首次筹备会在巴蜀中学举行，到会50余人。会议推选了15人为宪政促进会常务委员。

是月 中共川东特委召开扩大会议，根据中共中央关于巩固党的方针和南方局的指示，拟定了一系列适应形势的措施和工作方法，做出了巩固党的若干规定。

△川军李家钰部47军转战晋南。自7月至10月底，经过大小战斗583次，共毙伤敌军2,654人（包括少佐以上军官20余名）；炸毁铁路32段，火车头2个，车厢5节，汽车36辆，汽油300余桶。

12月

1日 第一战区"冬季攻势"开始。防守太行山南麓获嘉、焦作、博爱以北地区的川军李家钰47军，在郭寄峤第9军的配合下截断沁阳至博爱的交通，攻击沁阳城外及武陵的各日军据点。

3日 川康建设期成会召开首次理事会，推吕超、胡文澜、张澜、黄炎培、莫德惠等19人为常务理事，戴季陶、张群、陈立夫、翁文灏等为名誉理事，吴人初、李仲平为秘书处正副主任；决定着手起草工作纲领。

△成都各界集会追悼空军殉国烈士。

5日 中苏正式通航，重庆至莫斯科乘机4日可达。国民政府军事委员会办公厅主任贺耀祖乘首次班机赴苏访问。

△四川省政府制订《四川省施政纲要》："为使四川克成为民族复兴根据地，为政首要，应从转移地方风气入手，使政府人民明了各人所负责任之重大，立志奋发，努力迈进，先求安定地方，禁除烟毒，近谋增加生产。"《四川省施政纲要》对治安与剿匪、禁烟、吏治、地方自治、财政金融、地政、卫生、经济建设、教育各方面的施政提出了具体的要求。

7日 四川省政府订颁《四川省垦务委员会难民移垦实施方案》，内分：一、移垦难民；二、移垦地区；三、垦务组织；四、移垦经费；五、筹备事项；六、垦地；七、垦民组织；八、垦殖贷款；九、垦殖指导；十、垦区治安；十一、卫生教育及其公共事业；十二、附则。垦务组织，设平北垦区管理局，彭水垦区办事处，东西山垦区办事处。至于南川金佛山，则由国民政府赈济委员会直接安置难民移垦。

△国民政府任命国防最高委员会第二处处长吴国桢为重庆市市长。前市长贺国光免职。吴于本月11日就职。

△四川省禁烟督办公署成立。蒋介石兼督办，胡次威任处长。

12日 第五战区"冬季攻势"开始。川军第22、第29集团军同时向当面之敌进攻。

△第九战区"冬季攻势"开始。王陵基30集团军所部川军72、78军分向通山、武陵之敌进攻。

△杨森第27集团军所部川军20军，在"冬季攻势"中攻克鄂南崇阳后，又在五里庙、打石岭、桂花街一带击溃敌之援兵。

△王缵绪率兵出川赴前线。

15日 李家钰升任第36集团军总司令，仍兼47军军长。

△第三战区"冬季攻势"开始。原担任长江守备任务的川军第23集团军，在东起荻港、西迄湖口之广阔地区，向日军同时发起进攻。

18日 国民政府军事委员会颁布《战时新闻违检惩罚办法》，共9条，规定各通讯社稿件，未经检查先行发表者，不遵照删改刊载者；或对删免稿件之空位不设法补足，于稿件文字内故留空白或另做标记易致猜疑者；均属违检。违检惩罚为"忠告、警告、严重警告、定期停刊、永久停刊"五种。

19日 国民政府经济部订颁《取缔囤积日用必需品办法》《日用必需品平价购销办法》。《关于平抑全川物价办法》由各县组织公卖处执行。

△重庆市妇女界刘王立明等，发起筹组妇女宪政研究会。

24日 四川省银行奉命迁成都。

26日 重庆各界为泰国中华总商会主席蚁光炎举行追悼会。（蚁光炎于21日晚在曼谷被日伪暗杀。）国民外交协会代表陈铭枢主祭。12月21日，蒋介石致电泰国国务总理兼外交部长銮披汶，请保护华侨。

△国民政府行政院第445次会议决议通过新勘定的重庆新市区地界。

29日 川江航务管理处水上保安团通电请调赴前线杀敌。

31日 国民政府军政部颁发《学生寒假兵役宣传实施纲要》。蒋介石通电全国,命令各省党政军机关一致策动寒假学生返乡后开展兵役宣传工作。

是年 甘孜事件发生。早在1938年5月,国民党中央为向驻甘孜的班禅行辕表示亲近,派戴季陶代表国民政府到甘孜向九世班禅亡灵致祭。戴季陶在甘孜等地活动了近3个月,将甘孜女土司德钦汪姆收为义女,并拟隆重举行收义女仪式。西康省主席刘文辉恐康北藏族上层与国民党中央直接挂钩后脱离自己,出面阻止,使收义女仪式未能举行。戴季陶在甘孜时,班禅行辕当权人物曾要求其提请国民政府明令划康北各县归班禅行辕管辖,戴季陶未置可否。班禅行辕即认为可恃,遂广为扩充实力。除与瞻化头人曲梅芝玛等密商武装驱逐驻军外,又以政治联姻,即由班禅行辕卫队分队长益西多吉与女土司德钦汪姆成婚,以联络康北藏族上层,对抗刘文辉。刘文辉出面制止了这一婚事,并由驻军将德钦汪姆拘禁寨内。1939年6月,曲梅芝玛举事失败,被24军驻当地部队捕杀。班禅行辕又于1939年12月7日联络甘孜一些藏族上层,武装进攻24军驻甘部队815团。至14日,该团因被围断水,被迫缴械,并被押离甘孜;班禅行辕遂武装占领甘孜全境。战事持续到1940年春,班禅行辕武装连续受挫,2月4日复于炉霍境内大败。2月5日,班禅行辕率余部逃向青海玉树。2月6日,24军部队进驻甘孜。

△据统计:内迁四川的工厂达219家,占内迁厂总数的53.0%。其中多大型机械装备的汉阳兵工厂迁重庆,巩县兵工厂迁泸州。

△国民政府统计:抗战开始至1939年底,日机炸死我国公民51,601人,炸伤65,846人;毁房屋216,546间,约合法币14.4829亿元。

△中共自贡中心市委于1939底发动盐工进行年关增加工资的斗争;揭露国民党、三青团及其青年职业互助社在工厂中的反动活动。不少工人提高了觉悟,退出了国民党和三青团。

△1939年春季起,国民党特务加紧进行反共活动。下半年,四川各地抗日救亡团体遭到国民党特务的迫害和压制。自贡、内江、荣昌等地的抗日宣传团体被当地军警武装包围或解散。宜宾"晨呼队"被迫停止活动。中共江津县工委开设的"中国书店"被查封,捕走工作人员5人。县工委及下属组织被破坏。汉源、灌县、云阳等地,亦接连发生逮捕共产党员和破坏中共党组织的事件。全川形势日趋恶化。

△据年底统计:1939年四川共征送壮丁29,6341人。

△1939年法币发行总额为42.9亿元,发行指数为305.0%,较1938年增长85.9%;同期,重庆趸售物价指数为355.0%,较战前增长116.4%,货币购买力指数为战前的28.1%。

△1939年重庆15家银行之放款,商业放款占89.0%,工矿业放款仅占0.1%。

△日机126批913架轰炸四川各地,投炸弹5743枚,伤7333人,亡7960人,毁房24662幢。

年底 川军第30集团军参谋长张志和接受采访,谈论川军江西之役。他说:我于1938年8月11日由成都乘飞机赴武汉,当日到达。适逢敌机甫经轰炸机场之后,炸毁的民房犹火焰熊熊,炸死的同胞血渍满途,救护队纷纷来往搬运。种种悲惨情况,益增我报仇杀敌之奋勇。这次江西之役,尽管王(陵基)总司令亲赴前线,仍然失败。王总

司令在川素以能战称,今遭此挫败,愤懑异常,虽在睡中,犹慨叹不已。其中心之苦恼为如何?此战之原因,当时多以为是:一、组织机构不健全。30集团军计有两军,每军两个师,两军长、两副军长。四师中,只有一个师有师长,其余多在四川,师长职权或由旅长代行,或由师参谋长负责。而各个师又非建制部队,均是由保安队、独立旅各一旅合编而成,甫经编成,即行开拔,团、营长亦更动甚多,各级官兵不仅互不相识,甚至直属长官之姓名亦不知悉,以此应战,何能收指臂之效!二、未经训练,即开赴出川。一路劳顿、官兵体力减杀不少,又不得训练。以疲惫之卒远行千里应战,实为兵法所忌,焉得不败?三、武器不良。30集团军有一半(四个旅)系由保安团队改编而来,所携武器大多窳朽,甚有不能射击者,以此与武器精良之敌周旋,何能比拟?张志和又说,以他的理解尚另有重要原因:1.勇于私斗,怯于公战。全面抗战以前,川中所有军队纯属私人军队,在上者以升官发财勉部下,部下亦以升官发财期望于长官,只要能忠于私人,荣华富贵吃着不尽矣。因此,凡内战,无不奋勇牺牲。官兵心理既无为国牺牲之决心,欲求冒险枪林弹雨以争胜负于俄顷,焉可得耶?此即全国军队初遇敌人无不溃败之总原因也。30集团军亦由私人军队改编而来,又何能例外?2.中唯武器论之毒太深。在全面抗战前,国事主张有两大派:一为安内攘外,一为攘外安内。主安内攘外者,认为中国军力与日寇相较悬殊,一旦开战,不三日可亡国。宜先统一充分准备武力之后,始能言战。故对敌人之侵占东三省以及华北,莫不忍辱负重,以待时机。主攘外安内者,则以不攘外难安内,专事阋墙之争,徒与敌以侵略之机会。双方各执一词,互为争论。安内攘外者为强调攘外之难,大肆宣传敌人武器如何精良,飞机大炮如何厉害,以求贯彻安内——统一之目的。殊勇于私斗,怯于公战者,即据以为不能抗战之理由,日积月累,顽固成性。一旦开战,欲求不稍惧怕敌人飞机大炮之利害,其可得乎?故各战场官兵,除少数政治教育良好不惧怕敌人者,无不闻风崩溃,甚至见敌人之烟幕,亦以为毒气而惊逃,且有一败数百里者,犹有未战而心先已败者,唯武器论之遗毒,可谓深且巨矣。30集团军在川中虽曾经内战多次,然而究未曾与有飞机大炮之敌军作战,平习濡染唯武器论之理论又深,骤临战场,欲见敌而不怯,焉可得耶?失败的原因既明,乃建议王总司令陵基,欲求增强军队战斗能力,非先变革一切旧有观念不可。尽管如此,第30集团军也有许多值得称述的,尤以麒麟峰及武宁附近两役为最。麒麟峰关系重大,是地一失,全线十余个师之阵地即为敌突破。敌人亦集中兵力屡次来犯,飞机、大炮、毒气无不具备,因之双方伤亡甚大,尸横遍野,悲壮惨烈,非吾语可以形容。当鏖战至第五日时,刘师长亦以伤亡过大、无力再行抵抗之电如雪片飞来,呼吁请示方针矣。王总司令陵基与余几经考虑,以麒麟峰关系全阵线之安危,决心牺牲至一兵一卒亦当与阵地共存亡,并加派兵力四营飞驰往援,并饬刘师坚决固守抵御。至第六日,敌即不支而为我击退,夺获战利品无算,并获最高统帅通电记功嘉奖。经此役后,全集团军畏敌之心理已去除过半,唯武器论之不正确亦经证实。其次是武宁之役,经十日的苦战恶斗,敌人虽终日不断以飞机轮番轰炸,重炮、野炮、山炮齐集射击,战车由公路冲进,氢气球在空中指挥,甚至以毒气攻袭,亦不过仅仅进展十公里,占我一已经炸毁成平地之武宁空城而已。敌酋因未达到占领修水之任务,遂以撤职闻。然而我军有两师亦复牺牲惨重,"血肉筑成长城"之事实,于武宁之役目击矣。日寇平昔自炫之"肉弹"光荣,亦不能独美矣。"唯武器论"之谬说,更以铁的事实证明矣。"愈战愈强"之口号,已成事实矣。"抗战必胜"之信念,愈臻巩固矣。

1940 年

1月

1日 姚蓬子主编的《新蜀报》文艺副刊《蜀道》创刊。

4日 中共代表、第18集团军参谋长叶剑英在重庆与国民政府军事委员会参谋总长何应钦举行会谈，要求国民政府允许第18集团军的3个师扩编为3个军9个师，并承认陕甘宁边区政府及敌后解放区。何应钦则以所谓"统一军令政令"为借口，要求中共取消扩充的抗日部队及在敌后设立的军区。谈判未获结果。

△重庆市学生利用寒假开展兵役宣传周。

△英国驻华大使卡尔抵达重庆。

5日 四川垦务委员会划定两大垦区：（1）雷波、马边、屏山、峨边、犍为、凉山。（2）松潘、理番、懋功、靖化、汶川。开垦面积约24万亩，可收容难民数万。

△四川省政府决定，自1940年4月起实施《公库法》，令各县（市）成立金库［多数由县（市）银行代办］。

6日 《新华日报》第一版的上半版开"天窗"。重庆新闻检查所无理扣压《新华日报》先后两次送审的社论，《新华日报》以开"天窗"的方式抗议国民党的新闻检查制度，揭露其"新闻自由"的虚伪性。这是《新华日报》第一次使用开"天窗"的斗争方式。

△四川省政府为加紧抗战建设，省务会议通过《四川省生产计划委员会组织大纲》，共14条。四川省生产计划委员会设主任委员一人，由四川省政府主席兼任，副主任委员一人，由四川省建设厅厅长兼任，专任委员五人至七人，委员若干人，由主任委员、副主任委员遴请四川省政府指派或聘任，四川省政府各委员均为当然委员。该会经费预算亦同时通过。

上旬 孩子剧团一队由重庆赴川北，先在合川公演。另一队赴成都，为托儿所、贫儿院募捐公演。

11日 宪政促进筹备会在重庆康宁路5号张申府家举行常务委员会。董必武、张友渔、韩幽桐、刘清扬、曹孟君等与会。

12日 四川省天主教信奉者抗敌服务团成立，伍极诚为团长。

14日 重庆市各界举行第六次宪政座谈会，与会者有孔庚、黄炎培等200余人。

15日 《文学月报》在重庆创刊，罗荪任主编。

△国民政府军事委员会战干团所属"忠诚剧团"由綦江来重庆公演《李秀成之死》，

因与进步人士交往，剧团返綦江后，扮演李秀成的演员李英被特务活埋，其他演员 20 多人被枪杀。

△成都—上饶间无线电话通话。

17 日 川军第 22 集团军孙震部 41 军攻克随县蒋家岗、余家炉子、新寨等处。敌援军猛烈反扑；我守军营长孙繁弟率部奋击，毙敌 800 余名后全营壮烈牺牲。

19 日 第九战区副司令长官杨森，自抗战军兴，率部转战江、浙、皖、赣、湘、鄂各地，屡摧强寇，迭著殊勋。国民政府为奖励贤劳，特晋授三等宝鼎勋章，蒋介石并去电嘉勉。原电略谓：自抗战军兴，该副长官转战各地，迭著勋绩，除行政院转请国府颁三等宝鼎勋章，合将勋章证书转发。（按：上将受勋，例应从四等起，杨氏得授三等，具见嘉勉之至意。）

△四川省教育厅规定：省督学驻行政督察区，每区 1 人。

20 日 四川省地政局开展土地测量。要求 1940 年内完成成都、万县、自贡、宜宾 4 县（市）及第一行政区温江等 11 县土地测量。

21 日 实业界刘鸿生联合江北、巴县、重庆市火柴业，创办火柴原料厂，生产磷与氯酸钾，供应西南、西北各省。

24 日 蒋介石就 1939 年 12 月 30 日汪精卫与日本秘密签订的卖国条约《日支新关系调整纲要》（即"日汪密约"）发表《告全国军民书》《告友邦人士书》。

25 日 重庆各大学教授发声讨汪逆通电。

26 日 国民党中央执行委员会秘书处为扩大讨汪宣传致函国民政府军事委员会政治部。

27 日 重庆各界十余群众团体联合就"日汪密约"发出通电，呼吁"一心一德，抗战到底，争取最后胜利"。

△中共川康特委亦在成都地区发动各界人士和群众团体发讨汪通电。全川各地群众亦先后开展了反汪卖国、反投降、反分裂的斗争。

△四川省已推广"七七"纺纱机 2.1 万余架，分布在 84 县。农村妇女每人每架工作 10 小时，能纺纱 2 磅。

△四川省督办肃清私存烟土事宜公署改为四川省禁烟督办公署，蒋介石兼四川省禁烟督办，贺国光、徐孝刚为会办。

28 日 四川省临时参议会发出"感电"声讨汉奸汪精卫。

29 日 国民政府军事委员会政治部就发动扩大讨汪宣传，发出代电稿。

31 日 四川省绅耆名流周奉池、廖学章、唐宗尧、徐申甫等 50 余人联名致电蒋介石，痛斥汪精卫卖国行为，对"日汪密约"表示彻底否定。

是月 毛泽东《新民主主义论》发表。

△中共重建重庆市委，王致中任书记。

△四川省省务会议议决四川省财政厅厅长关于重庆市营业税划归市有提案。

△重庆各大报怒斥汪逆卖国阴谋。23 日，《中央日报》发文《斥汪逆卖国密约》，《扫荡报》发文《倭寇野心与汪逆阴谋总暴露》，《时事新报》发文《和平招牌从此粉碎》；24 日，《大公报》发文《敌汪阴谋的大暴露》，《国民公报》发文《粉碎汪逆卖国

阴谋》。

△国民政府军事委员会政治部第三厅领导的"孩子剧团"第二队从重庆出发至成都、双流、新津、彭山、眉山，顺岷江而下，沿途公演了《抗战儿童》《乐园进行曲》《小兰子》《复仇》《卖梨膏糖》《抓壮丁》等剧目。

△刘湘直属第23集团军参加了阻击日军来犯的青（弋江）贵（池）战役。参加作战的部队计有：第50军军长范子英部、第145师的孟浩然旅、新7师田钟毅部、第144师刘儒斋部，以及拨归第23集团军指挥的第52师刘秉哲部。战斗失利。

2月

1日 成都—昆明间无线电话通话。

△蒋介石为四川及成都疏散人口事宜致密电给四川省政府。

2日 全国各地报社联名通电声讨汪逆。

3日 中共参政员毛泽东、陈绍禹、林伯渠、吴玉章致电国民参政会秘书处，拒绝国民党利用参政会名义派出的"视察团"到陕甘宁边区。指出：该视察团不仅无一中共参政员，而且竟连提议组织视察团的沈钧儒、邹韬奋、陶行知诸先生以及以老成硕望公正著称的张一麟、黄炎培、江恒源、张澜等均未参加；在团长成员中，除梁实秋、余家菊两人外，皆为国民党一党之参政员；由此等人组织之视察团，必属偏私害公。因此中共拒绝接受这个所谓的视察团。

△中华全国文艺界抗敌协会在重庆举行第一次诗歌座谈会，讨论"如何推进诗歌运动"。21日还举行了第一次戏剧座谈会，讨论当前的戏剧工作，批评了剧本改编及演出中的"噱头主义"和"生意眼"等倾向。

△《华西日报》董事会宣告成立。自1939年秋蒋介石兼任四川省政府主席，并由贺国光以四川省政府秘书长身份代主政务后，四川地方实力派担心名义上为四川省政府机关报的《华西日报》落入蒋、贺手中，提出该报乃刘湘创办，应由刘湘系人物接管；旋即由傅真吾、邓汉祥、彭光汉、刘树成、周晓南、罗忠信、夏奇峰、甘鉴斌、周瑞麟、王白与等人组成《华西日报》董事会，王白与为社长，王元白为经理，于本日前往接收该报。4月，四川省政府被迫改派罗忠信为社长。6月又发训令，将该报"发还原创办人"。

△康定物价飞涨，米价已由每斗10元涨至17元，青油由每斤0.9元涨至1.5元，百货商店各物亦上涨3成。一个人吃一餐白米饭约需0.5元，人皆喊吃饭难。

4日 川绅耆方旭、尹昌龄、李伯申、邵从恩等19人联电国民政府国防最高委员会、行政院、财政部，对四川省政府1940年预算高达1亿元以上提出异议。该电称："制国用者，为全国计，即当下念民生。奈何于民生凋敝之余编出庞大预算，以骇物听。1938、1939两年岁出俱达6,000余万，以如斯巨款举办新政，其有可为人民讴歌称颂者，究竟安在？仅田赋一项，一年三征九成，川民已感绝大之痛苦；而各县随粮附加，比较正供，有多至300%乃至500%者。请中枢体民疾苦，核实紧缩预算，将一切不急之务明令罢免,俾创痛已深之川人得已稍苏喘息。"7日,四川各县旅省同乡会联合办事处又致电蒋介石、国民参政会、国民政府行政院及四川省政府各单位,申诉川民不堪重负,呼吁核减四川省政府预算。

△重庆市市长吴国桢率全体市民发表拥蒋讨汪通电。

5日 四川省农村合作委员会成立以来,到1939年底止,共发农贷2,700余万元。所有农贷,皆由合作社集体贷款。全川已有130余县成立了合作社,入社户数达150余万户。四川省农村合作委员会于1月6日改组。四川省建设厅厅长为主任委员,国民党四川省党部委员1人暨中国农民银行、四川省银行两行经理为委员。该委员会拟定1940年三项中心工作:一、普遍建立合作组织;二、发展特产产销合作;三、推广出征军人家属合作组织。

△孔祥熙做《日汪密约与我国抗战前途》演讲。

6日 中华全国文艺界抗战协会成都分会在刘开渠寓所开大会,改选萧军、沙汀等7人为第二届理事。

7日 四川省教育厅决定自1940年起提高小学教师待遇。薪金分四等:一、完全小学:校长,一级45元,二级40元,三级35元,四级30元;教员,一级40元,二级35元,三级30元,四级25元。二、初级小学:校长与完全小学教员同;教员,一级35元,二级30元,三级25元,四级20元。

8日 四川省农改所在成都市郊青羊宫举办"劝农大会"。会期三天。内设畜牧、农业、化学等9组,分别陈列各县农业推广所展品。又遂宁、内江、江津、合川、泸县、乐山、三台、广安等县农业推广所亦同时于当地举办此项活动。

△中国青年党发出讨汪通电。

9日 国民政府军事委员会办公厅发出《关于执行〈新华日报〉违检案件处理步骤方案与战时新闻检查局往来文电》。

10日 国民政府财政部贸易委员会的中国茶叶公司增资为1,000万元,统制全国茶叶生产、收购、运销。

上旬 蒋介石在重庆召开全国军以上参谋长会议,检讨冬秋攻势中的作战行动。会上,蒋介石反诬18集团军"游而不击","袭击友军","制造摩擦";一些国民党军官亦尾随发言围攻中共。对此,叶剑英在会上做了长篇发言,列举了大量事实和确凿证据,给予了有力驳斥。

12日 川康农田水利贷款委员会主任委员何北衡谈川康水利工作:(1)已完成的水利工程有三台郑泽堰、绵阳天星堰;(2)正在进行的工程有绵阳陇西堰、洪雅花溪渠、青神洪化堰;(3)正在整理者有眉山醴泉堰、峨眉余公堰;(4)正在测量者有西昌邛海、安宁河,雅安青衣江等处。

16日 国民政府军事委员会成都行辕召开征工座谈会(已于本月6日、10日召开过两次),通过《四川省非常时期征工服役暂行办法》,决定由四川省政府组织征工委员会(年底改为征工事务管理处),统筹全省征工服役事宜。县(市)亦应设立征工委员会,在省征委会指导下办理征工事务。

19日 伤兵之友总社在重庆成立。分设党务、政务、军警、青年、实业、商业、妇女、国际、农工、教育十队。总队长为孔祥熙。

△重庆吴晋航等组织之中国毛纺公司（后有宋子文参加），资本400万元，已动工修建厂房。

20日 四川省临时参议会举行第二次会议（3月13日闭会），着重讨论禁烟及实施"新县制"等案。

22日 《中央日报》报道，重庆市1939年寒衣征募成绩优异，原定30万元，结果50万元，超出20万元之多。

△四川省财政厅厅长谈1940年度预算：岁入约为6,800万元，岁出约为9,000万元，不敷约为3,060万元。

24日 国民政府财政部在重庆公布《查获没收金银处理法》，规定因私购、私售、私制破案没收之金类，兑换法币后，以五成给奖，五成解交国库。

26日 冯玉祥做题为"欢送忠勇将士出川抗战"的广播演讲。

27日 重庆各界举行欢送川军将士出川抗战大会。

△四川省政府以近日米价飞涨，亟谋妥速平价，特召开省务会议，决议由粮食管理委员会克日派员，会同各县（市）政府严密调查囤积米粮情形，并饬令囤户平价出售。

28日 四川省国立图书馆（设于成都市城守街中城小学内）正式开馆。

△重庆妇女界67团体通电讨汪。

29日 就重庆市划分新市区一案，蒋介石签发《国民政府行政院训令》。

是月 中共广安中心县委建立，陈野萍任书记。

△春节前后，四川人民的募捐活动掀起了第二次高潮。

3月

1日 四川全省135县（市）实施"新县制"，拟定3年完成。根据《县各级组织纲要》及《县各级组织纲要实施办法》的规定，"县为地方自治单位"，区为县政府的辅助机关，县以下各乡（镇）建立保、甲制度。县长必须是国民党党员，乡（镇）长、保长必须"经训练及格"才能充任。乡（镇）长、保长兼任各该级国民兵队队长和乡（镇）中心学校、保国民学校校长，把地方上的政治、财经、地方武装、教育和民众组训结合在一起，以加强对基层政权和广大农村的控制。四川省实施"新县制"的步骤是：1940年3月底前，充实县政府。4月底前，调整区署。7月底前，训练正副乡（镇）长，成立乡（镇）公所、中心学校及乡（镇）国民兵队。8月底前，甄选保长。12月底前，训练保长。

2日 第29集团军为感谢重庆市欢送该部官兵出川抗战致函重庆市政府。

4日 四川省政府兼理主席蒋介石签发《四川省政府关于全川及成都近期疏散人口训令》。

△新华日报社为各地方当局阻挠破坏发行事致函国民党中央宣传部。

6日 第二次参谋长会议在重庆开幕。

7日 四川省疏散重要城市人口临时委员会发表《关于本会疏散人口所遇实际困难》的公函。

8日 重庆市妇女万余人在川东师范学校广场集会，隆重纪念"三八"妇女节。主席团总主席李德全致辞，号召集中力量，打击汪逆和一切汉奸投降派。会议通过决议和宣言，要求政府明文规定妇女在政治、经济、社会方面的平等权利。陕甘宁边区各界妇女救国会驻重庆代表团负责人张晓梅、日本友人绿川英子亦先后发言。会后游行。

△成都各界妇女千余人集会纪念"三八"妇女节。成都市妇女会、女青年会等12个妇女团体联合组织宣传队上街宣传，动员妇女参加抗日救亡活动。

13日 成都南门发生抢米事件。成都食米恐慌，每石大米价格骤涨至60元以上，还很难买到。抢米事件发生后，国民党当局借此诬陷共产党，捕杀了前往现场采访的《时事新刊》记者、共产党员朱亚凡，查封了该刊。接着又逮捕了中共川康特委书记罗世文、共产党员车耀先、郭秉毅、唐介舟、《新华日报》成都分馆经理洪希宗以及爱国人士汪导予等十余人。此后四川省政府又下令取缔各校学生的校外活动，通令各校限制学生结社集会。国民党特务开始在全川大规模逮捕共产党员和进步人士。许多救亡团体和进步社团被迫停止活动。阆中、南充、大竹、奉节、万县、涪陵、江津、新津、广元、自贡、蓬溪、康定、眉山、乐山、重庆等地中共组织受到不同程度的破坏。

15日 中共川康特委召开紧急会议，讨论抢米事件以后的形势；决定紧缩机关，加紧疏散已暴露的同志。经中共中央南方局决定，将已较暴露的邹凤平、张曙时等转移至延安。以程子健代理中共川康特委书记，于江震为组织部部长，郑伯克为宣传部部长。

△蒋介石令国民政府军事委员会成都行辕、四川省政府贺国光、川康绥靖公署邓锡侯："据报成都米价陡涨，确系奸商大贾囤积居奇抬价，应即查明，不许再有囤米、买卖'仓飞'交易。"16日成都行辕主任、省政府秘书长贺国光召集有关方面会议，商议平抑米价。21日，川康绥靖公署又会同四川省政府令各县（市）平抑米价，严禁囤积，禁止银行、合作社购押谷米；囤积不报者，以扰乱治安论罪。抢米事件仍层出不穷。

17日 重庆各界举行蔡元培先生追悼大会。（蔡于本月5日病逝于香港。）

△车耀先之妻就其夫被逮捕情形函呈成都市政府。

19日 四川省政府兼理主席蒋介石签发《四川省政府为查明车耀先被逮捕情形致成都市政府密令》。

20日 国民政府行政院为颁发《陆军兵役奖励办法》给重庆市政府下达训令，并附《陆军兵役奖励办法》（9条）。

△全国兵役会议在重庆开幕（24日闭幕）。

△国民党中宣部为制发《声讨汪逆伪组织宣传方案》致国民政府军事委员会政治部代电，并附《声讨汪逆伪组织宣传方案》。

25日 国民政府军事委员会政治部就指示扩大讨汪宣传各要点，发出致各级政治部的代电。

26日 华侨回国慰劳视察团团长陈嘉庚抵重庆。

△中国、中央、交通、农民四银行投资1亿元，发展四川省农田水利。

28日 四川省政府兼理主席蒋介石签署《四川省政府饬知查禁时事新刊社密令》。《时事新刊》创刊于1938年6月25日，由王达非发起创办。该刊编辑、记者中有不少共产党员。

29日 汪精卫在南京成立伪政府，并举行所谓"还都"典礼。

△国民政府主席林森在中央电台发表痛斥汪逆伪政权的讲话。

30日 国民政府外交部照会各国驻华使节，郑重声明日寇制造的汪伪政府"完全无效"。

△程潜通电声讨汪逆。

△成都各界民众举行大会，一致声讨汪精卫叛国投敌。

31日 全国慰劳总会召开全体委员会议，议决聘请陈诚为会长，谷正纲、马超俊、郭沫若为副会长。

△重庆市各妇女团体在求精中学大礼堂举行第七次妇女宪政座谈会，各界妇女百余人到会。与会者一致认为：《宪法》中必须明确规定妇女在政治、经济、文化、教育方面与男子享有平等权利。

是月 南充丝二厂资本家无理解雇工人。中共南充中心县委领导丝二厂、三厂工人，联合开展"要工做，要饭吃"，要求"同工同酬"的斗争。南充专员陈开泗调保安队镇压。经工人顽强斗争，资方被迫答应工人所提条件，斗争取得胜利。

△于右任做题为"以胜利击破汪逆倭寇毒谋"的演讲。

△第23集团军奉令派145师攻占斗龙山高地，经过激战，击溃和消灭了守山敌军。

4月

1日 国民参政会第一届第五次会议在重庆召开。

△国民党中宣部在成渝两地成立新闻检查所，实施新闻送检。

△成都市开始执行强迫疏散。四川省防空部制发《市民居住证》，由成都市警察局挨户考核并发给居住证或令疏散。

△中共中央南方局就成都"抢米事件"代中共川康特委起草宣言，以中共成都市委名义在成都、重庆、西安等地散发，揭露国民党特务蓄意制造的反共阴谋。

△成都市少城镇镇长向成都市市长报告车耀先被捕情形。

△居正做题为"加强抗战粉碎傀儡组织"的演讲。

2日 中国电影制片厂所属之怒潮剧社改组为中国万岁剧团，郭沫若、郑用之分别任正副团长。

3日 商震等通电声讨汪逆。孔祥熙做题为"汪伪组织与日阀末路"的演讲。国民参政会发出声讨汪精卫南京伪政府的通电。

4日 重庆中国伊斯兰教协会组织伊斯兰教研究会。剧作家老舍、宋之的应约编写的反映回汉合作抗日的戏剧《国家至上》，由中国万岁剧团于5日在重庆公演。

△成都市各界人士千余人集聚忠烈祠，公祭阵亡将士和殉难同胞。

6日 全面抗战初期在华北抗日的第29军军长宋哲元在绵阳逝世，享年56岁。

△灌县县政府为本县防空情形呈文四川省政府。

7日 刘航琛、潘昌猷等集资500万元，筹组西宁实业公司，发展西康实业。董事长为李光普，筹备主任为傅真吾。

△中国回教救国协会通电声讨汪逆。何应钦做题为"揭穿倭寇阴谋，努力抗战救国"的演讲。

8日 四川省生产计划委员会成立。蒋介石兼主任委员（由四川省政府秘书长贺国光代表），建设厅厅长陈筑山兼副主任委员，除各厅长、省府委员为当然委员外，另有专任委员3人，设计员10人，负责拟具各项生产计划。会内设秘书室，农林、工商、矿产、交通、电力、水利6组。经费规定为200万元。1940年11月8日生产计划委员会撤销。

△陈立夫做题为"崇尚气节以根绝汉奸"的演讲。

10日 邵力子做题为"妖孽必诛，中国必兴"的演讲。

△《学习生活》创刊。

11日 四川省银行拨款50万元资助发展四川省糖业。

16日 官商合办的中南橡胶厂股份有限公司在重庆成立。资本总额为法币100万元。商股（南洋华侨橡胶公司代表王振相、王金兴、王泉骥、王尊法等认股）70万元，官股（中国茶叶公司）30万元。茶叶公司的秦景伟、卓君卫分任正副董事长，庄怡生（商股代表）任常务董事兼总经理。

△成都市各界追悼吴佩孚大会在成都少城公园举行。全市下半旗志哀。蒋介石致送挽联。贺国光主持追悼大会。

△成都县政府为办理防空事宜呈文四川省政府。

17日 迁川工厂联合会在重庆举行第三次年会。主席颜耀秋报告：自1938年4月17日该会成立以来，现有会员单位150余家，大多先后复工。唯因运输困难，原料缺乏，资金利息较高，尚有赖于政府扶植。

△四川省政府举行省务会议，通过1940年度施政计划。计划要点包括：依照《县各级组织纲要》，切实调整县政机构，充实乡镇，严密保甲制度；整理税务，调整金融，整理县（市）财政等。

20日 民生公司民用轮在驶航北碚途中于磁器口上游之飞樱子失事，乘客89人遇难。

21日 四川省政府令商务繁盛的县份设查禁日货委员会，在入川之交通孔道设检查处；巫山、万县、綦江、宜宾、广元等县应特别注意检查日货。

22日 四川省蚕丝因各地丝厂停工，严重减产。国民政府行政院通过经济部拟具整顿改进的6项办法：恢复停工之凤翔等丝厂，改造旧厂，增设新厂，生产蚕种，扩种桑树并补助经费269万元，责成四川农业改进所督促办理。

△日机30余架分3批侵至川南叙、泸一带，投弹160枚。

△入侵皖南日寇116师团主力和15师团的一部分3路向我驻青阳周围的川军23集团军所部50军袭击。青（阳）贵（池）战役开始。50军军部和集团军总部被迫后撤。

5月1日克复青阳，将敌击退。

23日 日机18架轰炸遂宁，投弹100枚，亡3人。

24日 日机30余架分批空袭重庆。我空军起飞将其击逃。

25日 儿童月刊社为捐购儿童号飞机致函重庆市动员委员会。

△新任成都市警察局局长戴颂仪就职。

26日 四川省推广优良棉种德字棉，1939年度棉花产量达120万担。

27日 中国、中央、交通、农民四银行核定西康省1949年农业贷款为600万元。

△蒋介石、邓锡侯、潘文华签发四川省政府、川康绥靖公署《关于抄发调整省政府与绥靖公署职权原则的训令》。

△四川省政府兼理主席蒋介石签署《四川省政府追缴时事新刊社登记证训令》。

28日 苏联援华空军志愿大队5B型机8架在总领队吴瓦洛夫的率领下自温江机场起飞，袭击运城入侵日军，在虞乡车站附近轰炸敌仓库，目标均命中起火。

29日 重庆市各妇女团体召开第八次宪政座谈会并招待女参政员。韩幽桐报告重庆妇女界对宪政及参政会的意见与要求。邓颖超强调本届参政会有三大重任："一、反汪；二、宪政；三、团结。"

△川康两省代表会同国民政府经济部、交通部组织查勘队，试航金沙江上游。试航船自4月上旬由宜宾上驶，29日抵滇康边界鲁甸县之巧家，共航行550公里。

△西康省1940年《地方金融公债条例》颁布（该条例共11条）。

30日 日机轰炸梁山、巫山，投弹90余枚，亡41人，伤60余人。

是月 国民政府外交部驻外各使节联名通电声讨汪逆。

5月

1日 国民政府任命苏兆祥为四川高等法院院长。

△枣（阳）宜（昌）会战开始（6月下旬结束）。川军第22、29集团军投入战斗。22集团军所部45军在大洪山东麓及随县以西地区转战至会战结束。该集团军之41军曾于5月中、下旬担任襄樊守备，并于6月6日收复襄阳城。29集团军所部44、67军在大洪山地区鏖战至会战结束。该集团军在此次作战中共毙伤日军将校级军官10人。日军40师团师团长天谷直次郎亦被击伤。

△四川省各行政区开始调训各地行政人员及乡（镇）长、中心学校校长。各区训练人员多者达1,300余人，平均为五六百人。四川省训练团地方干部训练班第一期开学，学员511人，6月28日结业。

2日 侨胞慰问团抵成都，各界人士到牛市口车站欢迎。

6日 南洋筹赈总会主席陈嘉庚抵成都，参观中国药材提炼公司后，投资100万元作为该公司扩充资金。

7日 四川省政府兼理主席蒋介石签发《四川省政府关于运米平价致成都市政府训令》。

9日 《四川省经济建设纲要》正式公布。蒋介石以四川蕴藏丰富,人力殷庶,为抗战建国之重要根据地,四川省经济建设,亟宜确定纲领,由中央、地方及社会人士与企业家共同协力,兼程推进。特在成都约集各主管人员详细商讨,核定《四川省经济建设纲要》(简称《纲要》),确定其政策与机构及兴办事业之项目。

《纲要》分经济建设政策、组织机构、建设项目、建设经费四端。经济建设政策概分为:(一)社会化,(二)合理化,(三)科学化,(四)制度化,(五)组织化。组织机构方面拟设置四川省经济建设委员会,以为推动研究设计及服务之中心组织。建设项目则拟定:(一)土地,(二)农林,(三)工矿,(四)交通,(五)贸易,(六)金融,(七)垦殖,(八)卫生;以作为建设之主干。至于建设经费,区分为二类:其运用于无直接收益之事业者为经费,其运用于有直接收益之事业者则为资金。经费数额,由四川省政府按事业需要,确立预算;资金筹措,则由四川省政府指定基金,呈请国民政府核准发行兴业公债,以为投资兴办上述八项事业之用。

△西康省政府发行金融公债500万元。

10日 《群众》杂志发表社论《文化工作者应努力的是什么》,号召文化工作者,为揭破敌人、汉奸伪造的三民主义和投降妥协的胡说而斗争,为消灭阻碍进步的文化专制主义而斗争,努力创建民主的、科学的、大众的新民主主义文化。

12日 成都各界名流发起组织的"四川省国民宪政研究会"成立大会顺利召开,到会者528人;大会选举李伯申为理事长,理、监事共119人。

△在华日人反战同盟西南支部巡回工作团17人于9日抵重庆,重庆市各界于今日在新川大戏院举行欢迎大会,到会2,000余人。郭沫若主持并致开幕词。

13日 蒋介石派出代表,持蒋本人和国民政府国防最高委员会秘书长张群签署的证件由重庆到达香港,与日方代表重开媾和密谈。

△四川省政府发行建设公债1亿元(定于6月1日先发4,000万元),15年还清,年息6厘。

15日 四川省政府设立物价平准处,取缔囤积操纵,推行平价购销。6月5日在各县设分处,由专员、县长兼处长。11月28日,物价平准处撤销,事务归四川省建设厅办理。

17日 四川省1940年度预算改编完竣,收支共为7,000余万元。

18日 日军对四川省内地展开的"101号作战"拉开序幕。日机轰炸成都、温江、南充、荣县等地,投弹150多枚,死亡34人。

19日 四川省粮食管理委员会决定普查全川粮食,先在温江试办。凡存谷30市石以上者,除提留2成待必要时由政府价购外,其余限于4个月内出售。

△日机轰炸成都、宜宾、梁山,投弹500多枚,致平民32人死亡,伤42人,损坏房屋54幢。

20日 日机49架轰炸重庆、开县,投弹177枚,致死1人。

21日 四川省政府兼理主席蒋中正签署《四川省政府注意陕北抗大学生来川活动密令》。

△日机轰炸梁山、达县、重庆,投弹300余枚,亡17人,伤22人,损坏房屋

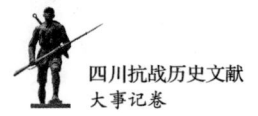

105 幢。

22日 1940年四川蚕茧大丰收，丝业公司以巨资2,000万元收购。新茧价格最高者每斤达四五元。

23日 四川省政府向四大银行押款150万元，作为1940年春耕贷款。

26日 日机3批99架轰炸重庆，投弹210枚，亡64人，伤103人。

△田汉在重庆巴蜀小学讲演，到会者多为戏剧和电影界人士，田汉演讲的主题是"抗战与抗战艺术"及"坚定抗战必胜信念"，呼吁各民主党派团结起来。

27日 日机3批99架轰炸重庆，投弹160枚，亡78人，伤131人，造成中央电报局全毁，广播电台大部被毁，各报社人员伤亡惨重，机枪和拖拉机工厂大部被毁，弹药库全毁，军官学校大部被毁。

28日 日机3批94架轰炸重庆，投弹246枚，亡178人，伤408人，损坏房屋248幢。

29日 日机2批63架轰炸重庆，投弹257枚，亡24人，伤34人，损坏房屋64幢。

30日 日机轰炸重庆、合川、涪陵，投弹134枚，亡345人，伤322人，损坏房屋757幢。

31日 周恩来自延安抵重庆，继续主持中共中央南方局的工作和对国民党的谈判。周恩来途经成都时，曾会见川康地方实力派和一些民主人士。

△在部分保甲人员、乡绅和哥老会势力的支持下，广汉连山镇爆发了"反对强拉民丁"，"打倒抽壮丁黑签"的事件。31日中午到傍晚，民众二三千人包围连山镇，截断电线，火烧西栅门，武力进攻南北栅门。6月1日，该县县城商民罢市响应。其他各联保壮丁及民众亦相继行动，聚集数千人围困县城，焚烧、捣毁了新丰、和兴、新兴、金鱼、复兴等联保处。直到6月4日，该县绅士侯少煊回县调解，围城的各路民众才开始散去，但提出了四项要求：（一）蠲免广汉所欠壮丁；（二）公家一切损失不再追究；（三）消耗的公家子弹核销；（四）抽签无效。直到6月6日，事件始告平息。

是月 国民党当局捏造邹韬奋、沙千里、沈钧儒将鼓动国民政府军事委员会政治部设于綦江的战干团学生举行暴动，派武装特务严密监视邹、沙、沈的行动和住所；同时对战干团一些进步青年严刑拷问，残暴杀害及致伤的青年达400余人，制造了"綦江战干团惨案"。

△日机连续狂炸重庆，并在成都、梁山、綦江、永川、合江等地肆虐。计日机轰炸重庆的次数：20日27架次；22日63架次，在市郊投弹数百枚；26日102架次，炸毁民房约150栋；27日129架次，炸毁民房100栋；28日124架次，炸毁民房80栋；29日99架次，炸毁民房约50栋，伤亡250余人；30日27架次，弹落市郊。

△日机被中国军队击落击伤60余架，中方损失十余架。

△川军23集团军所部21军在鄱阳湖东岸地区击破日军116师团的扫荡，仅其148师即毙伤敌官兵500余人，夺获武器多件。

△邓锡侯、潘文华签署川康绥靖公署为抗战重镇市区疏散及治安事宜致成都市市长电。

△第22集团军参加了枣宜（枣阳、宜城、宜昌）会战；第36集团军参加了晋南之战。

6月

1日 国民政府公布《非常时期人民团体组织规程》。

3日 国民政府行政院颁布《川康经济建设委员会组织规程》，共12条，规定川康两省主席，国民政府经济、交通、农林、财政部代表及两省建设、财政厅厅长为当然委员；并设聘任委员若干人。由国民政府行政院指定1人为委员长，8至10人为常务委员，主持会务。

5日 四川伤兵之友社在成都励志社举行成立大会，公推邓锡侯为名誉理事长，贺国光、潘文华、李伯申、尹昌龄为名誉理事。向育仁为理事长，陈维屏为正干事，严肃为副干事。向育仁就职后致辞，深盼各界协助，共襄盛举。

△《四川省会贫民疏散住宅区管理教养办法》颁布，共20条。

△重庆市政府为乘国民月会集会之机施行兵役宣传致函市兵役动员委员会。

△重庆反战日人在国泰大剧院上演反战作家鹿地亘先生的《三兄弟》。

6日 日机轰炸重庆、遂宁、开县、梁山、武胜，投弹1,235枚，亡32人，伤45人，损坏房屋42幢。

8日 成都市政府发放《贫民购米证》，每间隔3日可购买平价米一次。

10日 日机轰炸重庆、梁山，投弹184枚，亡12人，伤26人，损坏房屋538幢。

11日 日机4批126架轰炸重庆，投弹310枚，亡64人，伤172人，损坏房屋657幢。

△邓锡侯签署《四川省防空司令部关于近期防空注意事项训令》。

12日 四川省水利局在遂宁设立涪江航道工程设计处，负责设计整理绵阳至合川段航道（全长387公里）。全部工程费需340万元，3年完成后可行驶负载60吨之木船。

△成都国际电台与瑞士日内瓦直接通报。同月与巴黎停止通报。

△日军攻占宜昌。

△日机轰炸重庆、广安、渠县，投弹315枚，亡222人，伤463人，损坏房屋1,112幢。

16日 蒋介石以四川省主席身份宣布四川省银行增加股金，改组人事：潘昌猷任董事长，郭松年、梁颖文等15人为董事；熊觉梦、黄季陆等8人为监察，熊为常务监察；杨晓波为总经理。

△日机117架轰炸重庆，投弹263枚，亡286人，伤108人，损坏房屋499幢。

17日 日机75架轰炸重庆、涪陵，投弹372枚，亡12人，伤13人，损坏房屋132幢。

△成都城郊疏散区警备指挥部在苏坡桥捕获盗匪8人，奉川康绥靖公署令处以

死刑。

△为平抑米价，成都市政府请四川省政府调拨 2 万石平价米出售。

18 日 国民政府行政院决定重庆市临时参议会议员任期延长一年。

21 日 国民政府国民精神动员委员会秘书处致函重庆、成都各机关团体，公布空袭期中精神总动员标语 13 则。

22 日 法德签署停战协定，法国贝当政府向德国无条件投降。

24 日 国民党特务在川大、华大逮捕进步学生十余人。华大外籍教授魏露诗等 9 人向国民党当局提出抗议，并在她办的英文刊物《成都新闻》上联名发表抗议文章。

△日机 126 架轰炸重庆，投弹 318 枚，亡 22 人，伤 67 人，损坏房屋 828 幢。

25 日 四川省政府规定：学校设军训团，军事教官任免由四川省军管区政治部办理。

△日机 211 架轰炸重庆、江津、开县、梁山、涪陵，投弹 431 枚，亡 29 人，伤 59 人，损坏房屋 245 幢。

△什邡县制"淡巴菰"卷烟，销售到陕西、甘肃、新疆等省及苏联。1939 年产值达 200 余万元。

26 日 日机轰炸重庆、邻水，投弹 273 枚，亡 19 人，伤 124 人，损坏房屋 629 幢。

27 日 四川省地政局在 1940 年度清理全川荒地。上半年办川南各县，下半年办川北各县。又土地编查工作，温江、双流等县业经办竣，计温江增加 8,000 余亩，富顺增加 20,000 余亩。

△日机轰炸重庆、万县、邻水、忠县，投弹 189 枚，亡 55 人，伤 128 人，损坏房屋 52 幢。

28 日 约 120 架日机轰炸重庆，投下千余枚燃烧弹，因连日干旱，各地发生火灾，火势凶猛，扩大到全市，空袭结束后数小时大火还未减弱。英国外交办事处及总领事馆全部被烧，长江和嘉陵江上许多船只被击沉，亡 77 人，伤 128 人，损坏房屋 646 幢。

29 日 日机 117 架轰炸重庆，投弹 196 枚，亡 12 人，伤 19 人，损坏房屋 505 幢。

30 日 重庆市临时参议会召开紧急会议，做出严厉谴责日军暴行的决议。

是月 中共川康特委重建成都市委，侯方岳任书记。

△中共川东特委决定成立中共涪陵五县工委，辖涪陵、长寿、酆都、忠县、石柱。张家璧任书记。

△宜昌沦陷后，自 1937 年 7 月开始的沿海沿江厂矿内迁工作告一段落。据国民政府经济部工矿调整处统计，此次迁入四川的民营工矿共 245 家，物资达 9 万余吨，技工 4,000 人。在此 245 家工矿中，以类别计：冶炼 1 家，机械 103 家，电器 18 家，化学 40 家，纺织 25 家，食品 10 家，教育用具 32 家，其他工业 14 家。以原设地点计：上海 104 家，汉口 90 家，南京 10 家，沙市 4 家，杭州、宜昌各 4 家，无锡、济南、汉阳等地各 2 家，嘉定、南昌、香港、青岛、太原、济南、卸甲甸、石家庄、南通、九江、郑州、常州、长沙、天津、大冶各 1 家，其他工区 7 家。迁移地点：90% 以上均在川东，靠近重庆、巴县一带。迁至川西者为数较少。

△日机狂炸重庆10次。每次出动飞机百余架，给重庆人民的生命财产造成了巨大损失。计：6日117架次，炸毁房屋百余栋；10日102架次，炸毁房屋60余栋；11日126架次，投弹200余枚，死伤市民60余人，炸毁房屋70余栋，苏联使馆、德法两国驻渝通讯处亦中弹；12日145架次，在市区及江北投弹480余枚，炸毁房屋300余栋，死伤140余人；16日116架次，炸毁房屋120栋，死伤百余人；24日117架次，在北碚及市区投弹400余枚，炸毁房屋50余栋，英法使、领馆均中弹；25日125架次；27日90架次，沙坪坝学校校舍被炸毁数十栋；28、29两日各90架次，又连续轰炸。日机的轰炸造成802人死亡、伤者1171人。重庆全市的建筑物有20%全毁，80%受到不同程度的损害，没有一条市街未受损；商店80%到90%停业。

△中苏文化协会妇女委员会在重庆正式成立。主任委员李德全，副主任委员傅学文、曹孟君；委员为邓颖超、张晓梅、劳君展、陆晶清、浦熙修、彭子冈、邓季惺、倪裴君、于立群、郑英、张启凡、陆慧君、王枫、谭惕吾、谭德先、黄静文等；机关刊物为《现代的妇女》。这一时期，成渝两市一些女共产党员和进步分子在各界救国会领导下组织了妇女救国会（简称"妇救"）、妇女抗敌后援会（简称"妇抗"）。"妇抗"后又改组为四川妇女慰劳会（简称"妇慰"）。

△在中共的努力斗争下，国共两党代表周恩来、叶剑英、何应钦、白崇禧就国民党军队不断制造反共摩擦所造成的危局，在重庆进行谈判。7月16日，国民党当局提出了取消陕甘宁边区，缩编八路军、新四军并限制其防地为主要内容的《中央提示案》，谈判未获结果。

△中国航空建设协会四川省分会为发展航空建设，充实国防力量征求会员，发表《告民众书》。

7月

1日 国民党五届七中全会在重庆开幕，蒋介石致辞，说明我国对外政策，以《九国公约》为中心，以不变应万变之方针。

△挥戈文艺社在成都仁厚街49号成立，出版《挥戈文艺》月刊。

△全国慰劳总会组织慰劳团赶赴前线慰劳抗战部队，四川省公推向传义为四川代表。

2日 四川省政府兼理主席蒋介石签署《四川省政府抄中共鼓动川省政潮情形的密电》。

△成都市平价米20,800石售空，无米供应。市民纷纷向政府请愿，市场米价涨至每石93元。

3日 国民政府军事委员会订颁《陕鄂湘川康滇黔后方七省总清查实施办法》，规定：清剿股匪，清查户口，整理保甲，登记在乡军人，登记民枪，组训壮丁，实行新生活运动等14项。四川省政府转令各县遵办。

△日机2批18架轰炸巫山，投弹72枚，亡8人，伤17人，损坏房屋46幢。

4日 日机98架轰炸重庆、遂宁，投弹403枚，亡13人，伤16人，损坏房屋22幢。

5日 日机轰炸自贡、綦江、泸县、富顺，投弹314枚，亡223人，伤286人，损坏房屋393幢。

6日 成都大川银行（杨森资本）开业。该行重庆分行于9月6日开业。

7日 中共中央发表《为抗战三周年纪念对时局的宣言》，号召全国人民团结起来，为克服空前的投降危险和困难而斗争。

8日 日机3批89架来袭重庆，投弹329枚，亡98人，伤81人。日机在重庆领事馆巷集中投弹，致英大使馆直接中弹，全部被毁。

△蒋介石在抗战三周年之际发表《告国民党全党同志书》。

9日 日机3批90架来袭重庆，投弹326枚，轰炸重庆中二路、南纪门、江北等处，亡45人，伤92人，炸毁房屋468幢，七星岗的天主教堂被炸毁。

△日机9架轰炸南川，投弹41枚，亡9人，伤33人，炸毁房屋360幢。

11日 四川省政府制定《平抑米价紧急办法》。成都米价连续上涨，7月初每石80元，8日每石100元，9日涨至115元，10日每石120元。《平抑米价紧急办法》规定全川以7月9日米价减25%，即每石82.5元为最高价。四川省物价平准处拨米800石按规定价出售。物价平准处分电各县（市），自7月13日起实施，严禁暗盘黑市。

△国民党五届七中全会通过《贯彻抗日战争宣言》。

△日机45架轰炸三台、荣昌，其中在三台投弹95枚，亡87人，伤127人，损坏房屋573幢。

12日 四川省临时参议会任期1年，6月底届满，四川省政府请准国民政府行政院将该会参议员任期延长1年。

15日 川康绥靖公署、四川省政府会衔公告，严禁人造米荒，纠众抢米者处死刑，囤积居奇者没收充公。

△成都市娱乐场所一律停业，向郊外疏散。

16日 报载：四川省合作金库创建于1936年，资金20万元，5年积累资金1,000万元，分设县合作金库80余处；1940年上半年度放款额达2,000余万元，其中生产信用占60%，特产储押及手工业借款占40%。又，四川省合作金库设立全川供销代营局，资本100万元，已开始组设。

△日机2批54架轰炸重庆，投弹134枚，亡10人，伤27人，损坏房屋255幢。

17日 报载：连日来，棉纱市场交易活跃，纱价逐日上涨。20支双马牌棉纱16日价为3,373元，17日涨至3,930元；20支蜘蛛牌棉纱16日价为3,650元，17日则涨至3,780元。

△国民政府国民精神总动员委员会公布《各地方国民月会辅导办法》。

18日 英日两国政府签订《关于封闭滇缅间运输问题的协定》，规定自即日起三个月内，禁止军械、弹药、汽油、载重汽车及铁路材料经缅甸流入中国。

20日 四川省政府将"四联总处"办理四川省农贷1亿元总数中的余款千余万元，用于举办四川省猪牛繁殖贷款及防疫保险工作。

△在华日本人民反战同盟重庆总部成立。

△周恩来在重庆与陈嘉庚晤谈。

22日 日机126架轰炸綦江、合川,投弹570枚,亡634人,伤270人,损坏房屋4,020幢。

24日 国民政府公布《非常时期维持治安紧急办法》。蒋介石为整理四川省各县(市)财政,发表《告四川同胞书》,称"四川各县财政若能加以彻底整理,政府收入自可大量增加","特呈准中央,就省政府内设立县市财政整理处",负责规划整理方案,督促各县执行。

△日机36架空袭成都,炸毁房屋2,551间,炸死101人,炸伤116人。我军击落日机1架、击伤日机十余架。

26日 四川省政府公布《四川省各县乡镇公所组织规程》,规定每乡(镇)设乡(镇)长1人,副乡(镇)长2人;设民政、警卫、经济、文化4股。

27日 国民党重庆市党部为将学生暑期兵役宣传工作列为8月国民月会的宣传中心内容,致函重庆市兵役动员委员会。30日,重庆市兵役动员委员会复函训令。

28日 日机百余架轰炸万县、南川、奉节,投弹554枚,亡391人,伤477人,损坏房屋679幢。

30日 四川省政府与中国、中央、交通、农民四银行,国民政府信托局、农本局商谈农贷工作,决定:合作贷款3,400万元;生产贷款(骨粉、肥料、甜橙等10项)4,050余万元。

△西康省政府呈准国民政府行政院发行藏币100万元,由西康省银行发行。

31日 日机54架轰炸涪陵、铜梁,投弹187枚,亡223人,伤179人,损坏房屋1,170幢。

是月 中共川康特委成立成(都)华(阳)中心县委,书记刘清。

△《1940年度学生暑假兵役宣传办法大纲》公布。

△日机轰炸重庆,重庆大学等教育文化机关损失惨重。

8月

1日 四川省发行兴业公债,总额1亿元,年息6厘,15年还清。

2日 日机对广安、泸县、大竹、璧山、隆昌、邻水、安岳等地实施空袭,亡548人,伤635人,损坏房屋2,579幢。

3日 四川省烟毒总检查团(7月26日成立,团长蒋介石)分16组检查16个行政督察区。川康建设期成会驻万县办事处主任褚辅成代行检查团团长职务。

△日机36架轰炸铜梁,投弹247枚,亡7人,伤8人,损坏房屋1,268幢。

△成都文化界举行纪念鲁迅60诞辰大会。《新华日报》发表社论《我们怎样来纪念鲁迅先生》。

4日 剑阁、阆中、三台等县霍乱流行。

6日 国民政府经济部发布《关于成立川康兴业股份有限公司致四川省政府电》。

7日 贺国光签发《国民政府军事委员会成都行辕为沿江及沿公路重要城镇疏散事宜致四川省政府电》。

9日 四川省设汶川设治局。

△日机135余架轰炸重庆、秀山，投弹411枚，亡199人，伤173人，损坏房屋2,194幢。

11日 四川省物价平准处指定合川、江津、长寿、涪陵等县供应重庆市食米。

△日机91架对重庆、万县实施空袭，投弹184枚，亡65人，伤54人，损坏房屋278幢。

12日 日机135架对泸县、自贡实施空袭，投弹299枚，亡92人，伤157人，损坏房屋285幢。

16日 《四川省公务员、雇员、公役遭受空袭损害暂行救济办法》公布实施。该办法共18条。

17日 日机26架对永川实施空袭，投弹136枚，亡147人，伤257人，损坏房屋1,826幢。

18日 日机对重庆、万县实施空袭，投弹137枚，亡26人，伤25人，损坏房屋305幢。

19日 日机百余架对重庆、涪陵、奉节、江津等地实施空袭，投弹504枚，亡181人，伤143人，损坏房屋2,230幢。重庆市街道面目全非。

20日 日机对重庆、万县、涪陵等地实施空袭，投弹437枚，亡164人，伤173人，损坏房屋7,954幢。

21日 四川省政府订颁《四川省各县乡镇公所办事通则》，共31条，规定各乡镇公所设民政、警卫、经济、文化等四股，其职掌如下。

民政股职掌：保甲编组事项；户口清查事项；户口异动登记事项；户口及人事登记事项；保甲办公处之监督事项；选举事项；人民团体及民众组织登记事项；劳工事项；卫生救济及社会福利事项；礼俗及宗教事项；禁烟禁毒事项；寺庙之管理监督事项；名胜古迹古物之调查保管事项；推行新生活运动及国民精神总动员事项；其他有关民政事项。

警卫股职掌：维持治安，肃清汉奸，并督导人民实施自卫事项；在乡军人登记事项；动员事项；军事供应及军用征发事项；消防防空及防毒事项；协办兵役事项；出版抗战军人家属调查优待及抚恤文件事项；民有自卫枪炮登记烙印管理及取缔事项；协办国民军组织及训练事项；其他有关警卫治安的事项。

经济股职掌：农林水利及垦牧事项；工商矿业事项；道路、桥梁、电信及其他土木工程事项；工役事项；粮食管理、民食调剂及建仓积谷事项；度量衡检定事项；合作及农仓事项；地政事项；公营事业事项；乡镇财政整理事项；乡镇公款公产登记管理事项；寺庙财产登记事项；协办赋税征收事项；其他有关经济建设事项。

文化股职掌：管理并辅导中心学校、保国民学校及其他实习教育事项；管理所属图书馆、体育场、公园及其他社会教育事项；调查文盲情况并强迫其就学事项；塾师训练及私塾管理取缔事项；公民训练事项；其他有关的教育文化事项。

△日机对渠县、达县实施空袭，投弹415枚，亡109人，伤270人，损坏房屋5,572幢。

22日 中国化学学会第八届年会19日在峨眉山四川大学举行，到会200余人。会期5天，收到论文百余篇。

23日 国民政府军事委员会成都行辕通令各地党政军机关执行《川康防止奸党活动对策》。

△日机81架空袭重庆，投弹284枚，亡10人，伤22人，损坏房屋348幢。

25日 川康盐务管理局驻成都办事处及五通分局在成都召开"府南雅"三岸盐务会议，决定在青神等32县（市）设置食盐购销处及食盐监销会，计口售盐。

26日 西康省临时参议会成立，谭则元任议长，胡恭先任副议长。

30日 四川省政府省务会议通过《四川省管理粮食暂行办法大纲》《四川省粮食调查暂行办法大纲》。

31日 四川省政府决定加税。屠宰税、房捐、契税附加、斗息、公学产、保甲捐及土地增益税等均有增加。

是月 国民政府公布《非常时期银行管理办法》，禁止增设银行。商业银行必须提资金的20%存入国家银行。

△重庆文化界在中苏文化协会举行"纪念鲁迅60诞辰"大会。

△日机于3日、9日、11日、19日、20日、23日6次滥炸重庆，每次出动飞机均在90架次左右。19、20两日出动飞机170、190余架次，对朝天门、曾家岩、龙门浩等地直至市中心商业区，实行大面积狂轰滥炸，多处房屋被毁，市民死伤惨重。万县、合川、铜梁、邻水亦被炸。

△《全国征募寒衣运动委员会重庆分会征募寒衣运动办法修正草案》公布实施。

9月

1日 国民政府发行四川省兴业公债。依照《1940年四川省兴业公债条例》规定：本公债发行，"为兴办本省经济建设事项，并整理土地"之用，定额为国币4,000万元。

2日 四川省生产计划委员会拟定川省水利建设三年计划：一、灌溉耕地，增至50万亩；二、成都至宜宾间行驶百余吨商船；三、建成1万千瓦水电厂；四、完成都江堰流域防洪工程；五、发展水力机械。

3日 国民政府全国粮食管理局派嵇祖佑为四川省粮食管理局局长，何乃仁为副局长。9月22日，四川省粮食管理局设置粮食供运处，处长由嵇祖佑兼任。

△四川省政府令全川各县成立粮食管理委员会，负责管理县内粮食的调查、征购等事项。县长兼主任委员。

△日机126架分3批袭川，先后狂炸南充、广安。南充一地，仅市中心闹市区即有150余家房屋被炸毁。全市收集被炸死尸达1,300余具，房屋被炸坏810幢。

4日 日军对四川省内地展开的"101作战"结束。从5月18日开始,长达112天、72次的长期连续空袭结束。其间,日军对四川内地进攻,总计海军50日54架次;陆军21日,中型攻击机3627架次,"九七"重型轰炸机727架次,侦察机177架次,零式战斗机24架次,使用炸弹27,107枚、2957吨。攻击"重庆市内军事设施"所使用的飞机,海军1,737架、陆军286架;投弹数量,海军9,819枚、1,280.81吨,陆军1,201枚、124.85吨。

△"101号作战"期间,敌我交战607架次。敌陆海军各损失8架飞机,中弹海军飞机312架、陆军飞机75架,死亡111人,伤49人。

6日 国民政府明令重庆市为中华民国"陪都"。

7日 四川省政府兼理主席蒋介石签发《为实施粮食管理告全川民众书》。告诫民众尤其是拥有多量粮食的地主与富农,遵从法令,莫再藏粮不售。"经这次告诫以后,如果还有囤积居奇或藏粮待价而不遵法令出售,一定要以妨害民生,扰乱社会论罪。务必各尽天职,各本天良,遵从法令,从速出售。"

9日 国民党中央党部密令各省党部取缔中共刊物,捣毁中共书店。要求各地派人以群众面目捣毁中共书店时,"事先应布置周密,与当地军警宪主管机关取得联系,接洽妥当,对外绝对保密,以免对方借口"。

10日 四川省建设厅关于增设无线电台提案,经四川省政府省务会议议决:"准照办,材料由建设厅先行定购,预算交财政厅会计处会核提会。"

11日 国民政府全国粮食管理局在四川定价派购黄谷450万石。因1940年歉收,谷价飞涨。

△蒋介石发表《为实施粮食管理告四川省同胞书》,要求各地纠正藏粮不售现象,并提倡"捐献军粮的运动"。

△西康省政府与商界人士合股开设"康藏边茶公司",于雅安设制造厂,康定设总公司。

12日 成都—康定无线电话通话。

△自9月12日开始,13、14、15、16日,日机五天内共出动277架空袭重庆,投弹247枚,亡93人,伤89人,损坏房屋805幢。

13日 四川省政府公布施行《四川省非常时期征工役实施程序》,共9条。

△为防备电路故障影响报警,成都防空报警自此日起执行以旗语传递报警的方案。

17日 国民政府行政院决议组织"陪都"建设计划委员会,详细规划重庆建设事宜。

18日 成都市食米价格开放,恢复商运。米商销售价格依据各县当地市价加合法利润及运费,不得任意抬价图利。

△成都市节约建国储蓄运动开幕式与"九一八"抗日纪念会同时进行,各界人士当场认购建国储蓄券百余万元。

19日 四川省公布《管理全省粮食暂行办法大纲》,内分:一、管理机构(5条);二、管理粮食市场(3条);三、力求粮食之开源节流(2条)等三项。管理机构部分规定:(一)省设粮食管理局,管理全省粮食事项。(二)县(市)政府设粮食管理机构,管理全县粮食。如县域为粮食之转运集散市场（如泸县、合川等），则兼与粮食来源地方及需要市场切取联络，管制其供需数量，力求其供需适合。（三）县城以外与周围各县（市）供需有关之最大粮食市场（如赵家渡、李庄等），由省粮食管理局设办事处，负责联络周围供需有关之市场，管制其供应数量。（四）县（市）以下各乡镇公所经济文化股，增设干事一人，专办粮食管理事务。如与县或重要市场有供应关系之处，得由县特设管理员，加重其管制之职权。（五）省、县（市）设粮食监察委员会，其组织由各级政府管辖。

27日 德、意、日三国在柏林签订军事同盟条约。

29日 应中华职业教育社邀请，周恩来在重庆张家花园巴蜀小学广场做题为"国际形势与中国抗战"的演讲。演讲长达三个半小时。《新华日报》报道了周恩来演讲的要点和共产党的主张：1. 世界向什么方向发展；2. 中国向什么方向发展；3. 欧洲战场如何进展；4. 日美关系向什么方向发展；5. 苏联站在什么立场上；6. 中国站在什么立场上；7. 日本能解决中国问题吗；8. 中国是否面临妥协和屈服之危机；9. 中国如何继续展开抗战。

△四川省政府省务会议议决财政厅厅长关于分年递减契税附加税办法提案。

30日 蒋介石严令遏制米价狂涨，将对各县办理粮食管制无成绩的县长，撤职究办。

是月 日机5次轰炸重庆。每次出动飞机60至百余架次。9月13日，日机66架与我机34架空战，我方被毁13架，伤1架，为数月来空战中我方受损失最大的一次。

△第27、30集团军参加长沙会战。

10月

1日 国民政府行政院通过《重庆"陪都"建设计划委员会组织规程》。建设计划委员会直隶行政院，由孔祥熙任主任委员，周钟岳、杨庶堪为副主任委员。

△成都市市长杨全宇辞职，国民政府行政院派余中英继任就职。

△成都附近各县，米价每石涨至200元。

△四川省政府继续发行"四川建设公债"750万元。

4日 日机39架对成都、万县实施空袭，投弹123枚，亡113人，伤255人，损坏房屋2,220幢。

△张善子结束了在国外的宣传、募捐等工作回到重庆，得到社会各界和许多团体的隆重欢迎。《新华日报》等各种报刊都登载了消息，并给予了很高的评价。

5日 四川省驿运管理处成立，四川省政府建设厅厅长陈筑山兼任处长。

△日机36架空袭成都，投弹100枚，亡33人，伤57人，损坏房屋539幢。我防空高射炮击伤日机3架。

△被誉为"伤兵之母""难童之母"，战斗在保育战线的杰出妇女蒋鉴因患直肠癌病故，年仅38岁。各界人士沉痛哀悼，《新华日报》《妇女之路》出追悼专刊。冯玉祥将

军到灵柩停放地致哀，回重庆后还写了《悼"伤兵之母"》一诗，赞扬其为民族解放战争勇于自我牺牲的精神。《新民报》《新蜀报》同时登载了邓颖超《痛悼蒋鉴》一文。

9日 国民党四川省党部、四川省政府、川康绥靖公署联合发布《四川省1940年度捐献军粮运动实施办法》《四川省1940年度捐献军粮奖励办法》。

10日 日机31架轰炸重庆，投弹41枚，亡4人，伤22人，损坏房屋30幢。

12日 川军第23集团军陈万仞的21军147师所部攻克马当，收复要塞，阻断日军长江航运三日。

△日机29架轰炸成都，投弹96枚，亡124人，伤177人，仅防护人员就亡8人，伤6人，损坏房屋588幢。

△四川各区县粮食会议结束，开始征购粮食。

13日 四川省政府成立户籍行政系统，制定《设置户籍人员办法》及《四川省各县县政府户籍组织章程》，通令各专署、县政府依限设置。

△日机36架轰炸万县，投弹177枚，亡75人，伤68人，损坏房屋648幢。

14日 国民政府决定按年补助四川75万元，在乐山、井研、宜宾等县设立苗圃10所，推广桑苗，增种桑树，发展四川蚕丝生产。

15日 成都《国民日报》创刊，易君左任社长。

△重庆市各界举行反轰炸大会，发表宣言，指陈滥炸平民，系违背道德原则，阻碍文明进化的暴行，并阐明反对轰炸，必须加强防空实力，争取最大之国际援助。大会推举"国际反侵略中国分会"等11团体，成立临时委员会，筹备组织"大空军建设运动促进会"。

16日 四川省临时参议会第三次大会通过《慰劳前线抗战川军电》。电文称："川康绥靖主任公署转前线川军将士公鉴：敌自湘北受挫，悉其残力，以困斗于荆宜襄樊之间，其意盖欲包我后防根据之四川，幸求最后之一逞。今敌方陷深泥，而又自树强敌，以争霸于海洋，自取灭亡，正我争取胜利之时也。诸君抗战疆场，瞬逾三载，躬冒锋镝，艰苦备尝。本会承命中枢，延任一年，念诸君之辛劳，感职责之弥重，勉竭驽思，协助政府，解除当前之困难，进谋永久之建设，以作诸君之后盾。兹值三次集会之日，特电奉慰，期共勖勉。"

△四川省银行已有186个分行、支行办事处，合作金库已成立70余处。

16日 日机21架轰炸重庆，共投弹68枚，亡29人，伤21人，损坏房屋496幢。

19日 "文协"、中苏文化协会、中国文艺社等12个团体，在重庆巴蜀小学举行鲁迅逝世4周年纪念大会。周恩来、沈钧儒、郭沫若、老舍、冯玉祥、田汉、胡风等人出席了大会。

△蒋介石指使何应钦、白崇禧以国民政府军事委员会正副参谋总长的名义，向朱德、彭德怀、叶挺发出代电（即"皓"电），诬蔑、攻讦八路军、新四军，并将所谓的《中央提示案》以最后决定的形式向共产党提出，强令八路军、新四军于一个月内撤到黄河以北。从此开始了第二次反共高潮。

△四川省临时参议会第三次大会通过电请英国政府切实援华，共歼日寇的提议。

20日 张善子溘然长逝于重庆歌乐山宽仁医院，享年59岁。

22日 第三战区副司令长官唐式遵，第20军军长陈万仞，于本月12日攻克马当，夺回要塞，控制江防，实为川军抗敌战绩。成都市各界定27日举行慰劳祝捷大会，贺国光特赠锦旗，以表嘉慰。并分电唐、陈两氏致贺。

△四川省临时参议会致电唐式遵祝捷，电文有"扬川军之忠勇，握全胜之枢机，谨代表川民共致贺忱"等语。

23日 四川省临时参议会通电全川各县（市），响应捐献军粮运动。电文为："自本省党政军当局倡议捐献军粮，各地闻风响应，期月之间，集粮累万。似此输将之勇，具征爱国之忱，此诚邦家之福，抑亦乡里之光也。全川处抗战后方，为复兴根据，蜀在产粮之区，适承再稔之后，军糈供应，义无旁贷。矧自军兴以来，我川中健儿之慷慨赴敌者，数逾百万，壮绩伟功，誉播寰宇。我侪既未能驰疆效命于疆场，亦宜本出力出钱之旨。虽秋收凶歉，义富勉竭效助，以佐前线，各求良心之所安。况旗扬褒荣，令典具在，定同卜式其人，盛名高义，足式乡邦，尽匹夫之责，实亦不世之勋也。窃辛亥光复，导自吾川之首义。方今强邻迫境，抗战方殷，已胜算之在握，惟后劲以弥坚。凡我川人，宜如何步武先烈，争取时机，献粮助饷，事便易举，而报国爱乡，兼顾并及，必为我父老昆季之所奋起乐为者也。所冀共抒子父纡难之怀，勉追鲁□捐困之义，风行草偃，举国景从，为抗战坚必胜之基础，为吾川继革命之光荣，邦国前途，实多利赖，谨电陈词，惟幸昭察。"

24日 中国防空建设协会四川分会发起献机100架的运动。

△国民政府财政部为禁止进口物品销售致电四川省政府。

25日 日机对重庆、涪陵实施空袭，投弹123枚，亡49人，伤47人，损坏房屋346幢。同时，炸伤泊于长江南岸的美国军舰杜伊拉号和太古轮船公司的万象、万流两轮。

26日 日机对重庆、成都、涪陵实施空袭，投弹近百枚，轰炸、扫射致88人死伤，损坏房屋252幢，损失惨重。

27日 日机对成都、万县实施空袭，36架敌机投弹153枚，亡28人，伤36人，损坏房屋722幢。

28日 川康绥靖公署主任邓锡侯在成都少城公园主持有2,000多名代表参加的庆祝21军克复马当庆功大会，向第23集团军21军148师等单位献锦旗40余面。

△《国民公报》载，江津士绅半月捐献军粮4,200石。

29日 成都市政府为开展捐献军粮运动，成立捐献军粮委员会。

31日 四川省临时参议会第三次大会发表宣言，指出"当前第一严重事态为粮食问题"，"自春涉夏，粮价激增，生活高涨，人民嗟叹；然一加平抑，则流通阻塞，黑市暗流，米荒之象，弥以滋甚"。"其次则为物价问题"，"一面感于物品之不给；一面迫于通货之增发，游资泛滥，所在居奇，物价膨胀，亦失常度，民生国用，动感困难"。再"次则为财政问题"，"据财政当局报告，截至现在实施结果，除第二预备金用罄无存，复追筹补充外，尚差1,000余万元"。至于1941年度预算，"不敷达9,000余万元"。

△八路军在华北发动"百团大战"，重创日伪军的重大消息传到四川，重庆、成都、自贡的各业工人纷纷捐款，写信慰劳八路军。慰问活动持续一个月。

是月 民族剧团被国民政府解散。该团自1939年成立以来,在川西及雅安等地演出《"九一八"以来》《放下你的鞭子》《东北一角》《渡黄河》等剧,影响很大。

△日机轰炸重庆、成都各5次,万县等地亦被袭击。成都损失较重的有4次,计:4日日机53架,投弹93枚,炸毁房屋160余间,死伤330人(死105人);5日日机36架,投弹百余枚,炸毁房屋539间,死伤90余人(死33人);12日日机29架,投弹96枚,炸毁房屋588间,死伤301人(死124人);27日日机36架,投弹94枚,炸毁房屋440间,死伤数十人。

11月

1日 国民政府军事委员会政治部文化工作委员会成立,郭沫若、阳翰笙分任正副主任。先是国民党当局借改组军委会政治部之机撤销了政治部第三厅,企图把以郭沫若为首的一大批进步文化工作者排挤出去,以强化其文化专制。周恩来对此表示严重不满,并表示愿把第三厅全部文化人接到延安去。国民党当局恐在政治上陷于被动,又经新任政治部部长张治中转圜,乃决定对这批文化人采取羁縻政策,在政治部下设一个"只能做研究工作,不能从事对外政治活动"的学术性的"文化工作委员会"。

△川康经济建设委员会在成都正式成立,同时召开第一次全体委员会,张群代表蒋介石主持会议。该委员会的设立,名义上是为川康经济建设制定计划,实则是蒋介石为笼络川康方面人士,给张群入主四川铺平道路。自6月3日国民政府行政院颁布《川康经济建设委员会组织规程》起,蒋介石即派张群出面与邓锡侯、刘文辉、潘文华磋商,将川康两省的军政要员、金融界、工商界、文化教育界的上层人士和社会名流张澜、邵从恩、卢作孚、杨灿三、刘航琛、康心如、潘昌猷、吴晋航、张凌高、谢霖等共八九十人任为委员。9月27日,蒋介石指定张群、邓锡侯、刘文辉、潘文华、徐堪、卢作孚、何廉、陈筑山、刘贻燕、邓汉祥10人为常务委员,蒋自兼委员长,命张群代表他负责委员会的工作。此次全体委员会议于4日结束,通过了另设川康兴业公司的决定,推张群为该公司董事长。资本定为7,000万元。

4日 成都—兰州无线电话通话。

7日 据四川省储蓄分团统计:四川省劝储、认储成绩为:成都110万元,自贡100万元,各县共约324万元,共计534万元。

8日 中国地理研究所人文地理组、自然地理组,合组考察队前往四川省嘉陵江流域及陕西省汉中地区考察。

△各慰劳总会发起重庆医药界为抗战军人家属义诊的运动。

10日 重庆大学商学院院长马寅初应中华职业教育社邀请,在重庆黄家垭口实验剧院向各界人士发表演说,揭露蒋宋孔陈四大家族在抗日战争中"乘国家危急,挟政治上之势力,以统制为名,以大发其财为实","其误国之罪,远在奸商之上"。提出开办"临时财产税",征收豪门巨富的不义之财交作抗日经费的主张;并指名道姓,公开斥责蒋介石是家族英雄。在此前后,马寅初还在重庆和香港报纸上发表了一系列文章,针砭时弊，痛斥四大家族祸国殃民的罪恶，为蒋介石等所痛恨，初欲以国民政府财政部次长或中央银行行长的高官厚禄收买，遭马拒绝后，又指使特务恐吓："再行攻击，将以手枪对待。"

13日 四川省教育厅创设川籍学生清寒奖学金。清寒大学生每人每年发500元，中学生300元。

△国民政府行政院第490次会议决定，接受蒋介石辞去四川省政府主席兼职。张群被任命为国民政府军事委员会成都行辕主任兼四川省政府主席。张于本月18日就职。贺国光被任命为宪兵司令。

19日 国民政府行政院会议通过：任命李伯申为四川省政府委员兼秘书长。

22日 国民政府行政院院长蒋介石、内政部部长周钟岳签署训令，特派孔祥熙为重庆建设计划委员会主任委员，周钟岳、杨庶堪为重庆建设计划委员会副主任委员。

24日 盐边县攀枝花发现大磁铁矿，估计储量在千万吨以上。

25日 国民政府赈济会在成都、重庆、合川、江津、永川、广元、南川等7（市）县设赈济工厂，由四川省各县赈济会义民收养所择送有工作能力之难民入厂工作。

26日 国民政府行政院院长蒋介石、内政部部长周钟岳签署训令，任吴国桢为重庆建设计划委员会秘书长。

△中国万岁剧团在重庆国泰大戏院公演宋之的编剧之《雾重庆》，揭露国民党统治区的腐败政治与人民生活的痛苦。

△成都市各界在国民党四川省党部，举行欢迎张群主席暨欢送贺国光大会，出席代表有2,000多人。张群表示要平抑物价，规定成都市米价为每石180元，宣称敢有囤积居奇、操纵物价者，处死刑。

29日 内江县首次采用离心机制成精糖。

30日 日本宣布承认汪精卫伪政府，并和汪精卫签订《日汪基本关系条约》《附属议定书》和《日、满、华共同宣言》。

国民政府重申前令通缉汪逆，悬赏10万元国币。

是月 中共川东特委成立巴县中心县委，书记罗浩。

△国民政府军事委员会政治部、行政院、教育部在成都召集中学以上校长、教职员联席会议，宣布"反共为今后主要任务"，"今后办学应以肃清'奸党'为急务"。

△从9月《新华日报》号召群众投入征募寒衣运动以来，成都女中学生，南开中学、重庆大学等校学生积极参加劝募寒衣、缝制寒衣的活动，共募代金1.8万余元。

12月

1日 成都—西昌无线电话开通。

△国民政府外交部发表《为日汪签订伪约之声明》。

3日 报载：四川省现有民营垦殖社30个，垦殖公司5个；垦地15.85万余亩；垦民6,516户，2万余人。

5日 国民政府军事委员会成都行辕为转呈《四川省沿江沿公路各重要城镇疏散概况》发出致四川省政府电。

6日 宪兵六团秘密逮捕著名经济学家马寅初。马寅初因抨击国民党的经济政策，揭露四大家族发国难财的罪行，为蒋介石等人所恶。秘密逮捕马寅初后，为掩人耳目，又以"调赴前方考察战区经济"的名义，于8日上午在宪兵六团团长和便衣特务的监护下将马寅初送返重庆大学商学院举行"话别会"。马寅初在会上再一次揭露了四大家族发国难财的罪行。重庆几家报纸于翌日（9日）发表《马寅初行矣，昨日挥泪别重大》的报道，暗示马寅初已被捕。这一消息震惊山城，各方面迅即展开营救活动。马寅初被捕后，先被关押在贵州息烽，后转押于江西上饶。1942年夏，蒋介石迫于国内外压力，将马放出，软禁于重庆歌乐山大木鱼堡5号马寅初的家中；1944年冬，被迫宣布恢复马寅初的人身自由。

7日 蒋介石发表谈话严斥日本承认汪伪政权。

10日 国民政府财政部通令税务机关开征糖类统税，规定从价征收15％。

△川康军政首长纷纷通电声讨汪逆叛国。成都市各界人士召开讨汪大会，群情愤怒，誓诛国贼。

11日 日机6架轰炸梁山，投弹29枚，亡18人，伤9人，损坏房屋46幢。

13日 国民政府公布第二届参政员名单，共240名。中共毛泽东、秦邦宪、林伯渠、董必武、吴玉章、邓颖超、陈绍禹继续担任参政员。

18日 重庆市政府为向前方将士等书写贺年信给所属发出训令。

19日 全国慰劳总会为颁发书写贺年信运动标语致函重庆市警察局，要求分别将以布制就的标语张贴通衢，以广宣传。

30日 东方文化协会在重庆石板街召开成立大会，同时欢迎缅甸记者团及韩国、日本、安南等地代表。该会宗旨为团结东亚各国进步人士，打倒日本帝国主义。

31日 国民政府公布《1941年四川省整理债务公债条例》。

是月 国民政府统制川茶贸易，将川茶公司原有省股、商股退还。

△国民政府储蓄会增办的"特种有奖储蓄券"，自发行以来，购者踊跃。重庆市每日平均销券数在10万元以上。

△《重庆市各界庆祝中华民国成立30周年纪念大会告同胞书》发表。

△全国节约建国储蓄运动委员会为拟就节储宣传标语致重庆市动员委员会函。

△重庆各大报痛斥汪逆与敌缔结卖国条约。

△国民政府国民精神总动员会发出《为踊跃参加出钱劳军运动告全国同胞书》。

△自贡工人提出工资随物价上涨而上涨的要求，开展要求增加工资的经济斗争，并持续了三个多月，斗争结果使全市每个盐工每月工资增加了2元。

△中共中央青委在重庆召开国民党统治区青年工作会议，传达中共中央提出的在国民党统治区"隐蔽精干"的方针，总结青年运动的经验教训。会后，成渝等地城市青年工作有很大转变，学运的重点由校外转入校内，利用合法组织，开展群众工作。

年终 重庆市银钱业之放款，商业放款占96％，工矿业放款不及1％。

是年 国民政府财政部颁布《非常时期管理银行暂行办法》，对民营银钱业以生金银作为有效汇兑的质押品,亦视为非法。

△四川省政府、国民政府信托局、中国银行、农民银行及农本局订立合同,划四川全省为9个农贷管辖区,由上述行、局直接负责各区发展农村经济事项。

△四川省政府通令中小学校教员一律加入国民党。

△四川省土地兼并和地权集中的情况十分严重,全省79.07%的土地集中在占人口8.60%的地主手中。土地比较肥沃的川西、川南地区,占人口7.20%的地主,占有85.00%以上的土地。土地最肥沃的成都县,90.00%以上的土地属于占人口1.10%的地主所有。

△截至1940年12月,法币发行总额为78.70亿元,发行指数为560%,较上年增长83.60%;同期,重庆趸售物价指数为1276%,较战前增长287.60%,货币购买力指数为战前的7.83%。

△1940年内,四川共征送壮丁266,373人。

△国民政府经济部统计,经济部资源委员会在川工厂有15家,其中,电器类8家、矿业类4家、化工类3家。

△国立同济大学1939年拟迁四川宜宾李庄镇。李庄镇立即发出"同大迁川,李庄欢迎,一切需要,地方供应"16字电文。此后,同济大学、金陵大学、中央研究院、中央博物院、中国营造社等十多家高等学府和科研院所,在全面抗战时期迁驻李庄,全国知名学者、专家如李济、傅斯年、陶孟和、吴定良、梁思成、林徽因、童第周、梁思永、劳幹等云集李庄达6年之久,梁思成《中国建筑史》这部扛鼎之作就诞生于李庄。李庄成为全面抗战时期大后方著名的文化中心之一。

△日机在四川各地轰炸,共出动飞机146批4,667架,投弹15,245枚,共死伤14,359人,损毁房屋46,106幢。其中,日机空袭重庆80次,计4,722架次,投弹10,587枚,亡4,149人,伤5,411人,损毁房屋6,952幢。

1941 年

1月

1日 国民政府财政部设立川康直接税局,原川康所得税办事处撤销。原川康地区设置的18个区分处,一律改为分局。

△《新康报》创刊,由刘文辉的西康省宁属屯垦委员会和24军西昌行营创办。

2日 蒋介石手令严禁人造米荒,凡囤积食米200石以上拒不抛售者,准予没收充作军粮。

4日 国民政府发表公报:中日开战以来,日军伤亡179.4402万人。

△国民政府军事当局发表公报:1940年长江炮兵击毁日舰200余艘。

5日 四川省物价平准处撤销,所有物价平准工作由四川省民政厅组织物价平准委员会,继续办理物价平准之设计与监督,其具体事务由各县(市)政府负责。

6日 四川省政府公布《四川省征工管理处组织规程》,共12条,统筹征工事务。

△国民政府军队7个师8万余人包围袭击新四军在皖南的部队9,000余人,造成了震惊中外的"皖南事变"。11日,在重庆的周恩来闻讯后,立即向国民党当局交涉,提出严重抗议,并领导中共中央南方局展开斗争。他亲自为《新华日报》撰写了题为"团结起来打敌人"的社论。该报还发表了"皖南事变"真相的报道和驳斥蒋介石1月17日命令(该令宣布取消新四军番号)的评论。国民党新闻检查机关扣压了这些报道和评论。周恩来愤然挥笔题写了"为江南死国难者志哀"和"千古奇冤,江南一叶;同室操戈,相煎何急?!"刊登在该报18日的"天窗"上。19日,中共中央南方局军事组根据周恩来的指示,编印了《新四军皖南部队惨被围歼真相》,通过各种渠道散发给重庆的部分政界人士和国内外记者,打破了国民党当局的新闻封锁,揭露了他们制造"皖南事变"的罪恶。

7日 国民政府盐务管理局在甘肃平凉设运输处办理川盐运济西北事宜。

8日 四川省政府通令各县:征丁派款,由(市)县政府按所属地区人口多少及财富丰啬,拟定标准,统筹办理。

△四川省禁烟督察处公布四川省禁烟实况:(1)邻省鸦片输入。(2)武装运烟者多。(3)少数民族地区种烟不绝。(4)边远县区偷种。(5)流动兜售鸦片者多。(6)巨室编氓吸食者多。(7)河道、工厂窝藏。(8)下川东各县毒品流行。(9)豪强犯禁不治。(10)禁烟者奉行故事,甚有借端渔利者。(11)移风易俗未成。

△成都市各私立中等学校以物价高涨,收不敷支,自1941年上半年起增加学费:

高中每期 50 元，初中 40 元。

△《新新新闻》报刊登：四川捐献军粮已达 11 万石。

10 日　成都市举行殉职防空救护人员追悼会，追悼 1940 年度殉职的 43 名防护员。

△四川省测候所成立。全川各县设 140 个测候所，并于峨眉山顶设高空测候所。

12 日　宋庆龄、柳亚子、何香凝、彭泽民等就"皖南事变"联名致书蒋介石，对其掀起反共高潮，"讨伐共军"之举，表示谴责，要他"慎守总理遗训……撤销剿共部署，解决联共方案，发展各种抗日实力，保障各种抗日党派"。

13 日　四川省第一次行政会议重庆区会议召开。

14 日　日机 18 架分批侵袭鄂赣川，一批敌机在重庆上空用机枪扫射后逸去。

△报载：四川省 1940 年度捐献军粮，截至 12 月底，全川 70 余县共捐献稻谷 11.3 万余市石，代金 13 万余元。捐谷数量以涪陵 1.8 万余市石为最多。

15 日　四川省成立"四川省田赋征粮研究委员会"，对征收粮食办法进行研究和设计，初步拟定征实征购的方案。

16 日　成都市出征抗日军人家属优待费每户法币 20 元。

18 日　四川省政府通令各县（市）在 1941 年内完成全川公库网。公库由县（市）银行代理；经费由县（市）银行负责，县（市）政府酌予补助。现已完成者 88 县（市）。

△内迁四川省铜梁县的龙章机制纸厂开工，日产纸 3 吨。

19 日　四川省政府通令：1941 年田赋分上下两季征收，地方附加，得超过正税一征的六倍。

△四川省临时参议会临时大会开幕，审核《四川省政府 1941 年度施政计划及收支预算》。总概算为：138,252,057 元（后经国民政府核准为 139,832,243 元）。田赋，按照 1940 年度增加 167%；营业税加 160%；并自 1941 年 1 月 1 日起加收国难费 0.1%。

20 日　日机 9 架在巫山投弹 43 枚，亡 17 人，伤 4 人。

21 日　四川省政府制定 1941 年度中心工作的任务：（1）彻底整编保甲，确立户籍行政，健全乡村警政；（2）调整机构，厉行公库制度，整理县（市）财政；（3）推行国民教育；（4）增产粮食，推行蚕丝棉业，举办水利，开发交通，调整物价；（5）断绝种烟（鸦片），肃清吸犯等项。

23 日　冯玉祥在《国民公报》等媒体刊登《鬻书义卖救济负伤将士启事》。

26 日　四川省民政厅指示各县：除新都、内江、简阳三县已于 1940 年设置警察局外，有实际需要及财政充裕县份在 1941 年一律成立警察局；不能成立之县，应充实县府警佐室。各县自卫队改为乡村警察，各区署所在地成立警察分驻所或派出所。

△茅盾主编的《文艺阵地》迁重庆出版。

31 日　国民政府公布：四川省临时参议会议长李伯申已就任四川省政府秘书长，经依法另选向传义为议长，唐昭明为副议长。

是月　熊佛西主持之四川省立戏剧教育实验学校被四川省政府罗织罪名封闭。

△重庆卫成第四警备区司令部为颁布《国民优待抗战军人家属公约》给所属下达训令，《国民优待抗战军人家属公约》，共 10 条。

△中旬，范绍增的第88军在江苏张渚与来犯日军进行了五天四夜的鏖战，将日军击溃。

2月

1日 四川省政府通令全川各县严格登记存粮、存货，凡有粮食10市石以上拒不登记者，以囤积论罪。

△国民政府军政部发布《全国各省市防空设施统计情况》：重庆市有防空壕15个，避难室19个，防空洞664个，掩体38个，可以容纳223,695人。

2日 成都市各界在少城公园召开组织"前线慰劳团"大会，会后劳军团分两路出发赴前线慰劳川军。南路由曹叔实率领，分赴长沙、修水、上饶、金华；北路由魏廷鹤率领，分赴襄阳、枣阳一带。

3日 国民政府公布《非常时期取缔日用重要物品囤积居奇办法》。

4日 每市石粮食售价涨至290元。近几月来，粮价不断上涨，蒋介石出面于1月1日发布命令：凡囤粮200石以上拒不抛售者，予以没收。但粮价涨势未停。四川省政府严令登记存粮，严禁"赌期交易"。四川省粮食管理局亦令各县查报300石以上囤粮，由政府收购，仍刹不住粮价涨势。12日又重申前令。

△周恩来在重庆会晤美国总统罗斯福的代表居里，向他提供了国民党制造"皖南事变"和"反共摩擦"的若干材料，并向他说明：如果国民党当局不改变反共政策，势必导致中国内战，使中国的抗日战争熄灭，日本得以大举南进。在此前后，周恩来还分别会见了苏联驻华武官崔可夫、英国驻华大使阿希博尔德·克拉克—凯尔，向他们通报了国民党当局制造"皖南事变"的情况。崔可夫和英驻华大使亦分别向蒋介石表示了本国政府对中国局势的"关切"。

△日机9架空袭合川。

5日 戏剧家洪深全家老小在重庆寓所服毒自杀，郭沫若闻讯，偕医生赶往施救，得以脱险。洪在服毒自杀前留下遗书说："一切都无办法：政治、事业、家庭、经济如此艰难，不如归去。"

6日 为《新华日报》被无理扣压事，周恩来亲往宪兵队交涉，要他们发还报纸，释放被扣人员。"皖南事变"后，国民党当局对《新华日报》的出版发行除增设障碍，横加阻挠外，又派出军警宪特殴打、拘捕报童，无理没收报纸。为此，周恩来向国民党方面的谈判代表张冲提出严厉抗议。当宪兵队发还当天扣压的报纸后，周恩来当即向周围群众分发了部分报纸。

7日 成都市动员委员会成立，市长余中英兼主任委员。为加强防空，拟筹款50万元，建立水池391个。

8日 四川省教育厅负责人说：由外地迁入四川的专科以上学校共31所。全川共有中等学校300余所，学生共十余万人。职业学校近有大量增加，其中以农业为最多。

9日 四川省动员委员会发起的出钱劳军竞赛委员会筹备会成立，张群、邓锡侯、黄季陆等300余人为筹备委员。16日至19日，重庆出钱劳军竞赛共献39.8033万元。3月18日至20日，成都共献40余万元。

△四川军管区在成渝两地建立抗日出征军人家属示范工厂。

10日 重庆卫戍司令部派宪兵、警察"监护"新华日报社。

△台湾革命同盟在重庆成立。

△四川省合作金库将资本1,000万元增为4,000万元。

11日 国民政府军事委员会办公厅为抵制《新华日报》发行量猛增致电国民党中央宣传部。

△成都市政府召集各同业工会宣布，凡重要物品限3日内完成登记，拒绝登记、隐匿不报，以囤积论罪。

12日 川康绥靖公署、四川省政府令成都各机关、学校，限两星期疏散出城，以避免空袭损失。

13日 重庆市政府通知：重庆浮图关由蒋介石改名"复兴关"，并刻石于关右。

14日 重庆卫戍总司令部及重庆市政府，奉命疏散市区人口20万。

15日 国民政府航空建设协会四川分会决定：全川捐献飞机100架，已确定配额，由各县捐款购买，限5月底办竣。

△生活书店总经理徐伯昕致函国民政府行政院，要求撤封成都、桂林、贵阳及昆明等地书店，准予继续营业，以利抗战事。2月28日再次致函。

19日 周恩来将毛泽东等中共七个参政员本月15日致国民参政会公函送交参政会秘书长王世杰，并抄送给在重庆的其他党派参政员20余人。该公函强烈抗议国民党当局制造"皖南事变"，提出《善后办法12条》，并声明：在此12条"未获裁夺前"，碍难出席即将召开的二届一次参政会。

20日 全国粮食会议在渝召开。

是旬 川军第30集团军新15师参加上高会战，重创敌军。指挥官罗卓英电请国民政府军政部奖叙，并请优先给予补充。

21日 成都市米粮缺乏，国民政府军事委员会成都行辕派宪兵赶赴各县督促米粮运成都，再由四川省粮食局拨官米交本市100家米店具结承办，供应市场。

22日 中国、印度开辟直达航线，由重庆经腊戍、加尔各答至新德里，试飞圆满。

△四川省举办粮食增产贷款。由中央、中国、交通、农民4银行所属各分、支行及办事处利用合作社金融机构扩展进行。又，农民银行拨款500万元，办豆麦放款；拨400万元，办耕牛畜殖贷款。

△四川省政府严令成都附近十县，每县按月供应食米38,400市石，以解决成都市食米问题。

24日 四川省政府将垦务委员会、物价平准处、生产设计委员会、统筹设计委员会等一并裁撤。同时对县级骈枝机关实行裁、减、并。

△邹韬奋辞去国民参政员职务。邹韬奋鉴于"皖南事变"后，从2月8日到21日的十来天内，生活书店在成都、桂林、贵阳、昆明等处分店均被无故查封或勒令停止，"民权毫无保障"，国民参政会"决议等于废纸"，愤而辞去国民参政员，后又离开重庆，

出走香港。

26日 国民政府交通部为加强四川水路运输,在川北、川西、川南建立造船工场三处;川北场已开工。

27日 国民政府地质调查所倡组川边探勘队,四川地质调查所亦派人参加。

28日 周恩来会见张冲,向他口头提出中共所提《临时解决办法12条》,作为中共参政员出席参政会的先决条件。3月1日清晨,张冲奉蒋介石之命前往敦请董必武、邓颖超出席参政会。董必武、邓颖超致函国民参政会,再次提出《临时解决办法12条》。因两次提出均未获结果,董、邓拒绝出席。

△国民党中宣部通令四川121县成立宣传委员会,受国民党四川省党部指挥。

△自贡商人余述怀一次捐献军粮黄谷2,000市石,折合代金7万元。

30日 蒙文通任四川省图书馆馆长。

△汪精卫所组"中华民国国民政府"伪政权在南京成立,国民政府外交部照会各友邦:"傀儡组织,行为无效。"

是月 成都各界出钱劳军运动筹备委员会于2月10日成立后,成都市出钱劳军竞赛金额业已核定为40万元。工商界22万元,金融界8万元,文化界2万元,妇女界2万元,青年界1万元,交通界1万元,党政界1万元。

3月

1日 国民参政会第二届第一次会议在重庆开幕。本届参政员共240人,内中川籍15人,为:陈豹隐、胡仲实、邵从恩、胡子昂、朱之洪、张澜、周道刚、李璜、潘昌猷、晏阳初、曾琦、曾省斋、尹昌衡、黄肃方、陈敬修。会议决定,继续设立川康建设期成会。大会于10日闭幕。中共参政员为抗议国民党当局制造"皖南事变",拒绝出席本次会议。

△成都市开始征收行为取缔税,以宴蒸业及影戏业为征收对象。税率:照营业额征3%。

4日 1941年四川省上季田赋开征。四川省政府规定:(1)每季正税一征,保安经费半征,连同本年度每季平均加收国难费二征半,共计四征。(2)取消原有小粮、山粮、公粮、学粮,划一税目、税率。(3)地方附加,按照核定数目仍分上下季征收。

5日 国民党中央图书审查会与四川省政府为查封生活书店、《新华日报》书刊部及读书、生活出版社事致函国民政府行政院。

7日 国民政府行政院拨款100万元,救济迁川复旦、金陵、朝阳、南开等51所私立大、中学校。

△成都报业公会成立。《新中国》《华西日报》《新新新闻》等5家报社当选为执行委员。

10日 四川省粮食管理局局长嵇祖佑辞职,由国民政府全国粮食管理局副局长何北衡继任。何北衡并兼四川粮食购运处处长。该处于4月1日迁重庆办公。

△《新华日报》出版增刊,全文刊载《毛泽东等七参政员致参政会秘书处删电》《周恩来致张冲公函》《董、周、邓致各党派领导人士书》《国民参政会秘书处致中共七参政员急电》《中共七参政员复国民参政会秘书处齐电》和《最近军事政治压迫事件》等关于中共七参政员不出席参政会真相的全部文件。

△川籍名画家张善子追悼会在重庆市巴蜀小学礼堂举行。

15日 国民参政会川康建设期成会继续设立。根据1939年第一届国民参政会议决设立的川康建设期成会,应与第一届同时届满;现经第二届国民参政会议决继续设立,仍由蒋介石担任会长。会员计有:张伯苓、邵从恩、张澜、尹昌龄、周道刚、李璜、曾琦、黄炎培、褚辅成、林虎、晏阳初、吴玉章、陈豹隐、范锐、梁漱溟、杨端六、高惜冰、许孝炎、光升、张剑鸣、冷遹、余家菊、杨毅、马亮、莫德惠、奚伦、王近信、杨汝鉴、沈钧儒、黄肃方、王造时、胡仲实、陈敬修、萨镇冰。秘书长:雷震。该会在川康设5个办事处:成都办事处主任李璜,阆中办事处主任张澜,万县办事处主任褚辅成,泸州办事处主任冷遹,西昌办事处主任莫德惠。

16日 川军第26师师长王克俊奉命驰援上高会战,以战绩卓著,获国民政府军事委员会颁给之第二号武功状。

△中国新闻学会在重庆成立。

18日 日机18架分两批空袭重庆,在市区投弹,郊区扫射。

△重庆卫成司令部与重庆市政府商定预计疏散居民20万人,限3月底办竣,并指拨100万元分配给无力自行疏散的民众。

△成都市献金竞赛大会开幕。四川省出钱劳军运动热烈展开,竞赛大会有各机关、团体、学校代表及参加竞赛单位代表五千余人,由四川省政府秘书长李伯申任主席。计参加竞赛者34单位,共献金39,000元。19日继续举行,20日闭幕。

△国民政府行政院通过《田赋征收实物暂行通则》,共7条。

△成都市区粮食会议在四川省政府召开,讨论统购、统运、计户售粮等办法。

19日 《全民抗战》周刊被迫休刊。

△由统一建国同志会(1939年10月成立)改组而成的"中国民主政团同盟"在重庆上清寺特园秘密成立,主席黄炎培。10月10日在香港《光明日报》刊登启事,宣布该同盟已成立,并发表了《成立宣言》和《对时局主张纲领》。11月16日,由张澜、章伯钧、罗隆基、左舜生4人出面在重庆召开茶会,公开宣告该同盟的成立。

20日 日机1批3架,在遂宁投烧夷弹18枚,损房7幢。

25日 周恩来、邓颖超应邀出席宋美龄举行的宴会。周恩来在与蒋介石交谈中提出了成立各党派平等的联合委员会、停止向中共方面的军事进攻、制止对中共的政治压迫、释放叶挺、妥善解决"皖南事变"等问题。

△成都报纸报道:内地盐场不断增产,产量由原来的700万担增产到1,000万担。

△国民政府全国粮食管理局制订《重庆市食米统购统销办法》。重庆自3月25日起实施食米统购统销,规定划一价格:批发价,上米(每市石,下同)157元,中米152元,下米147元;零售价,上米每市石165元,中米160元,下米155元。

27日 中华全国文艺界抗敌协会在重庆举行成立三周年纪念会,由老舍主持并报告第二届理事会议改选及响应出钱劳军之经过。

30日 重庆大学进步师生为营救被国民党当局秘密逮捕的该校商学院院长马寅初，在该校为马寅初举行60寿辰庆祝会，并在校内外募捐修建"寅初亭"。周恩来、董必武、邓颖超和《新华日报》送了寿联。重庆各界知名人士沈钧儒、邹韬奋、潘梓年、张西曼等出席了祝寿会。冯玉祥为"寅初亭"题写了亭名，黄炎培题了诗。

是月 中共中央南方局派华岗到西康，以中共代表的身份同刘文辉联系，做川康实力派的统战工作。

△自贡市大坟堡盐场资本家无理开除工人，盐场工人开展争取工作权利的斗争。国民党当局调军队镇压，开枪打死工人1人，受伤6人，数百名工人举行了示威游行。

△中共党员李相符、田一平、杨伯凯，民主人士邓初民、马哲民和刘文辉等13人在成都成立"唯民社"，由刘文辉任社长。该社宗旨是："全民团结，坚持抗战，反对独裁，实行民主。"先后在成渝两地出版了《唯民周刊》《大学月刊》《民众时报》《华西晚报》等报刊，并开办了文治出版社。

△《防空警报信号大纲》（共11条）和《四川省防空警报信号实施细则》（共12条）修正公布。

是月中下旬 第30集团军参加了江西宜春的上高之战，这是全面抗战以来，中方取得全面胜利的一场战役。

4月

1日 四川省政府增设统计处。

△国民党成都市党部书记陈紫舆辞职，由任洪济继任。

2日 国民党五届八中全会在重庆闭幕（3月24日开幕）。会议通过了以实现"新县制"为首要任务的《战时三年计划》和田赋改归中央接管、调整财政收支系统案。该案规定：田赋斟酌战时需要，其一部或全部征收实物；将原来的中央、省、县三级财政改为国家财政和地方（县）自治财政，把省级开支并入中央预算内。会议决定国民政府行政院增设贸易、粮食两部，创立专卖制度，成立专卖事业管理局。会议还以柳亚子在"皖南事变"中发表了同情中共和新四军的言论，决定撤销其中央监察委员职务，开除党籍。

4日 中国滑翔总会在重庆成立，并举行滑翔表演。

9日 《新新新闻》刊载裴惕生文《北行劳军记——黄河边上四川健儿》。

12日 《新新新闻》刊载刘奢潮文《北行劳军记——欢聚河岸献锦旗》。

17日 迁川工厂联合会在重庆召开第四届会员大会，该会已拥有178家会员工厂，有钢铁、电气、化工、制烟、制盐、染织、教育仪器等14类。

20日 《华西晚报》在成都创刊。该报是在中共中央南方局的支持和领导下，由当时在《华西日报》工作的中共地下党员田一平、李次平（李衡）等人发起，《华西日报》职员集股兴办，以"同仁报"面目出现的进步报纸。该报在针砭时弊、贯彻中共的抗日民族统一战线主张、组织和宣传民主运动等方面起过重要的作用。

21日 四川省政府裁撤川江航务管理处。该处原辖航政业务，交由汉口航政局办理，水上治安部分，另成立水上警察局管理。

22日 国民政府全国粮食管理局局长卢作孚偕四川省粮食管理局局长何北衡，视察成都市外北米市。

24日 四川省政府规定粮食管理5项办法：（1）粮食买卖，必须集中在指定市场，未经获准之商人，不得经营粮食业；（2）粮食运输，由绥靖公署及沿途警察、保安团队保护；（3）所有粮食（包括农户余粮）必须登记；（4）凡由县派令出售粮食供应市场之粮户、农户，必须照量售出；（5）凡隐匿不登记之粮食，一经查出，即予没收。

26日 因米价高涨，成都市抗日军人家属6,000户生活困难，四川省政府拨面粉1万斤，交成都市政府转发救济。

5月

1日 重庆市临时参议会第四次大会开幕，中心议题为：建设"陪都"，平抑物价，疏畅粮源。13日闭幕。

2日 日机27架空袭重庆，在市区投弹200余枚，毁屋200余幢，死伤数十人。

3日 日军第22航空部队出动飞机63架分两批空袭重庆，揭开了"102号作战"序幕，投弹200余枚，死伤50余人。

4日 成都报纸报道：四川省桐油增产，1941年可达54万公担，居全国首位。

6日 四川省各县（市）地方预算，经四川省政府核定为2.1亿余元。

△国民党中宣部规定，自5月4日起，非经重庆市国民党党部审查核准，不准在重庆市郊区张贴标语、壁画及壁报。

7日 日机32架分两批空袭重庆，在市郊投弹百余枚，毁屋百余间，死伤13人。

8日 国民政府行政院发表川康兴业公司筹备委员会名单：主任委员张群；委员徐堪、卢作孚、黄季陆、邓汉祥、陈介生、许性初、徐广迟、徐同枢、顾翊群、梅恕曾、刘航琛、胡子昂、庄智焕、甘绩镛、陈筑山、潘昌猷、赵巨旭、李万华、丁次鹤。

9日 日机80架分三批空袭重庆。在市区投弹300余枚，死伤百余人，毁屋百余幢；求精中学及安息会均中弹。

10日 重庆市民万余人集会追悼"上海孤军"谢寅初团长。（谢寅初于4月25日在上海孤军营被叛徒刺死。）

△日机54架分两批空袭重庆，在市区边缘投弹200余枚，毁屋百余间，死伤十余人。

12日 国民政府公布《非常时期违反粮食管理治罪暂行条例》，共16条。第二条规定："本条例所称粮食，系指谷、米、小麦、面粉及其他政府公告管制之原粮而言，凡囤积粮食居奇者治罪。"

14日 日机31架侵袭四川，其中12架侵入成都市上空，被我机击落6架。

16日 日机63架分三批空袭重庆，投弹200余枚。

17日 日机9架在巫山投炸弹36枚、烧夷弹7枚，伤6人，亡5人，损毁房屋150幢。

△国民党四川省党部、四川省政府、川康绥靖公署重申严禁"非法"社团活动，凡未经政府认可者，限本月内一律解散。

△四川省优待出征军人家属事业委员会成立，事业基金为330万元。

18日 四川省捐献军粮委员会据各（市）县分支会报告，1940年度共收献谷41,924石，捐代金80.7万元。

20日 国民政府行政院增设粮食部，特任财政部次长徐堪为部长，庞松舟为次长。徐等于6月30日就职。

△敌海军飞机63架分批侵袭四川，在梁山、宜宾投弹273枚，致97人死伤。其中驱逐机21架窜扰成都南北机场、武侯祠和青羊宫，被我空军击落1架，坠华阳县境焚毁。

21日 日机27架在梁山投炸弹274枚、烧夷弹6枚，亡1人，损毁房屋170幢。

22日 成都至雅安通航。

△日机分5批54架轰炸成都，投弹42枚，致伤11人，亡29人，损毁房屋121幢。日机20架轰炸万县和梁山，投弹69枚，伤51人，亡61人，损毁房屋82幢。

23日 四川防空司令部以日机窜扰日亟，加紧策动城市居民疏散，并限娱乐场所月底停业。

△成都市食盐进行官卖，取缔操纵囤积。

24日 四川省政府公布《1941年度倡导利用隙地增产食粮办法》，共13条。规定隙地范围包括都市或乡间之任何隙地及庭园路边或官山隙地，不论其面积大小，亦不论其公有私有，均须充分利用种植，种植作物以食粮为限，夏季以玉米、红薯、大豆、绿豆、豇豆、南瓜、西红柿为主，冬季以小麦、大麦、蚕豆、豌豆、菜蔬为主，按照各县实际情形选定。此项工作，由各县（市）政府指导主持，发动各界参加工作，以期增产粮食，加强抗战力量。

26日 日机22架分三批侵入重庆市上空，以机枪扫射。

27日 国民政府行政院、军事委员会会同向四川派遣督粮特派员，分赴四川四个督粮区督粮；在特派员下，另派县督粮委员分赴各县协助地方政府推行粮管政令；督粮委员兼任行辕军法官。

△四川省政府改组保安队，将原有20个保安大队并编为16个保安总队，每个专区配1个保安总队。

是月 《渝酉师管区1941年度兵役实施计划大纲说明》颁布。

△第23集团军第21军146师、147师、148师参加了鄱阳湖阻击来犯日军的战役。由于各部英勇奋战，粉碎了日军扫荡，潘佐师长以作战得力，被国民政府军事委员会记大功一次。

△五通桥盐场电力采卤成功，从此开始四川井盐生产的电力采卤新历史。

6月

1日 日机27架袭重庆，在市区投弹百余枚。

△四川省临时参议会第四次大会在成都召开，于6月19日闭会。

3日 成都纪念"六三"禁烟节，焚毁鸦片烟5,724两、烟具9,716件。

4日 国民政府派陈克诚为四川图书杂志审查处处长。

△重庆报纸报道：重庆市防空统计：1939年每弹炸死5.5人，1940年每弹炸死1人，1941年1至5月，每3.5个炸弹炸死1人。

5日 四川省博物馆成立，冯汉骥任馆长。

△国民政府公布：四川、湖南、江西、贵州、广西5省为《非常时期违反粮食管理治罪暂行条例》实施区域，25日又加入重庆市。

△晚7时半至10时，日机20余架分三批三次夜袭重庆，较场口大隧道因设备不好，管理不善，发生窒息大惨案。窒息死亡人数近万人。蒋介石于次日往较场口视察。7日，国民政府下令惩办有关人员：兼防空司令刘峙、兼副司令胡北翰、重庆市市长吴国桢等撤职留任。11日，四川省临时参议会电国民政府军事委员会，请严究大隧道惨案。在舆论的压力下，军事委员会于7月2日做出决定，撤去刘峙重庆防空司令的兼职，另派重庆卫戍副司令贺国光兼防空司令。

8日 成都报纸报道：四川省政府1941年初通令各县筹设县银行，截至5月底，筹设完竣并已开业者达82县。

9日 四川省土地陈报，已完成温江、郫县、隆昌等55县的土地清查工作，共计溢收赋额26万余元。

10日 重庆市111个文化团体函美国罗斯福总统，请禁止汽油输日。

11日 日机71架分三批袭重庆，在市区投弹。

14日 国民政府教育部在璧山县设立社会教育学院。

15日 日机27架袭重庆，在市区投弹百余枚，毁屋120余间，死伤20余人。美驻华使馆中弹，几全毁。

16日 第三次全国财政会议在重庆召开。会议决定田赋改征实物，其办法为：（1）自1941年下半年起，各省田赋一律征收实物，以1940年正附税总额每元折征稻谷2市斗。（2）田赋征实改归中央直接办理，脱离地方政权。（3）征实实施办法及细则，由各省财政厅分别于7月30日前拟定，呈准施行。（4）各省征实，采用经征、经收划分制，分别由税务、粮食机关负责办理。会议指出，四川处在安全后方，首当担任最大之负荷。

△日机27架轰炸梁山，投炸弹158枚、烧夷弹25枚，伤11人，亡1人，损毁房屋37幢。

17日 四川省银行增加资本为2,000万元，四川省政府负担1,100万元，国民政府财政部负担900万元。

19日 成都市政府决定将东较场、东顺城南街、瘟主庙、上莲池、奎星楼、欢喜庵、文殊院、狮马路城墙缺口等8处，一律挖通，以利防空疏散。

20日 成都市献机捐款分配额为140万元。其中民众捐款为20万元，按照房捐比额摊募。捐献之飞机命名为"民众号"。

22日 德军进攻苏联，苏德战争爆发。

△日机40架分三批侵袭四川，分别在雅安、广元、成都等地投弹。仅广元死亡44人，伤80人。

23日 日机36架轰炸松潘，投弹105枚，伤497人，亡198人，损毁房屋245幢。

24日 四川省政府任命罗经猷为四川省水上警察局局长。该局于1940年10月1日在成都成立。

25日 国民政府行政院准四川省政府申请：四川参议员任期再延长一年。

27日 重庆市战时公债劝募工作结束，共募得1.2万余元，为预计的1倍。

28日 成都发生抢米风潮。

△日机25架轰炸万县，投弹190枚，伤84人，亡58人，损毁房屋322幢。

29日 日机63架分两批袭重庆，在市区投弹，市民死伤百余，英使馆中弹被毁，美国大使馆全部炸毁。

30日 日机48架袭重庆，被我击中4架。

△中央图书审查会查禁书刊十余种，其中有《抗战的将领荣誉集》《二次世界大战场在中国》《中华民族解放运动史》《团结到底》《中国思想界的起伏转变》《论革命修养》等。

是月 重庆年中物价：平价米每市斗24元，美亭阴丹布（匹）262元，食盐（市斤）1.16元，中庄白糖（担）181元，连槽煤（吨）133元，菜油（百市斤）270元，猪肉（市斤）3.5元，牛肉（市斤）4.6元，青椒、莲白（市斤）0.5元。

是年夏 中共西南工委派钱瑛到成都，筹备在成都建立中共西南工委机关；同时主持中共川康特委的工作。年初，荣高棠、孙敬文已到成都参加中共川康特委工作。

△"中国民族大同盟"（一年后改称"中国民主革命同盟"）在屈武的住所（重庆领事巷10号康心之公馆）秘密成立，王昆仑、许宝驹被推为主要负责人。

7月

1日 国民政府粮食部设重庆民食供应处，刘航琛任处长，涂重光任副处长。原有重庆市粮食统购统销处、平价米供应处及粮食仓库督察处撤销，所属业务，统由民食供应处办理。

4日 日机两次侵袭四川。第一次一批4架窜扰涪陵；另一批24架飞入重庆市上空投弹，毁屋数10间，死伤30余人。第二次16架飞梁山投弹。

6日 日机23架分三批袭重庆，侵入市空投弹，毁屋三四十间，死2人。

△日机出动9架轰炸巫山，投弹42枚，伤19人，亡21人，损毁房屋134幢。

7日 中共中央发表《为抗战四周年纪念宣言》，对国家内政外交提出10条基本方针；再次声明："本党坚持抗日民族统一战线始终不变，愿与中国国民党及一切爱国党派、一切爱国人民团体团结到底，为抗战建国的共同目标而奋斗。"

△日机35架分三批侵袭四川。第一、二批在重庆市区投弹百余枚，炸毁民房多处；第三批飞忠县、奉节、巫山投弹。奉节伤71人，亡34人，损毁房屋472幢。

△《健康日报》创刊，四开四版，由中共地下党员和进步人士创办。

△四川省政府派方超接替戴颂义为成都市警察局局长。

9日 成都警备司令部划全市为6个警备区，每区设指挥官1人，负责治安。

10日 日机51架分两批袭重庆，在郊外投弹多枚。

△全国财政会议决议：田赋自1941年8月份起移归国民政府接管，征收实物。

11日 郭沫若、茅盾、老舍等文化界知名人士264人联名致函苏联科学院，响应他们"反对文化与科学最凶恶的敌人——法西斯强盗"的号召。

△四川省防空司令部为防范敌机轰炸，将成都市及附近各县划为4个警备区，设4个指挥官分别负责。成都警备区指挥官由成都警备区司令严啸虎兼任。

12日 川南捐献军粮运动自1940年秋发动以来，截至本月10日，计88（市）县共捐献黄谷9.436万市石，杂粮1,700市石，代金165.3769万元。

17日 四川省政府拨款480万元，救济旱灾县区农民，并制发《四川省各县防旱补籽贷款实施办法》。

18日 日机27架袭重庆，在市区及李家花园一带投弹。

△四川省已成立合作金库116个。

19日 蒋介石接受美国的劝告，召开国共关系调整委员会（3月25日成立）紧急会议，阐述对中共的方针，决定在当前国内外形势下，要进行国共两党的谈判。

24日 四川省政府奉国民政府行政院电令："自1941年下半年起，各省田赋一律征收实物。此项重要改革，为目前抗战建国惟一要图，自应切实遵办，按期施行。各省省政府，行政专员，县政府，均应以此项中心工作列入行政计划。每月月终，将征起粮额，核实列表，分别呈报，以凭考核。各省主席受中央重寄，望各仰体时限，督促所属各机关认真办理，不得藉词推诿，贻误事机。各省财政厅长负督征之责，尤应弹精悉力，规划周详，务期手续简便，推行无阻。"四川省政府决定：全川田赋征收实物，每粮银1两征收谷物11石，征收总额共计120万石。

△成都—汉中无线电话通话。

26日 四川省政府主席张群在四川省行政干部训练团讲四川省十大病根：（1）机构骈出，组织松懈。（2）系统紊乱，意见分歧。（3）权力、责任配赋不合理。（4）对县级发布命令分歧复杂。（5）设置、执行、考核脱节。（6）行政机构缺乏贯彻与联络。（7）公务员精神生活颓废、浪漫。（8）公务员道德堕落。（9）公务员浅薄低能。（10）服务方法腐化。

△重庆市政府为颁发一元献机运动各项办法给所属训令，并附《各地分会发动一元献机运动纲要》（8条）、《一元献机运动实施大纲》（17条）、《一元献机运动扩大宣传办法纲要》（10条）、《一元献机运动宣传大纲》。

27日 日军正式开始实施为期30多天的"102号作战"计划，对以重庆、成都为中心的四川省中心城市展开彻底空袭。

△日机出动108架分三批袭成都，在成都西区投炸弹426枚、烧夷弹20枚，炸毁房屋3,303幢，炸死698人，炸伤905人。

△日机轰炸崇庆、绵阳、遂宁、阆中、三台、梓潼、万县、简阳、南充等地，致伤92人、亡44人。

△日军对重庆、成都等中心城市的大轰炸，证明了学校南迁的正确性。日机对成都的轰炸，使四川大学皇城校本部和南校场的理学院、法学院中弹着火。至公堂、明远楼一带的办公区和教学区，留青院和菊园一带的宿舍区，以及图书馆和博物馆等，共127间房屋变成废墟。据目击者回忆，"从国立四川大学缀有'为国求贤'匾额的正方进去，但见一片残垣破瓦，竹林还在冒烟，血迹斑斑，触目惊心"。所幸的是，四川大学的绝大部分师生已经来到峨眉山上，几无人员伤亡。

28日 日机90余架分五批袭川，分别在重庆、成都、自贡、内江、泸县、忠县等地投弹。空袭投炸弹490枚、烧夷弹140枚，致伤312人、亡236人，损毁房屋1,514幢。敌机在璧山县境上空，被我空军击落2架。

△邓锡侯主持召开成都市"7·27"空袭紧急会议，就重伤民众收容、死亡民众掩埋、各种通信线路抢修等案进行议决。

29日 我国收回欧亚航空公司自办。

△日机分四批侵袭四川，一批24架飞自贡投弹158枚，致伤15人、亡48人；三批袭重庆，在新市区一带投弹，市民伤亡20余人，警报长达9小时未解除。

30日 国民政府令，免四川省第十二区行政督察专员兼区保安司令黄绶本兼各职，任命程厚之继任。

△日机130架大规模袭重庆。苏联大使馆部分被炸，美舰"杜杜伊拉"号中弹。

31日 日机27架袭击万县，投炸弹32枚、烧夷弹1枚，致伤13人、亡2人。

是月 乐山至西昌公路通车。

△重庆市征募寒衣运动分会公布《1940年工作总结报告书》。

△第88军奉令挺进杭州地区，在青云、南涧一带布防，在当地共产党组织的抗日后援队配合下，不断打击日军，缴获枪支弹药甚巨。

8月

1日 为征实而设置的四川田赋管理处成立，处长由四川省政府财政厅厅长甘绩镛兼任。各县征收局于8月底撤销，改组为县田粮管理处，9月1日成立，县长兼处长，原征收局局长任副处长。所有经征责任，完全由财政厅厅长、县长担负。另，各县组织征购粮食监察委员会，遴选当地士绅及县党部书记长，三青团代表为委员，并于士绅中指聘一人为主任委员。

△妇女慰劳总会在重庆举行成立四周年纪念大会，决定拨款300万元筹建荣誉军人

新村，购置大批药品，赠送各战区医院。另拨 4 万元慰问重庆市及近郊抗属、荣军。

△成都市规定发放平粜米改为计户不计口，每户每月可购 3 斗 6 升。

2 日 日机 2 批 8 架轰炸奉节，投弹 49 枚、烧夷弹 12 枚，伤 55 人，亡 11 人，损毁房屋 500 幢。日机 10 架轰炸云阳，投弹 32 枚、烧夷弹 5 枚，伤 89 人，亡 55 人，损毁房屋 59 幢。

3 日 四川省政府发出《四川省政府令各机关县市严防共产党发展组织电文》。

4 日 国民政府公布《粮食库券条例》。

△四川省 1941 年度第二次行政会议分区举行。成都区会议讨论重心为田赋改征实物及改进财政收支系统两大问题。关于征实问题，按国民政府规定，1941 年度四川省田赋正附税总额约 9,000 万元，应征稻谷 1,800 万市石，实非四川民力所能负担。经四川省政府与国民政府多次争议，乃准将国民政府在四川征收实谷，减为 1,200 万市石。600 万市石依照原有征粮银额定率摊征，其余 600 万市石则以 1940 年 7 月 30 日至 1941 年 6 月各主要产地平均价派购；其价款，三成付现金，七成付粮食库券。

5 日 四川省教育厅公布：全川未立案之私立中等学校约 200 所，占全省中等学校之一半。

△四川军管区将边远及经费困难的什邡等 54 县国民兵团裁撤，其组织国民兵的任务，由县政府军事科负责。各县自卫队改为乡村警察队。

7 日 四川省教育厅规定成都私立中等学校征收学费标准：自 1941 年秋季起，受省补助学校，高中每生收学费 50 元，生活津贴 50 元，设备费 30 元，另收食米 3 市斗；初中每生收学费 36 元，生活津贴 50 元，设备费 30 元，食米 2.5 市斗。未受补助学校，高中每生收学费 250 元，初中 200 元；高初中均收图书费 5 元，杂费 40 元，宿费 60 元，热水费 60 元。（按：此处所说"生活津贴"，是指因物价上涨，学生对教师缴纳的生活津贴。）

△重庆市一元献机运动劝募委员会召开第一次会议，讨论通过了《重庆市一元献机运动实施办法》。

8 日 日机袭击巫溪、巫山，投弹 70 多枚，伤 24 人，亡 10 人，损毁房屋 67 幢。

9 日 日机分两批侵袭四川，第一批 18 架袭重庆后，与第二批 45 架化整为零，分别在重庆市郊、江北、忠县、丰都、垫江、涪陵等地投弹。

△国民政府公布《县参议会组织暂行条例》《县参议员选举条例》《乡镇组织暂行条例》《乡镇民代表选举条例》。

10 日 国民政府教育部令四川大学增设师范学院一所，于暑假后开学。

11 日 日机百余架分批侵袭四川，先后在重庆、涪陵、纳溪、开县、奉节、宜宾、自贡等地投弹，伤 132 人，亡 98 人，损毁房屋 426 幢。一批侵入成都市上空，被我空军击伤数架，其中一架在广安太平场坠毁。

12 日 日机 108 架分 4 批侵袭四川，一批在重庆市郊投弹。

13 日 日机 88 架狂炸重庆。一个星期以来，日机不分昼夜对重庆实行"疲劳轰炸"，市内水电断绝，人民断炊、不眠。据敌台广播：其目的在摧毁我大后方的生产力，动摇我国民的抗战意志，妄想达成以战迫和的目的。

14日 罗斯福、丘吉尔联名发表《共同宣言》(《大西洋宪章》)。16日,斯大林发表谈话,表示赞同,并建议在莫斯科举行三国会议。17日,国民政府外交部发表声明,赞成《共同宣言》。19日,中共中央发表声明称:《共同宣言》及行将召开的莫斯科会议,是具有世界历史意义的大事。

15日 日机袭万县,被我击落其领队机一架,领队长横田等4人毙命。

19日 四川省立重庆大学校长叶元龙辞职,国民政府行政院派梁颖文继任。

△日机袭忠县,被我击落一架,驾驶员4人毙命。日机返航经万县时,又被我高射炮击落一架,驾驶员松本等7人全部死亡。

△四川省政府通令:划一全川量器,一律使用新市斗。

△四川省政府以田赋已交中央国民政府接管,除1939、1940年度及1941年度上期田赋旧欠,列册交由中央国民政府继续照常收缴外,1935、1936年度尾欠一律豁免。1937、1938年度尾欠田赋,收达九成五以上者,即予蠲免。

21日 成都市防护团设副团长,由成都市警察局局长方超兼任;并设专职副团长一人,由左城夫升任。

22日 日机135架分批侵袭四川,先后在重庆、乐山、合川、梁山等地投弹。次日百余架日机又分批袭成都、重庆。

26日 中国、中央、交通、农民四银行贷款6,000万元,扶助四川工矿业。计:(1) 协助流动资金1,100万元;(2) 收购滞销产品(煤、铁、皮革、肥皂等)3,000万元;(3) 定制产品1,900万元。

28日 韩国临时政府主席金九在重庆召开纪念亡国31周年记者招待会,报告复国活动情况,并向英、美提出6项要求。

29日 成都市政府为加强空袭救护工作,特征调医师105名。

30日 日机200架分10批侵袭四川,位于重庆南岸的蒋介石官邸被炸,浮图关下的国民政府大会堂被全部炸毁。万县、云阳、达县同日被炸。

31日 日机130余架分批空袭重庆、成都、梁山等地。其中,在成都共投炸弹59枚、燃烧弹14枚,死亡6人。

△"102号作战"前,日机从5月3日开始对重庆实施了22次轰炸,包括7月7日开始到8月31日结束的"102号作战",日机总计对重庆轰炸36次,投入陆上攻击机2,050架次、舰载攻击机、舰载轰炸机201架次、舰载战斗机99架次、陆上侦察机39架次,总计2,389架次。消耗弹药15,036枚。

是月 侨界领袖以南洋形势紧张、返国侨生日多、保山华侨中学无法收容,建议在重庆林森路开办华侨中学分校一所。

△蒋介石为减轻抗战损失,严令市民从速疏散,发出致四川省政府电。

△云阳盐场工人成立工会,盐场公署逮捕工人代表3人,引起全场工人大罢工,持续7天;后以盐场被迫承认工人合法权利,发给工会许可证,乃复工。

△四川省政府将水利工作自四川省建设厅划出,成立四川省水利局,委何北衡为局长。

△杨森率第20军在天岳关、南江桥等地会同各军参加了第二次长沙会战。杨森以

作战有功,受到巨大奖慰。

9月

1日 川康兴业公司筹备委员会开始办公,股本7,000万元,官股4,000万元,民股3,000万元。官股除由国库拨3,000万元外,四川省款700万元,西康省款300万元,均已拨足。

△日机27架空袭重庆。

△四川省政府粮政局成立,由刘航琛任局长,彭勋武、甘绩丕任副局长。原四川省粮食管理局撤销,业务移归粮政局办理。

△国民政府财政部改订烟酒货物统税征收办法:由产地一次征收。叶烟税按产地价征30.0%,烟丝税征25.5%,酒税征40.0%。

5日 国民政府教育部下令解散重庆大学,惩办殴逐新校长肇事者。自上月梁颖文出任重庆大学校长后,该校即发生拒梁风潮。9月1日,肇事者在殴逐新任校长时,还殴伤了新任总务长。

7日 第二次长沙会战开始。第27集团军所部川军20军和川军第30集团军先后投入战斗。20军奉命侧击自鄂南侵之敌,与友军配合,切断敌之后方补给线。9月下旬,敌第6师团迫近平江,川军30集团军之72军奉命自赣西北增援友军。10月1日,日军向北撤退时,川军20军和72军又奉命追击至新墙河,直抵羊楼司附近,恢复了原来阵地。

8日 国民政府粮食部成立修建四川粮食仓库工程处,决定先在14个区修建仓库96所,库容百余万市石。

9日 国民政府行政院公布《战时食糖专卖条例》。

△国民政府军政、教育两部规定,各级学校一律加授兵役课程。

10日 国民政府粮食部粮食增产委员会公告:四川省1940年秋收为五成五,较1939年减产5,000余万市石。1941年收获可达八成,估计能比1940年增产4,600余万市石。

△四川省民食供应处成立,刘航琛任处长。

11日 第四战区长官电国民政府军事委员会称:"近来社会上不谙国事,以普通人眼光而侈谈国事,动摇民心军心,莫不以此为甚。"据此,国民政府军事委员会特通令:侈谈国事,严加取缔。

△川西地区本日米粮价:华阳每市石(下同)215元,成都230元,新津192元,灌县160元,崇庆200元,新都192元,郫县210元,彭县171元,崇宁200元。

△四川省粮食购运处改为储运局,康宝志、谢明霄任正、副局长,负责办理军粮。

12日 黄金每两价1,850元,饰金每两价1,950元。

13日 四川应募战时公债7,500万元,截至6月底,已收7,110万元。

15日 成都县政府为"7·27"日机空袭伤亡赈济情形呈文四川省政府。

16日 四川开始执行田赋改征实物的赋税政策。税率：粮银每两收稻谷11市石；又，四川田赋采"两、元并用"，每两粮银正税一征应缴8元，每元应缴稻谷1市石，8元应缴8市石；每粮以8市石加11市石共为19市石，这是每两粮银应缴征购的总额。其中征、购各50%，即征购各9.5石。

△成都市空袭紧急救济联合办事处主任委员余中英就发放"7·27"特恤金并呈缴余款事致函四川省政府主席。呈函中统计，计炸亡778人，发款20,228元；重伤230人，发款4,600元；轻伤240人，发款2,340元；房屋全毁991户，发款9,910元；半毁1,323户，发款7,938元。

20日 私立复旦大学奉国民政府教育部令，改为国立。

21日 日全食。

25日 国民政府经济部宣称，为打击囤积居奇者，在国民政府军事委员会成都行辕设立经济检查大队，由行辕派人组成。

△国民政府批准四川大学1941年度整理国学书版（原尊经、锦江两书院所刊国学书籍180余种），临时费概算为10万元。

26日 国民政府将全川原有的6个师管区改为22个师管区，由国民政府军政部委派建制部队带兵官兼任司令，以征得壮丁直接补充各该部队，使征、补、训合一。

△内迁工厂已近400家，运来机器近7万吨，内迁技工近万人。

27日 国民政府任命吴景伯为四川禁烟督理处处长，四川省民政厅厅长胡次威兼任副处长。

△私营重庆美丰银行将原有资本500万元增加为1,000万元。

28日 四川省政府主席张群在保安教育会上就《四川省1941年度保安部队调整方案》发表讲话：维持保安团队建制，切实整训；除集中一部力量作机动使用外，每县至少拨一个中队供地方使用；配属使用之总队、中队的人事、经理权，交与县长、区司令。

30日 四川省政府主席张群在成都励志社宴请在成都的军政首长与绅耆，呼吁支持田赋征实国策。

△四川省政府主席张群签署《四川省政府关于厂方在空袭期间停工复工及工资给付方面训令》。

是月 《雷雨》剧本被国民党中宣部明令禁演。

是月中旬 成守绍兴外围的第26师为策应第三次长沙会战，牵制浙东日军，派一团兵力潜渡至绍兴东、北两门袭扰日军，一部于夜晚突入城内，向敌指挥机关攻击，激战一个小时，于拂晓退回原防。第30集团军的72军参加了第二次长沙会战，奉令向阳（新）通（山）公路各据点之敌军发起进攻，攻克不少据点；后又奉令增援平江，驱走进犯日军。

△《妇女月刊》在重庆创刊。

10月

1日 国民政府任命包华国为重庆市社会局局长,李云凯为川康区税务局局长。

△由四川粮食购运处改组的四川粮食储运局在重庆成立,康心之任局长,赵述言任副局长。

2日 成都市发放出征抗日军人家属秋季优待金,每户发给20元。是晚,成都市鞭炮声震天,庆祝湘北大捷。

3日 川军第88军范绍增部新21师参加第三战区"双十反攻",一度收复余杭县城,是役该部伤亡千余人。范绍增升任第10集团军副总司令。

5日 国民政府粮食部在内江设立第二民食供应处,负责内江糖区、自贡盐区的民食供应。

6日 重庆市商会为捐款劳军致电全国各省(市)县商会。

7日 重庆大学校长梁颖文辞职,四川省政府委张洪沅、何廉、冯简、段调元等为整理委员,并以张洪沅为主任委员,到该校进行整理。(12月整理完竣,11月17日新生开始入学。)

△四川省政府取消于约无据的法兰西共和国驻成都交涉员,撤销其交涉署。

8日 四川省卫生处处长陈志潜为陈历荣前往松潘救治伤民情形呈文四川省政府主席。呈函中言6月23日日机轰炸松潘,据县政府一月后的登记调查,当场死亡204人,重伤204人,轻伤293人。

9日 国民政府公布胡恭先为西康省临时参议会议长,王学禹为副议长。

10日 国军攻克宜昌,13日放弃。

11日 中华剧艺社在重庆成立,应云卫为理事长,陈鲤庭、陈白尘等为理事。该社在重庆、成都一带先后演出《棠棣之花》《屈原》《大地回春》《天国春秋》及《法西斯细菌》等名剧。

14日 "陪都"建设计划委员会招待中外新闻界人士,报告重庆整建计划。宣布:重庆在全面抗战时期为全国政治军事经济文化中心,战后亦将成为西南政治经济中心,因此,重庆建设以贯彻战时、和平时两重性为原则。

16日 四川省政府通令各县:以积谷的3/5拨充军粮,2/5备荒。

△1941年空袭重庆之日机,迄本日止,已达159批。

20日 国民政府粮食部在绵阳设立第三民食供应处,负责川北盐区的民食供应。

△四川农业改进所设立云阳、万县等50县植桐指导所,并将南充等4县之植桐示范场改为油桐推广区。

21日 国民政府财政部在成都设立缉私分处,何龙庆为处长。另在重庆等重要城市设缉私办事处。

△四川省军管区决定恢复部分被撤销的国民兵团。其办法:(1)除地方财力十分贫乏的县份外,其余一律恢复;(2)自卫队仍属国民兵团,暂归县政府指挥;(3)各团部

设训练员，以原副团长或资深队长充任。

24 日 四川省水利局为兴办灌溉工程及各县小型凿塘工程等水利设施，向中国、中央、交通、农民四银行总处借款 8,000 万元。

29 日 四川省政府公布：实施新县制第一期整编保甲结果，全川共有 4,314 乡镇，62,843 保，673,372 甲，7,829,676 户，男女共 46,613,499 人。

31 日 南充、达县修建飞机场及重庆白市驿机场扩建工程先后完成。

是月 中共成都市委支持成都印刷工人开展增加工资的斗争，每人每月工资增加了 1/3。

△第 27 集团军对第二次长沙会战的经过做概要报告：敌方兵力总数 12 万以上。会战历时 35 天，经过三个时期的战斗，第一时期（打云山附近之战）；第二时期（敌突破新墙河进犯长沙，我军之诱敌歼灭战）；第三时期（敌开始崩溃，我各军之追击）。

△第 88 军参加了第三战区发动的"双十总反攻"。

△由杨向平、曲万风等一批文艺工作者主办的《金沙》创刊。

11 月

1 日 国民政府核准 1941 年四川整理债务公债 3,500 万元，按票面十足发行，以清偿 1938 年 5 月 31 日以前的债务。

2 日 四川省政府制定《来川义民救济补充办法》：（1）少壮义民强制就业或调赴工役、兵役。（2）已就业者不再发给养。（3）新来义民，继续收容，分别安置。

△国民政府财政部为加强川盐济湘，于龙潭设监理川湘盐运特派员办理其事。

△川盐易湘米，开始利用驿运与水路进行联络。截至当日，运入湘米已达 2.5 万包。

8 日 由北平迁四川的私立朝阳大学，自成都迁往巴县兴隆场。

15 日 四川省田赋管理处出版《四川省田赋改制丛刊》，这是一个专门宣传四川征实的重要刊物。

16 日 重庆各界人士在中苏文化协会集会，庆祝郭沫若 50 寿辰及创作生活 25 周年。周恩来到会致辞，《新华日报》出了特刊。在此以前，中共中央南方局特派阳翰笙负责，筹备为郭祝寿的全国性纪念活动。

17 日 国民参政会第二届第二次大会在重庆召开，到参政员 164 人，27 日闭幕。会议通过了《改善各级公务人员待遇案》《促进民治案》《收复失地及抗战目的案》等议案。

是月初 郭沫若的《棠棣之花》开始公演，计演出 26 场，受到战时民众的热烈欢迎。

是月 供美制重型轰炸机"空中堡垒"起降及作为我国空军前进基地的梁山飞机场扩建完成。

12 月

2 日 国民政府行政院决议：免去西康省政府委员兼民政厅厅长段班级之兼职，任命冷融为西康省政府委员兼民政厅厅长。

8 日 晨1时，日本偷袭美国珍珠港，同时袭击北平、天津及上海的英、美军队。美、英两国向日本宣战，太平洋战争爆发。

△重庆防空部公布：日机袭重庆已数百次，共炸死9,218人，伤13,908人，分别占全四川轰炸中死伤人数的41%及53%。

9 日 国民政府发布《中华民国政府对日宣战公告》，正式对日本宣战。同时宣告，对德、意处于战争状态。

△中共中央发表《中国共产党为太平洋战争宣言》和《关于太平洋反日统一战线的指示》。

△全国慰劳总会为筹备庆祝抗战将士新年运动一事致函重庆市政府。

10 日 蒋介石发表《告全国国民书》，要求协助友邦，消灭共同之公敌。

11 日 国民政府粮食部统计：四川省1941年度田赋征实已收956万石，已达定额的80%。

12 日 国民政府公布《统一捐款献金收支处理办法》。

13 日 重庆各界民众10万人，举行反侵略大会。吴铁城主持，苏联驻华大使出席并致词。

△国民党第五届九中全会在重庆开幕。决定：国民政府行政院设地政署，叶楚伧、顾孟余为中常委，钮永建为国民政府委员，朱家骅为考试院副院长，刘尚清为监察院副院长，郭泰祺调任国防会外委会主任，宋子文继掌外交，沈鸿烈继陈济棠为农林部部长，贾景德为铨叙部部长，陈仪为行政院秘书长。

△成都市民代表大会发出通电，拥护政府向日、德、意宣战。

14 日 国际文化团体反侵略大会在重庆举行。会议要求所有反侵略国订立军事同盟，成立统一指挥作战机构；通电各国劳工团体加紧团结，共击暴敌；拥护国民政府向轴心国宣战。

16 日 四川省临时参议会发出通电，拥护政府向日、德、意宣战。

17 日 国民政府行政院经济会议特别制订《党政军机关人员宴会办法》，规定：通常性质的宴会一律禁止，喜庆事以茶点为限；因公宴会，西餐不超过三菜一汤，中餐不超过七菜一汤，饮酒每人不得超过白酒一两，黄酒二两。违者处以最高额罚金。

18 日 重庆经腊戍至加尔各答之中印航空线开航。

△中、美、英军事代表会议在重庆召开，通过《远东联合军事行动初步计划》。

24 日 日军占领香港。

△第三次长沙会战开始（次年1月中旬结束）。川军第30集团军及20军参加战斗。川军第30集团军先以主力控置于赣西北之修水、三都之线，继以78军尾击日军至长沙

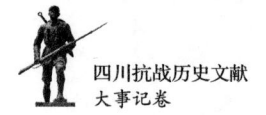

东南。川军 20 军先在新墙河一线顽强阻敌，继在汨罗江以南山地侧击敌人。1942 年 1 月 4 日，九战区长官部下令全线反击。上述两支川军在截击北溃之敌中，曾予敌以重创，为获取整个会战的胜利做出了积极贡献。

25 日 西康省省会雅安市《各界征收田赋实物宣传大会标语及宣言》公布。

30 日 国民精神总动员会等四单位联合建立的"精神堡垒"在重庆都邮街广场竣工。该建筑全高 7 丈 7 尺，共分五层，顶悬国旗及各种标志。

31 日 美国总统罗斯福致电蒋介石：建议成立"中国战区最高统帅部"，并请蒋介石担任中国战区盟军最高统帅。蒋介石于 1942 年 1 月 2 日复电罗斯福，表示接受此项任职。3 日，同盟国公开宣布此事。

△华阳县政府为报告本县疏散实施情形致川康绥靖公署及四川省政府呈文。

是月 杨森先后于 20、21、23、24、25、27、29、30 日八次密电徐永昌。

△四川省政府统计处公布四川省疆界与面积，省境西起东经 101°31′46″，东至东经 110°11′9″，南起北纬 27°38′27″，北至北纬 34°6′26″。其地域面积为 303,678.99 平方公里。

△年终重庆物价：中河熟米（市石）232 元，莲白（市斤，下同）1.4 元，黄豆芽 1 元，猪肉 6 元，菜油 4.65 元，鸡蛋（10 个）6 元，美亭阴丹（匹）443 元，连槽煤（吨）185 元。

△第 29 集团军王缵绪部奉命将大洪山守备任务交孙震第 22 集团军接管，转调河南内乡整训。第 30 集团军和杨森的第 20 军 133 师、134 师参加了第三次长沙会战。

△《重庆各界庆贺抗战将士新年运动筹备委员会组织简则草案》公布；《重庆庆贺将士新年运动筹备工作大纲》公布；《重庆各界庆贺抗战将士新年运动礼品登记、验收暨散发实施办法》公布；重庆各界庆贺抗战将士新年运动大会发出《慰问战地同胞函》《慰问海外侨胞函》《慰问前方将士函》。

是年 《四川省各县、市紧急疏散实施办法纲要草案》（共 13 条）颁布实施。

△中共中央南方局根据国民党自"皖南事变"以来掀起第二次反共高潮的形势，先后对四川地方党组织的主要部署进行了调整：(1) 调整领导机关的主要干部。王致中由中共川东特委调成都（9 月到职），负责川康地区工作，原中共川东特委委员全部调离。部分四川地方党员的组织关系转到中共中央南方局，实行个别联系，使党的工作处于更隐蔽的状态。(2) 划小工作区，精简领导班子。将四川地方党的组织划为 4 个，除中共川东、川康特委外，新成立中共川北工委和中共川南特委。中共川北工委书记李维，委员杜桴生。中共川南特委书记于江震，委员张文澄。不久，于、张调中共中央南方局，中共川南特委工作交中共川康特委。(3) 中共中央南方局直接掌握一些工作和党员，个别领导，不与地方组织发生联系。(4) 撤退已暴露的中共党员，不建支部，独立作战，个别联系，党员转地不转党，失去组织关系的党员不准乱找，党员要社会化、职业化。

△1941 年度四川人民交纳的粮食情况：国民政府配额 1,200 万石，四川省政府配额 1,443 万石，实收 1,382 万石，超出国民政府配额 182 万石。

△四川在全国范围内的田赋征实工作县级竞赛中成绩突出，囊括前三名：灌县第一，梓潼县第二，南川县第三。1941 年国民政府拨发的奖金共 1,200 万元，四川一省

就得了 1,147 万元。

△1941 年内，四川共征送壮丁 34,4601 人。

△截至 1941 年 12 月，法币发行总额为 78.7 亿元，发行指数为 1,076%，较上年增加 92.2%。同期，重庆趸售物价指数为 2,737%，较战前增长 114.4%，货币购买力指数为战前的 3.65%。

1942年

1月

1日 中、美、英、苏等26国代表在华盛顿签订联合宣言，重申《大西洋宪章》，决定互相援助，共同使用军事经济资源，与德、意、日"轴心国"决战到底。同盟国正式开辟亚洲战场打击日本侵略者，由美国空军援助中国抗战。为满足军事发展需要，美国空军第23大队改组为美国陆军航空队第14航空队，任命陈纳德为司令。

△"陪都"建设计划委员会在重庆两浮支路中央图书馆举办第一届重庆建设展览会。

△以上海民营内迁厂为主体的"迁川工厂联合委员会"在重庆生生花园举办"迁川工厂产品展览会"。参展工厂97家，展出产品49类，各界人士交口称赞，认为这是"大后方工业生产之洪流""抗战初期厂长与职工为迁移工厂而流洒的血汗所培养出来的花蕾"。周恩来参观了参加展出的大鑫钢铁厂并题词。

△重庆庆贺抗战将士新年运动大会与欢送前线将士慰劳团出发典礼在"精神堡垒"上举行。主席台上有各界代表，并有海陆空军、荣誉军人、抗战军人家属代表各10人。主席、代会长谷正纲致开幕词，市长吴国桢、副会长郭沫若、国民兵司司长何志浩致辞，前线将士慰劳团总团长居正致答词。大会向荣誉军人敬献礼品，由一等伤残军人卢辅德代表荣誉军人接受礼品。之后，由各贺年队捐献礼品，气氛至为热烈。

△成都市各界热烈庆祝元旦，并检阅军训学生及童子军，举行火炬游行。同日，各省市新闻检查所奉令一律改组为处。四川新闻检查处升为特级编制，由周章彪、谢燕卿任正、副处长。

△新津县县长赵宗炜发表《告全县民众及壮丁书》，号召有钱出钱，有力出力，听候国家征调，不负救国家救民族的神圣使命。

2日 四川省临时参议会第一届第五次会议开幕（17日闭幕），四川省政府主席张群致辞，提出应以1941年12月《国民党五届九中全会宣言》所提四项要政，即：基层建设、经济管制、土地政策及实行总动员为此次会议研究的核心。3日，张群向会议做施政报告，并将1942年度四川省政府预算支出1.8亿余元提交会议审议。

3日 重庆《新华日报》社论指出："必须认识日寇在太平洋战争爆发后，仍会残酷进攻中国，必须认识反侵略战争的长期性和反法西斯主义的重要性，广大群众是反侵略的主力！"

△重庆各界庆贺抗战将士新年运动大会验收组关于验收情形给重庆市动员委员会的

报告称:"因各方致送礼品单位颇多,皆欲争先,各区职员任劳忍怨,虽当时有空袭之说,仍不离职位,镇静处之,计收礼品10万件以上,以毛巾、草鞋、猪肉、饼干、食盐为最多,价值在200万元左右。"

△重庆市警察局为元旦赠送抗属礼品办理情形致函全国慰劳总会:"查元旦赠送抗属贺年礼品,由本局派员散发,兹将办理情形分述如左:1.领毛巾4,000条(短少184条,实领3,816条),食盐6,508斤。2.按抗属人数,以每人毛巾一条、食盐一斤半计算,分配各区镇转发抗属领用。3.全市18区镇已领发16区镇(第14区及水上区未领),计已发毛巾3,790条、食盐5,779.5斤,剩余毛巾24条(已发给本局夫役)、食盐728.5斤,剩余之盐,拟请贵局派员收回再行分配。4.其未领之14区及水上区,已由局转令携带抗属名册及空白领据,径向贵会领发。"

5日 四川省积谷业务移交四川省粮政局办理,各县(市)实存积谷计50余万石。

6日 国民政府行政院任命黄仲翔为四川省社会处处长。

10日 四川省政府发布《关于加强土地转移推收训令》。

11日 四川省政府决定:松潘关外增设兴中、麦桑两设治局;三峡乡村建设实验区改为北碚管理局;涪陵分置武隆设治局;广元分置旺苍县;平武第三区及昭化县之一部分置青川县。至此,四川省计有136县,2市,3设治局,1管理局。

△金沙江宜宾至屏山段正式通航。其打滩疏导工程,经一年施工基本完成。1941年12月31日民生公司派轮试航成功。

△郭沫若用了10天时间,完成历史剧《屈原》。

12日 国民政府财政部贸易委员会所属复兴、富华两公司合并改组。凡外销物资,均由该公司统购统销,各省营、民营公司不得经营。非统购统销之外销物资,允许自由经营,但所得外汇,必须交与当地政府。

△四川省出口桐油、茶叶、猪鬃,因太平洋战事发生,海运受阻,经国民政府行政院经济会议核定:一面维持出口统制,一面放松内销限制,桐油准许商民采购、存储、转运;原征之茶叶平衡税停征,准运销全国;取消对猪鬃存储时间及数量之限制;并协助各厂将桐油提炼为汽油、柴油。

13日 成都市警察局为严密组织,普遍配备警力,将成都市划分为210个警管区,每个警管区配备一名警士,负责管理治安。

14日 周恩来和冯玉祥等参观渝鑫钢铁厂并题词鼓励。周恩来的题词是"没有重工业,便没有民族工业的基础,更谈不上国防工业。渝鑫钢铁厂的生产已为民族工业打下了初步基础"。

△迁川工厂联合会在重庆举办产品展览,仅半月参观者已逾12万人。

15日 国民政府公布《战时食糖专卖暂行条例》,在四川、西康两省实施。

16日 川康区食糖专卖局在重庆成立。

17日 四川大学学生散发"倒孔(孔祥熙)运动特号外",转载香港、重庆、昆明等地电讯,揭露孔氏家族强占专机撤离香港的丑行:"香港失守前,蒋介石派驱逐机一队,保护数架民航机至港迎接中央委员返渝。谁知抵机场后,全为孔祥熙夫人把持,不准任何人上机,仅中航部次长经多番请求,始得上机。安然抵渝后,重庆上下欢腾,中

央派员至机场欢迎由港受难返渝之要人。但下机者却仅孔夫人、孔二小姐、中航部次长三人,孔夫人之皮箱十余口,孔夫人之黄狗十余只,孔夫人之奶妈、大师傅某某等人……此消息传至重庆后,举国震怒。《大公报》为我国言论正确、大公无私之出版界,社评上曾载此项消息,而孔氏欲想遮天下之耳目,特令其爪牙到处收买,每张出300元,并扣发至各地之《大公报》(1941年12月22日版),希逃避公论与国家法网。"

18日 程子健在延安向中共中央书面报告巩固川康党组织的情况。自"成都抢米事件"后,按中共中央南方局指示,坚决疏散干部150多人,有条件的地方已建立一批隐蔽的新支部,在反共力量薄弱之地,组织尚有发展,如蓬溪盐工、夹江学生、宜宾工农中均有相当发展。现存中共组织分布于417县,有5个中心县委,7个县委。1940年有党员4,000人,经疏散千余人,暂停联系和洗刷千余人,被捕百余人,新发展200多人,共有党员两千余人。

20日 四川省前省主席刘湘墓园及铜像在成都举行落成典礼。刘湘墓园建于成都市南门外武侯祠旁。

△重庆与澳大利亚之悉尼间直达电讯线路正式开放通报。

21日 日本首相东条英机声明愿与中国单独"媾和"。

22日 四川省政府发动全川各乡镇中心学校劝募战时公债2,500万元;劝募金额,每校以6,000元至8,000元为限(边区县份除外),所募得之公债,即由债权人捐赠学校,作为本校基金。

△成都太平寺空军基地第二大队轰炸机27架、第一大队驱逐机15架和美国志愿航空队驱逐机15架奉命起飞袭击越南河内市的日寇机场。12时40分,机群抵达河内日寇机场上空,向日机俯冲扫射和低空轰炸,倾泻炸弹20余吨,致敌机场一片火海。敌寇遭到毁灭性打击,损失惨重。

24日 重庆市国民精神动员委员会向重庆市商会、棉纱、棉花、匹头、干菜、山货、药材、纸烟、煤油、土布、油业、米粮业同业公会及重庆市总工会,交通工人服务大队发出训令,"一载以来,成绩欠佳。值此加强动员工作,争取最后胜利之际,国民月会亟宜积极整顿,俾精神得以展开","并须于2月份起开始切实举行"。

25日 蒋介石手令国民政府军事委员会成都行辕,禁止民众和学生结队游行。

△中央社昆明电称:"据可靠私人方面消息,自太平洋战争爆发以来,中国空军、美国志愿队在仰光、昆明两地与来袭之敌机作战,并与英皇家空军及我轰炸大队合作出击泰国及越南的日军基地,取得辉煌战果,而被英美人士誉为'飞虎'。至24日,中、美志愿队已先后击落敌机90架,在地面击毁的尚未计算在内,中、美志愿队方面,仅损失5架,其比例为20对1。"

26日 国民精神总动员会秘书处就发动重庆各界扩大举行国民月会的办法致电重庆市国民精神动员委员会,抄送《发动重庆青年界、妇女界、金融界、工人界扩大举行国民月会谈话会记录》,文件中写明了各界举行扩大国民月会的办法。

27日 国民政府行政院任命康宝志为四川省粮食局局长。代理局长刘航琛改任四川省粮食储运局局长。

28日 全国劝储总会发布第二届建国储蓄为7.254亿元,四川省为4,460万元,

（其中重庆市1.3046亿元），为最优。

△《新华日报》载：陕北在经济建设上，1941年开荒238,107亩，修水利29,855亩；建手工工厂和生产合作社约百个；开商店四百余家。

29日 四川省粮食增产委员会致函四川省农业改进所，转达国民政府农林部部长电文，望四川省农业改进所继续协助推进办理1942年农业增产工作。

31日 国民政府行政院副院长孔祥熙资助四川袍哥大舵把子冷开泰、石孝先等组织"汉华公司"。

是月 第30集团军参加第三次长沙会战。1月2日，川军73军奉命从岳麓山渡湘江，集结在长沙城北的湘春街一带策应第10军作战。1月3日，川军杨森部的339团乘风雪之夜转至新墙河以南，不断袭击平修公路的日军工程兵部队和运输补给的后勤部队。同时，川军第58军占领了汝城末山，阻击沿粤汉路南下的日军；第37军侧击福临铺以东的日军，对进犯长沙的日军形成大的包围圈。1月4日，川军第72军、第39军占领达摩山东侧和东北侧。日军粮食弹药奇缺，企图突围，被川军20军发现。军长杨汉城、师长夏炯亲率军、师直属部队将登山的日军围歼。同时，134师第400团截断日军退路。经过一昼夜夹击，消灭了日军增援旅团的大部。399团在古华山与日军展开激战，使日军不能突围。1月5日，新13师沿黄花市公路向长沙东郊之敌猛攻，以解长沙之危。45团于古港、春华庵附近与敌接触，激战至夜。1月6日，长沙近郊之敌被我内外夹击，欲挽颓势，放弃攻袭长沙，向枫林港、石灰咀逃窜。45团于南田附近强力阻击，新13师亦向牌楼铺猛烈攻击，官兵奋勇冲杀，激战整日，直至午夜终将敌击溃，敌军逃窜。同日，新15师44团于大和堂、徐家坝附近与敌交火并予以重击。1月7日，新15师全力于春华山、大和堂一线向敌猛烈攻击，新13师继续向南田、牌楼铺方面之敌攻击。敌机十余架轮番轰炸，投弹数十枚，企图阻挡我军攻击前进，但我官兵不顾一切，奋勇冲杀，将敌击溃。1月8日，新15师奉命在仙姑庙路口集结，防敌东窜。9日，敌窜过长乐街、福临铺、新市向新墙河溃逃。新15师奉命追击，兼程前进，1月12日，追击至悟口，以一部向磨刀尖敌独立第9旅团第一大队（青木大队）攻击，主力攻击长乐街及其近郊之敌，与敌激战，一度冲至长乐街市区。因敌千人增援，攻击受挫。1月13日，敌机轮番轰炸，我方沉着应战，至夜半，终于击溃敌人，攻占长乐街，并扫荡残敌，占领千树冲、王板桥一线，旋奉命向四六方追击。1月16日，到达杨林街，即奉命返修水整训。会战至此结束，此次战役，川军官兵伤亡1,200余人。第三次长沙会战击毙日军56,944人，俘虏日军139名，缴获战马270匹、步枪1,138支、机枪115挺、炮11门、手枪20余支。

△川军第45军调整部署：军部驻双河，第127师驻新集，第125师驻茅茨畈，向安陆、马坪、随县之敌警戒。中旬，第125师374团由洛阳派出一个加强营，向平林店日军据点袭击。头天下午出发，利用树林隐蔽前进，次日拂晓，突袭敌军碉堡，破坏其交通设施后，迅速撤回洛阳店。

△四川省开始对1939年开工的新津机场进行扩建。机场占地1.2万亩，共计征调成都附近20个县的民工30余万人。

△四川省政府主席张群向新津县政府发布训令称："第十一区专署提请改善修筑机

场民工待遇一案，由国民政府交通部航空委员会、参政会、四川省临时参议会代表暨地方绅耆详加研讨，已对成都行辕颁行的《四川省非常时期征工服役暂行办法》拟订较以往办法所定待遇为优的修正办法，正转呈最高国防委员会核定。在修正办法尚未核定施行以前，各县对于修筑机场民工待遇，应特加注意，尽量优厚，俾期健全民力，而增工作效率。"

△叶圣陶在成都创办《国文杂志》。

△进步学术刊物《大学》在成都创刊。编委是陈中凡、黄宪章、李相符、杨显东、马濬、陈家芷，特约撰稿人有王守礼、李安宅、李晓舫、施复亮、彭迪先等。该刊正确地阐明中国抗日战争的性质和应坚持的立场，并提出了许多抗战建国的正确主张；大力支持爱国民主运动，坚决反对国民党的专制独裁政策，有力地配合和推动了中共领导下的抗日民族统一战线的巩固和发展。

2月

1日 毛泽东在延安中共中央党校做题为"整顿党的作风"的报告。

△国民政府经济部物资局在重庆成立，管理日用必需品之供应及价格；何浩若任局长。经济部所属之平价购销处、农本局、燃料管理处等，均划归物资局管辖。

△成都市日用物品价格连日暴涨。成都经济检查大队奉令查封大批货品，和成银行囤积布匹2,900余匹被封存。

△川康兴业公司在重庆军委大礼堂举行成立大会。该公司旨在"吸收民间游资，从事生产，开发矿藏，以利抗战大业"。国民政府行政院指派张群为官股董事长，顾翊群、秦汾、卢作孚、黄季陆、邓汉祥为常务董事，邓锡侯等9人为董事，潘文华等6人为监事。商股董事有钱永铭等12人，监事有康宝恕等5人。资本为7,000万元，其中官股4,000万元（国民政府3,000万元，四川700万元，西康300万元）；商股3,000万元（重庆1,800余万元，成都1,100余万元）。迄至本月股款7,000万元已全部认足，实收股款6,074万元。该公司成立后，川康经济建设委员会即由国民政府下令撤销。

△川康兴业公司召开首次董监事会议，董事长张群提名聘邓汉祥为总经理，陈介生为总稽核，何北衡、戴自牧为协理。商股董事推选钱永铭为副董事长。

△由中华剧艺社（简称"中艺"）发起，为慰劳港沪脱险的戏剧、电影界友人，演出《大雷雨》。

2日 《国民公报》增办诗刊《诗垦地》。以后共出29期。

3日 国民政府行政院第549次会议决议：四川省政府委员兼财政厅厅长甘绩镛、委员兼建设厅厅长陈筑山，呈请辞职，应均免本兼各职；并任命石体元为四川省政府委员兼财政厅厅长，胡子昂为四川省政府委员兼建设厅厅长。

10日 成都国际电台开始与印度新德里直接通报。

11日 国民政府行政院经济会议以春节届临，为平抑物价，特令四川省政府将成都市经济检查大队查封的米、麦、菜籽、布匹、柴炭等物品，限春节前平价发售。四川省政府即转饬成都市政府遵照办理。

13日 国民党中央党史史料编纂委员会主办的《革命史绩展览》在重庆开幕,共展出史料11.4万余件。

△《棉纱统筹供销办法》开始实行,国民政府物资局局长何浩若发表谈话:"纱价提高为6,900元,由国民政府农本局统购统销,按原价直接售与用户;同时登记存纱,由政府定价收购,并采取以四川棉花易纱换布的办法。"

15日 中国滑翔机总会在北碚建立的中国第一个滑翔机场举行落成典礼。北碚民众捐献之"北碚号"滑翔机1架,中国电影制片厂捐献之"中国电影号"滑翔机10架,亦同时举行命名典礼。

△美国派遣史迪威为美军驻华战区司令兼中国战区最高统帅蒋介石的参谋长。

△本日开始实行食糖专卖。

16日 国民党重庆市党部主任委员陈仿先辞职,由杨公达继任。

17日 四川营业税局发表统计:1941年实收税款95,021,440元。

△国民政府行政院会议以四川省立重庆大学整理工作完毕,准予复校;任命张洪沅为该校校长。

18日 为纪念"新生活运动"8周年,蒋介石发表《告全国民胞书》,称:"现代战争中所谓全国总动员者,不仅是以前所谓动员限于武装将士出动,也不仅是技术人员和国民劳力的征用,乃是要以全国人力物力为对象,使之增加,使之集中,而加以统制和运用,以加强整个新年的力量。"

20日 重庆市政府呈准国民政府行政院制定取缔募捐办法。

22日 中华全国文艺界抗敌协会在重庆中苏文化协会召开会员大会,讨论改选下届理事及版税、版权问题,并慰勉香港脱险作家,发表《致图书审查委员会的公开信》。

△西康粮食征购,自1941年11月1日开征,截至1942年1月中旬,已征足7,889,931市石,超额完成征购任务。计宁、雅两属6,538,989市石,康属1,350,942市石。

△四川省第三次全省兵役会议开幕,四川省政府主席张群在致辞中指出:"兵役中借势磕索,买人顶替,虐待壮丁,贿纵强拉,流弊繁多,无可讳饰。"此次兵役机构改组由三级制(军、师、团管区)变为两级制(撤销团管区),由征训合一变为征训用合一。军管区负责人在会上公布:全川共有甲乙组壮丁3,885,008名,其中260余万名正待整训。

23日 《中英共同防御滇缅路协定》签字。国民政府国防最高委员会决议:国民参政会第二届参政员任期于2月底届满后举行改选,并修改原有组织条例。第二届参政会的职权于下届参政员全部选定公布之日终止。

24日 四川省粮食储运局分区会议在重庆、泸县、大竹、南充、宜宾5地举行,讨论粮食再度集中问题,并决议以各县县长兼任本县仓库主任。

25日 重庆市国民精神动员委员会为国民月会1942年度注意办理事项给各镇公所发出训令,要求遵照办理,并附《重庆市国民月会1942年度注意办理事项》,共9条。

是月 周恩来通过四川民盟负责人张志和之引见,在重庆机房街民主人士吴晋航家中第一次会见了刘文辉,向刘文辉分析形势,阐明中共政策,明确表示中共愿在政治上给地方民主派以支持,希望刘文辉促进西南地方民主力量的团结,联合起来抵制和反对蒋介石集团的反动政策。此次会见,使刘文辉同共产党的关系,由一般的联系开始进入实际联合阶段。

△由于中共重庆市委原领导成员均已先后调离,中共重庆市委再改组,彭咏梧、何文逵为委员。

△国民精神总动员会发布《国民精神总动员三周年纪念办法》。主要内容有:各省市在纪念日(3月12日)上午与孙中山逝世17周年合并举行的纪念大会后,举行大检阅,当地军警、团队一律参加;纪念会后举行体育、国术等表演竞赛;举行植树竞赛。重庆市除上述内容外,还要举行滑翔表演、音乐大会;将该市一年来军警各机关所缴获之鸦片、毒品及烟毒器具、赌具以及反动书籍等项,预为收集,于是日择地当众焚毁。

是月下旬 中国远征军第一次入缅(甸)印(度)作战。

△国民政府军事委员会发布命令:委范绍增为第10集团军副总司令;何绍周为第88军军长,下辖第62师、第63师、新21师。

△中共自贡中心县委被国民党特务破坏,中共中央南方局决定暂时停止自贡中心县委及其下属组织的活动。

△从1939年1月至1942年2月,重庆城郊道路干支线总长92,020.46米。市区各马路之路幅,规定干线一律宽22米,支线有18米和15米两种,其两旁之人行道,各占3米。全市有道工600余名。

3月

1日 中华全国文艺界抗敌协会成都分会成立,选举李劼人、叶圣陶、陶雄、厉歌天、陈翔鹤、王余杞、王冰洋等7人为理事。

△川康区营业税划归国民政府财政部直接税处接收。

4日 中印缅战区美军司令史迪威中将抵重庆,就任中国战区联军参谋长兼职。

△四川省银行再度增加资本,由2,500万元增至5,000万元。沱江制糖酒精公司正式成立,资金1,000万元,刘航琛任董事长,厂址设资中。

5日 国民精神总动员委员会在重庆召开"三周年纪念"第三次筹备会议,谷正纲、罗伯农、杨公达等37人出席,决定3月12日上午9时在都邮街精神堡垒广场举行"国民精神总动员三周年纪念大会",并通过了大会程序和大会仪式。

6日 报载:重庆嘉陵江区各煤矿年度共产煤572,648吨,销售513,921吨。

7日 成都国际电台与印度孟买直接通报。

△重庆针织品厂家纷纷歇业,失业工人达4万人。

9日 四川省政府主席张群及四川省保安处处长刘兆藜联名电令理番、靖化、懋功等县县长及区保安司令:特派保安团队第二指挥部指挥官谢撑宇率保安第二、四两团开赴该区,办理禁政及肃清匪患。

10日 陈纳德领导的"飞虎队"改编为美驻华第14航空队。

△成都市在全市分5处公开出售经济检查大队查封的囤积物品。

△国民政府粮食部部长徐堪在中央训练团党政班讲粮政问题说："四川征收实物与定价征购已超过原定1,200万石，达1,300万石以上，成绩卓著。"据粮食部统计，1941年度征实，全国21省原定田赋征实总额2,293万余市石，四川省征实额原定为600万市石，占总额的25%以上，居全国首位。1941年各省定价征购粮食总额为3,057万余市石，四川购额为600万市石，仍居首位。四川省征实和征购的实收数皆为678万余市石，亦均列全国首位。

11日 1942年四川省各县（市）地方预算业已全部核定，总额为5.7亿余元，其中文化教育经费为10,276.3346万元。

△据水利主管机关公布，四川省计划修建渠道塘坝44处，可灌溉农田799,000亩；已完工塘坝，可灌溉389,110亩。

12日 "国民精神总动员三周年纪念大会"在重庆市都邮街精神堡垒广场举行。国民精神总动员三周年纪念标语为："1.纪念国父要奋发革命精神！2.纪念国父要奉行国父遗教！3.加强国民精神总动员，争取抗战胜利！4.国家至上，民族至上！5.军事第一，胜利第一！6.意志集中，力量集中！7.倡导工作竞赛，表现精神动员！8.联合同盟友邦，打倒侵略势力！9.严肃战时生活，厉行节约储蓄！"蒋介石发表《纪念国民精神总动员三周年广播演说》。

13日 四川省政府主席张群发出《严密防范延安特务混入军队拉拢军官》的密令。

14日 中航公司DEZ式客机由昆明飞重庆途中坠毁，英国军事代表团团长邓尼斯等17人罹难。

15日 生活教育社在重庆举行该社成立15周年的纪念会，该社理事长陶行知报告生活教育的意义与特点，到会社员与育才学校师生共200余人。

△中国会计学社在重庆求精中学举行社员大会，改选潘序伦等9人为理事。

16日 国民政府修正公布《国民参政会组织条例》，重新分配240名参政员名额：各省市选出参政员由原90名增至164名，不以是否具有各该省市籍贯者为限。据新分配名额，四川应选出参政员8名（原为6名）。

17日 重庆市警察局向重庆市政府呈报1941年经募一元献机运动献金数目统计，重庆市16个区和石桥镇直辖镇共计经募献金确数为288,122元，已全部上解。

△王铭章将军抗日殉国4周年纪念日。国民政府为王铭章将军建立的专祠在新都县落成。公祭王铭章将军及王铭章铜像揭幕典礼在新都举行，国民政府及四川省政府、成都市政府派人参加。四川省政府主席张群主持祭礼，第22集团军总司令孙震揭幕。

20日 中国地质学会在重庆沙坪坝重庆大学举行第18次年会，将1942年丁氏奖金授予中央地质研究所所长李四光。

21日 孩子剧团本日起在重庆抗建堂公演六幕童话剧《猴儿大王》，揭露投降分裂活动和法西斯独裁者的反动面目。

24日 国民政府行政院通过《战时食盐专卖条例》。

△国民政府财政部宣布：(1)发行1942年度同盟胜利美金公债1亿元（四川省摊

派1500万元，5月1日开始发行），可以法币购买，每100元法币可购美金公债6元。(2) 发行1942年度美金节约建国储蓄券1亿美元，可以法币购买，每100元法币可购美金储蓄券5元，限期分为一、二、三年。自1942年3月26日起，由中国、交通、农民三银行及中央信托局、邮政储金汇业局办理。

△成都启明电灯公司为增加成都市电力供应，设咏霓湾分厂，由国民政府经济部拨给100万元，再由用户电费附加筹足30万元。

△国民政府教育部拨款70万元救济迁川各大中学校教师。

25日　《中央日报》报道，全国慰劳总会自1月13日至2月11日对重庆全市抗属进行总清查，全市共有抗属2,843户，计抗属人口7,058人。此次清查结果是，收回有出征军人已回里者、冒名顶替者、改嫁者、死亡者等旧发抗属证112名，荣誉牌65块。

29日　重庆各界在遗爱祠先烈墓地公祭革命先烈，刘峙主祭，吴国桢等陪祭，各界代表及先烈遗属参加祭礼者百余人，气氛肃穆。《祭文》为："重庆卫戍总司令刘峙，市长吴国桢，市党部主任委员杨公达等，代表全体市民，谨以鲜花清酌之仪，致祭于革命先烈之灵，曰：缅维先烈，怀谨抱真。灵镇河岳，气贯星辰。志歼群丑，取义蹈仁。基础以立，主义以行。艰难缔造，宏我汉京。丰功不朽，享祀无垠。抗战五载，正义日伸。眷怀忠荩，益励坚贞。秉承领袖，万众一心。争取胜利，用慰英灵。诹兹佳日，俎豆是陈。灵兮不昧，来格来歆。"

△国民政府颁布《国家总动员法》，共32条，定于1942年5月5日实施。《国家总动员法》规定，"政府于必要时得对征购或征用其一部或全部"；"政府于必要时得对国家总动员物资之生产、贩卖或输入者，命其储存该项物资之一定数量，在一定时间，非呈准主管机关，不得自由处分"；"政府于必要时得对国家总动员物资之生产、贩卖使用、修理、储藏、消费、迁移或转让加以指导、管理、节制或禁止"；"国家总动员物资及民生日用品之交易价格、数量，加以管制"；"政府于必要时，在不妨碍《兵役法》之范围内，得使人民及其他团体从事于协助政府或公共团体所办理之国家总动员业务"；"政府于必要时，得对从业者之就职、退职、受雇、解雇及其薪俸、工资，加以限制或调整"；"政府于必要时，得对机关、团体、公司、行号之员工及私人雇用工役之数额，加以限制"；"政府于必要时，得令人民向主管机关报告其所雇用或使用之人之职务与数量，并得施以检查"；"政府于必要时，得以命令预防或解决劳动纠纷，并得对于封锁工厂、罢工、怠工及其他足以妨碍生产之行为，严行禁止"；"政府于必要时，得对耕地之分配、耕作力之支配及地主与佃农之关系，加以厘定并限期垦殖荒地"；"政府于必要时，得对货币流通与汇兑之区域及人民债权之行使，债务之履行，加以限制"；"政府于必要时，得对银行信托公司、保险公司及其行号资金之运用，加以管制"；"政府于必要时，得对银行、公司、工厂及其他团体行号之设立、合并、资金资本、变更目的、募集债款、分配红利、履行债务及其资金运用，加以限制"；"政府于必要时，得奖励、限制或禁止某种货物之出口或进口，并得增征或减免进出口税"；"政府于必要时，得对人民之新发明、专利品或其事业所独有之方法、图案、模型、设备，命其执行、试验并使用之"；"政府于必要时，得对国家总动员物资之运费、保管费、保险费、修理费或租费加

以限制";"政府于必要时,得对报馆及通讯社之设立,报纸、通讯稿及其他印刷物之记载加以限制、停止或命其为一定之记载";"政府于必要时,得对人民之言论、出版、著作、通讯、集会、结社,加以限制";"政府于必要时,得对人民之土地、住宅或其他建筑物,征用或改造之";"政府于必要时,得对经营国家总动员物资或从事国家总动员业务者,命其拟定关于本案内之总动员计划并举行必要之演习";"政府于必要时,得对从事国家总动员物资之生产或修理者,命其举行必要之试验与研究,或停止改变原有企业从事指定物资之生产或修理";"政府于必要时,得对经营同类之国家总动员物资或从事国家总动员业务者,命其组织同业公会或其他职业团体,或命其加入固有之同业公会或其他职业团体";"政府对于人民因国家总动员所受之损失,得于以相当之赔偿或救济,并得设置赔偿委员会"。

△邓锡侯、潘文华、刘文辉赴重庆谒见蒋介石,请示川康军务。

31日 国民政府行政院任命刘航琛为粮食部政务次长。

是月 重庆60家银钱业的商业放款,占放款总额的80%,工矿交通放款仅占12%。

△王缵绪所部川军第29集团军归第六战区节制指挥,经过长达1,500华里的大迁回,由河南内乡经老河口、兴山、长阳到湖南桃园集结。蒋介石特升王缵绪为第六战区副司令。

△美国政府晋升陈纳德为空军少将,不久又晋升为中将。

△是月起,美国接受我航校第14、15、16期三期毕业学员300余名先后赴美培训,学习飞行技术。

△中华文艺界抗敌协会成都分会为了应付恶劣环境,布置新的战斗,改选理事,选出李劼人、叶圣陶、陶雄、牧野(厉歌天)、陈翔鹤、王余杞、王冰洋、苏子涵、车瘦舟等为理事;由牧野主编会刊《笔阵》。

△在成都的拓荒文艺社出版《拓荒文艺》。

4月

1日 国民政府财政部函请中央银行将库存美金券提出发行,以流通市面,并改订海关金单位含金量为88.8671公毫,规定关金券每元合法币20元,自本日起施行。

2日 国民政府公布《战时消费税暂行条例及税则》,其税率:普通日用品除免税者外,征5%,非必需品征10%,半奢侈品征15%,奢侈品征25%。

3日 "中艺"在重庆国泰剧院公演郭沫若新编历史剧《屈原》,轰动了山城。该剧是郭沫若为揭露和批判国民党的反共政策和投降暗流,采用借古讽今的笔法,在周恩来的关怀和指导下创作的。周恩来让中共在红岩村和曾家岩机关的工作人员轮流买票去看,并组织座谈,讨论该戏的政治意义,宣传《屈原》的创作经过和演出盛况。《新华日报》《新蜀报》《时事新报》都出了《屈原》演出特刊。重庆各进步报刊及时刊登了大量评介文章和赞扬《屈原》的诗词。《屈原》初演连续21场,场场爆满。

△成都《华西晚报》在《敌伪燃犀录》中，披露了敌伪汉奸周佛海、陈公博的内幕新闻，揭露周佛海将搜刮的金银存入英国银行，周、陈两人因分赃不均而互相吵闹，令人发指的丑闻。

4日 中国滑翔总会在重庆市两路口所建之跳伞塔举行落成典礼，此为中国第一座跳伞塔。

5日 重庆防空司令部设立防毒总队，警察局局长唐毅任总队长，下设区队、分队，负责防毒、消毒及发布毒袭警报。

6日 国民党中央社会部统计：重庆市登记的全国性社会团体共50余个，其中以学术性社团为最多。

8日 美空军第一次飞越喜马拉雅山驼峰，开辟了四川对外的空运航线。

11日 《大公报》报道：据主管方面统计，四川省盐产量共约1,070万担，除本省年需600万担外，接济湘黔陕鄂年约180万担，供需相抵，尚有余盐。

△国民政府经济部物资局在成都设专员办事处，限令成都、华阳两县及本市所存棉纱，自4月1日起开始登记，逾期者，以囤积居奇论罪。

15日 国民政府财政部提用美国贷款中的2亿美元为发行美金公债的准备金。

17日 四川省第九行政区督察专员为忠县被炸及筹备防空救济金呈文四川省政府。

18日 由美国航空母舰上起飞的B-25型轰炸机首次轰炸日本东京、大阪、名古屋等城市。这是日本本土历史上第一次遭到空袭。日本国内人心惶惶，舆论哗然，社会骚动。日军大本营迫于形势，于印缅战争告一段落后，令日军驻上海和南昌的部队，急速拼凑兵力，迅速制定消灭我国浙、赣两省供盟国空军使用的衢州、玉山、丽水等机场的计划，以减轻对其本土的威胁。

19日 西康省政府与康藏上层人士合组康藏贸易公司，资本600万元，垄断康藏进出口贸易。

△四川省政府公布《各县临时参议会组织规程》，规定各县参议员名额：一、二等县20名，三、四等县14名，五、六等县10名。产生办法：各县遴选70%，本省依法成立的职业团体遴选30%。候选人由各县政府和国民党县党部提名，报经四川省政府省务会议决定。各县（市）参议会成立日期定为7月下旬。

△宋美龄在《纽约时报》发表《如是我观》一文，用长沙会战实例来说明中国军人魂："这种不屈不挠的精神，其表现的实例多得不可胜数。我只举最近的一个例子。1942年年初，有一位营长王超奎少校（属川军第20军）率领部队在河南省新墙河作战。敌人在数量方面占着压倒性的优势。当他被敌军重重包围的时候，他与他的五百个部下，每一个人都战至牺牲生命为止。这样至最后一弹，最后一人，在中国士兵是寻常的，算不得稀罕的事情。"

20日 万源县总工会等就该县民营铁厂80%以上倒闭、工商失业情形呈文国民政府，请求酌予救济。

25日 第三次全国参谋长会议及第四次军事教育会议在重庆举行。

△国民政府为颁发《国家总动员会议组织大纲》发布训令："国家总动员法经国防最高委员会第80次常务会议通过后，行政院依照《国家总动员法》29条拟具《国家总

动员会议组织大纲》，经国防最高委员会第82次常务会议修正通过，应即照办。"《国家总动员会议组织大纲》共16条。

27日 国民政府农业促进会与金陵大学合作研究，选定产量高、成熟早的良种小麦60、129、302号3种，于1941年秋扩种1,300余亩，可收1,900余市石。章文才教授选定的无核广柑1种，少核鹅蛋广柑5种，在江津大量培植，有母树千余株。

28日 綦江铁路开工兴建，先筑猫儿沱至五岔一段（计划在1947年8月全线竣工）。

29日 战时劝募公债委员会奉令于本月底结束。该会主任委员黄炎培宣布，该会成立以来，募债总额达50,927万余元。

△《大公报》发文报道国家总动员会议组织人选举及工作重心："国家总动员会议定于5月1日成立，《组织大纲》业经行政院第559次会议通过，并送请国防最高委员会核定。除依大纲之规定指派及聘任各委员外，并就委员中指定吴铁城、陈仪、贺耀祖三氏为常务委员，简派端木恺为秘书处处长，贺衷寒为人力组主任，徐柏园兼财力组主任，张果为兼物力组主任，周一鹗为粮盐组主任，陈体诚为运输组主任，王文宣兼军事组主任，朱惠清为检查组主任，叶秀峰为文化组主任。"该会常务委员贺耀祖称："国家总动员法令即将执行……惟重心仍在经济方面，以人力与物力之实质动员为主体，辅以其他各种步骤，迅使人力有合理之配置，物力有合理之分配，以加强抗战力量，早得最后胜利。"

是月 英军自缅甸退入印度，中国入缅军自腊戍撤退，滇缅路被日军阻断。

△国民党中央宣传部颁定《国家总动员宣传周标语》，共8条：1.国家利益高于个人利益！2.集中人力物力加强国防建设！3.提高工作效能！4.统一政令军令！5.加强物资统制！6.厉行节约！7.严禁居奇！8.增加生产！

△中共中央南方局草拟出了八路军与刘文辉24军抗日合作协定，共10条。内容为：两军合作，抗战到底；设立电台，互通情报；不在刘文辉的部队发展中共组织；联合抗蒋，相互支持。刘文辉表示愿遵守协定行事。

△全国慰劳总会《庆贺抗战将士新年运动报告书》称："经调查，驻在重庆之陆军（包括特种部队及在营壮丁）约50,000名，海军约1,000名，空军（包括地上工作人员）约200名，荣誉军人约900名，抗属约3,000户。"

△国民月会报告强调要"确立持久苦斗的精神，做好四项工作：发扬民族精神，发展国防科学，推动工作竞赛，厉行节约储蓄"。报告希望注意并遵行政府所颁布的法令，尤其是《非常时期人民团体组织法》《出征抗敌军人对合作社借款展期偿还办法》《屠宰税征收章程》《重庆市标管无主土地暂行办法》等四种。

△中国纺织公司染整厂工程师朱宏祥应宁波同乡董一峰之邀请，由重庆到成都筹办民康染整厂。该厂由浙江人集资法币500万元兴办，是当时成都唯一的机器染整厂，也是被誉为新中国成立前成都市"三个半烟囱"中的民族工业标志的"半个烟囱"。

5月

1日 川康黔三省实行火柴专卖，售价头等每盒0.6元，二、三等每盒0.5元。由国民政府财政部设立火柴专卖公司主持办理。陈光甫任该公司董事长，刘鸿生任总经理。

△四川省各行政区保安司令部与行政督察专员公署合并。各县国民兵团一律改隶县政府。

△国家总动员会议在重庆成立。

△为预防敌机空袭，经成都市政府、成都市警察局、成都市警备司令部决定：全市影剧院及书场等娱乐场所，每日午后4时方准营业。

△成都市举行劳动节纪念大会，全市工人同时举行总检阅。

2日 国民政府颁布《统一捐募运动办法》，共10条。

3日 成都市举行国家总动员宣传周开幕式。定5月7日为保甲动员日；5月8日为财力、物力动员日；5月9日为军事动员日。

4日 川康食糖专卖局向内江、资中、简阳、富顺等县蔗农发放贷款800万元。

5日 《国家总动员法》颁布实施。蒋介石向全国做题为"《实施国家总动员法》告全国同胞"的广播演说。

△《国民公报》关于重庆举行国家总动员宣传周的报道："国家总动员宣传周，于昨（4日）晨8时假夫子池新运会广场举行宣传大会，到国家总动员（会议）常务委员吴铁城、贺耀祖、陈仪，社会部长谷正纲、次长黄伯度，中宣部副部长潘公展，政治部副部长梁寒操，卫戍总司令刘峙，市长吴国桢，市党部主任杨公达，委员龙文治、吴茂绿、张兆，警察局局长唐毅，市商会主席周懋植，市总工会常务理事李克愚及各界代表5,000余人。"

△重庆青年举行劝募飞机活动。本次劝募工作历时三个月，重庆、璧山、江津、綦江、丰都、涪陵、广安等（市）县合献中国青年号飞机1架、滑翔机20多架，成都市献"四川青年号"滑翔机1架。

8日 国民政府行政院决议：拨款8,000万元，交运输统制局设厂提炼桐油，代替汽油，供后方运输之用。

9日 四川省驿运管理处发布调整各总段机构训令。

10日 《中央日报》刊载吴铁城文章《国家总动员的"三宜""三忌"》："三宜"为宜自动、宜全动、宜常动，"三忌"为忌浪费、忌空谈、忌卸责。

△成都市国家动员宣传周闭幕，全市10万群众大游行。

△内江县妇女会呈文内江县县长，希望县政府协助该会募资组建纺织工厂，收容贫苦征属，以增强战士杀敌之心。

11日 国民政府公布《战时管理进出口物品条例》，规定进出口货物：不以敌（沦陷区）友为取舍标准，凡属军需日用物品，概予弛禁。

△国民政府行政院为颁发《统一捐募运动办法》给重庆市政府发出训令:"查统一捐募运动办法,现经制定,明令公布,应即通饬施行,除分令外,合行抄发该办法,令仰知照,并转饬所属一体知照。"

12日 国民政府行政院任命何北衡为四川省水利局局长。

14日 报载:自实行火柴专卖后,厂商因存货堆积,资金周转困难,核价过低,亏累甚巨,相继停产者有江北复兴、重庆重华及涪陵、合川、自贡等地20余厂。

△四川省出口之生丝、猪鬃等因太平洋战争影响,销路断绝,川康兴业公司特向丝业公司投资1,500万元,并将小型猪鬃经营厂家合组成立四川猪鬃公司。

△四川省政府公布,"已有69县办土地陈报,将于1942年度按新科则征收实物"。土地陈报是为防止隐瞒土地面积、少报征粮的一项新政策。国民政府为办理土地陈报,拨出专项经费400余万元。到1941年6月9日,四川有55县完成土地陈报,计"溢收赋额"26万余元。

△浙赣会战开始(9月初结束)。川军88军所部新21师及川军23集团军所属的146、147师参加作战。

15日 敌侦察机一架,由湖北飞四川窥察,经万县、梁山、大竹,窜入重庆市空,旋经长寿向东逸去。

△川康建设期成会召开第五次常委会。决议事项主要有:(1)请缓征壮丁4个月,以利农事;(2)请续拨专款,查铲西康宁属烟苗;(3)请加强行政督察专员权责,并就征实问题向中央历陈民间疾苦。

△国民政府交通部与四川省政府议定,将四川省建设厅主管的川江船舶总队划归交通部管理。

△重庆临时参议会选举龙文治、胡仲实、潘昌猷三人为国民参政员。

22日 重庆市民实行立约购米,民食供应局预计每月照约发售之米约7万石。

△迁川工厂联合会设立工业经济研究所,由章乃器等主持,研究有关工业之法令、关税、劳工、保险、经济、金融诸问题,并出版定期会刊。

24日 成都报纸报道:四川全省共有"七七"纺织机5万架,手摇单锭机20万架,多分布于嘉陵江流域及长江上游一带。

25日 四川省1941年度开展的捐献军粮运动结束,共献黄谷54,428石,白米1,163石,杂粮1,509石,缴纳代金254.4775万元。

△重庆市警察局为惩处不参加国民月会者致函重庆市国民精神动员委员会称:"查5月8日第六区举行全区国民月会暨《国家总动员法》保甲宣传日,张家花园、大溪沟镇,参加人数踊跃。唯曾家岩镇参加人数最少,副镇长及镇干事亦未参加。对该镇兼镇长马壬应予严加申斥;对副镇长杜云卿拟记过一次;镇干事关子英,屡误要公,不堪造就,拟请撤职,以儆效尤。"

△日军第15师团师团长酒井直次中将率所部步、骑、炮兵18,000余人,在航空兵等优势火力配合下,猛攻兰溪,遭到我第49军63师和川军第88军21师的顽强抵抗,损失惨重,毫无进展。酒井恼羞成怒,亲赴兰溪督战。

26日 国民政府公布《战时食盐专卖暂行条例》,对食盐的产、制、运、销,均严

行统制。

△四川省临时参议会第六次会议选出参政员及候补参政员各8名，计：曹叔实、彭革陈、陈志学、黄肃方、但懋辛、任觉五、李琢仁、刘明扬等8人为参政员，朱之洪、邓和、王兆荣、谢伯诚、陈敬修、邓汉祥、廖学章、邱蕓双等8人为候补参政员。

27日 川军第88军21师独立工兵第8营由代理营长黄士伟率领，在一个步兵营的配合下，急行军从寿昌赶到兰溪东岸，趁月色在酒井师团前进道路上不易引起注意的地方密集布雷60余枚。

△陈独秀于在江津逝世，终年60岁。6月11日安葬于江津大西门外邓氏康庄。

△四川省政府决定拨款3,000万元办理农田水利。

28日 川军23集团军146师在浙赣会战的兰溪一线作战。日军第15师团先头部队在距兰溪1,500米处遭到我第49军63师守城官兵的迎头痛击。日军师团长酒井直次中将正行进到距城3,000米处，见岔路口有一高地，急忙登高察看。10时45分，一声巨响，酒井坐骑当即被炸死，酒井左脚被炸得粉碎，血肉横飞，抢救一个多小时，无效毙命，在日军中引起很大震动，因为在日本陆军历史上，"在职师团长阵亡，自陆军创建以来酒井直次还是第一个"。

29日 国民政府行政院院长蒋介石签发《研究国家总动员法实施程序》，共9条。

30日 国民政府财政部致电四川省政府请转饬所属机关协助推进消费品专卖。

是月 川军第88军副军长兼新21师师长罗君彤率部在枫桥、茨坞、安华等地构筑阵地，阻击企图夺占衢州机场的日军；中旬在金华、兰溪一线连续5天5夜阻击日军之后奉命撤离，隐蔽于北山、鲤鱼山、浦江、中余等地，与敌进行游击战，拖住敌人。这次阻击战十分惨烈，川军将士在弹尽粮绝的情况下，浴血鏖战，奋勇与日军展开肉搏。日军虽有绝对优势，但始终未能撞开88军防线。此后，新21师继续在富阳、诸暨、浦江、金华地区袭击敌人的铁路公路交通线，狙击敌人在富春江上的水运船只。守卫衢州大机场的是川军第23集团军145师。下旬，师长孟浩然派部队在安仁、樟树潭一带抗拒日军。

△四川省政府密令各校，对进步学生可按非常时期维持治安紧急办法，取消其学籍，由当地警察局押送至战时青年训练团（1941年10月1日在巴县兴隆场五云山成立，实为劳动营），对学生家属诡称奉令调训。

△四川省防空司令部为在成都各机关、厂栈进行人口、物资疏散致电四川省政府，电文称："迭据近日情报，华中、华北机场敌机骤然增多，本市空袭危机迫在眉睫。除严令市府警局警备部队加紧疏散人口，并限制娱乐场所开演时间外，至贵府所属在蓉各机关、厂库物资等特电请转饬于5月31号以前彻底疏散完竣，免遭无谓牺牲。"四川省防空司令部先后制定了《四川省重要城市人口疏散办法》《四川省重要城市人口强迫疏散办法》《四川省重要城市物资疏散办法》。

△国民党中央宣传部制定的《国家总动员宣传提纲》下达后，有500余种报刊被查封。

△中共中央在延安召开文艺工作座谈会。毛泽东在会上发表了重要讲话，深刻地阐明了文艺为工农兵服务的根本方向，系统地回答了现代文艺运动中许多有争论的问题。

△成都坚持了近3年的专门性戏剧刊物《戏剧战线》停刊。该刊以川剧为武器，以鼓励人民投身抗日洪流为宗旨，从不同侧面反映抗战主题。

△中国入缅甸作战的远征军转移至八莫、密支那，再进入野人山脉，沿野人山脉进入印度兰姆伽。在进入野人山脉前，远征军将全部重装备一律销毁。在沿野人山脉进入印度兰姆伽的转移过程中，由于饥饿、疾病，不少官兵牺牲。

6月

1日 东北四省旅渝同胞在重庆广播大厦举行东北四省抗敌协会成立大会，选出理事、监事59人。

2日 国民政府行政院任命冯小彭为四川省地政局局长。

3日 川康粮政局局长康宝志在全国粮政会议（1日在重庆开幕，6日闭幕）上报告：四川1941年粮食征购超收140余万石，其中超额者11县，十成者14县，八成五者45县，不足八成者6县。他强调："征购虽已逾额，但农民极为痛苦。"

△四川省政府一年来验收各（市）县解缴烟土膏灰2万余两，除优质烟土解部外，其余夹料烟土同成都市警察局缉存烟具，于本日（禁烟节）在成都少城公园焚毁。

4日 四川省临时参议会闭幕（5月20日开幕），议定四川省1942年度粮食征购总额为1,600万市石，征900万市石，购700万市石。为抵补流滥减免及其他不足之数，由四川省政府临时酌情增加，如有余额，留作地方公用，或作1943年度征实填补之用。6月25日经国民政府行政院核准。9月1日开始征购，限三个月内竣事。

8日 国民精神总动员会为改进《重庆市各区镇国民月会意见》致重庆市国民精神动员委员会训令："本会为明了重庆市各区镇保甲实施精神总动员暨推行国民月会情形，曾于4月17日派汪今亮、杨作民两同志会同该会及渝市监察局举行实地访问，顷据该员等报告改进意见五项，经审核尚属可行，兹特抄发该项改进意见，仰即参酌各地实际情形分别予以改进为要。"《改进重庆市各区镇国民月会意见》主要内容为：1. 重庆市各区镇，每月月初进行月会，须于举行前一日由各保甲长预先鸣锣通告，届时再由保甲长挨户催促，如有无故不到或强蛮旷缺者，自应予以适当处分。2. 重庆市现有游艺场所40所以上，如评剧、川剧、楚剧、魔术、相声、大鼓、双簧、清唱、电影、武术、杂技、金钱板等，但大多集中于一、二两区，应由重庆市动员委员会给予登记，并于每月各镇进行月会时，分配各镇表演正当游艺，以资助兴。3. 凡住在市区的公务人员眷属及使役，须按月参加驻在地的国民月会。4. 月会督导员的地位及其任务非常重要，不仅要躬自参加，以身作则，更须脚踏实地，努力辅导。5. 重庆市各区镇国民月会参加人数，亦拟采用竞赛方式，优者奖励，劣者惩罚，俾能相互竞进，借收宏效。

10日 四川劝储分会推行各（市）县节约储蓄，截至6月9日，节储总数已达5,700万元。

13日 据四川农改所统计：四川省小麦种植面积1939年为1,652.9万亩，1942年增至2,013.9万亩；1939年产量为2,005.9万市石，1942年增至3,243.5万市石。

△成都市警察局演习紧急应变处置。

14日 重庆各界庆祝"联合国日"。英国驻华大使薛穆盛赞重庆"象征中国不屈不挠之意志与决心","成为联合国家所为振奋之精神象征","成为全世界各地家喻户晓之一名词"。

15日 重庆对公务人员及其家属生活必需的煤、油、盐、布四类,实行定量分售。

△重庆市成立居民身份证登记处,规定市内居民均应取得联保切结,申请登记,领取身份证。

16日 国民党中央陆军军官学校举行庆祝该校成立18周年大会暨阅兵典礼。

17日 农民银行在四川所放农贷,总额已达2亿元,1942年农田水利贷款为2,900万元。

△四川省政府公布《征收房捐章程》,规定全川各县(市)凡居民超过100户的乡镇,一律征收房捐,自住房屋按租价抽5‰,出租房屋按租价抽5%。

19日 四川省捐献军粮委员会发出关于举办汇献军粮及颁奖典礼的公函,定于1942年7月7日在全川各县举行汇献及颁奖大典礼。

△成都市警察局局长方超召集全市人力车工人训话,不准他们参加"非法"组织。

20日 国民政府教育部拨款30余万元,将设于江津的国立体专改为培养体育师资的"国立体育师范专科学校"。

△国民精神总动员会为7月份月会增加《国家总动员法》宣传致电重庆市动委会:"查国家总动员法既于颁行之初,亟应唤起人民之认识与遵行,本会已函洽国家总动员会议制定的遵奉《国家总动员法》宣誓誓词一则,附送到会,兹随电颁发,希即转饬所属于各地举行7月份国民月会时,增加遵奉《国家总动员法》宣誓仪式,并于节目中列入该法之讲演一项。"

26日 四川省教育厅奉国民政府教育部令:凡每年高小毕业生达200人及以上之县,均须设县立中学,并设20%至30%免费学额、10%至20%公费学额。

27日 国民政府公布《1942年同盟胜利国币公债条例》,发行国币公债10亿元,四川省摊派3.5亿元。

△"中艺"到重庆北碚公演《屈原》,连续演出近3个月。

28日 国民政府食糖专卖局为推广川糖销售,分别于西安、老河口设立运销处,办理对西北地区及豫、鄂两省之运销工作。

29日 报载:川康食糖产量逐年下降,蔗农咸以粮价高涨,多改种粮食作物,总计1942年蔗糖较1941年减产25%。

△国民政府颁布《妨害国家总动员惩罚暂行条例》,共计15条。其中第13条为:"公务员假借职权,利用国家总动员之机会发布命令,致人受损害者,处三年以上十年以下有期徒刑。"第14条为:"公务员包庇他人或本条例之罪者,依该条规定处断,加重其刑至二分之一。"

30日 重庆市国民精神动员委员会为转发《改进重庆市各区镇国民月会意见》给各区镇训令"仰即遵照督饬该管各镇公所切实办理"。

是月 国民政府国防最高委员会通过《各省市县举行动员会议通则》,共10条。

△中共中央南方局批准正式组成新的中共川康特委,书记王致中,委员马子卿、王栋。

△是月3日,蒋介石权衡整个战局,决定放弃衢州。5日,日军进至衢州东南和东北附近,企图包围衢州城,卡断川军守城部队的退路。为粉碎日军图谋,我军除留少数步兵于城内牵制日军外,大部队向后转移。6日晨,日军向防守衢州大机场的川军145师刘子生团正面进攻。刘子生团长指挥全团官兵奋勇激战,将日军全部击退。日军出动飞机向我军狂轰滥炸,并增派援军从侧面冲入机场。刘子生率领少数部队同日军展开肉搏,杀死日军数十人。刘向官兵下令:"拼死也绝不后退一步,我们就战死在机场上!"终因寡不敌众,团长刘子生负伤后又冲入日军群中肉搏,遭日军一大佐用战刀砍成两段,壮烈牺牲。其余川军官兵亦全部战死在机场上。至7日晚,衢州沦陷。国民政府军事委员会因团长刘子生为国捐躯,着升其少将军衔,开追悼会,从优抚恤。

△据重庆市政府关于办理兵役行政的报告,1942年度第二期适龄壮丁调查于4月份办理完竣,全市共有甲级壮丁8,006名,乙级壮丁4,109名,共12,115名。第二期壮丁抽签,于4月27日起分期举行完毕,全市计抽出壮丁2,742名。中签之壮丁,经由警察局先后交拨各部队接收者,共计1,301名。其中,4月份交拨220名,5月份交拨688名,6月份交拨395名。

△葛稚波、熊梦碧等筹备组织进步妇女组织"女性社",并在《华西晚报》开辟了"女性"专栏(旬刊),宣传进步思想及妇女解放。

7月

1日 国民政府财政部制定《法币统一发行办法》,由中央银行统一发行,各省地方银行钞券概由中央银行接收。

△国民政府公布《战时烟类专卖条例》,自1942年8月1日起在四川、西康两省及鄂西区域实施。

2日 成都市米粮价格发生波动,四川省粮政局决定严格管制,取缔非法交易,制止米粮外运。

3日 成都市各级学校员工所需食米,原由成都市民食供应处供应,因粮食市价波动剧烈,食米来源缺乏,民食供应处自7月份起暂停止供应。

4日 女青年协会成都女青年会举行献金活动。

6日 中央大学地质系主任朱森教授,因其夫人误领5斗平价米被诬告革职,遂致忧愤成疾于本日病逝。

7日 中共中央发布《为纪念抗战五周年宣言》,指出:"摆在我国抗战面前的两大问题即:(1)如何争取时间,克服困难,以达抗日的最后胜利;(2)如何对目前的抗战及战后中国的建设取得各党派的一致意见,以便更好地团结抗战,团结建国。"

△成都市各界举行抗战5周年纪念大会,检阅国民兵团,慰劳抗日将士、征属,发动献金献粮。

　　△18集团军、新四军总部公告：抗战5周年，同敌人作战14,600次，毙、伤、俘日伪军132,000人。

　　9日　报载：重庆市银钱业，除中国、中央、交通、农民四大国家银行外，共有各省（市）银行14家，商业银行32家，银号14家，钱庄32家。

　　10日　四川省物资局局长何浩若称：四川战前每年内运棉纱12万件，现仅赖迁川工厂少量生产，月仅4,400件。

　　△川康盐务管理局盐井河船闸通航典礼在自贡邓井关举行。盐船两批共12艘由自贡出发，经邓关闸直放泸州，全程仅需5日，较以往用人工扳闸挽船，缩短航期25天。该工程1939年底开工，1942年5月完成，耗资1,300余万元。

　　11日　四川的酒精厂（酒精可用于替代汽油）设置过多，原料不足，四川省政府下令各县对不合规定者即予封闭。成都耀华、友联等十余家，自贡利华、公益等5家，资中源通等5家，内江京华等10家，富顺2家，大竹、梁山、广元、彭县、遂宁、合川、简阳等县各1家，均在封闭之列。

　　12日　国民政府军事委员会为颁布《国家总动员法实施纲要》发布训令，"令仰遵照并转饬所属一体遵照"。《国家总动员法实施纲要》对实施《国家总动员法》各条的具体职能部门加以明确。

　　16日　国家总动员会议致电四川省物资局，要求速与成都经济检查队洽商，对成都黑市棉纱交易侦查破案，并实行棉纱管制。

　　17日　重庆市节约储蓄数额已达3.6亿元，其中，国币储蓄券为2.18亿余元，美金储蓄140万元，普通储券约1亿元。

　　△四川省同盟胜利国币公债筹募委员会举行第三次会议，重新决定法币公债全川各（市）县派额。成都市派额为8,000余万元。

　　19日　四川省动员委员会为供应前线川康各部队医药需要，特发起募集医药运动，计募得药类24大箱，寄前方备用。

　　△国民政府行政院任命王元辉为四川省第十六区行政督察专员兼区保安司令。

　　23日　成都市公民举行《国家总动员法》宣誓。

　　27日　国民政府公布依照《国民参政会组织条例》遴选的第三届参政员名单，共计240名。中共方面的毛泽东、林祖涵、秦邦宪、陈绍禹、邓颖超、董必武等6人继续留任。四川省8名：黄肃方、曹叔实、但懋辛、李琢仁、陈志学、彭革陈、刘明扬、朱之洪（任觉五辞职，以朱之洪递补）。重庆市3名：龙文治、胡仲实、潘昌猷。依照《组织条例》第三条丁项遴选的四川籍参政员有：邵从恩、张澜、李璜、陈豹隐、曾琦、周道刚、晏阳初、胡霖。当选的参政员还有张澜、黄炎培、晏阳初、许德珩、谢冰心等。

　　△国民参政会二届二次大会休会期间，驻会委员举行最后一次会议，通过了沈钧儒等建议的《请政府保护小工厂案》。

　　28日　国民政府行政院会议决议：免重庆卫戍副总司令贺国光职，派郭寄峤继任。任命石体元兼四川田赋管理处处长，王锡圭任副处长。

　　△成都市商会呈文国民政府财政部，请求政府开放银行信用放款业务。

30日 重庆至迪化间无线电话通话。

31日 四川省物资局拟定重庆棉纱新价格。计：棉之标准价格由540元增至800元；20支厂纱最高限价由6,900元增至8,580元。

是月下旬 受周恩来直接指派，王少春等三名中共党员携带电台到雅安，帮助刘文辉建立与延安的直接联系。王少春每逢收到明码电报，都抄送一份给刘文辉，还请刘文辉转给成都、重庆的军政朋友暗中传阅。王少春等和电台一直工作到解放军进入雅安。

是月 四川省建设厅组织20多位工程测量人员进入新津县五津机场，进行测量并赓即开展征地、拆迁等工作。

△美国史迪威将军为了洗雪其亲自指挥下造成的缅（甸）战惨败耻辱，首次提出"打通中印公路计划"。

△由汉口内迁的上海申新第四纺织公司在成都设立的申新四厂蓉庄办事处，选址华阳县桂溪乡三瓦窑，动工修建申新第四纺织公司成都分厂，将原已由汉口抢运疏散存放于申新四厂宝鸡分厂及重庆分厂的纺纱机、织布机，分批分期装运至成都。

8月

1日 中国航空公司重庆—兰州线开航。

△成都—重庆间无线电话通话。

△川、康、鄂西区全部实施烟类专卖。

△蒋介石电令四川省政府督饬各级行政长官一律在征粮期间出巡宣导，充当"督粮委员"，宣讲政府新的收粮政策，指导乡、保、甲长向农民收粮，并明令"其有阻挠征购及从中舞弊者，不论地位高低，准督粮委员送交军法审判机关，就地军法从事"。

4日 国民政府行政院第375次会议：任命张洪沅为四川省立重庆大学校长。

5日 民生公司建造浅水轮船10艘，供川江内河行驶。

6日 四川丝业公司在重庆举行股东会议，改选董事监事，公推张群为董事长，增资3,000万元。

△国民政府委员杨庶堪（沧白）在重庆南岸大石坝寓所病逝，终年62岁。杨庶堪，四川巴县人，早年参加辛亥革命，曾任四川省省长、大元帅府秘书长、广东省省长等职。8月20日，国民政府明令褒奖。11月22日，杨庶堪追悼会在重庆夫子池新运服务所举行。

8日 四川省地政局决定在川省各区择18县成立地籍整理处。已在泸县等10县成立。四川省地政局办理土地测量、登记及规定地价等政务，限4个月完成。

9日 国立交通大学重庆分校奉国民政府教育部令改为总校，自下学期起暂设电机、机械、航空、土木、管理五系。

△张群在四川省水上警察训练所第一期毕业典礼上宣布：乐山、宜宾、泸县设水警分局，并在总局所在地成都设水警所。

14日 重庆为庆祝第三届空军节举行首届跳伞比赛，成都举行首届模型飞机比赛。

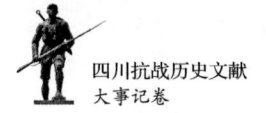

22日 重庆至兰州开辟新航空线。

26日 四川省水利建设已动工者有遂宁南北堰、洪雅花溪渠、三台北堰、峨眉熊公堰、雅安青衣渠等5处,由中国、中央、交通、农民四银行和信托局贷款500万元。

28日 四川省政府会同四川军管区司令部制定《四川省乡镇以下各兵役人员拉丁强服兵役惩罚办法》,但拉丁之风仍未因此停止。

29日 四川省政府通令各县:购粮起征点原定为三分,现改为五分起购,不满五分之户,一律免购。

30日 四川省建设厅厅长胡子昂谈四川省建设动态:机械制造厂由原省立机器厂合并,资金1,500万元,钱新之任董事长;水泥公司资金700万元,主办人徐宗涑;农业公司资金600万元,主办人刘伯量、胡恭叔;丝业公司资金3,000万元,张群兼任董事长。

9月

1日 国民政府行政院任命王士燮为重庆市粮政局局长,原局长涂重光免职。

2日 成都市因现钞缺乏,各行庄支票不能现付,金融界收缴困难,发生支票付现事情。成都市政府为安定金融,严行取缔贴水。

5日 1942年田赋征购实物于9月11日及16日分别开征,由原定1,600万市石增为1,760万市石;摊派数较1941年增加300余万市石。购粮价格增加为每市石150元,七成付粮食库券,三成付现金。

6日 著名报人张季鸾在重庆逝世,终年57岁。

△国民政府财政部决定:自1942年9月1日起,四川省境内中国、交通两银行所办农贷业务,均移交农民银行办理。农行已在各县乡设合作金库90余所。

△四川省田赋管理处处长石体元向新闻界报告征实工作改进情况:征的方面不复以粮银为标准,按实际收粮多寡以定征额,收粮多者多征,少者少征,边瘠县份无粮可征者,则折征法币。购的方面,本有粮多纳,无粮少纳之原则。兑换方面,1942年度增设1/2兑换处,以便就地纳粮,就地纳款;并将省县级公粮列入正额,不在正额之外。

△中国化学会第十届年会在沙坪坝重庆大学举行(7日结束),选举李承洛为会长,曾昭抡为副会长。

△中央通讯社《参考消息》报道:四川省水上警察局派成都警察所所长刘伦及警察局侦缉队大队长刘嘉兴分率武装警员于1942年8月30日在仁寿缉获私设征税之匪徒20余人。

8日 四川省推行国民教育两年来,据统计全川4,368乡,62,483保,已设中心学校4,401所,国民学校35,094所,民教班36,544班,学生总数4,758,493人,教师总数114,310人。

△报载:四川省1942年桐油产量约4万至5万吨,除少数供燃料及照明外,提炼汽油仅需1,000吨,外运断绝,销路大成问题。

9日 重庆市举行首届体育节庆祝大会。

11日 四川省社会处已在70余县市成立社会科,其余各县(市),统限年底成立完毕。

15日 国民政府行政院任命彭纶为四川省第十五区行政督察专员兼区保安司令。

16日 "中艺"在国泰剧场举行从北碚返回重庆的第一次公演,演出夏衍的话剧《第七号风球》(又名《法西斯细菌》)。

18日 《新华日报》发表周恩来撰写的社论——《第十一年的"九一八"》,指出胜利前途已经确定,号召全国团结努力,共赴时艰。

△《新华日报》开始革新版面,在加强言论和新闻特写的同时,在原有副刊的基础上,增辟了以思想教育为主的"团结""友声""边鉴"等专栏,把共产党的影响带到国统区,传播到世界各地。

19日 一架日机由鄂西飞入川境,在涪陵上空盘旋侦察后逸去。

△大量游资集中在内江、资中、自贡等地,导致金融业务畸形发展。四联总处令当地各分支机构设法纠正利率高扬的现象,以免重庆市资金外流。

25日 统制棉纱供应之福生蓉庄,因领纱手续繁苛,并克扣浆量,被纺织业群众捣毁。

29日 一架日机由鄂窜川窥察,抵重庆附近木洞折返。

30日 嘉陵江运输处建立沿线通信设施。划广元、南充、重庆三段,每隔5里即有电话联络,并造15吨至20吨木船60艘,煤气船18艘,设巡迴工程队以开凿浅滩。

是月 参加浙赣会战的88军所部川军新21师,自松阳地区向盘踞在缙云、武义、永康之敌发起反攻,推进至雅畈一线,61团在武义城郊与日军展开两天一夜的攻守战,经过多次冲锋和肉搏,终于收复武义县城,63团经过强攻夺回永康县城,追敌至上下菱道之线,与日军形成对峙状态。

△中华文艺界抗敌协会成都分会召开欢迎会,欢迎路过成都的冯玉祥、老舍、王冶秋、叶石荪等。这次集会正值"皖南事变"后国民党顽固派发动反共高潮的时期。冯玉祥等人出席欢迎会,支持了进步的文艺活动,使成都的抗战文艺运动向更坚实、更深入的方向发展。

△《文艺先锋》创刊号发表国民党中宣部部长张道藩的《我们所需要的文艺政策》一文,代表官方提出"六不""五要"的文艺政策。"六不"指:1.不专写社会的黑暗;2.不挑拨阶级的仇恨;3.不带悲观的色彩;4.不表现浪漫的情调;5.不写无意义的作品;6.不表现不正确的意识。"五要"指:1.要创造我们的民族文艺;2.要为最痛苦的平民而写作;3.要以民族的立场而写作;4.要从理智中产生作品;5.要用现实的形式。"六不""五要"的实质是要文艺为国民党的政治服务,不准暴露国民党统治的黑暗。对此,进步文艺界召开座谈会或撰文进行了尖锐的批判。

△四川省防空副司令朱瑛病故,国民政府川康绥靖公署主任兼四川省防空司令邓锡侯调任127师师长陈离为四川省防空副司令,陈离于9月21日就职。

△是月起,国民政府对食糖核价,管制糖品交易价格。

10月

1日 四川军管区司令部参谋长戴高翔调职，遗职由徐思平继任。

△四川粮食储蓄运动局成都办事处成立，康志宝任处长。

△南迁至成都的燕京大学正式复校开学。学校校部及女生宿舍在成都陕西街华美女中，另由四川省政府将邻近石室中学的华阳县何公巷文庙拨给燕京大学作男生宿舍。燕京大学所需实验室、仪器、图书等，由华西大学支援。

2日 美总统罗斯福的特别代表威尔基离蓉飞渝。威尔基于10月1日抵成都，四川省政府主席张群举行茶话会欢迎，四川外交协会向威尔基赠送锦旗。威尔基在重庆期间，曾会见国民政府主席林森、军事委员会委员长蒋介石及中共代表周恩来，并向我全国发表广播演说，谓："全力反攻之时机业已到临。"

5日 中国航空建设协会总会长蒋介石为颁发《修正委托中中交农四银行经办各项捐款献金办法》给重庆市分会训令。《修正委托中中交农四银行经办各项捐款献金办法》共计14条。

7日 中共中央派赴重庆与国民党当局谈判的代表林彪偕伍云甫到重庆。13日，林彪在张治中陪同下会见蒋介石，向蒋介石提出扩编中共军队、要求国民政府发给药品和有关新四军的问题。

9日 苏联红军取得斯大林格勒战役的胜利。毛泽东为此撰写了《第二次世界大战的转折点》一文。

10日 四川省各县（市）1942年上半年税收较1941年增加1倍，计：屠宰税41,138,658元，房租1,029,233元（成都未列入），使用牌照税及行为取缔税等3种新税为1,281,985元，特许税15,607,957元。

△成都、重庆两市分别举行"国庆纪念会"，蒋介石在重庆"国庆纪念会"上宣布：英、美两国政府已正式通告我国，表示愿撤销在华治外法权及其他有关权益，另订平等新约。

12日 20架"忠义号"战斗机在重庆举行呈献典礼。

14日 全国木刻展览在重庆举行。

19日 中华全国文艺界抗敌协会在重庆召开纪念晚会，纪念鲁迅先生逝世六周年；因当局不允，中途被迫停止。

22日 国民参政会第三届一次会议在重庆开幕，出席参政员200余人。选举蒋介石、张伯苓、吴贻芳、莫德惠、李璜等5人为第三届国民参政会主席团主席。蒋介石在开幕会上致辞说：今天不只是"军事第一"，也是"经济第一"，希望参政会协助政府执行战时经济法令，克服经济难关。

23日 《新华日报》发表题为"坚苦笃实，自强自立"的社论，指出"最值得我们警惕的，是日寇的阴谋""我们内部的团结一致，是争取抗战胜利的必要前提""目前问题是政府应以天下为公的精神，适当地解决民族团结间一些实际问题，修明内政，改善机构，以配合军事和经济之努力"。

△《中央日报》《扫荡报》联合版发表题为"本届参政会的使命"的社论，社论称："我们对于本届参政会与参政员的期望，简单地说，可提三点：其一，为民主政治的示范。……其二，为提供切实建议。……其三，为协助推行法令。"

25日 两架敌侦察机先后由鄂窜窥川境，旋向东逸去。

27日 敌侦察机一架由鄂窜川，飞抵涪陵后折返。

28日 成都市各界举行防空节筹备会，并发动防空献金运动。

29日 蒋介石在国民参政会第三届一次会议上发表关于"加强管制物价方案"的报告书。

△重庆市警察局拟定1943年度推行国家总动员应办事项计划，主要内容为：1. 成立经济警察队；2. 添设管制股；3. 加强执行限制酒食消费；4. 严密取缔黑市场，平抑物价；5. 执行取缔奢侈品的运销制售；6. 执行取缔市民的奢侈行为。

31日 国民参政会第三届一次会议闭幕。本次大会先后通过了政府提交的《关于管制平抑物价各项建议案之决议》《1943年政府对内对外重要方针审查意见和联合报告》《关于参政会设置经济动员策进会》等提案，并选出孔庚、褚辅成、李中襄、王云五、邓飞黄、陈博生、许孝炎、杭立武、陶百川、江一平、但懋辛、江庸、王启江、郭仲隗、林虎、阿旺坚赞、冷遹、黄炎培、于斌、罗衡、何葆仁、董必武、陈启天、许德珩、王普涵等25人为国民参政会第三届一次会议休会期间的驻会委员。

△成都市临时参议会举行会议。

△重庆各界文化劳军运动委员会主任委员谷正纲，副主任委员吴国桢、杨公达、康心如为发动文化劳军运动致电重庆市临时参议会，"请号召全市同胞热烈响应文化劳军，以资激发民气，鼓励士气，而为全国楷模"。

是月 中、美、英、苏四国代表在重庆召开军事会议，讨论和研究对日作战。

△重庆自1941年7月开工增辟的防空洞工程，分4期进行，于本月全部竣工。共计改善公共防空洞317座及大型隧道5处，洞内之通风、照明、防毒等设备及挡墙、木门支撑、坐凳、水沟等设置完善；增辟隧道2处、公共防空洞94座。隧道口之扶梯构造极直者，各建钢筋混凝土掩蔽一座；各隧道之适中地点，复开凿直井通气洞共8处；隧道内分装电灯、打风机、抽风机及发电机等。较大之公共防空洞，均择要装置通风照明设备，各洞口装有防毒门幕一樘，全市共装138樘。

△冯玉祥将军在重庆遭到蒋介石、何应钦的扼制和封锁，活动范围受到限制，无法施展其救世济民的宏伟抱负，只得每周星期五举行"家宴"，邀约学者、名流、民主人士等新旧朋友，借以交流信息，沟通情愫。后来聚餐会逐渐变为有形组织"利他社"。

△蒋介石为安抚人心，决定"借人头，平物价，息民愤"，由重庆军法执行总监部宣布，判处新都县银行经理、川康银行新都办事处主任、四川省粮政局第一民食供应处顾问吴绍章死刑；判处川盐银行郫县分行主任陈仲虞、福川银号郫县分号主任叶柳溪无期徒刑。

11 月

1 日 《中央日报》《扫荡报》联合版发表题为"发扬平等精神，重建国际秩序"的社论。

△国民政府军事委员会为国民精神总动员会业务归并国家总动员会议发布训令："经决议国民精神总动员会业务归并国家总动员会议办理，仍保持原有名称；工作竞赛推行委员会，仍隶国民精神总动员会；均维持原有经费，仍旧列在国防最高委员会预算内给领。……该两机关既经改隶，其原有经费应改列行政支出，由国家总动员会议给领。"

2 日 《新华日报》发表题为"彻底团结，表里一致"的社论，指出：五年来，我们以数百万的生命，无数财产的牺牲，全国同胞的辛苦，来继续坚持抗战，维护团结统一局面，这对于我们来说是支付了极大的代价的。"我们维护着全国团结的局面，然而事实上，'彻底的团结'的障碍，还挡在我们前面。"社论呼吁，"团结要彻底，政策实行要表里一致"。

6 日 四川省银行增资 4,000 万元，由国民政府财政部负担 1,000 万元，四川省政府负担 2,000 万元，其余 1,000 万元则为商股。

7 日 成都市临时参议会闭幕，此次会议通过议案 99 件。

10 日 四川古物保管委员会及四川省博物馆于 9 月中旬在成都外西抚琴台发掘古墓一座，掘出墓身及石像、画册等大量实物，证明此系五代时前蜀皇帝王建墓。

△川康两省政府商定，将省营各生产事业全权委托川康兴业公司代办。该公司为求周转灵活，向四联总处洽妥低利贷款 5,000 万元，并可随时支用。

△《文化先锋》第 1 卷第 3 期发表施蛰存的文章《文学之贫困》，攻击抗战文艺"穷困得可怜""怕要衰亡"了，引起郭沫若、茅盾、陈白尘等人的批驳。

11 日 中央大学全体教授发出《致全国大学教授书》，表示不愿接受友邦给予的生活补助费，以顾全国家体面。

12 日 国民党第五届十中全会在重庆开幕。

△成都市各机关首长齐集市中心春熙路孙中山铜像前，举行谒像仪式。

△四川电话管理局在成都、宜宾、遂宁设立工程区，并将在重庆、达县设立工程区，以管理电话设施。全川各乡镇已安装电话机 5,000 部，平均每乡镇 1 部。

16 日 国民政府军事委员会公布《党员公务员及士绅子弟调查征集办法》："1. 由各县（市）长、县（市）党部书记长、国民兵团副团长、军事科、社会科长及师管区遴派一员，组织特种壮丁调查委员会，以县（市）长为主任委员，党部书记长为副主任委员，其余为委员。2. 以县（市）为单位，定期将全县党员、公务员及士绅子弟调查登记，于检查后抽签公布之。3. 凡党员、公务员及士绅子弟，确已应征入营参加作战或亲送其子弟应征者，给予奖励并保障其工作。4. 凡经调查依法应予征集者，限期送征入营，逾期或逃避者，其父兄开除党籍，停止其工作并予究办。5. 凡党员有关之应征入伍者，如是调查不实者，应由县党部书记长负责，以颟顸舞弊论。6. 凡党员、公务员及士绅子弟应征者，可准入模范队或特种部队。7. 党员入党，公务员请委时，应填表叙明家中有无壮丁，是否应征入营。8. 乡（镇）保长以出征抗敌军人家长充当为原则，其新任乡（镇）保长中有子弟应服兵役者，先送征入营后，再派充乡（镇）保长。"

17日 四川省政府主席张群在国民党五届十中全会上报告四川省施政纲领时说：全川139县、市、局参议会大部已次第成立，并已举行第一次会议；共有县参议员、候补参议员及秘书3,532人，其中国民党党员2,463人，占5/7。截至上月底，全省已有成都、新津等38县（市）成立了保民大会。为实行政教合一，全省已成立中心学校4,680所（已达每乡1所），国民学校30,443所（已达3保两校），在校学童共计3,424,000余人。粮食征购，自9月半开征以来，截至11月半，已收910余万市石，约占预定征购总数1,600万市石的60%。

△《国民公报》报道："根据本年十月第四届全国兵役会议之决议，决定今后以军师管区所在地为征兵示范区，现并决定以重庆市为征兵示范实施之开始。闻推进此种工作，将组织重庆市征兵督导委员会，由有关各高级机关派干员参加，厉行征兵所规定之调查、检查、抽签、征集等程序，务期办到合理合法，其组织办法正呈请核示中。兵役署长程泽润，兹为明悉各地推行兵役实况起见，已定期分赴市区及附近各乡镇视察督导，以谋改进。顷探悉，程氏于上周已经轻装出发，赴巴县井口乡、磁器口镇等处，视察督导，昨日转赴璧山城中乡、青木乡，此行所注意者，为检查各乡镇所造之壮丁名册是否确实？国民兵训练是否认真？出征军人是否依照规定征集中签壮丁？征属优待是否合理确实？即晚返署。并拟日内分赴其他各地视察。"

21日 成都市各界纪念防空节，并检阅防空、防护部队，追悼殉职人员，发给有功人员奖状。

22日 "中艺"在重庆公演话剧《长夜行》。

23日 国民参政会经济动员策进会筹备就绪，召开第一次常务委员会议，出席者30余人。

25日 国民党第五届中央执行委员会第十次全体会议通过《策进役政宏裕兵源案》。该案称，"检讨役政现状，成绩远逊所期。是应责成役政各级负责人员，依照法令规章，彻底推行"，并提出8条推进办法。

26日 中苏文化协会妇委发起同盟国妇女联欢会，邀请在重庆的英、美、苏等国妇女参加。

△一度被禁止放映的反法西斯影片《大独裁者》在重庆公演，重庆《新华日报》出版评论专辑，抨击法西斯独裁统治。

△成都市东较场辟为滑翔机站，选派大学生参加训练。

27日 国民党第五届十中全会在重庆闭幕。会议研讨了经济问题及党政工作，通过实施物价管制及义务劳动制等案。

△中国国民党第五届中央执行委员会第十次全体会议致电慰劳前方将士："军事委员会转各战区及驻印全体将士钧鉴：抗战六年，吾前方将士浴血挥戈，无问寒暑，杀敌致果，历久弥坚；又复与盟军并肩作战，万里长征，殄寇仇于异域，耀武节于寰区；凡

兹艰苦忠贞，至堪企念。尚望益励精神，继续奋斗，上秉最高统帅之胜算，共奏联合国家之凯声。特电慰劳，惟希鉴照。"

29日 四川耆老尹仲锡因病在成都逝世，终年74岁。

是月 四川省政府公布实施《川康各酒精厂所需糖蜜桔糖红糖分配办法》，规定红糖、桔糖、漏水糖为特定酒精原料，只准酒精厂购用。

12月

1日 成都市绅民热烈欢迎英国访华团。

2日 英国议会访华团到成都访问，川康绥靖公署主任邓锡侯、副主任潘文华宴请访华团。

△成都市政府、国民党市党部联合发出通知，整理全市工人组织，凡被认为"不合法"或"宗旨悖谬"者，一律取缔，并强制工人参加工会和限制退会。

△燕京大学在成都复课。该校在北平被敌封闭后迁成都，梅贻宝任代理校长。

5日 国民政府行政院院长蒋介石为各项捐募运动必须经上级主管机关核准给重庆市政府训令。训令强调："各种捐募运动，务须依照统一捐募运动办法，先将计划、用途及募集方法报告该管社会行政机关会商各该事业主管机关核准；其向国外捐募者，必须呈经本院核准。其未经核准擅自捐募者，以违背法令论，由该管社会行政机关随时制止，以昭划一而杜流弊。"

8日 国民政府任命贺耀祖为重庆市市长，原市长吴国桢免职，于16日交接。

△在成都报名（从11月中旬开始）参加中国赴印度远征军的知识青年达5,200余人，体检合格者2,229人，编入设在成都的国民政府军政部教导第二团集训。

12日 中华全国文艺界抗敌协会以物价高涨、稿费过低（按字计酬，低于排字工），提出改善意见向出版界协商，并吁请国民政府在审查和寄递方面予以便利。

△驻苏联大使邵力子到北碚复旦大学讲演。邵力子12月6日在重庆沙磁区讲演"使苏观感"，后又到中大、重大、南开及市中各校讲演。邵力子对苏联在反法西斯战争中的卓越战绩及必胜因素，叙述甚详。

△成都市政府拨款3万元作为筹划查勘费，兴办本市自来水工程。

△成都启明电灯公司以每月收入电费仅法币180万元左右，而煤炭消耗、工薪开支即达240万元，月损失60万元，此项损失系由偷电、抢电或不交电费所造成，特请成都市政府处理。

14日 周恩来在中共中央南方局办事处党员大会上报告"国共关系问题"，提出"三个坚持"：坚持团结，反对分裂；坚持抗战，反对投降；坚持进步，反对倒退。提出"三个争取"：争取好转，勿忘防御；争取合作，勿忘斗争；争取发展，勿忘巩固。并强调做好"三勤"：勤学，勤业，勤交友。

15日 成都市公共汽车试行通车。路线为东门车站至西门车站。

△重庆市电报局正式开放中美间无线电传真电报。

17日 国民政府公布《限制物价办法》。蒋介石通电全国，所有物价以1942年11月30日为评定标准，自1943年1月15日起一律实行限价。

18日 成都市参议会呼吁各方切实革除平价弊端，如米粮质劣，盐粮掺沙，均应改良。

19日 四川省1943年度各县（市）地方预算经审定，计岁入岁出总额各为91,412.7926万元，较1942年预算数增加60%。

20日 重庆市社会局令饬重庆盐业、食油、棉花、棉纱、布匹、燃料、纸张同业公会，以上民生重要必需品，一律以1942年11月30日的价格为标准，重新议定价格，一星期内呈核，以作正式颁布之依据。

22日 四川省政府为抄送叙永县参议会请国民政府财政部放宽信用放款限额提案向财政部发出咨文。

24日 周恩来、林彪与国民党谈判代表张治中举行谈判，向张提出四点：（1）共产党合法化，国民党可到中共区域办党、办报，共同实行三民主义；（2）18集团军扩编为4个军12个师；（3）陕甘宁边区依现有区域为行政区，直属中央政府，改组华北地方政权，实行中央法令；（4）中共军队战后原则上接受开往黄河以北的规定，目前只能做准备工作。30日，张治中在电话中告诉周恩来，中共所提条件与国民党相距甚远。

25日 劳军运动已普遍开展，成都市进行献金竞赛，各代表当场献金达11.3万元。

26日 中华全国戏剧界抗敌协会第三届理监事改选，选出理事田汉、洪深、阳翰笙、熊佛西等31人，候补理事夏衍等15人，监事赵丹、郑君里等10人，候补监事常任侠等5人。

△第三届全国美术展览会在重庆中央图书馆开幕，展出历代著名书画作品。半月内参观者逾14万人。

△中国滑翔总会在重庆举行百架滑翔机命名典礼。

27日 中国国民党中央成立了由国民党中央党部秘书长吴铁城、军事委员会参谋总长何应钦、国民党中央组织部部长朱家骅为首的实施援韩政策领导小组，使中国国民党的援韩工作完全纳入中国国民党中央的直接调控之下。

29日 国民政府行政院决议，四川省立重庆大学改为国立。

△国民政府行政院任命国民党四川省党部主任委员黄季陆为四川大学校长。

△"中国艺术剧社"在重庆成立。该社主要是由太平洋战争爆发后陆续由香港、上海撤到重庆的戏剧、电影工作者组成。主要负责人有于伶、金山、宋之的、司徒慧敏等。

30日 6架日机由鄂窜川，抵达梁山附近后折返。

31日 国民政府发布命令，表彰忠勇抗战殉职将领38人。入祀忠烈祠的川军将领有陆军第145师师长饶国华、陆军第122师师长王铭章。

△重庆文化界进步人士在百龄餐厅举行招待会，祝贺"中艺"导演洪深50寿辰，沈钧儒、郭沫若、茅盾、老舍等进步文化人士300余人参加了招待会。

是月 号称"基督将军"的冯玉祥鼓励基督教徒募捐赈济，成立了全国基督教节约

献金总会。其献金用途，由救济难民逐渐扩展为"慰劳抗战将士、充实国库、建军建国"。但因献金范围仅局限于教会，地区局限于重庆，故收获不大。

是年 国民党特务加紧进行反共活动，自贡、涪陵、射洪、三台等地下党组织遭受严重破坏；泸州中心县委主要领导人被捕，使当地地下党长期与上级失去联系；南充、安县、筠连、仁寿等地均有地下党员被捕，仁寿一次就有43名地下党员被捕。

△自1942年起，四川省预算编入国家预算（由原来的国、省、县三级财政改为国家财政、县财政两级），地方主要收入划归中央接管。中国、中央、交通、农民四行在四川设立之总分支行，已增至153所，较战前增加3倍，资本总额占全川银行的56%以上。

△是年春，冯玉祥、沈天灵联系迁川工厂联合会和国货厂商联合会组织聚餐会，推举冯玉祥为主持人，推选沈天灵为总干事。经冯玉祥提议，聚餐会定名为利他社，又名利他聚餐会，社址设在重庆毛吟槎牧师主持的基督教社交会堂内。利他社成立后，以每隔一周聚餐一次的方式，进行一些爱国民主宣传活动。每次聚餐都邀请一些知名爱国民主人士莅临演讲，计先后有陶行知、郭沫若、邓初民、屈武等，内容主要是宣讲抗日形势和持久抗战必胜的道理。

△是年夏初，川军第26师奉命参加浙赣会战，未及与敌接战，敌即退却。

△据四川省民政厅《民政统计》，1942年四川省户口为7,806,925户，平均每户5.88人。总人口45,922,844人，其中男23,641,446人，女22,281,398人，性别比为1：1.06，人口密度每平方公里151.22人。

△四川省各县政府员额设置（指导员、督学员未计算入内）为：一等县60～69人，二等县54～63人，三等县42～55人，四等县36～49人，五等县36～45人，六等县35～44人。全省有县（市）局长142人，其中持有国内外大学学历者86人、专科学校学历者29人、军事学校学历者10人。

△四川储蓄总数为10.27亿余元。

△据国民政府经济部统计，截至1942年底，全川合于《工厂法》标准的厂矿已由1937年的115家增至1,654家（包括官办165家），占国统区厂家总数的44.01%。工业资本总额由战前214.5万元增至11.3012亿元（其中官营资本71,133.7万元，占63%），占国统区工业资本总额的52.28%。拥有的动力设备达62,208马力，占国统区总数的43.22%。工人人数由战前的1.3万人增至15.44万人，增加10倍以上。

△全川稻田每市亩平均收获4市石，所担负的征实、征购、县级公粮附加、地方积谷和收粮时规定溢收的15%之折耗等项，每市亩共负担2.38市石，占每亩收获总量的59.50%。

△据何应钦著《八年抗日之经过》一书所附《抗战期间各省历年实征壮丁人数统计表》载，1942年内四川共征送壮丁366,625人。

△截至1942年12月，法币发行总额为344亿元，发行指数为2442%，较1941年增加126.90%；同期，重庆趸售物价指数为77,776%，较1937年前增长184.10%，货币购买力指数为战前的1.28%。

△一年来，重庆市为公私机关及工商团体建造防空洞经查勘合格者核发执照126

处，共完成私有防空洞5,873.31米，足以容纳34,632人。对于不符合规定之私有防空洞，概予封闭或责令切实改造。

△据1943年《四川经济季刊》载：截至1942年底，中央银行、中国银行、交通银行、中国农民银行四大银行在四川设立的分支行共计153处，其中，中央银行30处、中国银行49处、交通银行23处、中国农民银行51处。

△据重庆市工务局统计，至1942年底，重庆市有路灯1,900余盏，已登记之人力车2,300辆、板车500辆、马车12辆、脚踏车127辆、小轮2,700乘。

△几年来，重庆遭日机滥施轰炸，市区房屋损毁过半，故营造事业甚为发达。据重庆市工务局统计，3年来共核发营业执照2,500余件、修理执照3,200余件，并取缔无照动工之建筑物1,400余处，取缔危险建筑物800余处。

△进入1942年后，中共四川党组织按照中共中央南方局的指示，认真贯彻周恩来提出的"三要"（要勤业、勤学、勤交友）、"三化"（职业化、社会化、合法化）的要求，贯彻中共中央南方局拟定的《大后方紧急处置办法》，保护党组织，保护党员。地方党组织的各级干部和党员，通过各种社会关系和家庭关系参加社会活动。部分队员还打入了国民党的基层组织、政府机关和军队，利用合法地位，掌握情报，掩护党的组织和活动。为了适应国统区政治环境，四川党组织在抗战期间建立和维护了党的公开和秘密交通线，还创造性地采用了一种团结进步青年的秘密组织形式——"据点"。

△1942年度，四川省共有国民及初等学校44,362所，教职员136,771人，学生3,001,309人，毕业生760,307人。全省共有公私立中等学校469所，教职员12,492人，学生162,652人。其中，中学有356所，教职员9,651人，学生141,505人；师范学校59所，教职员1,344人，学生12,531人；职业学校54所，教职员1,497人，学生8,616人。

△重庆《大汉国民报》改组，康之心任董事长，曾通一任社长，曾俊修任总编辑。该报"以地方经济建设为言论记载之中心"，主张加速川康建设，代表四川金融界的意见。

△《新华日报》成都分馆联合读书生活出版社、生活书店，在位于成都祠堂街88号的《新华日报》成都分馆营业部搞了一次书刊大减价。国民党特务借口出售"反动书刊"，查封了生活书店、三联书店和《新华日报》成都分馆。经周恩来亲笔写信向国民政府交涉后才启封。

△《华西晚报》文艺副刊出版，由陶雄主编。

△华西大学校董年会报告称金陵大学、金陵女子大学、齐鲁大学、华西协合大学四校的合作情况："每周至少四校长例会一次，协商关于行政、财务、教职员待遇及有关公共事宜，以故虽分四校，实合作为一，迄无冲突摩擦之虞；每月有四校教务协会，由四校教务长、注册主任会商关于授课时间规律、招生考试各问题；同样亦有训导长协会，磋商关于学校训导事宜。"当时，成都华西坝地区各大学共设有文、理、法、医、农5个学院，有六七十个系，还有一些专修科，各类学科比较齐备。

华西大学成立了多个研究机构：1. 华西边疆研究所，主要研究中国西部边疆的自然环境和文化，出版有《华西边疆研究会杂志》。该杂志内容包括自然环境、民俗风情、医药卫生、中医、针灸、牙医等。杂志向国内和国外（美国、英国、加拿大、瑞典、印度、苏联等国）进行销售或交换。2. 经济研究所，由程英琪主持出版有华西《经济半月刊》《经济科学专刊》等。3. 历史研究部，由钱穆主持，先后招收研究生10余人。

华西大学的学生由抗战前夕的560人增至970人。

△由陈耀真、邱焕扬创办的英文版《中华医学》杂志在成都出版发行，主编杜儒德（齐鲁大学），副主编邱焕扬（中央大学医学院），秘书陈耀真（华西大学）、潘铭紫（中央大学医学院），编委启真道（华西大学）、侯宝璋（齐鲁大学）。1943年4月，编委又增加重庆的戴天佑、贵阳的李宗恩。

△华西大学医院落成，交付使用，院长李建安。

△由乐山保育院合并73名儿童到新津保育院。每个儿童每月拨给食米2市斗；每月拨给8元，其中6元为伙食费，2元作日用品和文具费。

△四川征粮900万石，购粮700万石，共1,600万石。实际配额数为1,773万石，最后实收1,658万石。

△成都的米价为每石900元，是1941年的三倍。

△由于同盟国对日、德、意开始反攻，苏、美两国派空军进驻我国，我国空军及高射炮防空力量逐渐加强，日机仅数次窜入四川境内及重庆市上空侦察，未发生空袭。

是年秋 中国战区参谋长兼中印缅战区美军总司令史迪威将军将退入印度的中国远征军第66军新38师和新22师组成新编第一军，驻印度兰姆伽进行战备训练。

是年秋 位于四川省灌县蒲生场（现蒲阳镇）的空军幼年学校第三期共招收学生300人，编为第三、第四中队。

是年秋 金陵大学的赵一鹤与华西大学的刘盛舆、燕京大学的刘克林等暂时失去联系的共产党员和王晶要（王学燧）、崔嵬（崔铁民）、钟宗等进步学生6人，在赵一鹤的主持下，成立了校际秘密组织"蓉社"。他们以学习马列主义理论和共产党的方针政策，讨论时事政治，联系团结群众为主要活动内容。与"蓉社"建立的同时，校内又成立了"现实文学社"和"狂狷社"。负责筹建和组织这些社团并担任领导职务的成员，大多是抗日初期加入中共的地下党员或30年代参加中共领导的"左翼作家联盟""抗日宣传队""民族解放先锋队""抗日救国团""三联书店"等的革命同志。

△川籍王陵基将军兼任湘鄂赣边区总指挥，成为三省边区党政军一元化领导人。

△成都宝元通兴业股份有限公司为1940年该公司创办的宝星染织厂增拨资本20万元，既为织布厂扩充了棉纱来源，又为后来兴办纺纱厂做了准备。

1943 年

1月

1日 重庆银钱同业公会呈请国民政府财政部批准，金融界废除比期存放款制度。

△中苏文化协会妇委会的机关刊物《现代妇女》在重庆创刊。

△四川省1943年度省县两级公粮，经国民政府划拨稻谷300万市石，分配省级90万市石，县级210万市石。

△川康公路正式通车。

4日 四川全省各市县局1943年度地方预算，经四川省政府审定。计岁出岁入总额各为9.14127916亿元，较1942年度预算总额5.70020028亿元，增加60%；收支额最高的成都市为4,106.4424万元，最低的北川县为162.0017万元。与1942年度相比，成都市增加117%，增加最多，罗江县增加17%，增加最少。

5日 四川省粮食储运局局长刘航琛辞职，由席新斋继任。方琢章任四川省民食供应处处长。

6日 四川省各县米麦市价统计：米价璧山最高，每石售价566元，通江最低，每石200元；麦价威远最高，每石535元，通江最低，每石130元。

7日 国民政府增拨四川省外销物质经费，计蚕丝1,000万元，羊毛180万元，桐油120万元。

△四川机械公司举行创业会，推选卢作孚为董事长。资金3,000万由川康兴业公司、四川省政府及川康、交通等银行认担。

11日 中英、中美新约分别签字。中美两国关于取消美国在华治外法权及处理有关问题的条约与换文，在华盛顿签字。中英关于取消英国在华治外法权及其有关特权条约与换文，在重庆签字。

△国民党第五届中央执行委员会第218次常委会通过《各级党（团）部协助出征抗敌军人家属优待工作办法》，共计10条。

12日 四川省银行在成都召开董事会，决定资金总额为4,000万元，选举潘昌猷为常务董事，仍任董事长，甘绩镛等为董事，张澜等为监事。

△国民政府财政部决定拨款2亿元贷放于资中、内江等糖业，先拨6,000万元，作为紧急救济之用。

14日 张治中约见周恩来，提出希望中共放弃军队，被周恩来当场拒绝。

△成都市物价、工资调查完毕，成都市政府宣布实施限价办法，规定以1942年12

月30日的价格为准,从1943年1月15日起全市实行限价。

15日 四川省政府颁布《加强管制物价方案实施细则》《管制粮食实施细则》《管制日用品实施细则》,规定粮、盐、食油、棉纱、布匹、燃料、纸张等民用必需品的价格,由当地政府核定,有擅自抬价者,立即取缔,并按军法惩处;对运价、工资亦实行限制。

16日 国民政府教育部艺术文物考察团,在重庆中央图书馆举办敦煌艺术展览,展出隋、唐文物200余件。

△四川省防空司令部召开防空会议,规定:空袭警报发出后,禁止车马通行;紧急警报发出后,民众不许行动。

17日 中华基督教节约献金运动全国总会在重庆成立,选举王宠惠、吴国桢、鹿钟麟等31人为理事,冯玉祥为理事长,在成渝两地设立分会。(后改组为献金救国运动总会,冯玉祥为会长。)

△重庆市开始筹募胜利公债,全市筹募定额为1.5亿元。

19日 成都市实施限价后,各工商团体宣誓遵行。

20日 国民政府继田赋征实之后,又对棉纱、棉织品、面粉统税,改征实物。

△国民政府财政部饬令中央银行设立票据交换所,限制和管理省、市银行钱庄支票的使用。

22日 报载:实行烟类专卖以来,截止1942年底,重庆共获专卖收益2,300余万元。

△四川省1942年度田赋征实,已收谷16,003,494市石,玉米31,059市石,青稞1,702市石,总计16,035,255市石,已收足国民政府行政院核定的征购总额。

23日 国民政府粮食部与四川省政府在全川选地抽查大粮户结果,实际名额与租额较原报数字更多。成都县收租300市石以上之粮户,达300余户,1,000市石至5,000市石者,20户,总计租额在16万市石以上。

△四川省政府决定,1943年普遍策动国民工役,全川乙级壮丁500余万人,将以4/5从事地方水利、筑路、造林及垦荒工作。

△成都震亚信托股份有限公司申请成立。

24日 成都市限价范围扩大,凡属日用品价格均予限制。成都经济检查大队决定扩大组织,协助推动限价工作,查禁黑市。

25日 四川省第18届中学毕业会考,分68区同时举行。

26日 成都《新中国日报》刊载统计:宁属(西昌地区)畜牧事业,计年产黄牛42万头,牦牛1万头,猪135万头,马15万匹。

△涪江航道工程,自1940年11月开工,历时2年余竣工。柳林滩已夷平,航道畅通,并可灌溉三台北坝10万余亩土地。

是月 国民政府军事委员会电令四川省政府迅速组成"特种工程委员会",加紧扩建新津机场。由于规模大、质量要求高、时间紧迫,故四川省特种工程委员会以十万火急的命令动员征调了成都、华阳、简阳、新津、洪雅、仁寿等22县的民工,每县在万人以上,共计23万多人,立马奔赴新津动工修建。此次修建项目的主跑道长2.5公里,宽25米，机场总面积扩大到9,000多亩。

△成都的进步学术刊物《大学》二卷一期发表《本刊向何处去?》一文，提出应该特别注意：1.中国化科学之系统的建立；2.民主主义之理论的阐扬；3.宪政问题之缜密的研究；4.研究资料之系统提供；5.大学讲座之专书的编印。指出实现民主是当时抗日严重关头的需要。

2月

2日 成都经济检查大队查封川康、和成等银行仓库及货栈囤积货物3万余件。

5日 美国总统罗斯福的代表安诺德空军总司令、英国首相邱吉尔的代表狄尔元帅，自北非抵重庆，会见蒋介石，通报"卡萨布兰卡会议"详情，并商讨实施反攻缅甸计划，加强中国战区空军等问题。

△"中艺"为筹募赈豫灾款在国泰剧院公演郭沫若新编历史剧《孔雀胆》、话剧《祖国在呼唤》。

7日 四川省政府决定：以本省1941年度征实所得超收谷价款3,400万元，及该年度各县征实加工溢额的60%，拨作各县农田水利建设基金，通令各县市兴办小型水利工程。

10日 中国农民银行决定1943年度增放四川省农业贷款，重庆银行为7,500万元，成都银行为5,000万元。

11日 1942年度美金公债劝募成绩公布："截至目前，重庆已达1,000余万美元，为全国之冠。"

12日 重庆珊瑚坝举行献机命名典礼。中国航空建设协会发起的一元献机运动，已购机30架。

△四川大学农学院教授曾省之移植美国品种夏橙、血橙、脐橙，获得成功。

17日 重庆市政府为颁发《重庆市1943年度征兵实施纲要》《重庆市征兵督导草案》《重庆市征兵督导委员会组织草案》致重庆市国民兵团训令，"希查照督饬，切实实施，并将实施情形随时报核"。据《重庆市1943年度征兵实施纲要》，1943年度重庆市的征兵数额，原定3,120名，遵照各大都市征兵应增加三成的规定，应改为4,056名。

18日 "中艺"在国泰剧院演出老舍新作讽刺喜剧《面子问题》。

19日 国民政府任命蒋介石兼任国立中央大学校长。

△成都市举行"新生活"运动9周年纪念会，四川省政府主席张群主持，并分区实行市民生活检查。

△成都市召开征兵会，成立征兵协会，决定筹集壮丁安家费，筹备款分甲、乙、丙、丁、戊五等分摊。

22日 中国外交协会在重庆春熙大舞台举行大会，庆祝中美、中英订立新约，到会中外来宾1,000余人。

23日 国民政府公布重庆市临时参议会第二届议长、参议员、候补参议员名单。

计参议员32名，候补参议员15名。议长康心如，副议长李奎安。

△万县安达炼油厂与大华炼油厂合并改组，更名为大达炼油厂。资金1,000万元。以桐油提炼汽油、柴油。日产代汽油5吨。

△"中艺"举行二次公演，演出吴祖光的话剧《风雪夜归人》。

24日 国民政府设全国电信管理局，各地电报电话局一律改为电信局，废除电报韵目代日，并对电讯器材进行管制。

△日机9架在万县投弹28枚，伤17人，亡13人，损房264间，毁房7幢。之后又飞至梁山县投弹18枚。

△"中艺"在重庆国泰剧院演出夏衍根据世界名著托尔斯泰的《复活》改编的话剧《复活》。

是月 重庆《新华日报》《群众》等刊物连续发表杨华、汉夫、欧阳凡海、洪钟等人撰写的评论，对《战国策》主编陈铨等宣扬"意志哲学"，否认战争正义性和非正义性的区别的历史观、文艺观进行批判。

3月

1日 英商汇丰银行在重庆开业。

2日 国民政府行政院会议决议，中央大学设置教育长，协助校长综理校务，任命朱经农为教育长。

3日 蒋介石的《中国之命运》一书在重庆出版。

△中华全国戏剧界抗敌协会在成都春熙路三益公剧院举行中华全国戏剧界抗敌协会成都分会成立大会。

6日 国民政府行政院发出《关于运输工人缓服兵役暂行办法训令》，颁布《运输工人缓服兵役暂行办法》，共计12条。

△国民政府行政院为颁发《战时国防军需工矿业及交通技术员工缓服兵役暂行办法》给所属训令，"经国家总动员会议遵照行政院指示约集有关机关会商修正，提经该会第31次常务委员会通过并呈行政院核定施行"。修正后的《战时国防军需工矿业及交通技术员工缓服兵役暂行办法》共计9条。

7日 三民主义青年团四川支团团员代表大会在成都开幕，选举郭有守等11人为干事，任觉五为干事长，李天民为书记。

8日 重庆妇女界热烈庆祝"三八"节，美、英、苏等盟邦驻重庆妇女代表均出席，会后举行"妇女号"献机活动，当日筹集献机捐款120万元。

10日 美国驻华空军，改编为中印缅美军第14航空队，仍由陈纳德指挥。

12日 《国民公报》载中央社报道："12日为国民精神总动员第四周年纪念日，在加强实行'国家至上，民族至上；军事第一，胜利第一；意志集中，力量集中'三大共同原则以来及目下特别注意：（一）推行限价法令，安定国民生活。（二）加紧精神动员，完成物质建设。（三）提高战斗意志，争取盟国胜利。（四）奋发革命精神，实行战时生活的重要事项。国民精神动员工作之积极推行，非但为胜利之源，抑且为建国之本，国民精神动员纲领实施以来，我全国国民均能透彻认识我国的责任，及我国在世界大战中的重要性，互相策励，努力增强我们的精神，使横梗在我们面前一切的困难，皆因精神力量而消失。"

13日　《国民公报》载四年来国民精神总动员会的工作概况："国民精神总动员会成立于1939年3月12日，其工作由宣传开始，渐入于督导。业务分为两方面：一为国民月会之督导与考核，全国各机关团体部队等不论中央及地方，均由本会负责；二为工作竞赛之普遍推行。本会于1942年1月起设置工作竞赛推行委员会，专办各项工作竞赛推行之业务，一年以来已具相当规模，兹将过去四年之工作概况，择要条举于后。（一）制定本会法规等37种。（二）设置工作竞赛推行委员会。（三）视察各省市县关于精神总动员之工作。（四）指示并解释有关精神总动员之各种法规。（五）督导各省市县动员委员会有关精神动员之工作。（六）督导并抽查陪都各机关团体及各镇国民月会。（七）登记并审核中央及地方各机关团体国民月会报告表及督导员报告表。（八）发动各项有关精神动员之运动。（九）建筑精神堡垒。（十）主办各届国民精神总动员周年纪念大会。（十一）参加陪都各项有关之活动。（十二）编印精神动员季刊和周刊。（十三）编撰国民月会讲材。（十四）编纂国民守则小丛书。（十五）编辑民族英雄故事集。（十六）编印国民月会小丛书第一集，并续编第二集。（十七）发行纪念特刊。（十八）举行精神改造座谈会。（十九）邀请名人广播。（二十）翻印蒙藏文国民精神总动员纲领。（二十一）其他。"

14日　成都市设立民食管理处，市长余中英兼任处长。

15日　国民政府公布修正后《兵役法》，共计7章32条。

△重庆至宝鸡公路通车。

△成都滑翔机站举行落成典礼。

16日　日机27架由鄂袭川，在万县投弹90余枚，并用机枪扫射，伤50人，亡42人，毁房57间、木船28只。

17日　国民政府财政部电令四川、江苏、河南、山东、贵州、山西、河北、陕西等省财政厅，希迅速设置督导员以便整理自治财政。

△《新华日报》发表一组关于话剧《风雪夜归人》的剧评。

19日　中国、伊朗间无线电直接通报。

20日　四川省政府社会处成立空袭服务大队。

23日　"中艺"在重庆道门口银行联社公演话剧《北京人》。

△重庆市警察局紧急命令征送欠征名额。

24日　中国历史学会在重庆成立，顾颉刚任理事长。

△国民政府内政部发表全国保甲统计，四川计有：63,843保，723,372甲。

25日　川军第41军122师攻克湖北应城县日军所占重要据点屈家场、曹武街，毙敌百余。

26日　川军第41军122师继续攻占应城、皂市以北日军据点，并乘胜猛攻应、皂城区敌军。因敌工事坚固，我攻击器材缺乏，未果。

27日 中华全国文艺界抗敌协会在重庆文化会堂举行第五届年会,改选老舍、郭沫若、茅盾、姚蓬子、邵力子、张道藩、巴金、洪深、胡风、朱光潜等 26 人为重庆及外埠理事,冯玉祥、叶楚伧、谢冰心、潘梓年等 9 人为监事。通过取缔任意编选偷印、救济贫困作家、筹募文艺基金等多项提案。

29日 辛亥"三·二九"革命先烈纪念日(黄花岗起义)上午,重庆各界召开纪念大会,到遗爱祠公祭先烈;下午,在中央公园举行四川革命先烈纪念碑奠基典礼。

30日 中国劳动协会第四届年会,在重庆"新运"礼堂举行,修改会章并选举朱学范、陶百川等为理监事。

31日 由于话剧《风雪夜归人》的公演引起了重庆不同寻常的强烈反响,国民党当局下令不准上演和出版。

是月下旬 日寇由安陆、马坪出动 2,000 余人,向我驻守洛阳店的川军第 125 师 375 团发动进攻。375 团团长陈士俊率领全团官兵利用既设阵地,居高临下射击敌人,激战约 5 个小时,日寇败逃,遗尸十余具退回安陆,375 团亦伤亡 40 余人。

4 月

1日 四川省物产竞赛会在成都开幕,25 日闭幕。全川参加竞赛会展出的厂家共 1,362 家。其中:机械 210 家,纺织 207 家,电气、五金 121 家,矿冶 62 家,炼油 47 家,化工、制盐 70 家,建材 47 家,制药 29 家,造纸 25 家,酿造 77 家,文具、印刷 75 家,制革 27 家,陶瓷、玻璃 44 家,食品 45 家,火柴 48 家,烟草 94 家,其他 153 家。

△国民政府财政部东川、西川两税务局同时成立(由原直接税务局与税务局合并而成)。东川局设于重庆。西川局设于乐山,兼办西康税务。

2日 四川省政府根据国民党五届十中全会的提示,制订《1943 年度施政计划》,分定八大中心工作:(一)改进兵役;(二)改善征实;(三)增加生产;(四)管制物价;(五)加强户政;(六)整理地籍;(七)组训民众;(八)建立乡镇。

△四川省政府民食供应处处长方琢章辞职,遗职由四川省粮食局局长康志宝兼任。

3日 四川省政府通令各县成立整理积谷委员会,清理历年积谷,限 5 个月内办竣。

△地价税与地价增值税,次第开征。重庆市税额 1943 年度定为 3 亿元。

△"中艺"在中正路朝阳街"一川"大戏院公演陈白尘的历史剧《石达开》。前台主任沈硕甫因劳累过度心脏病突发去世。

5日 西康省将原毛织、制革、洗毛三厂合并为西康毛织厂,由西康省政府与国民政府经济部各出资 500 万元,合作经营。

△《新华日报》刊发沈硕甫去世的消息。给沈硕甫送葬的队伍在默哀中刚一出发,重庆街头就轰动起来,不少路人自动加入送葬队伍,送葬的行列长得看不到队尾。

7日 国民党重庆市党部为颁布《各级党团部协助出征抗敌军人家属优待工作办

法》向所属各级党部及三民主义青年团各级团部发出训令,"应即策动所属党团员努力推动,协助进行"。

8日 重庆、昆明间无线电传真开放。

△"中艺"在重庆公演曹禺的话剧《家》,演出轰动重庆。

11日 国产双座滑翔机在成都试飞成功。

12日 三民主义青年团第一次全国代表大会闭幕(3月29日开幕),团长蒋介石宣布了三民主义青年团中央干事会、监察会等当选人员名单。

△聚丰钱庄申请设立南充、新都分庄,财政部批准。

13日 成都市各大学遵照国民政府规定,自1943年上期起,学生一律接受军事训练,实行军事管理。

15日 国民政府以"充实战时军糈"名义,按市价九折全部收买四川省优待积谷。

16日 川康兴业公司召开第一次股东大会,通过总经理邓汉祥的业务报告书,决议:(1)1942年度盈余的1,685万余元,照章分配;(2)授权董事会于必要时发行公司债券3,000万至5,000万元;(3)修改章程,改选商股常驻监察。

17日 迁川工厂联合会在重庆举行第六届会员大会,通过"请政府普及工业贷款及设法补救电力"等案(该会会员,已由最初的30余厂增至237厂)。

18日 川康直接税局成都分局向成都市工商、新闻界宣布:成都区1942年税收预算为5,400万元,1943年预算为19,000万元,约增3倍;被征营业税者约有8,000单位,1942年共收入800万元。

19日 川康兴业公司公布成立一年来取得的业务成果:(1)垫款代购原料:为中国植物油公司、中国建业公司、四川丝业公司、恒顺机器厂、渝鑫钢铁厂、大华实业公司、嘉乐纸厂、三才生煤矿公司等11个单位代购原料共垫款2,224万元。(2)产业投资:创设四川机械公司,资本3,000万元;设立四川农业公司,资本600万元;向四川丝业公司投资1,450万元(含代购原料垫款600万元);设立炼油厂,投资200万元。(3)与民生实业公司等合作备交通、五金、机电器材,投资2,000万元。

△成都市购米户口复查完毕,自5月1日起实行凭证购米。

20日 陕西省政府驻重庆办事处在重庆中兴路凉亭子街37号开始办公。

21日 四川省管制物价联合办事处在成都成立。

22日 重庆举行国民兵团第二次献机典礼,共献驱逐机10架。

△全国工业协会在重庆召开成立大会。该会主席颜跃秋要求国民政府预先设法保障后方工业在抗战结束后的地位。国民政府经济部部长翁文灏在会上宣布:国民政府决定拨款1亿元定购价值2亿元的机器,以扶植后方工业。

24日 重庆市各慈善团体,1942年购置棺木2,000具,收殓市内弃尸,已不敷应用,目前市内弃尸每日平均约15具,需购棺木5,000具备用。

△四川省各界妇女捐献"妇女"号飞机委员会成立,邓王扶康为主任委员,周梅君为监察委员,范寓梅为总干事。

25日 国民党中央图书杂志审查委员会负责人潘公展,召集重庆市各剧社负责人、剧作家、导演等,宣布于6月1日起,征收剧本上演税,并规定必须遵照《中国之命运》

的精神，从事剧本编写、导演。

26日 纸烟制造工业同业公会在重庆成立。与会之机制及手工烟厂50余家，讨论如何抵制三斗坪一带从敌占区进口纸烟日益增多的局势。

△四川省政府作为川滇铁路公司的股东，认股5万股（每股100元），应缴500万元，截至本日，已缴130万元。

29日 国民政府公布四川临时参议会第二届议长、副议长及参议员名单：议长向传义，副议长唐昭明，参议员钟体乾等150人。

30日 国民政府行政院核准拨款2,000万元，救济四川省受灾各县。

是月 国民政府公布《非常时期报社、通讯社、杂志社登记管制暂行办法》，加强对出版事业的控制。

△中美两国正式签署《中美特种技术合作协定》，其有效期为"自协定签订之日起，至同盟国对日战争结束时停止"。协定规定："以中国战区为根据地，用美国物资及技术，协同对远东各地之日本海军、日本商船、日本空军及其占领地区内之矿产、工厂、仓库及其他军事设备，予以有效之打击。"

△万耀煌调任成都中央军校教育长，所遗中央陆军大学教育长一职，由陆军大学第四期毕业、曾在北平任过陆军大学校长的阮肇昌接任。

△苏联军事顾问团团长崔可夫将军派副团长沃利诺夫将军任中央陆军大学军事指导。陆军大学教育长阮肇昌组织5人战术小组，向苏联顾问学习苏联红军"师团野战技术"，同时邀请苏联军事顾问讲授苏军在"斯大林格勒会战"获得伟大历史性胜利的经过。

△成都的进步刊物《笔阵》停刊。该刊系中华全国文艺界抗敌协会成都分会的会刊，由叶圣陶和牧野两人担任主编。该刊以大量篇幅反映抗日斗争。郭沫若、茅盾、朱自清、王朝闻等都相继投稿。

5月

3日 中国药物自给研究所统计：四川制药厂家已增至70余厂；国民政府卫生署所列的160余种药物，仅有十余种需仰给舶来。

△重庆市银根奇紧，已达高峰，其原因：1. 限价法令形同一纸空文，物价继续上涨，商业竞相囤积居奇，需款迫切；2. 时值蔗糖、蚕丝收购季节，产区求现心切，利率高于重庆市；3. 衡阳、柳州一带，敌占区走私成风，汇兑频繁，资金外流，重庆市银行纷纷前往设立分支行。

4日 国民政府行政院第612次会议决议：四川省政府委员嵇祖佑、杜炳章呈请辞职，均予免职。任命沈鹏、冷薰南、余成勋、梁颖文为四川省政府委员。

△四川省省、市、县田赋管理处和粮政局（科）撤销，改设各级田赋粮食管理处，隶属国民政府财政、粮食两部，并受四川省政府主席的指导与监督。

5日 国民政府公布《县各级民意机关成立步骤》《县参议员选举条例》《乡镇民代

表选举条例》，均自本日起施行。

△成都市直接税局负责人宣称："1942年征收营业税1,800万元，所得税800万元，1943年根据新税法征收营业税、遗产税、所得税、利得税及财产租赁税，计划征收总额为19,000万元。"

△国民党中央宣传部《1942年度党政事业成绩》描述1942年国家总动员概况："在国营事业方面，封灌液体燃料、钢铁冶炼、机械工业、电器工业、矿业、电业等，本年度内均有进展，其生产数量，以与上年度相比较，递有增加；以之与预定计划相比较，大部达百分之六十至八十以上。""对于民营经建事业……各厂矿在此一年中，经政府之扶助与本身之努力，其生产成绩亦有可言者。"

6日 中华职业教育社在重庆张家花园举行成立26周年纪念会，理监事黄炎培等举行就职典礼。该社主办的重庆职业指导所发表5年来办理职业介绍概况，计：求职人数23,542人，介绍就业成功者3,000人。

△四川各界妇女捐献"妇女"号飞机委员会规定捐献办法：女大学生每人捐10元，女中学生捐5元，女小学生捐2元。

7日 1939年奉命留沪主持国民党党务的中统特务吴开先，以汪伪政府密使的身份带着日本的招降条件到达重庆，蒋介石派朱家骅、杜月笙、潘公展、程沧波、肖同兹等人到机场欢迎。后来蒋介石又亲自接见该汉奸。

△1943年全国契税收入定为7亿元，四川分配数额为1.977亿元。

9日 国民党四川省党部决定于1943年度分期召开县市代表大会，改组县党部。第一期27县2市，6月份以前完成改组；第二期68县，9月份以前完成改组；第三期43县，12月份以前完成改组。

△重庆区专科以上学校联合运动会开幕。

12日 重庆市市长贺耀祖发表《为鞋袜劳军运动告重庆市民书》。

13日 成都市田赋粮食管理处成立，副处长颜仲慈到任。

15日 黄季陆接办四川通讯社，余成勋、周璧成分任正、副社长。

△简阳等地天花流行，小孩死亡甚众。

中旬 敌向江南蠢动，川军第41军122师为策应江南友军，力攻应城县、皂市镇之敌，并占领了敌之伍家、小义堂镇、上巡店、圣场市等据点。

17日 国家总动员会议秘书长沈鸿烈在中央纪念周报告物价情况：重庆趸售物价指数，以1937年物价指数为准，1938年上涨1.5倍，1939年上涨2.9倍，1940年上涨9.3倍，1941年上涨21.4倍，1942年上涨82.5倍。

△全国慰劳总会通过《重庆各界鞋袜劳军运动办法》。

18日 驻华外籍记者联谊会在重庆成立，参加的外国报社及杂志社共20余家。

20日 日机25架轰炸梁山县，投炸弹75枚，烧夷弹12枚，伤9人，亡3人，损房10幢，毁房24幢。

21日 中美签订《关于处理在华军事人员刑事案件换文》。

22日 四川粮价统计：大米简阳售价最高，每石1,020元；通江最低，每石195元。

△中国宗教徒联谊会在重庆成立,选举于斌、太虚、白崇禧、冯玉祥等为常务理事,陈铭枢等为常务监事。

24日 靳以主编的《国民公报》文艺副刊《文群》停刊。该刊于1939年1月17日创刊,共出516期。

25日 周恩来、董必武在曾家岩50号会见宗教界人士吴耀宗,向吴耀宗谈了国内外形势及中共的宗教政策。

△西康省政府民政厅厅长冷融由成都乘包车赴大邑,行至温江县公平场,突遭暴徒枪击殒命。四川省政府悬赏5万元缉凶。

27日 嘉陵江航线延长至广元,创嘉陵江航线新纪录。

29日 日机36架,由鄂袭川,在云阳投弹2枚。

△敌轰炸机36架、驱逐机多架对梁山县实行轰炸和机枪扫射,投炸弹44枚,伤3人,亡2人。

31日 《四川省管理牙业行纪规则》颁布。

是月 日军大举渡长江进犯江南。沙市约一个师团之敌分三路进犯。另一股三千余人,在敌长江舰队重炮支援下,袭击我驻藕池口的川军第150师449团阵地。敌机6架与敌长江舰队炮兵集中火力轰炸我藕池口据点,并以燃烧弹投向市内民房。日寇趁烟雾弥天、尘土飞扬之际,一举登陆。我军凭借工事掩护,予敌重创。敌寇不甘失败,出动飞机向我军轰炸,并对我增援部队及撤退的居民疯狂扫射。在此危难之际,许国璋将军亲临前线,一面指挥作战,一面严令部队掩护居民撤退,并规定师部卫生队的担架先抢救负伤居民。尽管敌弹横飞,遮天蔽日,许国璋将军指挥若定,群众无不钦佩,撤退工作有序进行。第150师奉命固守津市、澧县,许国璋将军鉴于任务艰巨,慷慨激昂地对所属官兵说:"为国捐躯,军人份也。今日当与敌决一死战,敢有临阵退却者,必手刃之!"其时,尽管安乡、南县、公安等地均告陷,而津市、澧县仍屹立如故,以此作为基点,终于取得鄂西大捷。

△中江县烟业公会及卷烟生产合作社向视察员呈报关于苛税摧残卷烟破产、工人失业情形,请求国民政府缓征税额,以安民命。

△国民党中央图书杂志审查委员会拟订《重庆市审查上演剧本补充办法》,加强对戏剧演出的控制。

6月

1日 1943年度同盟胜利公债照票面十足发行,定额为法币30亿元。

△四川省临时参议会第二届第一次大会开幕,四川省政府主席张群在施政报告中宣布:至1943年4月底止,全省已有111县、市召开了户长会议及保民大会,104县成立了乡镇民代表会。截至5月28日,实收征谷9,301,364市石,超收301,000余市石;实收购谷7,100,839市石。并谓四川人口,一般常称为7,000万,实只4,600余万,如按近年人口增长率5%计算,全省人口当在5,000万左右。

△四川省临时参议会第二届会址设于成都市文庙后街女子师范学校,议长向传义,副议长唐绍明,秘书长罗文谟,参议员100人,其中男90人、女10人,拥有大学学历者51人。

△全国慰劳总会代会长、副会长马超俊、郭沫若为捐款慰劳鄂西将士致电重庆市临时参议会:"此次顽寇乘机大举来犯,分途西进,威胁'陪都',赖我鄂西将士浴血拒敌,我空军及美空军奋勇助战,卒于是日将敌六个师团全部击溃,战绩辉煌,海宇欢佩。此一战役,不仅固我国陪都之屏藩,抑且系远东全局之关挩。我全国民众,自宜隆重慰劳,广大援应,彰以往之殊勋,励将来之士气。本会有鉴于此,即日起发动全国鄂西劳军运动,除组织鄂西将士慰劳团先行携带慰劳金100万元驰往前线慰劳外,素仰贵会诸公热心爱国,关怀将士,对于此次慰劳鄂西将士运动,定荷热烈赞助,谨希慷慨捐献慰劳金送交中、中、交、农国家银行,汇赠将士,借以激励前方将士再接再厉之精神,而表示全国国民爱国御侮之热忱。"

3日 川康绥靖公署召集成都附近各部队长官指示粮食护运办法:按照各部队驻成情形,将成都附近重要粮道划分为8个段,分派部队担任护运工作。四川省政府亦令成都附近各县政府与护运部队切取联系,务使粮道畅通。

△国民政府军事委员会运输会议致电交通部,称关于空运终点扩至宜宾案已获美方同意,并请着手筹办。

△重庆市临时参议会为庆祝鄂西大捷致电前线将士:"鄂西大捷,痛歼倭寇,巩'陪都'之门户,开决胜之先河。尤其要塞守军,身冒弹石,建树殊勋,举国人民,同深钦仰。本会谨代表陪都70万市民,专电驰贺,并致慰问,仍望再接再厉,务期尽歼残寇,获致战果,以竟全功。"

4日 全国慰劳总会致函重庆市临时参议会,敦请张溥泉先生出任鄂西将士慰劳团团长,并望推定代表参加。重庆市临时参议会复函全国慰劳总会,称已推定副议长李奎安参加鄂西将士慰劳团。

5日 国民政府财政部宣布黄金解禁,原颁布的取缔买卖黄金各项法令暂停施行,准许人民自由采售,但不得输运到国外及沦陷区。

△重庆市教育局整顿各私立中学。全市私立中学百余所,获准立案者仅半数。

△我空军第四大队中队长周志开单机起飞,驱退入侵梁山机场日机,击落敌轰炸机3架,击伤多架,成为空战的光荣纪录。

△全国慰劳抗战将士总会制定鞋袜劳军运动标语:1.赠送鞋袜慰劳将士!2.赠送鞋袜是慰劳将士最亲切的礼物!3.将士有鞋袜,才能保健康!4.将士有鞋袜,杀敌就便当!5.将士有鞋袜,容易打胜仗!6.将士有布鞋布袜就能胜过敌人的皮鞋洋袜!7.扩大鞋袜劳军,加强反攻力量!8.扩大鞋袜劳军,加强军民合作!9.前方将士拼命杀敌人,后方民众踊跃送鞋袜!10.扩大鞋袜劳军,争取最后胜利!

6日 18架敌轰炸机3次轰炸梁山县,投炸弹40枚,伤8人,亡10人,毁房4幢。敌驱逐机多架10次机枪扫射梁山县。

8日 峨眉县县城大火,全城除80余家外,悉化灰烬,9人罹难。

10日 鄂西战役结束(5月5日开始)。川军王缵绪29集团军所部44军暨杨森27

集团军所部20军参加了作战。

17日 川康兴业公司与西康省政府各出资500万元，合股设立西康毛革特种公司，将原设雅安的毛织、制革两厂组织完竣，康定洗毛厂亦在办理改革中。

△重庆市临时参议会为祝贺鄂西大捷，致电第六战区司令长官陈诚："此次敌寇怀抱野心，不惜孤注，聚众10万余人，窥我'陪都'门户。幸赖将军指挥若定，调度有方，各部将士，忠勇奋发，勠力同心，用能乘时反攻，杀敌致果，丧倭寇之胆，奠胜利之基。捷报传来，举国欢腾，'陪都'市民，尤深感奋。本会除已于本月3日电请国民政府军事委员会转致贺忱外，兹特推本会副参议员况麟代表本市百万市民，亲临前方，面致慰劳。尚祈益励士气，尽歼妖魔，光复故土，克竟全功。"

△国民政府军事委员会、行政院针对沦陷区寄居后方壮丁的服役办法给所属训令："由沦陷区寄居后方之壮丁，自应依照非常时期难民服役计划纲要办理服役事宜。"

18日 四川省临时参议会第二届第一次大会闭幕。会议修正通过了《1943年田赋征借实物案》，决定1943年度田赋实征额仍照1942年度所定1,600万市石，连同附加一成，共为1,773万市石，并将购粮改为借粮，全部付给粮食库券，不发现金，库券没有利息，自1948年起分五年偿还。

19日 民生公司重庆至乐山线复航。内河航运公司1943年制造煤气机浅水轮10艘，行驶于嘉陵江重庆至南充线。

21日 美国副总统华莱士到达重庆，与中国当局会谈。

△国民政府资源委员会在长寿建立的水力发电厂开始供电。

22日 国民政府军事委员会政治部就国民精神总动员会之业务由国家总动员会议接办，随即，国家总动员会议向所属下达训令："奉行政院第1781号训令，以转奉国防最高委员会令知国民精神总动员会经第105次常务会议决议，应就国家总动员会议内设立精神总动员组办理原国民精神总动员会业务。……以后关于送交国民精神总动员会文件，请径送重庆林桑路九道门七号本会议精神动员组。"

25日 四川省试行早稻南特号、沙吊子与晚稻及晚籼混合间种，试验证明，可增产40%。1943年，该方案在川南、川东推广，面积约10万亩。

27日 甘肃油矿局采用巨型皮筏三只运载煤油31.5吨，由广元安抵重庆，为嘉陵江航运开一新页。

△周恩来、邓颖超、林彪、孔原、徐冰、高文华、伍云甫、袁超俊等114人离开重庆返回延安，中共中央南方局工作由董必武主持（林彪于1942年10月作为中共中央代表到重庆与国民党谈判，因蒋介石毫无解决问题的诚意，一再拖延，谈判历时10个月，连一个问题也未谈成，故于本日返回延安）。

7月

1日 重庆市粮食提价，每市石原售240元之官价米，涨为380元；原售380元者，涨为570元；原售520元者，涨为1,780元。面粉价格同步上涨。

△成都市人口、物资疏散从本日起强迫执行。不能疏散的机关、市民，发居留证。

2日 中共中央发表《为抗战六周年宣言》，呼吁"加强作战""加强团结""发展生产""改良政治"，希望国民政府之敌后战场没有援助、正面战场作战积极性不够的现象有所改进；对于在抗日阵线内部发生摩擦、冲突、妨碍、限制等现象，予以改革。

5日 国民政府行政院为壮丁一经中签即应入营给所属训令："查征兵系按调查、检查、抽签、征集各项程序办理，如有合于免役或缓征条件者，应于身家调查时，依法申请，否则一经中签，即当应征入营。公务员为人民表率，尤应切实遵照法令办理。"

6日 国民政府教育部举办成都区训导会议，会议内容为：加强各校训导员的设置，配合军事管制和党团（国民党、三青团）活动，严密控制学生的思想和行动。

△灌县连日大雨，都江堰宝瓶口水位突升至18华尺。正午，金刚坡被淹没。飞沙堰、人字堤溃决，流速高达每秒5,500立方米。随水冲下之巨石，有重达1吨以上者，水势之大且猛，为数十年所仅见。都江堰堤堰工程多遭摧毁，内外江各县均因之遭受水灾。四川省水利局于灾前疏于职守，事后又未积极抢救，致使灾害期延达十余日。8月2日，四川省临时参议会召开临时会议，追究该局失职之责。

9日 四川省重庆区行政会议在川康兴业公司召开，重点研讨粮政和兵役问题。会议于15日闭幕。7月13日，蒋介石到会训词，强调："当前中心工作为兵役之改进、粮政之推行、社会治安之确保、户籍行政与地方自治之完成。"

12日 中华剧艺社（简称"中艺"）应《华西晚报》之邀从重庆到达成都，住五世同堂街。"中艺"赴成都，名义上是为《华西晚报》募捐，实际上是暂时避开国民党当权派的压力，转战川西，保存力量，继续宣传抗日，是周恩来通过中共中央南方局对"中艺"加以保护和协助的结果。

15日 四川水利局局长何北衡称四川省利用水利灌溉之农田已有450万亩。

△杨沧白（庶堪）先生纪念堂在重庆府中学堂旧址改建完成。

16日 已故国民政府委员杨沧白纪念堂举行开幕典礼。

18日 中国科学社、中国植物学会、中国地理学会、中国动物学会、中国数学会、中国气象学会在重庆北碚举行联合年会，到会300余人，收到论文325篇。任鸿隽任大会主席，卢作孚任筹备主任。会议呼吁请国民政府重视纯理科学，鼓励科学研究，并建议改日本海为中国海。

△"中艺"在成都首次公演话剧《第七号风球》。之后，又陆续演出了《孔雀胆》《家》《顺利号》等话剧。

24日 中华法学会第二届年会在重庆中央文化堂举行，到会200余人。会议讨论新法学的建立、法制精神的培养，以及国际司法、人才培植等问题。会议选举居正等31人为理事，邵力子等9人为监事。

25日 四川省政府决定1943年度积谷320万市石摊募办法：一户一石，一次募集，公学田产亦不得缓免。

△四川省1943年度工矿事业贷款，经四联总处理事会核定，总额为20亿元。国营企业8亿元，民营企业（包括孔祥熙、陈立夫等人以民营形式组织的"中国兴业公司""大华企业公司""华西建设公司""中国工矿建设公司"等公司兴办的厂矿）12亿元。

28日 国民政府财政部核准江津农工银行改为四川农工银行。

△国民政府军事委员会成都行辕暨四川省政府通令："近来有假借青年名义组织'非法'团体，如青年励志会、中国青年会等，鱼目混珠，扰乱秩序，一律查禁。"

29日 新都、乐至等县遭受螟灾。

△剑阁大水，全城被淹，死数百人，公私财产损失极重。

是月 四川乐至县酿酒农户倪和兴等上呈国民政府，反对摊派同盟胜利公债及同盟胜利美金公债。

△中国政府与美国政府为共同打击日本，成立了军事合作机构——中美特种技术合作所。合作所由国民党军统局局长戴笠任主任，梅乐斯任副主任。另设总办公室，以主任秘书兼参谋长，佐理所务各有中方参谋长和美方参谋长一人。下设情报、作战、气象、侦译、特警、通讯、心理作战、秘密行动等共15个组，每组中、美双方各一人任组长，合计两名组长。

△从1943年初开始扩建的新津机场竣工，同盟国美国空军第14航空队随即进驻新津机场。首先进入新津机场的是一个有27架B-29型轰炸机以及由地勤人员、机械人员等共297人组成的轰炸机大队。同时进驻的还有美国空军第14航空队，包括陈纳德的飞虎队。

△申新第四纺织公司成都分厂在成都桂溪乡三瓦窑建成投产，全厂职工达600人。投产后，每月可产棉纱40至50件；每月生产的劳动布、芝麻布、棉白布约1,500匹，深受广大人民群众欢迎。产品不仅保证了抗战时期川西平原的需要，而且远销云南、贵州及西藏，在发展民族工业、保障国计民生方面发挥了极为显著的作用。

8月

1日 国民政府主席林森于上午7时4分在重庆山洞双河街官邸逝世，终年75岁。

△国民党中央常务委员会于晚11时召开临时会议，推选国民政府行政院院长蒋介石代理国民政府主席。

2日 美金节约建国储蓄券停止发售。

△成都市各界对林森逝世表示哀悼，全市降半旗，停止娱乐宴会3日。

4日 川军第45军军长陈鼎勋指令第125师师长汪匪锋，派一个团以上兵力，进攻马坪敌军据点，破坏其军事设施及武器弹药库后，返还原驻地。125师师长当即命令副师长陈士俊指挥373团（欠一个营）及375团（欠一个营）潜行至马坪以西山林中，进入攻击准备位置。

5日 拂晓，川军第45军375团的两个连在当地民众的协助下，首先冲入马坪，放火将日军汽油库点燃。一时，火光冲天，如同白昼。敌人从梦中惊醒，仓皇乱射乱跑，被我军内外夹击。战斗进行了两个多小时，焚毁了敌军作战物资，生俘日军一名、伪军两名，并安全返回茅茨畈驻地。是役，我军官兵伤亡30余人。

△四川省政府宣布：各县参议员任期延期一年。

△华中航业局所租"远安"轮船，行驶重庆至洛碛航线，在窎角沱附近触礁沉没，乘客死伤甚众，捞获尸体 20 余具。

7 日 四川各界在成都公祭林森。

10 日 国民政府行政院任命黄沛诚为重庆市政府秘书长，徐中齐为重庆市警察局局长，夏舜参为重庆市工务局局长。

△四川省政府公布 1941 年度粮食库券还本付息办法。规定到期应还本息，由各县在 1943 年征得之实物内总扣分拨，各粮户仍照金额纳粮，凭库券领取本息谷，经持券人同意，也可作价换取法币。

△四川县政人员甄审委员会通过参加甄审县长共 201 名、县佐治人员 70 人的名单。

△四川省出征军人家属妇女工业院成立，就原成都妇女赈济院之规模，继续推进服务征属之工作。

12 日 国民参政会三届一次大会驻会委员会自 1942 年大会休会后共举行了 16 次会议。每次会议除由秘书处报告国民政府国防最高委员会秘书厅函送政府对于大会建议案办理情形外，轮流约请政府官员报告各部会施政情形，并就有关实际问题提出询问案。

13 日 重庆市银楼公会评定黄金价格，每两收进为 10,400 元，售出为 12,400 元。

△四川丝业公司在南充曲水乡推广中农 29 号黄皮蚕种，成绩优异，鲜茧收量较其他改良蚕种每张多 20 余市斤。

14 日 重庆市警察局公布户口统计，全市计 155,549 户，885,480 人，其中男性 548,153 人，女性 337,327 人。

△在加拿大举行的魁北克会议决定，成立东南亚盟军总司令部，由英国蒙巴顿勋爵担任总司令，美国史迪威将军任副总司令。

19 日 川江民航商业同业公会及船员工会联合会在重庆成立。长江、嘉陵江、沱江、岷江、涪江、渠江、綦江、黔江、永宁河、御林河等 11 区民船公会及船员工会均派代表参加，23 日闭会。会议发表成立宣言，并决议请国民政府按运输成本核定运费，酌减营业税，制止沿江各县苛扰及非法封船。

△在成都举行的四川妇女代表大会第三次大会（16 日开幕）选出范琼英等 15 人为理事，周梅君等 5 人为监事。

23 日 敌机 27 架轰炸万县，投炸弹 64 枚，伤 51 人，亡 22 人，损房 475 间，毁房 54 幢。

△敌机 27 架窜入重庆上空，在盘溪小龙坡、相国寺、九龙坡、陈家坪、黄家园子等地投炸弹 64 枚。炸毁盘溪沙坪坝对面磨房一幢，死伤十余人。汉渝公路资和炼钢厂左近河坝落弹多发，死 20 余人，伤十余人。我机起飞迎击，击落敌机两架。

△国民政府明令公布西康省临时参议会第二届名单：议长胡恭先，副议长谭大蓁，参议员何伯康等 25 名。

24 日 四川省政府制订 1942 年度征购粮食加工溢额处理办法，规定提取溢额 40% 作地方公益之用，其中半数专作建设地方公仓之用。

△敌机两批共 41 架轰炸万县，投炸弹 140 枚，伤 35 人，亡 18 人，损房 736 间，

毁房 136 幢。

25 日 四川省防空部以连日敌机入川肆虐,特召开防空会议,商讨加强疏散、救护、警备各项事务。

26 日 由重庆磁器口开往临江门的定期班轮"庆复"号,搭客逾额,操纵不慎,触及囤船木桩沉没,溺死及失踪者百余人。

是月 中共川东特委撤销。川东地区的中共党组织由中共中央南方局派孙敬文、曾淳分别按上川东和下川东地区加以联系。

△四川省安岳县龙台(白水)乡龙头寺僧永正自愿离佛从军,呈称:"情因僧年 26 岁,身微强壮,略读诗书,稍识文字,理当为国出力,不应坐享幸福。现在国难当头,人民均占一份,正应武装起来,爱护国家军事。'委座'叠宣誓长期抗战,打倒日本帝国,复兴中华民族。僧欲矢志前方,自愿离佛,恳受军训,愿捐法币 2 万元及本年秋收所有佃户徐绍武、徐耻清应纳之租谷,旧粮 6 担,约值洋 1 万余元,以此微资捐助国家购买军器,不能划作本地公益。誓将倭寇荡平,决不退避。倘沐允准,恳迅指令祗遵,以便赴敌。不胜沾感之至。"

△爱国人士朱炳献机 9 架,计捐款 135 万元。

△进步文艺刊物《文艺创作》在成都创刊,主旨是"歌颂一切参加抗战的战士及其工作,同时还要暴露那些阻碍抗战的现象,洗去一切抗战中的污点"。

△在成都由周太玄等发起的平原诗社出版诗歌丛刊《涉滩》。

9 月

1 日 成都市政府、市警察局重申前令,劝市民迅速疏散,并规定三项疏散办法,布告实行。

△武隆设治局改为武隆县,县政府设在巷口镇。

6 日 1943 年上半年重庆市货物进口总值 437,815,464 元,出超 1 亿元以上。进口货物以杂货居第一位,其次为矿砂、铜铁及其制品、药材、棉布、纸烟、植物油、盐、棉花、染料、丝、棉纱。

△国民党第五届十一中全会在重庆开幕。13 日,大会选举蒋介石为国民政府主席兼行政院院长。10 月 10 日,蒋介石宣誓就职。

△重庆市直接税全年税收额 3.6 亿元,截至 8 月底,所收税金已达 2.6 亿元。

8 日 意大利政府宣布无条件投降。

9 日 1943 年川北棉花(引进的美国良种)丰收,棉田增加一倍,亩产皮棉百斤。

10 日 四川省政府贷款 1 亿元,扶助民营工矿事业。

13 日 国民党第五届十一中全会闭幕。蒋介石在大会上宣称:"准备在战争结束后一年内,召开国民大会,制定宪法颁布;中共问题是一个纯粹的政治问题,应该以政治方面解决。"同时,他又对中共进行污蔑与攻击。会议通过《国府组织法》修正条文:"国府主席为海陆空军大元帅,五院院长由国府主席提请国民党中央执行委员会选任。"

15日 成都光华大学学生因学校收费太高（每学期1,900元），向该校及社会呼吁核减。该校校董会特举行教职员茶会，申诉办校苦衷："因物价太高，实不得已而出此，希望教育部给予救济。"

△《中央日报》报道重庆工商界中秋节劳军的情形："重庆市商会14日领导全市各业同业公会分别组织劳军队，携带大量慰劳品，赴观音岩重庆卫戍总司令部慰拱卫'陪都'各部将士，所有礼品与代金，均由总司令部代表接收、统筹分配。各业劳军队多配以鼓乐吹打，列队举行慰劳，情绪至为热烈。闻各界各业因礼品赶送不及与得讯较晚者，拟于今日继续送往卫戍部接收。""'陪都'各特别党部及各区党部等，均于中秋佳节分别举行同乐会，军心民气大为鼓舞。"

18日 民主政团同盟主席张澜在成都发表《中国需要民主政治》一文，指出中国必须结束党治和一党专政。

△国民参政会三届二次大会开幕，出席参政员192人，中共参政员董必武出席开幕式。

19日 国民参政会选举王宠惠、王世杰、江庸3人为主席团主席。鉴于蒋介石因当选国民政府主席而辞去参政会主席团主席，吴贻芳、李璜因工作关系常驻成都，平时处理会务集会不易，经参政会主席团通过，决定增补主席3人，主席团主席由5人增为7人。

△《新华日报》发表题为"对三届二次国民参政会的期望"的社论。社论说："不管是为奠定建国基础也好，是为加强作战也好，都需要在政治上充实民主生活。充实民主生活，一方面可以说是战后实行宪政所必需的准备工作，另一方面也是动员一切人民力量来奔赴'胜利第一'这个总目标的最好保障。"

20日 重庆《大公报》发表题为"促进宪政培养民主，这次参政会的一大任务"的社论。社论说，"国民参政会的诞生，其先天的使命，是作为民主政治的阶梯"，"我们究竟对国民参政会有什么希望呢？一句话，我们希望他切实做到'民主政治的阶梯'"，"民主政治的精髓在于言论自由"。

21日 国民政府明令宣布，第三届国民参政员任期自1943年10月1日起，延长1年。同日下午，国民参政会三届二次大会举行第六次会议。国民政府外交部次长吴国桢出席答复参政员询问各案。继由国民政府军政部部长何应钦报告军事。何应钦在报告中大肆污蔑第18集团军（八路军）及中国共产党，颠倒是非，信口雌黄，历时一小时。中共参政员董必武依会议规则，当场提出质问，据实驳斥何应钦造谣污蔑，何应钦无言以对。国民党理屈词穷，竟不惜破坏议会规则，由"CC"分子王普涵、王亚明等叫嚣捣乱，无所不为，使会议无法举行。董必武当即向主席台声明退席，表示不再出席本次大会，以示抗议，并揭示国民党利用参政会反共的阴谋。会场内的非国民党参政员对国民党此种捣乱行动，表示极度不满。

23日 川鄂公路重庆至恩施段客运通车，每月两地对开三次。

△成都市响应一县一机运动，组织劝募委员会拟劝募飞机一架，折合法币20万元，限1944年1月完成任务。

25日 国民参政会三届二次大会举行第八次会议，听取国民政府主席蒋介石关于

内政外交重要方针和实施经过的报告。

△国民政府粮食部负责人发表谈话,承认田赋征实中有八大弊病:(1)征购混淆;(2)实物转移;(3)量器差异;(4)衡器紊乱;(5)标色虚伪;(6)包商狡诈;(7)运商昧骗;(8)上下其手,同流合污。

26日 在国民党参政员的操纵下,国民参政会三届二次大会通过了《关于军事报告中涉及第18集团军部分之决议案》,诬蔑中共和18集团军"妨碍统一,影响抗战"。

27日 国民参政会三届二次大会闭幕,通过国民政府交议的《战后工业建设纲领案》和《确定战后奖励外资发展实业方针案》,决定设立"宪政实施筹备会"和"经济建设期成会"两机构,并选出林虎、褚辅成、孔庚、王云五、冷遹、杭立武、陈博生、但懋辛、许孝炎、许德珩、江一平、李中襄、罗衡、陶百川、王启江、阿旺坚赞、王普涵、郭仲隗、黄炎培、朱贯三、李永新、何葆仁、范锐、陈启天、董必武等25人为第三届二次国民参政会大会休会期间的驻会委员。

28日 重庆《大公报》发表题为"可喜的民主风度"社论。社论指出"公开比秘密好,多数比少数好,民主比专制好"。

29日 国民政府外交部驻川康特派员公署在成都正式成立。

△荣县发现大量恐龙化石(19世纪20年代,美国考察队员曾在此掘得恐龙化石,并运往芝加哥博物馆陈列)。

是月 中国劳动者协会组织沦陷区工人内迁,由上海、天津、香港内迁重庆的技术工人,共有736人。

△国家总动员会议工作报告详细报告了一年来的工作。报告内容分为四项:1.一般动员;2.实施限价;3.经济检察;4.其他。

△四川各地妇女捐献"妇女号"飞机已得捐款260万元,可购飞机13架。

△四川旅外剧人抗敌演剧队在延安杨家岭、王家坪等中共中央机关所在地演出陈戈等创作的讽刺喜剧《抓壮丁》。毛泽东、朱德等许多中央负责同志观看了演出,周恩来刚从重庆回到延安,也赶到剧场观看。

△中国赴美培训的300余名航校学员先后毕业回国,其中一半是学战斗机和驱逐机的,一半是学轰炸机和侦察机的,技术水平相当高,作战能力很强。他们被组编成立"中美混合空军大队",由陈纳德兼任大队长。

10月

1日 川湘(重庆至常德)、川鄂(重庆至恩施)公路正式通车。

△成都市开始定量分配火柴。

3日 四川省政府与裕华公司、聚兴城银行合资1,000万元,在犍为创办川康毛织厂。

4日 川康食糖专卖局提高食糖价格:不分产区销区,一律照中糖议价,按原价提高50%。(1943年甘蔗种植面积约55万亩,食糖产量2亿市斤,专卖利益已收足1.58

亿元）

△成都市工厂联合会在励志社召开成立大会。

5日 五通桥盐区1943年度产盐约137万担。

△成都市实行食糖专卖，价格提高50%。

△延安《解放日报》发表毛泽东撰写的社论"评国民党十一中全会和三届二次国民参政会"。

6日 报载：沱江流域用蔗糖下脚料提炼酒精，已设厂20余处，日产酒精万余加仑。

8日 "中艺"在国民影剧院演出话剧《家》。

10日 四川省商会联合会成立。

△成都市各界在少城公园热烈庆祝双十节暨蒋介石就任国民政府主席，晚上举行火炬游行。

11日 董必武在重庆会见王世杰、邵力子，向他们转述了中共中央意见：延安不相信国民党所谓"政治解决"两党关系的诚意，但欢迎政治解决，不愿对立。共产党方面准备对付任何险恶局面，但首先愿意继续合作，并保证继续实践四项诺言，要求国民党方面指令胡宗南撤退包围边区的军队。王、邵答称："中央决无对边区用兵之意"，并提出派人"到边区去看一下"。

12日 依照《生丝统购统销办法》组织的生丝评价委员会评定1943年度生丝收购价格：春丝每担川南区137,740元，川东、川北区134,000元（1942年四川春丝购价，每担34,000元，秋丝69,500元）。

13日 英国女议员爱伦华德到成都参观。

15日 四川粮食专卖局局长甘绩镛发表谈话："1940年川糖年产296.1万市担，1942年仅有130万市担，尚不及原产之半。"

△成都市3,000名国民兵举行入伍仪式。

20日 中国与比利时、卢森堡在重庆签订《平等新约》。

△《成都晚报》创刊，实际上是由《南京夜报》更名出版。社长姚守先，主笔姚自若，总编辑张汉杰，报社内多中统局川调室成员，由国民党四川省党部控制。

21日 五通桥黄海化学工业研究所由食盐提硝的试验成功，随后集资6,000万元组设食盐副产品制造厂。

22日 四川农改所发布1943年度全省夏季作物产量统计：

籼稻 89,040,000 市石；
糯稻 7,708,000 市石；
玉米 22,302,000 市石；
高粱 8,117,000 市石；
绿豆 3,769,000 市石；
红薯 54,256,000 市担；
土豆 21,337,000 市担；
芝麻 330,000 市担；

棉花 339,000 市担；

甘蔗 11,894,000 市担；

荞麦 235,000 市担；

小米 221,000 市担；

饭豆 708,000 市担；

蔴 200,000 市担；

叶烟 1,024,000 市担；

蓝靛 886,000 市担。

23日 西康驿运已开辟三大干线：（1）雅安至康定线，以板车为主；（2）雅安至西昌及西昌至盐边线，以马车为主；（3）康定至里塘、巴安等线，以牦牛为主。

△四川省政府决定：完成地籍整理之成都等 80 余县市，开征地籍税。全省 1943 年征额为 1 亿元。

27日 重庆市人口普查结果：截至 1943 年 9 月底，全市共 156,827 户，915,443 人，其中男性 567,605 人，女性 347,838 人。常驻重庆的外国人有 1,129 人（英国 329 人，美国 168 人，苏联 163 人）。

重庆市学校统计：中等学校 50 所（包括专科 2 所、职业学校 10 所），428 个班，学生 20,032 人；国民学校 279 所，学生 69,185 人，全市学龄儿童 159,809 人，就学者 83,431 人，未就学者 58,512 人，失学者 17,866 人。

重庆市人民团体统计：全市共 518 单位，会员 135,753 人。其中农民团体 2 个，渔业团体 1 个，商业团体 100 个，工业团体 25 个，矿业团体 1 个，输出业团体 3 个，职工团体 50 个，产业工人团体 10 个，公益团体 65 个，自由职业团体 6 个，文化团体 6 个，宗教团体 3 个，慈善团体 21 个。

30日 中、苏、美、英四国发表《关于普遍安全宣言》，指出同盟国家将继续作战，直至日本无条件投降。

是月 王缵绪的川军第 29 集团军，辖王泽濬的第 44 军（共两个师）、汪之斌的第 73 军（共 3 个师）参加常德会战。日军调集 9 个师团 15 万兵力进犯湖南桃园、常德。44 军在南岳、华容、安乡、石首、公安、津市等常德外围地区阻击日军，与日军鏖战 20 余日，将日军击溃。44 军 150 师师长许国璋率部在虎河两岸及沣县、津市与敌激战，毙敌 2,000 余人，击沉日军汽艇和机器船 20 余艘，缴获枪弹甚多。因另一路日军攻占沣县、石门等地后包围常德，44 军被隔绝在常德地区。师长余程万率第 57 师奉命固守常德城郊；王泽濬的第 44 军后至常德西北之太浮山、太阳山、盘龙桥阻击日军。当时 150 师各团已伤亡过半，实力单薄，部队尚未行动，日骑兵万余人即在空军掩护下分路来攻，两翼友军也被击败，150 师伤亡甚重。第 150 师 449 团团长谢伯鸢奉命驰赴太浮山后，乘敌之追击部队喘息未定，予敌迎头痛击。谢部在太浮山隐蔽于丘陵地带，伺机向敌侧翼进攻；同时采用游击战术，使敌之优势兵器在山地中不能发挥作用；又常于夜间进行偷袭，迫使日军昼夜作战，疲于奔命。敌军侦知我常德核心阵地的守军仅有第 57 师残部，兵力薄弱，遂增兵集中其轰炸机及重炮火力向常德城区猛烈轰击，投燃烧弹多枚，致该城变成火海。敌又大量施放毒气，造成我军大量伤亡。57 师将士虽处劣势，仍抱定与城共存亡的决心，寸土必争，与敌多次肉搏冲杀，在城郊激战5日。敌军以重炮轰塌常德城垣后涌入城内，与我军展开逐街逐屋之争夺。经过7天巷战，敌屡攻不逞，恼羞成怒，集中炮火延伸射程，向我守城部队之指挥中心——中央银行常德分行大厦猛轰，并再次施放毒气，致使我军将士再次遭受惨重伤亡。第57师原有官兵1.5万，此时仅存500人左右。常德城内中央银行常德分行大厦四周房屋已被焚烧一光，民房燃烧，火势炽烈，高热蒸灼难当。余程万师长在万不得已的情况下，率领师部幸存人员撤到西南城隅之考棚附近，继续抵抗。敌军侦知后，又继续集中炮火向考棚射击，并再度投掷大量燃烧弹和毒气弹，我守军不断壮烈牺牲。我57师弹尽粮绝，援军无望，余程万师长只得率残余将士300人，冲出常德城南门，渡沅江突围而去，常德城沦于敌手。

△中、美、英、苏四国军事代表在重庆举行会议，商讨对日作战，蒋介石、史迪威、陈纳德、索姆威尔、蒙巴顿等出席。

△蒋介石向国民政府军政部下达紧急手令：为了加强中国远征军的反攻力量，必须短期内征集10万名知识青年的志愿军，分期分批空运至印度，接收盟军的新式武装和训练，限3个月征齐，必须如期如数完成，否则，各级役政负责人以失职论处。

△重庆市颁布《应征壮丁安家费筹集保管及发放办法》。

△成都文艺界在新南门外的竟成园举行盛大集会，庆祝叶圣陶先生五十寿辰。与会者用诗朗诵的形式为叶圣陶先生祝寿，情绪热烈，集一时之盛。

△为打击侵入印度和缅甸的日军，美国总统罗斯福委托副总统华莱士以特使身份赴重庆，目的在于磋商中美两国一致支援印缅作战。美中两国达成协议，由中国出兵30万，美国政府援助武器装备。之后，华莱士由四川省政府主席张群陪同赴成都参观，下榻于商业街励志社。在成都期间，华莱士一行受中央陆军军官学校的邀请，在张群和军校中将教育长万耀煌的陪同下参观了军校的军事演习。此次演习，给华莱士留下了深刻的印象，为他回国后向罗斯福总统提出建议，为我国建立美械军提供装备和物质上的保证，起到了促进作用。

△中国远征军第二次入缅（甸）印（度）作战，开始反攻缅北之日寇。

11月

1日 成都市筹募1943年度同盟胜利公债，总额8,249.7万元，由中央银行代收。筹募对象为工商业、房产管业者及自由职业者三种，以营业税及房捐作为筹募之依据。

△中国发明协会在重庆成立。

△中国航空公司开办四川宜宾与印度汀沙间的定期邮航。

△成都记者联谊会在新新新闻报社邀请李璜、张澜做学术讲演，题目为"研究实施政党问题"。张澜言词激昂，提出：1.停止学校党化教育；2.不强制公务员入党；3.禁止军队党化；4.取消特务机关。

△常德会战开始。王缵绪的川军第29集团军和杨汉域的第20军参加会战。

2日 四川猪鬃厂商以复兴公司（属国民政府财政部贸易委员会管辖，主管进出口物资的统购统销）收购价每担1.28万元，与成本相差过大，每担赔本1万元左右，呼吁救济。

3日 迁川工厂联合会等五团体举行工业座谈会，讨论目前工业界的困难（共同点是缺乏资金），筹商组织联合企业公司，发展钢铁工业，力谋合作自救。

△綦江至海棠溪线，以天然气为动力的汽车正式通车，每天往返一次。

4日 重庆市党政联席会议决议筹建四川革命先烈纪念碑。在中央公园奠基者为总碑，另拟分建邹容、张培爵纪念碑。

5日 四川省军管区接到国民政府军事委员会的命令，限四川在一个月之内征集知识青年4.5万人飞赴印度，补充远征军对日作战。

7日 重庆调整布匹限价，白宽布每匹由1,350元改定为2,650元。各色布及漂白布则比照规定另加漂染费。食盐价格，每斤调整为6.7元。

△国民政府行政院秘书长张厉生致函交通部，抄送《康藏驮运有限公司章程》一份，纠正10月15日抄发之章程中的讹误。

9日 成都市慰劳抗战将士委员会成立。

10日 中国、挪威《平等新约》在重庆签字。

△国民政府粮食部为推行公仓制度，委托中国农民银行先从四川试办。1943年度在成都、宜宾、绵阳、合川、乐山等14县设立公仓，并订立民粮存储公仓优惠办法，实行水火兵盗保险，允许粮户以储粮存单买卖抵押。

11日 中华职业教育社呈报设立中华职业学校，设机械及工商管理两系，分设于重庆白沙塘及市中区。

12日 四川省1944年度岁入岁出预算，经编定为3.43441亿元。

△成都市各界在少城公园举行庆祝孙中山先生诞辰78周年大会，同时各大中学（49所）运动会开幕。

△四川省军管区参谋长徐思平在绵阳县召集该县士绅、机关、学校、法团及中学以上学生开会，做"征集10万青年驻印军出国受训，提高国军素质"的演讲。演讲精彩，闻者动容，当晚即有绵阳中学学生邱永森等15人来到徐的驻地申请服役。

14日 中华自然科学社第17届年会在重庆举行，收到论文48篇，通过"普及国民科学知识"等提案8件。

15日 内迁至三台县的东北大学学生在听了军管区参谋长徐思平的征兵动员演讲后，群情激奋，当场就有男生15名、女生4名报名参军。国立18中学有30名学生泣请从军。知识青年从军运动从三台发轫，迅速向全省各县扩展。知识青年从军运动由此拉开序幕。

17日 前国民政府主席林森葬于重庆山洞双河街官邸前。

19日 蒋介石偕夫人宋美龄及随员20人由重庆飞开罗，出席中美英三国首脑会议。

20日 王缵绪的川军第29集团军参加石门、慈利之战。拂晓，日步骑兵千余人进攻150师师部排头岗，激战中150师伤亡惨重，被迫退守陬市北之畲田坪。150师接到集团军总司令"速到太浮山"的命令，师长许国璋率领余部200余人乘夜突围，因身负重伤休克，被转移到沅江南岸。21日凌晨4时，许国璋苏醒后方知陬市已失，心急如焚，悲痛地怒吼："我是军人，应战死沙场。运我过河是害了我！"说完举枪自戕殉国。

21日 成茂师管区司令王士俊调赴前方抗战，任125师师长，遗缺由原125师师长刘万抚接任。

22日 "中艺"在成都公演话剧《胜利号》。成都市1943年度壮丁征额经四川省军管区核减十分之一，为3,564名，成都市政府饬令各乡镇于11月底完成征额。同时，筹集的壮丁安家费亦限月底缴齐。

27日 成都市人口普查结果：全市共294,434户，503,233人，其中男性294,434人，女性208,799人，外侨138人。据《成都工人概况》统计：全市营业类工人，共22,764户，157,742人。

28日 台湾革命同盟第三届代表大会在重庆闭幕（21日开幕），议定改组机构，设立建军、建政、文化运动委员会，发表宣言，表示台湾回归祖国的决心。

29日 四川省军管区参谋长徐思平在成都各电影院召集各大中学学生做从军动员演讲。

是月 冯玉祥将军赴自贡盐场募捐，演讲3天，募集200余万元。

△国民政府分别在重庆和成都成立第一和第二教导团，集中训练四川省各地参加中国远征军的知识青年。

△洪深、吴祖光、马彦祥、焦菊隐、刘念渠等创办《戏剧时代》月刊。

12月

1日 蒋介石一行出席开罗会议后返回重庆。

△中美英三国发表《开罗宣言》，申明日本攫取的中国领土，如满洲、台湾、澎湖群岛等，均应于战后归还中国。

2日 四川省临时参议会第二届第二次大会开幕（16日闭幕），审议四川省政府1944年度工作计划及总预算。

3日 我军克复桃源，向陬市前进。川军在太浮山的主力向陬市突击，川军第29集团军总部的独立团乘势前进至沅水岸边。敌300余人以为我增援大军到达，仓促渡河逃命。我军猛烈射击，毙伤敌30余人，敌落入沅水者20余人。

4日 成都市政府登记的知识青年志愿从军远征者已达2,800人。

5日 成都市各界在少城公园举行欢送远征军大会。首批参加远征军的部队即日出发，志愿从军的大中学生月中起程。

7日 广元至哈密驿运，开始办理客运，全线共长2,322公里。

8日 川军第44军及第58军（军长鲁道源）所属的新编第11师攻入常德，敌军狼狈溃退，我军乘胜追击，至22日先后克复南县、安乡、津市、澧县、王家厂、枝江、公安等地，取得了威震中外的湘西大捷。

△《中央日报》报道各地学生踊跃从军："国内各大学学生应征随军充任通译人员者，为数甚多。""军政部方面近日收到各地学生请缨电文，如雪片飞来，7月又有射洪县、绵竹县、绵阳县中学生，各100余名，电请出国远征，业经当地兵役机关检查编组，并呈请军政部传令嘉奖。""中正学校学生，纷纷要求参加远征军，学校当局对于学生之爱国热忱，极为嘉许，特于昨日正式宣布，允许学生报名参加。消息传出，全校学生兴奋万状，高中男儿几乎全部报名参加，女生及初中男生，要求参加者亦极踊跃。"

△成都报名从军者计有中学生及公教职员5,094名，其中女生795名，大学生267名，经体检合格者2,229名。总计成渝两地收训合格学生11,123名，约占全国收训应征学生总额19,048名的60%。女生虽报名者众多，因碍于法令，便另定办法，将成渝两市收训的2,000名女生编为从军"女子服务队"。

9日 日军自常德全线溃退，常德会战于11月2日开始进入尾声。是役，川军王缵绪第29集团军所部44军，先在南县、华容、安乡、津市、澧县、石门一带拒敌，后转守太阳山、太浮山一线。

△老舍写成他的首部抗战小说《火葬》。小说的主旨是"它要关心战争，它要告诉人们，在战争中敷衍与怯懦怎么恰好是自取灭亡"。

11日 美、英、中三国开罗会议后，盟军将士与中方协同作战，接触频繁。为适应与盟军交往的形势需要，不被外国军官轻视，中央陆军大学成立了"甲级将官班"和"乙级将官班"。"甲级将官班"以中将级以上军官为召集对象，少将级以下军官则编入"乙级将官班"。这些军官到中央陆军大学学习一段时间后可取得中央陆军大学学历。

12日 国民政府强制推行节约储蓄，在收购棉花、纱布、烟、盐、糖、火柴、猪鬃、桐油等物资时，均搭销储蓄券。

△渝江师管区司令部为转饬1943年度征配兵额须限期致电重庆市国民兵团团长徐中齐，要求"遴选干员并转饬国民兵团副团长行赴各乡镇督催赶征，依限达成任务"。

13日 伦敦《新闻记事报》专电报道常德保卫战的情形："常德，这个具有中国城墙的都市，虽曾一度陷落，但现在已光复了。华军第57师在常德保卫战的故事，是战争史上一个最光荣、最惊险的插曲。这个英勇的保卫战中，还有两名美国空军人员在被围困的15天里，始终留在被毁的中央银行内，服务于无线电讯工作，指导美国驻华第14航空队及中国空军之战斗。到后来他们才和华军第57师师长余程万将军所率1.5万人中残余不满300名之官兵，从地狱中脱险。""11月18日，日军开始进攻，并使用750毫米口径大炮、催泪弹、喷嚏毒弹、俯冲轰炸机、机关枪等，来与华军的来复枪、手榴弹及机关枪作战……当战至最后仅余300将士时，余程万将军乃决定退出常德城，以求报国于他日。包括余将军及两个美国人，能生还者仅少数人而已。假如连这少数人都不能生还，那么，保卫常德的英勇事迹，必将随同他们英勇的战友埋葬于废墟之下，湮没无闻了。"日本侵略军在进攻常德时，亦曾自华中发出电讯云："敌人之抵抗极为顽强，11月26日欲为阻止我军之攻势，无片刻之休息，继续炮击。敌人依据铁丝网之誓死抵抗，城壁到处都有手榴弹掷下，高8米之城墙，构成一大要塞。我军曾至空中猛烈轰炸，然城中之敌，始终顽强抵抗。此次攻防战之激烈，不禁令人想起南京攻击时'重庆军'之战意，诚不可侮也。"

14日 重庆市1944年度市政预算为2.4亿元,而收入预算仅为1.2亿元。

△重庆市政府《年鉴》载:"一年来,重庆市出征军人家属优待委员会发给1942年度下期征属优待谷折金每户50元,共计2,686户,支国币134,300元;1943年度上期征属优待谷折金每户100元,共计2,700户,支国币270,000元。两期核发征属优待谷折金404,300元。"

15日 迁川工厂联合会等五团体举行座谈会,讨论工商法令,列举阻碍民营工业发展的许多条文,请立法当局考虑修改。

17日 常德会战结束。

18日 四川省各县市局1944年度地方预算,经四川省政府全部核定,岁入岁出为21.52363868亿元,较1943年度增加146%。

19日 西康省政府会议通过筹设西康企业公司,股本1,000万元,官商合办。

22日 著名雕塑家刘开渠应成都市之请,雕塑抗战无名英雄铜像一座,以纪念四川抗战将士之殊勋,该塑像安置于成都东城门口。

△第六届全国直接税业务会议在重庆举行。重庆市1943年税收,截至12月15日,共达4.21475亿余元。

24日 西康省1944年度预算确定为1.4亿元。

△重庆市临时参议会为举行1944年元旦献金致函各参议员:"本会同仁,亟应捐献,以资倡导,相应函请贵参议员查照,均予捐款,希于本月30日以前送会,以便届期汇献。"

△《中央日报》报道重庆市知识青年报名从军踊跃,12月23日下午即有学生提前报名参军,"计报名者男生17名,女生4名,共为21名。合格者男16名,女2名,到晚为止,报名仍甚踊跃,以检查不及嘱今早再行前往。""三民主义青年团南开分团为响应全国各地青年从军运动,特于前日发起报名,迄今报名者已达50余人,情绪热烈,女生尤为踊跃。"

△国民政府军事委员会副委员长、国民节约献金救国运动总会会长冯玉祥将军于11月8日自重庆出发,经自贡、乐山等地,沿途倡导节约献金救国运动。沿途各县虽然已地尽民贫,但民众仍然热烈捐献。到12月24日止,献金总额已逾1,000万元。冯于24日到达成都,下榻于庆云南街退役军官蓝文彬私宅,继续开展献金运动。

25日 全国慰劳抗战将士委员会为请重庆各界参加献金大会,电告重庆市临时参议会议长康心如:"查次湘鄂大捷,举国振奋,本会除已发动海内外扩大慰劳鄂湘将士运动外,并定于1944年元月4日上午9时借道门口银行进修服务社举行重庆各界慰劳鄂湘将士献金大会,用资激励军心民气。"

△全国慰劳抗战将士委员会抄送重庆各界献金大会办法,并致电重庆市临时参议会:"各界慰劳鄂湘将士献金大会谨定于1944年元月4日上午9时借道门口银行进修服务社举行,届时拟请贵会组织献金队,准时前往参加,用资鼓舞军心民心而表崇敬之意。"

△四川省政府主席张群约集四川省和成都市党政军首脑及各界领袖、地方绅耆,在励志社晤冯玉祥将军,冯玉祥发表演讲后,张群首先献金1万元,以示倡导。爱国人

士闻冯玉祥将军来到成都，纷纷主动前往他的住处谒见慰问，献物献金者络绎不绝。

△四川省1943年度土地税已在32县市开征，截至12月中旬，地价税已收300余万元。

△张培爵烈士纪念碑在重庆沧白纪念堂外举行奠基典礼，于右任主持仪式并报告烈士生平事迹。当日，炮台街命名为沧白路，新生路命名为邹容路。

△从11月6日至12月25日，41军122师策应友军作战，猛攻应县、皂市之敌，曾一度突入皂市，占领敌大据点孙桥、官桥，毙敌500余人。

26日 冯玉祥将军开始在成都地区的宣传工作，先后对成都各界代表、市民、大中小学、党政军机关、军校、空军人员、航委会子弟校、银钱业代表会、商会、工厂联合会和各工厂员工的欢迎会、宗教界等，进行一系列的演讲活动，还约集士绅和工商界、金融界人士开茶话会，动员节约献金救国，并主持书画义卖开幕式，发动献金。20多天里，冯玉祥将军宣传讲话不下100次。

△《大公报》报道：重庆学生踊跃从军。"兵役署学生及公教人员志愿服役报名登记处，自12月24日成立后，前往报名者极为踊跃，两日来共102名。检查合格者，男生56名，不合格者35名；女生合格者6名，不合格者5名。该处检查医官原为3人，以受检人员众多，现增为6人。""重庆市私立适存高级商业学校男生吴安民、女生桑淑隶等，先后呈请市府准予参加赴印度远征军服役，当经市府派员前往该校个别考查。闻市府已电商军政部妥为安插。""国立社会教育学院女同学谭玉贞、冷福坤、黄同音等响应学校从军运动，已自动向青年团直属社会教育学院分团部申请报名。该院继起参加者甚众。"

27日 成都市政府主席余中英对出发远征军发表演讲，号召响应冯玉祥副委员长发起全国国民节约献金救国的呼吁，踊跃输将，尽力捐献，增加抗战力量，迅速赶走倭寇，光复大好河山。

28日 川北丝绸业代表团到重庆请愿，请求救济及解决产销困难。现该地丝厂多已停工，失业工人已达数万。

30日 重庆市各界在罗汉寺公祭11月20日在桃源战役中牺牲的川军150师师长许国璋。

31日 重庆各界欢送第二批赴印度之1,700名运输工人。首批2,000人已于10日出发。

是月 冯玉祥将军不辞辛劳，先后4次到四川省20余县、市，广泛深入宣传民众、动员民众，调动民众的爱国救亡激情。他把各地群众的爱国热情和献金详情，写成14封公开信，以扩大宣传。冯将军先后在成都以及各地区先后组成节约献金救国运动会的分会。这次运动规模之大、范围之广、献金之多、民众情绪之激越，实为古今所罕见。仅成都少城公园的一次献金大会，捐款就达1,009万元。

△乐山各界参加献机运动，募得捐款达300万元。涪陵县献机1架，计20万元，献军粮18,050石。

△四川省政府电召一些机关单位及一部分县长到成都开紧急会议。四川省政府主席张群讲话："最近以来，日寇横行，达于极点，长江南北各省以及中原地区，均先后沦

入敌手，所有各地机场已完全失其作用。我们要准备反攻，完成抗战大业，必须尽快地在四川后方（成都地区）赶修一些机场。本年下期，美国决定以大量空军支援我国，并从成都地区的基地出发轰炸日本本土，要求我国迅速建设大量空军基地，以应急需。因此'特种工程'的兴建，刻不容缓。四川在抗战中，征兵征粮，出钱出力，贡献是很大的。这次修建'特种工程'，仍然要靠大后方的四川人民来担负这个光荣的任务。中央决定在成都地区修建4个轰炸机场，即新津、彭山、邛崃、广汉4处，前两个为扩修，后两个为新建。另外还扩建与新建5个驱逐机机场，分布在成都、温江、德阳等县，限于1944年5月完成。"接着，四川省民政厅厅长胡次威就具体问题做了详细说明。"川西特种工程"全面开工后，共需动员29县的民工，合计32万人，在工程进行中民工不免有伤病遣散，又得陆续增补，预计总计参加修建的民工将达50万人。

△重庆的生活、读书、新知三家书店的分店在黄洛峰领导下，按照中共的指示，在重庆新出版业中积极开展统一战线的活动。经过努力，在12月底成立了出版业的统一战线组织——新出版业联合总处，由黄洛峰任董事长，上海杂志公司的张静庐任经理，"读社"的万国钧任协理。

△夹江县发表《夹江县各界为响应冯玉祥节约献金救国运动告民众书》。

是年春 新21师血战金华、武义、永康间交通要道金佛山，俘虏伪军7人，缴获38式步枪13支、子弹2,000发、轻机枪2挺。

△华西大学与乡村建设学会合办成立石羊场社会实习研习站。该站为社会系学生对社会进行实地调查的基地。学生的毕业论文多取材于对该地的调查研究。该研习站还从美国新闻处借来一些有关战局等图片在此开办展览，设立书报杂志阅读处，设立医疗站，创设乡村托儿所等。

是年夏 川军第26师奉命参加龙（游）衢（州）战役，未及与敌接战，敌即退却。

△日军由洞庭湖及其西岸地区向常德、汉寿地区进犯，企图截断川湘交通。川军王陵基将军奉命派出新15师赶赴常德，参加会战。该师不顾疲劳，星夜赶到战场，协同友军作战，向敌侧背拦腰冲击，将敌击溃。敌弃大量尸体、枪械和物资而逃。新15师师长江涛、副师长陈瀛浦以下均因战功获奖励。

是年秋 在华盛顿拟定的美国陆军航空队总司令安诺德将军与中国最高当局会议，决定在中国内地建立空军基地，用于起降轰炸日本本土的飞机。

△位于四川省灌县蒲生场（现蒲阳镇）的空军幼年学校第四期共招收学生300人，编为第七、第八中队。

△成都"五大学（齐鲁大学、金陵大学、金陵女子大学、燕京大学、华西协合大学）中国国文学系常务委员会"成立，共商开设课目，便于各校分工，避免重复。五大学外文系的合作尤为密切，基本上是合作办系。

△四川大学望江楼新校舍落成，四川大学从峨眉山迁回。继后，四川大学又接收了国防部兵工厂和白药厂，分别作为工学院和理学院校舍。四川大学成为横跨锦江两岸、连绵十里、建筑巍峨的成都城首胜之区。

△巴金完成了抗战三部曲《火》。

△四川省政府主席张群为优待参加远征军之各大中小学生及公教人员办法致财政厅

训令，拟定5条优待办法，饬有关方面知照。

△四川储蓄总额共21.5亿余元。

△据《四川统计月刊》第五号统计：在日机轰炸中，1943年全川共伤191人，死亡122人。

△川盐总产量由年产650余万担增至800余万担，销区由358县增至429县。

△工业衰落，重庆全市8,171家工厂中，停工减产者达270家。钢铁业：重庆加入公会的22家钢铁企业中，18家炼铁厂，停产者14家，其余4家仅能勉强维持；4家冶钢厂，1家已完全停顿，其余3家勉强开炉。钢铁企业因滞销停产，普遍呼吁救济。机器业：重庆民营机器厂共366家，本年6月底止，已倒闭42家。6月以后停工者日增，沙磁区的64家工厂中，已有12家停业；江北区33家中，宣告倒闭者15家，停顿者2家，倒闭、停顿者占全区总数的50%以上。煤炭业：嘉陵江区煤矿业各厂1943年冬产量共17.59万吨，较1942年同期最高产量8.42万吨，减产8,300吨，约少产9.85%。同义、新新、大同、吉利、协兴等44家，已告停产。造纸业：夹江造纸业因统税太重，纷纷停业，重庆等地造纸印刷两业亦大量减产。纺织业因原料分配限制，多无法正式生产。重庆附近117家织布厂所领到的棉纱，仅及所需的45%，全川20多万纱锭，投产者只有1/3。

△据四川省民政厅《民政统计》，四川省1943年户口为7,871,800户，平均每户5.87人。总人口46,178,899人，其中，男23,790,357人，女22,388,542人，性别比为1.00∶1.06，人口密度每平方公里152.22人。

△据何应钦著《八年抗日之经过》一书所附《抗战期间各省历年实征壮丁人数统计表》载，四川1943年征送壮丁352,681人。

△截至1943年12月，法币发行总额为754亿元，发行指数为5,357%，较1942年增长119.3%。同期，重庆趸售物价指数为20,930%，较1937年前增加169.1%，货币购买力指数为战前的4.7‰。

△据统计：1943年，成都、重庆烟草专卖收益，重庆为1.12亿元，超出预定数额1,200万元；成都为3,000余万元。川盐总产量由年产650余万担增加至800余万担，销售区由358县增加至429县。川康食糖专卖利益总收入达2.8亿余元，超出征额8,000余万元。

是年 四川大学恢复了教务长制度，年仅33岁的数学系教授柯召任教务长。1943年四川大学新进校的1,706名学生中，由沦陷区来的转学和借读生675人，占新入校学生总数近40%。根据抗战大后方的需要和可能，四川大学利用当时国民党中央航空研究院、中央水利委员会等机构内迁成都之机，集结了大批国内一流专家和先进设备的有利条件，首先办起了航空工程系（有20多架飞机和全国最大的试验风洞）、土木水利工程系（背靠中央水工试验室）、机械电机工程系。

△成都宝元通兴业股份有限公司在重庆成立了"宝兴兴业股份有限公司"，资本登记为6,000万元，由郑星垣任总经理。该公司实行厂长领导下的民主管理体制，实行对工人职员生活及健康的保障制度，实行对工人月工资略高于其他纱厂、年终按红利分配的制度，为中国民族工业闯出了一条新路。

△由浙江人集资兴办的成都"民康染整厂"正式投产。董事长乐美尤，总经理董一峰，厂长兼工程师朱宏祥。该厂的兴办，开创了成都市近代染色技术的新局面。该厂机器设备好，花色品种多，质量好，深受顾主欢迎。该厂承担大量军需用品染色工作，为成都被服厂染制大量黄色陆军服装布，为空军被服厂染制草绿色空军服装布，为抗日战争所需的被服生产做出了较大贡献。

△重庆大川实业公司负责人尹致中和宝元通百货公司负责人黄凉尘，应四川省建设厅厅长何北衡之约到成都参观花会。接受何的建议，由尹致中经营的重庆大川实业公司、大中工业社和黄凉尘经营的宝元通公司、成都中国国货公司4个企业共同投资组成大星实业公司面粉厂。工厂选址于成都东较场落虹桥。建厂过程中遭到地方恶势力的种种阻挠，好不容易在邓锡侯将军等军界人士的协助下才得以正式营业。其后，又经常遭到警察局和省、市政府人员的敲诈勒索。

△蒋介石以"国家总动员会议"名义颁布《限制物价纲要》，厉行限价。成都经济检查大队素有邀功请赏、徇私舞弊的恶劣作风，使正当商人也饱受其害。而经济检查大队在执行限价时，手段更加横暴，以至民怨沸腾。

△华西大学成立教育研究所，由傅葆琛主持，出版有《教育与建设》《华西教育导报》《华西教育月刊》《华西教育通讯》。

华西大学新建的牙科医院落成，分诊断、牙周病、口腔外科、牙体外科、修复、防治、小儿等组，并设有治疗和制作两室。

华西大学毕业留校的冉瑞图医生为加强华西校友的联系，自编自刻，办了个油印刊物，报道学校情况，介绍医学书刊中的科技信息，每2至3月出一期，后得到校友和教师的帮助。

华西大学启真道教授专门为齐鲁大学药学系22名学生开生理学课程。

△金陵大学成立植物病虫害系。

金陵女子大学把仁寿县的乡村服务社迁至华阳县的中和场。设幼儿园，每期收幼儿60名；设妇女班，分为甲乙两班，各三四十人，教以识字、唱歌、手工、卫生常识、珠算等。

△四川大学由峨眉山迁回成都后，校内独立活动的中共地下党员、教授李相符和一批学生党员，在恶劣的环境条件下，认真执行周恩来关于"勤学勤业勤交友"的指示，在隐蔽精干、保存力量的同时认真学习党的方针政策，积极组织和参加秘密读书会，用壁报、剪报、报告会、讨论会等形式，宣传、教育和组织群众。

△四川省1943年征粮900万石，改购为借，借粮700万石，共计1,600万石。实际配额数为1,776万石，最后实收1,602万石。

△成都的米价为每石1,800元，比1942年上涨了一倍。

△1943年下半年，冯玉祥将军发起的节约献金运动掀起第三次高潮，他在《新华日报》上登出启事，卖字献金。

△1943年，四川省各县政府员额设置（指导员、督学员未计算入内）为：一等县60～69人，二等县54～63人，三等县46～54人，四等县41～49人，五等县36～45人，六等县35～44人。全省有县市局长142人，其中拥有国内外大学学历者88人，专科学

校学历者24人，军事学校学历者12人。

△1943年度，四川省共有国民及初等学校47,568所，教职员119,500人，学生3,536,874人，毕业生884,822人。全省共有公私立中等学校490所，教职员14,991人，学生199,807人。其中，有中学366所，教职员11,480人，学生170,502人；师范学校67所，教职员1,730人，学生18,956人；职业学校57所，教职员1,781人，学生10,349人。

△至1943年底，四川省有人民团体4,555个，会员501,319人。

1944 年

1 月

1 日 重庆《新华日报》以"毛泽东同志对文艺问题的意见"为题,用提要的形式介绍了《在延安文艺座谈会上的讲话》的基本内容。

△报载:中国工业实验所油脂部以桐油提炼机器油,每日可出 200 吨左右,并以柴油代替肥皂用油,以松香提炼红车油。

△国民政府财政部分配各行局 1944 年办理储蓄 105 亿元,乡镇公益储蓄 15 亿元,收购粮食物资推销储蓄券 10 亿元,共计 130 亿元。

△登门造访信托局发行投资信托证券 1 亿元。

3 日 黄炎培、张君劢、左舜生、沈钧儒、王造时、张志让等 16 人召集的宪政问题座谈会,在重庆江家巷迁川工厂联合会大礼堂举行。应邀参加会议的各界人士有:邓初民、郭春涛、董必武、史良、曹孟君、屈武、周谷城、张申府、沈志远等,共计 60 余人。

6 日 许国璋的遗体被送回成都原籍安葬。途经重庆时,重庆各界举办了隆重的公祭仪式,蒋介石特派何应钦主祭,并颁挽幛——"义壮山河"。此后,川康绥靖公署副主任潘文华在成都忠烈祠为许国璋举办追悼会,并亲写挽联以彰忠烈:"大忠大孝,以国家民族为先,频传常桃鏖兵,光复名城摧敌房;成功成仁,继之钟(王铭章)弼臣(饶国华)而去,远昭睢阳授命,长留正气满潇湘。"

7 日 四川省物价管制委员会成立,由张群兼任主任,李璜、黄肃方、唐昭明、漆中权、刘寿朋、李伯申、石体元、胡子昂、康保志、黄仲翔、余中英为委员。

10 日 前蜀军政府都督张培爵烈士公葬典礼在荣昌卧佛寺墓园举行。

△国民政府盐务总局决定发放企业贷款 3 亿元,以增加川康食盐产量,满足战时军民需求。其中,自贡市东西两场盐商各获信贷 1 亿元,五通桥盐厂获 3,000 万元。7 月 10 日,再次确定贷款比例:自贡市东西两场 2 亿元,五通桥盐厂 1 亿元。贷款可分 4 次支付,每次以 1 月为期,每期领 2,500 万元。

11 日 四川生丝公司第一制造厂(重庆)共有女工 400 余人,部分女工当天宣布罢工,要求厂方给予平等待遇、增加工资。参加罢工女工推举吴泽玉、孙德辉等五人为代表,向厂方提出如下要求:1.增加工资;2.不扣空袭期间工资;3.奖惩严明;4.改良卫生设备。厂长陈世禄认为丝厂女工都是贫困家庭出身,不会长久罢工,态度傲慢,不予理睬。经重庆市政府社会局会同国民党重庆市党部进厂调查,罢工起因是坐操工怀

疑厂方发给立操工双薪。实际情况是，立操工来自下江，应用新式机械，技术性较高，每日工资比坐操工高四五分钱，并未发给双薪。经解释后，参加罢工的女工均复工。

17日 四川省政府确定1944年国民教育计划：增设保国民学校6,161所，达到每保1校；并在原有学校中增设5,839班。

△成都各界支持冯玉祥将军的倡议，在少城公园举行"成都市各界民众节约献金救国大会"，3万多人到会。四川省政府主席张群出席，成都市市长余中英主持会议。在纪念碑侧临时搭建的献金台上，冯玉祥发表了激动人心的讲话，激发了与会群众的爱国赤诚，纷纷踊跃献金，包括金戒指、金圈子、手表、衣物等，凡能值钱的东西都不断往台上献。各献金队的领队，依次上台在麦克风前报告捐献额：银行队、商人队、学校队、工人队、机关队、红十字会队、基督教队、僧伽队、妇女会、慈惠堂、贫儿教养工厂……献金达1,000余万元法币。此外，以个人名义捐献的不少。小朋友唐希林、唐民固、叶思埙、钟茂轩、初必鸿5人，献出自己攒钱罐储积的零花钱共5,000元……和尚、道士、尼姑也都纷纷捐款。

19日 成都市各界在少城公园集会，欢送八县市知识青年入营，入伍青年所经街道，居民燃放鞭炮，敲锣打鼓，为出征健儿壮行。抗战后期，日寇攻占缅甸，妄图控制我国通往南亚和东亚的滇缅公路，进而攻占云南。1943年11月，美、英、中三国元首达成协议：中国重组远征军，再次进军印缅边区，与英、美空军、海军协同作战，彻底清除日本在缅甸的军事威胁。1943年12月，四川知识青年响应国民政府军事委员的号召，积极报名，参军入伍，志愿入缅作战。

21日 四川省第一行政区成都、华阳、温江、郫县、新繁、新都户口普查，共260,525户，1,280,536人。其中男684,380人，女596,156人。同1941年编查保甲户口结果比较，增加44,180户，97,611人，6县人口较原有人口增加8%。

△国民政府军政部分别在重庆、成都成立教导第一、二团，集中训练四川各地参加远征军之知识青年。截至本日，设于重庆的第一团已集中1,489人，设于成都的第二团已集中797人。

30日 国民政府农林部发表统计：四川省公营民营垦务机关团体共53个，西康省12个（全国共153个）；四川省垦民24,834人，西康省垦民210人。自抗战初期开始，川康地区农林垦殖事业成效显著。1938年初，四川省政府制定《督垦土地大纲》，设定北川—平武移垦区，预定移民2,000人，划拨经费98,000元。1939年，四川省政府协组华西垦殖公司，认股20万元，并促省银行投资30万元。1939年11月19日成立四川省政府垦务委员会，统筹规划有关难民垦殖事宜。1940年1月3日，垦务委员会划定两大垦区：一为雷波、马边、屏山、峨边、犍为、凉山垦区，二为松潘、理番、懋功、靖化、汶川垦区。两垦区开垦面积约24万亩，可收容难民数万人。到1940底，川康地区已有民营垦殖社30个，垦殖公司5个，垦地15.85万余亩，垦民6,516户、2万余人。农林垦殖是安置战时难民的重要举措。

31日 国民政府行政院核定：四川省1944年度同盟胜利公债为7亿元。

是月 《中国工业》1月号载文报道：近年来重庆纺织厂深感困难，产量锐减。如北碚的大明纱厂，原每月产布7,000匹，近几月来产量减少40%，工人减少1/3，开工的织布机，仅及原数的50%。

2月

1日 四川蚕种出国，第一批运印度。

2日 国民政府追赠许国璋为陆军中将。1944年5月8日又发布褒扬令，准许他入祀首都忠烈祠，其入祀令为："陆军第150师师长许国璋，致身卫国，矢志忠贞。此次敌犯湘鄂边区，该员等督师战守，力遏凶锋，效命疆场，壮烈殉职，缅怀大节，悼惜良深。应予明令褒扬，将生平事迹存备宣付国史馆，并准入祀首都忠烈祠，以资矜式，而励来兹。"

4日 复兴公司在四川各地广设分支机构，垄断羊毛统购统销。

5日 四联总处核定1944年度全国工业贷款总额89.5亿元。

8日 宋庆龄在《致美国工人》一文中，列举事实说明"中国的反动和法西斯的嚣张"。

10日 三民主义青年团重庆支团部正式成立。该支团部辖重庆及川东40县，共有团员26,300人。

△中国工矿建设协会在重庆成立。

△重庆市黄金价格上涨，每两售出价2.05万元。

15日 成都市自来水公司成立，资本定为8,000万元，由官商合办，总经理谢霖。

△成都成立民主宪政促进会，邵从恩当选为主席，张澜、李璜为副主席。张澜是成都民间社会福利机构——慈惠堂的理事长，邵从恩是监事长，民主宪政促进会的会址就设在这里。当时慈惠堂成为成都民主宪政活动中心。各党派及无党派民主人士均常来此，与邵、张讨论时事，联系工作，协调共同行动。

14日 中华全国戏剧界抗敌协会在重庆召开首届戏剧节纪念大会，报告一年来戏剧运动的概况，由在重庆的戏剧界人士表演节目，其中有话剧《戏剧春秋》，反映戏剧界30年来艰苦奋斗的精神。

15日 成都市戏剧界举行首届戏剧节纪念大会，由杨村彬、万籁天分别报告成都市戏剧界大事及同仁的希望。

16日 四川大学教授周晓和等在江油考察发现大量石油。1944年3月2日，国民政府资源委员会派四川油矿探勘处秘书兼天然气油厂厂长沈青往该县勘查。

17日 成都市于1943年普查户口后，成都市警察局建立户口卡。据此统计，成都全市共有人口52万余口。

18日 嘉陵江矿区煤炭业代表在国民党中央党部中央工商运动委员会召开的工商座谈会上发言，陈述煤炭业面临的困难，指出1943年12月底已停工的厂矿有44家，1944年春节后续停的小厂有百余家，继续开工的仅15家。

19日 重庆《商务日报》报道：自1943年底以来的3个月内，重庆全市印刷业有70余厂家因经济不景气停工，各造纸厂亦大量减产。

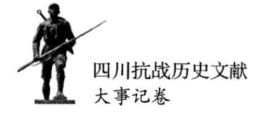

24日 川康区1944年度蔗田面积业经川康区食糖专卖局核定为60万市亩。

3月

1日 四联总处开始推行1944年度乡镇公益储蓄。此项储蓄源于1944年2月3日国民政府行政院制订的《乡镇公益储蓄办法》。四联总处决定1944年度推行乡镇公益储蓄229亿元,四川配额为40亿元。3月10日,国民政府行政院明令各地党政主管,每周应召集会议研讨推进乡镇公益储蓄办法。7月9日,四联总处规定,各行、局所收乡镇公益储蓄,一律存于中央银行,在办理工矿及其他生产事业贷款时,再向中央银行以转抵押贴现支用。22日,行政院公布施行《重庆市加强推行乡镇公益储蓄奖惩办法》11条。除超储奖励外,对拒储、滞交、储不如数者,要视资力加倍给予重征工期、定期停业、永远停业、舆论制裁、强制储蓄等处罚。8月17日,四川省分摊的40亿元乡镇公益储蓄按13个等级分配到县、市。从分摊比例看,成都最多,达到3亿元;理番、松潘等100万元,为最少。成都当月交库数额为7,182万元,只占总额的24%。重庆《新华日报》为此发表短评《乡镇公益储蓄》,指出:全国229亿元总额中,四川占40亿元,数目不小,人民要有余力才能负担。应该按财产、按收入,用累进方式分配储蓄,而不应按人口、按户口分摊,钱多多储,钱少少储,贫民小户豁免。1944年虽百般催收,未及半数。

△重庆体育场命名典礼在浮图关新建场址举行,场内可容观众6万人。

2日 大邑县发生地震,金阙山崩塌,沉陷地区长3里,宽1里。

5日 重庆市政府发表截至1944年2月上旬的人口统计,共有164,490户,950,614人,其中男589,489人,女361,125人。全市人口平均密度为每平方公里3,367人。

6日 国民政府经济部成都工业考察团视察员李为宪发表《成都工业考察报告》,揭示各业状况甚详,兹节录一、二部分梗概如下:

一、机器工业。一共考察6家,规模以四川机器公司为最大,资本3,000万元,其中以川康兴业公司1,250万元、四川省政府1,000万元为最多,民生公司亦有30万元,因为官商合办,故为特种公司。设备中,化铁炉有两部,小者一吨,大者两吨半,在成都尚无出其右者。惜因该公司为前省立机器厂、无线电机厂、工业试验所机器厂三处之原有资产组合而成,人事复杂,裁减不易,调动亦感困难,以致人事迄未健全,工作未大展开。该公司董事长卢作孚先生,尚有待整理,以宏省营事业。

二、纺织印染业。(1)棉纺织业。共计考察了申新第四纺织公司成都分厂、宝兴染织厂、复兴实业社、花纱布管制局成都纱厂等4家。其中成都纱厂只做纺纱,有小型印度纺纱机7套,每套有锭子128个,共有896个锭子,工人40余人,每人每月产纱75饼。厂方深感此种机器易坏,最不适用,战后必然消灭。现在用此种机器每月即要赔钱,现正筹设大型机器,两月之后即可完成,然后才能盈利。申新纱厂系自己纺纱自己织布,全厂有1,600个锭子,每月可出产布匹700余匹。复兴实业社以织布为主,兼缝制军装及制衣刷。全厂员工、勤杂警卫在700~900人之间，为成都员工最多的民营工厂。该社创设于1939年，截至1941年，布机由50部增至350部，成为成都布机最多的织布厂，每月能出产布匹3,000匹。1944年因布机加多，棉花减少，供求失衡。这是织布厂均感困难的问题，许多工厂已经停闭。该社近来亦有停机减员的迹象。现仅有50~60台布机在运作，每月仅产布400匹。该社全系手工生产，所用布机均系木机，每机一人，三日织布一匹，较之申新纱厂所用铁机每日织布一匹要多耗时三倍。从整个效率着眼，应以铁机为佳。唯每部铁机现价2万元，木机仅需千余元，比较投资，铁机高于木机20倍，资本又成为工业进步的问题。宝星染织厂为现任厂长黄明齐先生创办。黄氏早年留学日本，迄今所采生产方法仍多是日本式的。黄氏1925年投身教育界，同时将创办实业作为副业，与三位朋友合资兴办此厂，有如上海的三友实业社。其间累经变故，惨淡经营，以期于成。其为成都棉纺织业不懈奋斗、成效显著的一位。该厂初制麻色制服布及蚊帐布，三峡布亦系仿效。该厂蚊帐布今已不再生产，转而侧重于毛巾布及线呢二种成品，此两种花色在成都均居第一。唯因棉纱缺货，已自购锭子数百，求得自给。（2）毛纺织业。共考察惠通新颖毛棉染织厂、厚生毛织厂、元毛线厂3家。其中惠通以毛纺织为主，棉织亦在推动。1944年代国民政府军政部第五被服厂及保安处被服厂制军布，现已在重庆订购印度纺纱机160锭，将增加棉织品数量。其主要生产的毛织品，现有三部弹毛机，系天津制造，为成都最大弹毛厂。羊毛来自松潘、理县、茂县，品质不及北羊毛，故成品不及川康毛织厂质料之佳，但售价仅为川康的50%，可谓货当价值。该厂本年共织毛货8,000余码，代制军毯1万条。毛纺织以每年农历二月至九月为工作时间，原料制成成品以后，资金投入成品，无力再购原料，源源接济，唯有辞退工人；待成品脱手后续购原料，再召回工人，继续生产。

8日 重庆市第一区植物油制炼工业同业公会理事长王震欧称，该区国营、民营炼油厂共35家，继续开工者仅4家，且此4家赔累甚大。

10日 重庆酒精业因物价上涨，成本过高，难于维持生产。第一区酒精业同业公会理事杨公庶招待记者时宣布："1943年年终卖厂的占该业厂家的1/3。至1944年3月，同业各厂因无力维持生产，决定月底停工。"

11日 四川省公路总局报告：全川公路总长共56,000公里，较之于1937年年底的5,000公里，增长十倍以上。客车共220辆，内中缺零件待修者45辆，报废者85辆，可用者仅90辆。自1935年以来，国民政府和地方当局重视公路建设，四川公路里程逐年增加。国民政府迁都重庆以后，加紧修筑公路，川黔、川陕、川湘、川滇东路、川滇中路、川滇西路等省际公路相继通车，四川开始摆脱闭塞状态。

12日 四川省政府裁撤附属机关7处：工业实验所，外销物资委员会，垦务测绘队，东西山垦边办事处，雷马屏垦务局，经济调查室等。

16日 重庆中国汽车制造公司创制桐油发动机，用于驱动汽车成功。

17日 四川省1944年度土地税总额定为4.2亿元。

△重庆中医公会纪念"三一七"国医节，举行第一届会员大会。中央国医馆馆长焦易堂等300余人到会，决定每年国医节举行义诊一天，并筹组中医师学会。

18日 1943年度川康食糖专卖利益总收入达2.8亿余元，超出征额8,000余万元。

19日 国民政府财政部重庆市田赋管理处成立，由许大纯兼任处长。该处将前托江、巴两县代管的田赋收回自办，并接管土地税征收事宜。

△郭沫若所著《甲申三百年祭》开始在重庆《新华日报》上连载。

20日 美军派宪兵驻成都，处理美军违纪事件。

24日 民生公司行驶重庆白沙间的民惠轮下驶至小南海失事，乘客400余人，生还者甚少。

25日 四川省政府发布：四川全省现有工厂1,377家，资本总额5.79468195亿元，每家平均资本为42.0819万元。分布地点：重庆496家，成都232家，江北101家，乐山48家，其余500家分布全川各地。

28日 国民政府行政院决定：重庆市临时参议会参议员任期延长一年。

△国民政府行政院决定：四川省第13区行政督察专员兼区保安司令钟体道，14区行政督察专员兼区保安司令林维干，均免本兼各职。派林维干代理13区行政督察专员兼区保安司令，何本初代理14区行政督察专员兼区保安司令。

29日 邹容烈士纪念碑奠基礼在重庆南岸公园举行。

30日 法国民族解放委员会驻华代表团抵重庆。

31日 中捷文化协定在重庆签字。

是月 重庆市纺织土布、毛巾、针织各厂纷纷歇业，失业的纺织工人达4万余人。

4月

4日 国家总动员会议在重庆举行检讨会，公布检查银行仓栈情况，计在重庆、成都、自贡、万县、宜宾5区实施检查银行仓栈153家，违法案达363件，物资总值约6亿余元。

5日 三民主义青年团第一届中央干事会议第二次全体会议在重庆开幕。

△中央银行成都分行发行关金券，券面金额分为1元、5元、10元3种。规定关金券1元折合法币20元。四川省政府通令：关金券为一体通用货币，不得拒绝流通。

8日 报载：炼油业困难重重，第一区共有国营、民营炼油厂35家；仍继续开工者仅4家，余者先后停产。

9日 嘉陵江航道整理工程于1942年12月开工，至1944年3月底初步完成，枯水时期载重10吨的木船可达广元。

12日 重庆区兵役会议闭幕（8日开幕）。参加人员计有川、康、黔、滇、鄂5省军管区参谋长、各师管区司令、各补训处处长等。

△迁川工厂联合会在重庆举行第七届年会。会上通过减轻厂矿负担，挽救工业危机等案。在此前后，重庆、成都的民族工商业者亦纷纷要求"生产自由"，取消统制政策。

16日 中华文艺界抗敌协会在重庆召开成立6周年纪念大会，由邵力子主持，老舍报告会务，胡风宣读论文《文艺工作发展及努力的方向》。

17日 日军在中牟县渡过黄河，发起进攻，豫中战役开始（5月25日日军占领洛阳后结束)。自1944年春季开始,日本侵华军为打通"大陆交通线",以支援其入侵南洋的军队,发动了豫湘桂大战,豫中战役是这场大战的组成部分。河南守军得知日军渡河消息,第一战区司令长官蒋鼎文迅速放弃洛阳南撤,原集结于洛阳附近准备参战的6个多集团军也望风西走。日军不战而据有洛阳古都。

△李家钰将军奉命在新安、渑池之南掩护友军转移。他虽身为36集团军总司令,由于连年恶战,实力大为削弱,实际指挥的只有47军的4个步兵团。面对强敌,他视死如归,毅然承担掩护友军后撤的任务,带领川军47军余部与日寇周旋于新安、渑池以南地区。5月21日,李家钰将军总部在陕县东南与日军主力遭遇。他当机立断,亲率总部官弁和特务连将士与敌反复冲杀,毙敌众多;随后转移陕县秦家坡时,不幸中敌埋伏,在激战时中弹殉国。官兵抢回他的遗体后,发现遍体枪眼,部下官兵垂泪哀泣。5月22日,国民政府为悼念忠烈,特追赠李家钰将军为陆军上将,并举行国葬。

李家钰将军在1938年接受《新蜀报》记者采访时,曾引述清代才子袁枚悼念在新疆平叛时殉国的鄂容安的诗句"男儿欲报君恩重,死到沙场是善终",用以表达他赤诚的报国之心:"我取其意而又改动其中一个'君'字,变成了'男儿欲报国恩重,死到沙场是善终'。"在出川6年期间,他率部与日寇常年征战,反复厮杀,最终以战死疆场的壮烈行动,履行了自己的庄严诺言。

△重庆文艺界集会纪念老舍创作20周年。邵力子主持会议,郭沫若、茅盾、沈钧儒等致祝词。中华文艺界抗敌协会成都、昆明等地分会亦同时集会纪念,并电老舍致贺。

19日 由植物学专家巴文博士、蚕茧专家萨尔、农学专家辛氏博士等来华工作访问的专家组成的印度农业访问团抵达重庆访问。访问团于19~23日拜会国民政府官员,与国民政府农林部商定访问工作计划。5~6月,访问团依次访问四川成都、乐山、自贡、五通桥;而后去广西、云南两省访问,参与当地农业工作后,由昆明回国。

29日 美大使馆新闻处在成都设立分处。

5月

1日 四川驿道路线全长共48,422公里,其中6大干线合计为8,989公里,支线合计为39,433公里。

2日 国民政府向英国贷款5,000万英镑。

△国民政府行政院颁布《1944年度四川省县市公粮处理办法》,共5条,规定县市所需公粮由县市田赋征实带征,带征额不得超过征实额的30%。

3日 重庆文化界名流张申府、孙伏园、曹禺、马彦祥、沈志远等50余人举行集会,要求:取消审查制度,杂志出版后再登记;各地不得查扣书刊,干涉戏剧演出;并推举沈志远等6人起草文化界对民主化意见,要求国民党取消对新闻、图书、杂志、戏剧演出等的审查制度。

4日 自流井至宜宾输电线路竣工。此线计长87公里,电压33,000伏,容量

1,000伏安,为战时后方最长的高压线路。

△48种剧本被国民党宣传当局禁止上演,其中有《燎原》《草莽英雄》《袁世凯》《囤户》《西太后》《大家去从军》《金门岛》《石达开》等。

5日 中国教育学术团体第三届联合年会在重庆市中国图书馆开幕。报到会员200余人,收到提案63件、论文28篇。

9日 战时食盐供不应求,国民政府盐务总局公布各机关、学校购盐办法。6月10日,国民政府行政院核定广元、三台两县为凭证计口授盐实施区域。7月19日,重庆市盐务公局设"重庆市食盐计授管理处",实施计口授盐。川康地区计口授盐,将重庆、成都、万县及雅安定为施行地区,除重庆已施行外,其余地区统限于9月1日普遍施行。该方案在重庆推行一月后,统计全市居民约需盐1.3万市担,工厂及公务机关约需盐6,000市担,总计大约两万市担。1944年度川康区产盐数量核定为600万担。

16日 国民党中央宣传部新闻处发表消息:自冯玉祥于1943年冬倡导并亲赴各地发动节约献金运动后,四川有14个县市共献金1.3968亿元。计:自贡260万元,乐山304万元,荣县150万元,五通桥220万元,牛华溪70万元,双流80万元,夹江30万元,新津160万元,眉山84万元,彭山60万元,成都1,200万元,合江1,450万元,江津1,350万元,泸县5,300万元,隆昌3,250万元。

17日 美国总统罗斯福给重庆市民发出致敬信,全文为:"我以美利坚合众国的名义致书重庆市,以表达我对英勇的重庆市民的敬意。还在世界人民了解恐怖袭击之前,贵市人民在多次残暴的空袭面前,表现出坚毅镇定、英勇不屈的精神。这无上光荣地证明:决心争取自由的人民,其意志决非暴力恐怖所能摧毁。你们对自由事业的忠诚将永远鼓励子孙后代。"

△中共中央为解决全国政治问题和国共两党关系问题,促进全国团结抗战,派林伯渠为代表到重庆与国民党代表王世杰、张治中继续谈判(前一轮谈判于5月4日至11日在西安举行)。5月22日,林伯渠将中共中央《关于解决目前若干急切问题的意见》20条(关于全国政治制度者3条,关于两党悬案者17条)送交国民党代表张治中、王世杰。张、王认为:条文如此写法,无异揭露国民党之罪状,会导致两党关系恶化,势同水火,碍难转呈国民党中央。本次谈判历时4个多月,没有得到结果。

△国民政府行政院会议通过《四川省临时参议会任期延长一年案》。

18日 国民政府交通部、四川省政府举行特种工程完工慰劳会。特种工程包括成都附近4个轰炸机场,5个驱逐机场。6月中旬,主要机场陆续交付盟国使用。其中最大的机场位于广汉县境内,国际舆论称"观音堂空军基地",为美国援华空军执行轰炸日本战略目标的重型轰炸机B29(超级空中堡垒)的起降基地。从6月16日起,B29携带重磅炸弹,直接对日本东京、名古屋、大阪、神户等60多个工业城市实施大规模的轰炸任务,结束了抗战以来日本飞机对成都、重庆、自贡等城市如入无人之境的狂轰滥炸的空中优势。

△重庆新闻界长寿工业参观团赴长寿参观龙溪河水力发电厂。其时,该厂水力发电容量已有3,200匹马力。

19日 为时一月的"西南剧展"在重庆闭幕。闭幕会上,欧阳予倩报告剧展经过,田汉做题为"抗战殉难剧人生平"的报告,呼吁援救遭非法拘捕的广州儿童剧团的26名团员。

20日 国民党五届十二中全会在重庆开幕(26日闭幕)。会议期间,中国西南实业协会、迁川工厂联合会、中国全国工业协会、国货厂商联合会、中国生产促进会等5个工业团体联名起草《解决当前政治、经济问题之建议书》,送交国民党十二中全会,要求国民党改变政策,结束政府管控经济的历史。

22日 杨庶堪灵柩从重庆南岸大石坝移奉朝天门码头公祭(30日在巴县东泉墓地安殡)。

24日 章乃器、吴蕴初、吴羹梅等80余位在重庆的企业家代表集会,要求政治民主、产销自由、取消商品统制政策。

下旬 重庆等地商民担心政府要提高黄金官价,纷纷排队抢购黄金、黄金期货及黄金存款。教会美汇由450元升至650元,银钱业公会每天熙熙攘攘,异常拥挤,有行无市问题已压倒换汇贵贱问题。投机买卖黄金和购买黄金保值之风盛行,中国银行排队办黄金存款的长蛇队,从一楼伸延到三楼之上。交通银行因抢占柜台发生斗殴,市面恐慌。在持续不断的提价谣言声中,中小银行面临难关,只得宣布停售黄金及其期货,更加剧了黄金、美钞的黑市价格节节高涨。重庆金融市场的疯狂投机,震撼了四川大小城市,广大城乡市场出现抢购、囤积黄金之风。

25日 重庆市1944年度征收所得税、利得税预算总额为6.15亿元,较1943年增加50%。

27日 日军进攻新墙河,长沙、衡阳会战正式开始。日军华中第11军团第3、13、34、40师团自5月中旬开始从河南、湖北分路大举进攻湖南。长沙、衡阳会战从5月27日到8月4日结束。王陵基第30集团军所部川军72军,杨森第27集团军所部川军20军、44军参加了会战。会战历时两月余,川军担负了新墙河阻击战,浏阳阻击战,攸县、茶陵阻击战,安仁阻击战,道县阻击战。五次阻击战都打得十分顽强,每次战役,敌军都付出了沉重的代价,川军损失也很惨重,因缺乏弹药,未奏全功。杨森20军在安仁的战斗中屡挫敌锋,实赖于美国陆空联络班基于地面部队要求,与美国援华空军互动,及时轰炸敌主力,重挫其凶焰。

29日 黄炎培在复旦大学讲演时发出了"要为民主拼命"的呼声,强调:"要民主,一定要我们'求'得有力,得拼命地'求',而且必须成为一个大的运动才行。"

△重庆各界在新运广场举行欢送大会,欢送川、陕、豫、皖4省出国远征壮丁。

是月 何其芳、刘白羽二人自延安到重庆(17日与林伯渠、王若飞同机到达),向文化界介绍延安整风和文化界情况,传达毛泽东《在延安文艺座谈会上的讲话》。

△"中国民主政团同盟"发表《对目前时局的看法与主张》,对国民党排斥异己,拖延"训政",拒绝民主的专横态度表示不满和忧虑。

△重庆报纸报道:重庆地区工业继续凋落,4、5两月机器工业歇业者达十余家。规模较大的重庆五金厂亦告歇业。嘉陵江矿区5月减产煤1万余吨。天府等大煤矿本月仍在裁员减工,缩小生产规模。盐井溪的60余家煤矿即有40余家停工,余者亦有不少正准备关门。

6月

1日 由中共秘密出资（初为17％，后增至44％），与著名工商业者范旭东合资经营的建业银行在重庆正式开业。该银行为股份制商业银行，注册资本1,000万元，以扶植民族工商业为经营宗旨。建业银行首任董事长汪代玺，总经理范鸣畴。1945年，改选李维成任董事长、龚再僧（龚饮水，中共党员）任总经理。总行设在重庆，在成都、天津、上海、南京、长沙、武汉设立6个分行。

3日 国民政府行政院发言人称："重庆零售物价指数较1937年增加450倍。"

5日 中共代表林伯渠将修改后的《关于解决目前若干急切问题的意见》12条（其中包括：实施民主政治、开放党禁，实行名副其实的人民地方自治的3条，关于两党悬案的9条），口头要求8条（包括停止特务反共破坏等）交给张治中、王世杰。张、王又以措辞不当为由，拒绝转呈国民党中央。与此同时，张、王将国民党所拟《中央对中共问题政治解决提示案》18条交给林伯渠。该提示案规定：共产党的军队除允许保留4个军10个师外，其余部队全部限期取消；这10个师的驻防地点，由"中央"根据国防需要部署，应该调动到哪里，就必须到哪里；解放区的政权"一律由各该省政府派员接管处理"。对于实行民主政治、承认各党派的合法地位，保障人民的民主权利，释放政治犯等则只字未提。

9日 由驻重庆外国记者发起组织的中外记者西北参观团一行21人离开重庆。中外记者西北参观团由团长谢保樵、副团长邓友德带领，如期抵达延安。参加该团的中国新闻媒体记者9人，他们是：《大公报》孔昭恺、《中央日报》张文白、《扫荡报》谢爽秋、《国民公报》周本渊、《时事新报》赵炳烺、《新民报》赵超构、《商务日报》金东平、中央社徐兆镛、杨嘉勇，此外还有国民党中央宣传部的赵景蒙、陶启湘、张湖生、杨西昆等4人。参观团的外国新闻媒体包括：美联社、合众社、美国《时代杂志》《同盟劳工新闻》《天主教信号杂志》《中国通讯》、英国《泰晤士报》《曼彻斯特导报》《多兰明星周刊》《巴尔的摩太阳报》等。

中外记者西北参观团在延安受到中共中央、18集团军总部和陕甘宁边区政府的热烈欢迎。毛泽东、周恩来、朱德、叶剑英等接见了全体团员，向他们介绍了边区情况和中共对国内外事务的政策立场。该团在边区进行广泛的参观访问之后，于7月26日从延安返重庆。

中外记者对这次参观访问普遍满意，采写了许多新闻报道和调查报告。其中，《新民报》记者赵超构所写长篇通讯《延安一月》在该报连载，颇受读者欢迎；后来还印发单行本，四次再版，成为大后方人民了解陕甘宁边区实际情况的畅销读物。外国记者的报道和通讯比较客观地反映了边区人民的艰苦斗争生活，在国际上影响很大。

10日 成都记者公会成立。

13日 《中挪条约》在重庆互换批准书。

15日 重庆市1944年度同盟胜利公债总额5.5亿余元，各业派额派妥。重庆市公债筹募分会列就的富户购债名单计1,100余人。

16日 中国空军美国志愿大队B29超级空中堡垒于本日0时从四川成都观音堂空军基地起飞,首次轰炸日本本土的钢铁工业中心八幡市,航程8个小时,完成任务,顺利返航。四川省临时参议会于18日致电中国空军美国志愿大队指挥员陈纳德,祝贺轰炸成功。

△中央陆军军官学校成立20周年纪念会在成都该校本部举行庆祝典礼,由国民政府军政部部长何应钦代表校长蒋介石来成都主持。到会来宾及该校员生、官兵共万余人。

17日 蒋介石致电四川省临时参议会:"我川省同胞每年粮政兵役所负担之数量,均属甲于各省。""推而至于增产、运输、募债、献金等一切有关抗战之工作,莫不有优良之表现。军实资以供应,兵源赖以补充。尤其去冬以还,发动50余万之同胞,修筑多数机场,祁寒赶工,风雨无间。""卒使此项空前伟大之军事建设工程,仅以简单之人力,均于最短期间,一一如限完成。""故我四川同胞,不惟在我抗战史上克尽其国民之天职,无愧为贯彻胜利之基础;即在全世界反侵略战争之阵容中,亦具有卓荦光荣之贡献。"

20日 四川省临时参议会第二届第二次大会闭幕。会议通过了田赋征借实物数额。6月6日,国民政府粮食部颁发《粮食征购办法》,规定:自1944年度开始,征购改为"征借",所征粮食不再付给现金,作为政府借贷,预定偿还期限。由于沦陷区不断扩大,全国粮食征收数额减少,四川承担的征实、征购、征借,逐年上升,到1944年度粮食部原要求征实、征购总额提高到2,490万市石之多,占国统区征实、征借总额6,848万市石的36%以上。四川临时参议会认为,四川农民的负担过分沉重。经临时参议会与粮食部反复磋商,改定为2,160万市石。其中征实额900万市石,征借额1,100万市石,另为弥补灾歉短收增派160万市石。征借数额之外,除地方积谷照章办理,其余一切以田赋或谷物为对象的摊筹派募,一律切实禁止。

△由张澜、邵从恩、李璜等组织的"成都民主宪政促进会"提出明定国是的10项主张,要求切实施行约法,尊重人民自由权利,刷新政治,改革弊端,革除苛扰,减轻人民痛苦,实施全民动员、组织、武装人民。

21日 美国副总统华莱士以"调协国共关系"访华抵重庆。随行人员有美国国务院中国科科长范宣德、战时情报局太平洋分局局长拉铁摩尔、美国对外经济处对华供应科首席联络官哈查德。华莱士一行与蒋介石进行了五次会谈,就远东抗战大局、中美关系、政治改革、与中共的关系,深入交换了意见。华莱士建议国民政府在政治上进行一些民主改革,对共产党问题寻求"和平解决",最好组成联合政府,争取民众支持,增强抵御日本侵略者的军事能力。华莱士一行于24日离重庆,在国民政府外交部部长宋子文陪同下飞往昆明。华莱士临行时在机场发表书面谈话,希望中美两国加强合作,尽力互助,积极进行对日作战。

△国民革命军第36集团军总司令李家钰将军灵柩于6月17日运抵成都。6月20日,四川省政府主席张群发表纪念文章《李总司令其相精神永在》。6月21日由四川省、成都市军政首长以及各界人士恭迎入城,停放在文庙前街的李宅,举行公祭。成都

市民自发前往李宅，参加公祭，人数多达万余。

24日 川康经济建设服务社在重庆成立，股本2,000万元，推选四川省政府主席张群为理事长，徐堪、刘文辉、邓汉祥、康心如、胡子昂、卢作孚等为常务理事。胡子昂任总干事，黄墨涵任首席监事。该社旨在联合川康两省生产、贸易、金融、交通等项事业，首求解决目前困难，进而谋求未来协调发展。

27日 美国副总统华莱士经桂林飞抵成都。在成都期间，华莱士参观了华西坝的金陵大学、华西文化中心和灌县都江堰水利工程。华莱士赠送成都市新药盘尼西林（青霉素）2,500万单位，人称活命仙丹。6月30日，华莱士一行离成都返美。

28日 胡风、臧克家、王亚平等在重庆文化界人士庆祝诗人节。何其芳报告敌后诗歌创作活动，戈宝权讲解苏联抗战诗歌。

30日 四川省政府规定地方积谷使用办法：一、灾情较轻，请求贷放，经专署查核，准就该县、市、局所存备荒部分积谷酌遵贷放，秋后照十分归还，但最多不得超过所存备荒积谷50％；二、灾情严重，请办理平粜或散放者，由省政府派员查勘，确有办理平粜或散放之必要时，再予核准，但使用数量仍不超过各县所存备荒积谷25％；三、呈请以积谷办理辅助农村生产事业发展，向金融机构抵押借款者，一律暂缓办理。

△1944年度四川全省积谷数量，国民政府粮食部核定为30万石，仍与1944年度田赋征实一并征收，另仓存储，以备救荒及优待之用。

△四川省临时参议会决议：将国民政府允于1944年度付还的粮食——四川省1941年及1942年粮食库券本息265万石，折合法币66亿余元，一部分作建设地方公益事业资金，一部分用以修筑铁路。

30日 为鼓励农民扩大棉花种植面积，四川省举办棉花贷款。由四川省建设厅、成都花纱布局、农民银行会商决定，共计贷款4,000万元，分别在产棉区遂宁、三台、蓬溪、中江、简阳、金堂、广汉、德阳等地发放贷款。1944年度全川棉田面积：涪江流域121.2万亩，沱江流域47.9万亩，岷江流域30.5万亩，嘉陵江流域86.8万亩，其他各地13.54万亩，共约300万亩。

月底 据国民政府经济部统计：已登记的公营、民营工厂共4,346家。其中在重庆者1,228家，在四川其余各地者729家，其余各省以湘、桂、陕、甘、滇、赣等较多。

△迁川工厂中的中小工厂技术和财会人员，一般文化、专业水平不高，与当时生产发展水平不适应。迁川工厂联合会于1944年与国立中央民众教育馆联合举办"重庆高级补习学校"，着重培训中小工厂急需的财会人员。该校聘请吴蕴初、潘序论、廖仰山、胡子昂、胡西园、李烛尘、吴羹梅、章乃器等工商界知名人士为董事，徐致一任校长。该校共办两期，每期四五十人，学员结业后仍回原厂工作。学员经培训后大多成为工厂骨干力量，有利于工厂发展，颇得好评。

7月

2日 青年党负责人左舜生在《民宪》发表文章，力主"切实调整国共关系"，"加速实现民主,以澄清国际的疑虑,并举国内团结之实"。

3日 中共方面为打破国共两党谈判僵局,由林伯渠约见张治中,就国民党"提示案"提出两点修正意见,并转告张治中:中共中央欢迎王世杰、张治中到延安商谈。这些意见均被张拒绝,并表示只有在重庆谈判出结果,方可考虑去延安。

△国民政府财政部负责人谈话称:四川省食盐自附征"优待国军副食费"每担1,000元后,盐价骤增,私运愈炽,梁山、开县等县还有地痞包运私盐,纠众劫夺,险象环生,影响国民生计。

4日 日本侵华空军飞机轰炸成都,我驻成都空军迎战日机,击落日本轰炸机一架。

5日 许国璋将军灵柩安葬于成都外东厚生农场,亲友送葬哀奠。

6日 李璜在燕京大学发表演说,主张:在目前就实现三大自由,取消一党专制,承认各党派的合法地位,使各政党能够自由充分地发展。

△国民政府行政院参事张平群答外国记者问:据统计,1944年6月份一般物价总指数较1937年前约增加438倍。

7日 四川省各界在成都举行纪念抗战7周年大会,公祭抗战阵亡将士,开展献金运动。竖立在东城门口的抗日无名英雄铜像举行揭幕典礼,民众自发观礼者甚多。

△美国总统罗斯福写信给蒋介石,要蒋介石授予史迪威指挥中国一切军队(包括共产党军队)的权力,以补救中国战局从4月至7月日军发动豫湘战役,国民党军队节节败退所造成的军事危机。

8日 蒋介石写信给美国总统罗斯福,要求派一位拥有全权的私人代表来华,调整他与史迪威之间的关系。

△重庆文化界知名人士沈钧儒、郭沫若、张申府等20人,联名致电广西军、政、文化各界,声援桂林文化界发动的"保卫东南"运动。该电称:"敌侵湘南,密迩桂粤,任潮先生广播,力主动员全民,坚决抵抗,痛斥畏祸先逃、动摇战志之失败主义,义正词严,震烁中外,甚望即行紧急措施,采取民主办法,组织人力物力,坚持到底。"18日,成都《华西日报》发表题为"民主动员,进行坚决保卫战"的文章,响应桂林的运动,强调指出:"时至今日,起死回生,改弦更张,唯有从认真动员做起。倘再因循,就真误事透底,要谋补救都来不及了。"

11日 据统计:成都有工业厂店279家,资金总数1.68亿余元,职工8,755人。

13日 国民政府军政部教导第二团第一期学生军出征,由成都飞赴印度。成都市各界在少城公园举行欢送大会。

△中国全国工业协会对国民政府公布的工业贷款办法提出6条意见:对国防、民生必需的、效率卓著的工厂要切实扶植;以某种成本生产某种标准产品,首家不变,不一定采取订货方式;工业贷款期限请求放宽;国营与民营工厂间要合理分配贷款;贷款机关对民营工厂要适当分工;请留部分贷款给产业证券市场、工业票据承兑所及工厂联合库。

15日 成都启明电灯公司准备扩大生产规模。国民政府经济部为协助成都电力发展,商准各行、局贷款,发放启明电灯公司贷款3,000万元。其中,中国银行、交通银

行各贷出1,000万元,中央信托局及邮汇局各贷出500万元。该项贷款全部作为扩充发电量及整理线路之用。

16日 重庆《新华日报》发表李家元专论《工业贷款方式的商榷》。李家元认为:民营工业向国家金融机构贷款,利率不及商业银行的50%,用意不错,但贷款要商业银行承兑,以致贷款向商业银行集中,而不嘉惠工业。因此,应改由核准工矿登记的国民政府经济部负责会同国家金融机关进行审核贷款。

21日 1944年度四川农田水利贷款,经核定为3,000万元,连同1943年核定未用的2,200万元,合共为5,200万元。

是月 重庆几所大学的进步学生在中共中央南方局青年组的领导下,秘密成立了"新民主主义青年社"。

△重庆发行"法币预购黄金期票"。

△国民政府军事委员会战时新闻检查局1~6月检扣《新华日报》稿件报告书,作为机密文件呈送国民党最高当局。此报告将中共《新华日报》视为异端,滥用其控制新闻言论的权力,迫使报刊每期送检,百般挑剔,删节、扣发大量新闻、时评。在这份见不得阳光的密报中,充分暴露其仇视人民民主的阴暗心理,兹节录其梗概:"《新华日报》为中共机关报,其所报道,所发言论,大都别具用心。过去三年间,本局对该报检扣情形,每年度终了后,综合研究,编为专册,借明中共之宣传动向,为我应付之参考。……此半年内,该报言论动向大致如下:(一)内政方面。(1)对我中央一切措施,由影射讥刺进而为公开抨击,而尤并力于民主、宪政等问题之渲染与中伤,谓吏治不清、团结不固、士气不扬、动员不力,均由不民主之过。甚至谓工业萧条、商人痛苦,一由不民主所致,而诬我党欺骗国人,无实行民主之诚心。(2)对役政、粮政、教育及基层政治之弱点,与公务人员、壮丁、农工之疾苦,均作过分之宣传,以挑拨官民之间、劳资之间之恶感。(3)对其'边区',则捏造种种事实,如农业如何发达、生活如何富裕、军队如何爱民、战果如何辉煌,欲以争取国人之赞同与拥戴。(二)军事方面。(1)一面夸张彼军战功,一面指责国军作战之不力,并借豫湘战局,诬我政府无真准备反攻之诚意,无阻止敌寇进攻之决心,甚至大呼'快从滇西出击',欲以引起英人之不快。(2)对陕甘国军之调动,作不实之报道,诬指国军有包围'边区'之意。"

8月

1日 川康区食糖实行征实,征实额定为50万市担。

4日 国民政府财政部拨款整修川江航道。川江宜宾至重庆一段航道,共长378公里,有险滩39处,尤以箭箕背、连石三及小南海等处最为凶险。按1944年4月份物价、工价估算,计需经费1.54亿元,由财政部拨款。该航道于1944年7月开始整修,由扬子江水利委员会施工,1945年6月28日在大水季节来临之前竣工。试航表明新槽水流平稳,深度足够,各方均感满意。

△重庆市成立联合票据存兑所,资金总额定为2,500万元。由国家银行投资1,500

万元，其余 1,000 万元由重庆各商业行庄自由投资。

△四川省重庆民意机关人士谈话会在沧白堂举行，讨论国民政府归还川民粮款本息归省部分用以修筑铁路的问题。会议同意修筑成都至乐山的铁路，并提供具体意见4项。

5日 四联总处核定1944年度工矿生产事业贷款33.2亿元，其中国营工业13.2亿元，民营工业20亿元，并拟定具体贷款办法。

△自贡盐场公布：规定自贡花盐每担4,950元，票巴盐每担5,500元，每百斤较前暴涨1,350元。

△成都市实施计口售盐，先在水津镇开始。

7日 西康省参议会开幕。刘文辉在开幕词中提出了"加强团结，挽救当前难关"的主张。他说："今天不只要各党派、各军队团结，而且要加强中央与地方，政府与人民的团结。其目的在进行大后方的保卫战。"

△由美国驻中国战区司令史迪威派出的美军观察组（又称"迪克西使团"）一行10人，由重庆飞抵延安。（该观察组在延安一直留驻到1946年4月20日才宣布撤走）

△成都市隆重集会，欢送国民政府军政部教导三团受训的远征军学生军千余人奔赴印缅前线。这支学生军将乘坐美国空军飞机到印度，转赴缅甸战场。成都市民手执国旗，夹道欢送出征子弟兵。

10日 王世杰、张治中写信给林伯渠，重述6月5日"中央提示案"内容，催促中共方面接受，并声称中共12条意见书中所提"实行政治民主""保证自由"等为"毫无边际之抽象文句"。又说："只有抗战结束以后，实行宪政之时，才能承认中共及一切党派的合法平等地位；至于解除对陕甘宁边区的封锁和释放政治犯等问题，得在本次商谈有结果后方能考虑。"

12日 乡镇公益储蓄运动，全国总额为200亿元，四川省配额为40亿元，由各市县政府推行。

13日 四川省文献整理会在成都召开第一次会议。张群任主任，李肇甫、蒙文通、谢无量等任委员。

△周恩来发表谈话，以事实驳斥国民党中央宣传部部长梁寒操7月26日对外国记者发表的所谓国共谈判陷于停顿的责任在共方的谈话，指出："只有国民党的统治人士立即放弃一党独裁政治，立即放弃削弱与消灭异己的方针，立即实行民主政治，并从民主途径中，公平合理地解决国共关系，才能得到效果。"

15日 国社党负责人张君劢在《民宪》一卷六期上发表文章，批驳蒋介石的"统一论"，指出"唯有民主，唯有言论、结社、自由之民主，有反对党之民主"，才能"去乱国而成治国"。

△《糖类统税征实办法》公布并在川康地区实施，划定交通发达的产地如沱江流域的内江、资中每百斤食糖外征税率30斤；交通不便利的地区，则按议价折收法币。川康地区全年糖类统税征实额定为50万市石。

17日 1944年四川省同盟胜利公债总额为7亿元，商业分派40%，地主分派40%，房产管理业人及自由职业者分派20%。

18日 四川省政府确定：1944年田赋征借2,160万市石，于9月16日起开征。征借部分不发给库券，自1949年起分5年偿还。1941年及1942年粮券本息，共计260余万石，亦不扣抵，由国民政府作价收购，款充地方建设之用。1944年春天预借部分，则在1944年征额内凭据扣还。

19日 代表川康地方实力派的《华西日报》明确表示对一党专政的反对态度："有人说，中国的政权应该永为掌握政权的政党所掌握，老实说，这就是反对民主之最露骨的表现。"自5月以来，《华西日报》不断发表社论，主张"迅速刷新政治"，"要民主"。

20日 重庆市音乐界人士发起组织的中华音乐教育社正式成立。

21日 国民政府财政部专卖事业管理局及川康专卖局两机构在重庆成立。

30日 林伯渠致函王世杰、张治中，对国民党的《提示案》和王、张本月10日信函中的无理要求和对共产党的无端批评，逐一进行了批驳，希望国民党从抗战建国的利益上考虑问题，放弃一党专政的方针，认真推进谈判，公平合理地解决国共关系问题；并再次邀请王、张到延安看看共产党是怎样履行诺言和实行三民主义的。

31日 国民政府行政院参事张平群答记者：8月份重庆零售物价总指数较1937年增加441倍。

△四联总处通过《黄金存款办法》和《法币折合黄金存款办法》，将两种存款列入推行储蓄范围，由四行（中国银行、中央银行、农民银行和交通银行）、两局（中央信托局、中国邮汇局）在重庆、成都、昆明、贵阳、西安、桂林、兰州7个城市于9月15日同时开办。黄金存款，每一总行局限储20万两，以一两为起存点，定期为一年、二年、三年，利率分为二厘、三厘、四厘。到期存款，本息均以黄金支付。法币折合黄金存款，以纯金一市两为单位，按照当日中央银行金价存入法币。9月15日，金价市两值17,500元，定期为半年、一、二、三年，利率分别为四厘、六厘、八厘、一分，到期本金以黄金支付，利息照存入法币数额计算，以法币支付。在恶性通货膨胀情形下，商民大多参加了法币折合黄金存款。

△1944年风调雨顺，五谷丰登，粮油日用品价格下跌。四川省农业改进所在4月份对63个县所作农业情况调查电报统计：全省小春丰收，平均在七成左右，为1938—1943年六年间小春收成最高纪录。其中，尤以小麦收成为最佳。因此，市场粮油日用品价格渐趋低落。据全川各县市场调查：9月28日米价以三台为最高，每市石4,800元；达县最低，每市石2,850元。麦价以广安为最高，每市石3,914元；达县最低，每市石1,900元。

是月 国民政府发布《保障人民身体自由办法》，规定有权逮捕人民的机关达14个之多。

9月

1日 黄炎培、张志让、褚辅成、王云五、卢作孚、章乃器等企业界、文化教育界名流30人在《国讯》《宪政月刊》上同时发表《民主与胜利献言》，要求国民党"与民更始"，"一新政象"。提出："切实执行'约法'"，及早实施名副其实的民主制度，开放言论，保障人民的自由权利，平等税赋，给产业界以解放，维护其一线生机等九项主张。

2日 重庆市调整区以下基层组织，撤销镇公所，划全市为18区，408保，7,177甲。

3日 成都市公布户口统计：截至1944年8月31日，常住户口101,312户，男300,073人，女216,463人，共516,536人。

△四川省政府据99县的农情报告，1944年度夏季作物种植面积8,077.7万市亩，占耕地面积96%。其中以籼稻、玉米、红苕为主，约占种植面积的70%。其他棉花、甘蔗等收成，均在六成以上。

5日 青年党、国社党领导人发表谈话，表示赞同中共关于成立联合政府的主张。青年党的左舜生说："各党各派团结努力，已是全民一致的要求。民主宪政的推进，也以此为据。我以为各党各派联合政权应实现，政治问题只能以政治方式解决。"国社党的张君劢认为："将来的政治，必须是各党各派共谋的民主政治。"

△国民参政会第三届第三次大会在重庆开幕。

6日 在成都出版的青年党机关报《新中国日报》发表社论，提出根本改造国民参政会的主张，认为目前的国民参政会，不足称为"过渡的民意机关"，只是"聊备一格之外交姿态而已"。

△美国总统罗斯福的特别代表赫尔利（Hurley）将军、美国前战时生产局局长纳尔逊（Nelson）博士，在美国驻中国战区司令史迪威将军陪同下，由印度飞抵重庆，专程与蒋介石会谈。赫尔利此行的主要目的，是调整蒋介石与美国负责东亚军事事务的史迪威将军之间的关系，同时研究中国急剧恶化的经济。由于中国军队在1944年春季的河南、湖南、广西对日作战接连失利，美国军方于7月4日向罗斯福总统提出建议，希望蒋介石给予史迪威统率中国军队的机动权力。而蒋介石则要求美国总统派遣特使来华，调整他与史迪威之间的关系。8月19日，罗斯福总统电告蒋介石，将派赫尔利以总统代表身份前来中国，并加派纳尔逊博士作为驻华经济调查团团长，协助国民政府研究中国经济急剧恶化的原因。

△8—12日，中美双方就史迪威指挥权问题进行了几次讨论，最后议定由史迪威担任中国陆、空军前敌总司令，指挥前方战事，但作战计划须经蒋介石批准。对中国军人的任免奖惩，须按中国法令办理。谈判中，宋子文提出，中方必须控制租借法案物资分配，被美方拒绝。美方提出一个涉及支持国民政府主权与史迪威职权的"十点大纲"，蒋介石根本不予考虑。同时，蒋介石申明，广西和滇西的远征军主要职责是保卫昆明，不能调往其他战区。史迪威对此怒不可遏，要求蒋介石抽调围困陕甘宁边区的胡宗南部南下增援，蒋佯装不知。蒋与史迪威的矛盾已不可调和。

8日 重庆市政府组织抗战损失调查委员会，调查"九一八"以来因日本侵袭造成的直接间接损失。

11日 国民政府经济部公布：截至1944年6月底，全国共有公私营工厂4,346家（已登记者），在重庆的最多，达1,228家。在四川各地有727家，其他散处湘桂陕甘滇赣各省。

12日 邛崃县在县立中学大礼堂举办中美联欢大会。美空军司令官柯尔少校和空军士官100余人出席了联欢大会。会上，邛崃县县长致辞，对美空军来华助战表示感谢。美空军联络官芮格中尉致答词，对大会及修筑机场之民工致以谢意。

15日 中共代表、参政员林伯渠在国民参政会第三届第三次会议的第13次会议上报告国共谈判经过。报告中除详述谈判经过及双方的主要分歧等项外，明确提出"希望国民党立即结束一党统治的局面"，"召开国是会议，组织各抗日党派联合政府"。国民党代表张治中在第14次会议上亦对国共谈判经过就行报告。会议决议：组织延安视察团，并推荐冷遹、胡霖、王云五、傅斯年、陶孟和等去延安视察。

18日 美国总统罗斯福向蒋介石发出最后通牒式电报，声明蒋介石若不支援缅甸北部对日战役，美国将断绝对华援助。

△国民参政会三届三次会议闭幕。本次会议期间，适逢湘、粤、桂三省战场溃败。许多参政员不顾国民党的高压，纷起责难。林虎参政员针对蒋介石粉饰太平的开幕词，提出"万不可专靠同盟国胜利做胜利，致贻我中华民族之羞"。许多参政员对何应钦掩饰豫、湘溃败的军事报告责询尤多，认为对拥有40万精锐之师的蒋鼎文、汤恩伯等，在河南不战自溃，丧师失地，仅给以撤职留任，太不公平；要求枪毙汤恩伯。此外，对政府官吏贪污舞弊案件还进行了揭露。

19日 蒋介石命令宋子文正式要求美国立即召回史迪威。赫尔利和纳尔逊于9月22日返美，二人均支持召回史迪威，建议由魏德迈出任中国战区盟军参谋长，兼任驻华美军总司令。10月31日，魏德迈将军来华上任，成为史迪威之后常驻重庆的美国军事指挥官。

△纳尔逊离华前，曾与蒋介石进行两次会谈，就中美联合筹组战时生产局以及战后中美经济合作问题交换了意见。22日纳尔逊返美。11月16日，纳尔逊及随行助手洛克（Locke）、嘉克逊（Jacoson）、经济专家再度抵重庆，协助中国组建战时生产局。11月17日，纳尔逊的两名助手即协助国民政府经济部部长翁文灏起草《中国战时生产局组织法》。11月27日，纳尔逊受聘担任国民政府高等经济顾问，美国机械专家孔莱（Coonley）受聘战时生产局顾问。

△中国民主政团同盟在重庆上清寺特园召开代表会议，决定将政团同盟改组为"中国民主同盟"（简称"民盟"）。

21日 重庆《新华日报》发表社论《国共团结七周年》，认为国共两党的统一战线应该发展、充实、巩固起来，实行一个共同纲领，决心改变政治的制度与军队的制度。一个新的民主政府的出现，是完全必要的。

24日 重庆各界、各党派、各阶层代表董必武、张澜、冯玉祥、覃振、邵力子、孔庚、黄炎培、章伯钧、沈钧儒等500余人集会，要求改组国民政府，结束一党专政，召开国是会议，成立联合政府，实行民主，唤起民众，修明内政，挽救危亡。会上还一致赞成由钟天心、司徒德、王昆仑、屈武等筹组重庆民主宪政促进会。

26日 重庆《新华日报》以《华西日报》大声疾呼："把政治犯释放出来'"为题，提出："一切有党派、无党派关系的政治犯都必须一律释放，而且越快越好。"

△中国胜利剧社在重庆演出六幕话剧《重庆屋檐下》。

28日 民营工业贷款改由国民政府经济部工矿调整处负责办理，不向银行直接请贷。并规定长期贷款由该处贷放，营运资金由该处转四联总处办理，滞销转产由该处投资解决。

△据全川各县市场调查：本日米价以三台为最高，每市石4,800元；达县最低，每市石2,850元。麦价以广安最高，每市石3,914元；达县最低，每市石1,900元。

30日 中苏文化协会在重庆举行茶会招待各界，座谈促进中苏邦交与沟通中苏文化问题。到会的有参政员莫德惠、林伯渠、董必武、苏联大使馆代办司马磋及有关人员，美国新闻处有关人员等共100余人，一致表示支持参政会通过的加强中苏联系案。

10月

1日 宋庆龄、张澜、郭沫若等72人发起，重庆各界数千人参加沉痛追悼杰出的文化战士邹韬奋大会，一致谴责国民党践踏民主、迫害爱国人士的罪行。与会人员对国民党的一党统治表示极大愤慨，提出要向法西斯暴行开展更加勇敢、顽强的斗争。

△援华抗日美国空军C-109号运输机一架，从印度卡莱贡达机场起飞，沿"驼峰航线"运输汽油前往中国汉中B-29重型轰炸机机场，飞至峨眉山区弓背山黄角槽处失事。全机组11人死于空难。

2日 重庆《新华日报》送检稿件中有《外国记者眼中的重庆》一文，被战时新闻检查局重庆检查处扣押，谓该文"公然鼓吹'应放弃一党专政，组织联合政府'，实属荒谬之至。当将此稿检扣，深恐该报阳奉阴违，复经派检查员裘槐堂同志前往该报馆监视排印，讵该报先时将该项文稿排竣，裘同志当请其换版另排，该报坚予拒绝，并故作铲版痕迹，照常出版，显系故为，狡猾、别具用心。裘同志于此不得不作紧急处置，当即会同该报附近宪警机关将该报纸扣留二千余份，携返报告。职仍恐该报印刷份数不止此数，为防止流布各地，淆惑听闻，分别函电各有关机关，迅将本日《新华日报》没收及扣邮，以杜流传，而遏乱萌。"

△成都直接税局1944年1至7月营业税收入为13,970.1112万元，印花税收入为2,530.073899万元。

3日 四川省1944年度春季发往各地蚕种计30余万张，产丝约3,000担；秋季发出40余万张，产丝约4,000担。

7日 由"青年民主宪政促进会"发起，成都地区华西大学、金陵大学、金陵女子大学、燕京大学、齐鲁大学等5所大学的12个社团主办的"国是座谈会"在华西协合大学体育馆举行。在成都的参政员张澜、李璜、刘王立明、吴贻芳、周奉池、常乃德、黄建中、邵从恩、黄肃方、刘明扬、王寒生、李汉珍等应邀出席。成都各大学教师、学生及各界人士参加者2,000余人。会议谴责国民党的黑暗统治，一致要求取消一党专政，实施民主政治，改组国民政府及其统帅部，成立联合政府。

△交通界航运业方面发表川江木船统计：长江上游（这里指重庆以上）3,114艘，

计 61,305 吨；长江下游（这里指重庆以下）2,167 艘，计 51,586 吨；嘉陵江 1,500 艘，计 21,000 吨；渠江 2,100 艘，计 21,000 吨；涪江 2,158 艘，计 41,588 吨；沱江 2,400 艘，计 19,800 吨；岷江 600 艘，计 8,500 吨；永宁河 249 艘，计 2,205 吨；綦江 1,285 艘，计 17,405 吨；御林河 261 艘，计 12,721 吨；乌江 602 艘，计 9,490 吨。总计 16,436 艘，266,600 吨。

9 日 中、美、英、苏四国宣布成立"联合国"的建议。

10 日 周恩来在延安发表《如何解决》的讲演，驳斥蒋介石"军令政令统一"的谬论，代表中共进一步阐明了"召开紧急国是会议，取消一党专政，成立联合政府，改弦更张"的 6 项具体步骤，着重指出："只有这样的国是会议和联合政府，才是全国民主的真正起点。"

△中国民主同盟发表《抗战最后阶段的政治主张》10 项，要求"立即结束一党专政，建立各党派之联合政权，实行民主政治"。

△重庆北碚复旦大学师生千余人举行"国庆纪念晚会"。法学院院长张志让在讲话中提出：唯有刷新政治，团结全国，才可挽救抗战危局。周谷城教授在会上强调：在这抗战空前危机的时候，只有团结各种力量才能渡过困难，但这就必须首先实现民主政治。许多学生在发言中针对正面战场的大溃败和当局的黑暗统治，愤慨激昂地喊出："要大胆地说话，勇敢地行动！"在重庆的其他大学，也举行举行了类似的"国庆晚会"。

11 日 四川省 1944 年棉田面积：涪江流域 1,212,000 亩，沱江流域 479,000 亩多；岷江流域 305,000 亩，嘉陵江流域 868,000 亩；其他各地 135,400 亩，共约 3,000,000 亩。1944 年棉花贷款 200 万元，生产贷款 4,000 万元，共为 4,200 万元。

△由宋庆龄、沈钧儒、茅盾等发起的鲁迅逝世 8 周年纪念会，在重庆举行，与会者有文化界及国际友人 100 余人。

14 日 四联总处奉准成立放款考核委员会，实行巡回稽核制度，稽核借款厂矿各种财务、业务、技术状况。

18 日 在中共地下党组织的帮助联络下，成都各大专院校中进步学生联合起来，在成都文殊院召开会议，决定成立统一的青年学生组织"民主青年协会"（简称"民协"），并以《青年园地》半月刊为"民协"的机关刊物。与会者推选燕京大学和四川大学为召集学校，王晶嵓和黄寿金为总负责人。会议商定，与会人员各自回校建立组织，开展活动。民协的领导成员大部分都是中共地下党员，尽管他们大多未同中共成都地下组织直接联系。实际上，民协是按中共外围秘密组织的原则建立起来的。民协在各校建立干事会（或支部），按一定程序发展会员，建立小组，分配会员工作任务，要求会员保守秘密，组织会员学习时事政治等，成为当时发动成都学生运动的骨干力量。"民协"成立后，成了中共地下党在成都学生工作中的得力助手和发动成都学生运动的核心组织。

27 日 26 日夜至 27 日晨，日机六批，乘月色轰炸川鄂两省，其中一部分在湖北在恩施投弹，一部分蹿飞成都附近投弹。重庆市发出空袭警报。

29 日 日机分两批袭川，第一批在金堂上空与我空军遭遇，日机被我军击落一架，坠落金堂龙门场附近。

31日 四川省自1944年1月起举办各市、县、局的保甲户口编查，除因征工及边远地区尚未办竣的眉山等5县外，共查137市、县、局，总人口46,219,341人。

△成都市警察局武装镇压市立中学学生的罢课斗争，酿成流血事件。学生30余人被警察打伤，42人被逮捕，激起了全市大中学生、学生家长和社会人士的公愤。事件发生后，中共川康特委通过新成立的"成都民主青年协会"及时领导了声援市中的斗争。11月6日，民协通过成都大中学生联合会成立了声援市中血案后援会。7日，举行记者招待会和受害学生家长座谈会，组织了对市中受伤同学的慰问活动，印发《告全市市民书》，说明事件真相，并提出惩办凶手，释放被捕人员等正义要求，开展了大规模的宣传鼓动工作。11日，全市大中学校学生数千人在华西坝召开声援市中学生、抗议警察暴行大会。会后举行游行示威，前往四川省政府请愿，提出惩凶、赔偿、医治受伤同学、保障学生人身安全4项要求。13日，四川省政府正式在报纸刊登公告：宣布撤销成都市立中学校长职务，成都市市长余中英、警察局局长方超"引咎辞职"，释放被捕学生，由中共地下党及其外围组织民协主导的声援市立中学的斗争获得完全胜利。

是月 针对国民党利用广大青年的爱国热情，发动"十万知识青年从军"运动，诱骗青年学生为其将来打内战卖命，中共中央南方局指示四川各地党组织，利用各种办法揭露青年军运动的实质，促使青年学生抵制。同时，南方局青年组发动青年到农村去，到敌后去，输送了上千的四川青年学生赴中原解放区和抗日前线，对"青年从军"运动进行了针锋相对的抵制。

11月

1日 四川省、重庆市知识青年志愿从军征集委员会分别在成都、重庆成立。四川省政府主席张群，重庆市市长贺耀祖兼任各该委员会主任。此前，蒋介石于9月16日在国民参政会上提出应尽量发动知识青年从军后，国民党当局迅即发起"十万青年十万军"的运动，在重庆成立了康泽任主任秘书的"全国知识青年志愿从军指导委员会"；于成都、泸州、北碚、昆明等地成立了10个训练学生军的教导团。10月11至14日在重庆又召开了知识青年从军运动会议，蒋介石两次到会讲话。截至1944年12月底，重庆市（含川东各县）共征集知识青年8,331人。截至1945年2月3日，四川129县、市、局登记从军之知识青年29,157人。

4日 中国科学社30周年纪念大会暨24届年会在成都举行。本届年会收到科学论文百余篇，科学界名流周太玄、陈志潜、汤腾江、彭家元等出席并发言。中国数学会暨中国物理、生理、动物、植物、遗传、营养、药物、牙医、地理及教育研究会等12个科学团体年会，亦在成都华西大学举行。

5日 由潘公展等发起的"中国著作人协会"在重庆举行成立大会。郭沫若、夏衍、洪深、阳翰笙应邀参加，并在会上提出三项议案：一、放宽图书杂志审查，除违反抗战建国，泄露国防机密者外，概应准予出版；二、废除剧本演出审查；三、请政府重新审查1944年7月被禁的100多种剧本。此议案由于张道藩、潘公展的反对未被通过，并不准阳翰笙等发言反对。阳翰笙等退席，会议也不欢而散。

△中国民主同盟四川支部在成都成立，计有盟员 100 余人。

7 日 赫尔利以罗斯福私人代表、国共两党调解人的身份由重庆飞到延安，与中共举行会谈。10 日双方签订了协定：成立联合政府、联合统帅部，实行民主政治，承认各党派的合法地位。中共中央为促使与赫尔利在延安达成的协议能够兑现，派周恩来偕同赫尔利于 10 日到达重庆，与国民党谈判。蒋介石却于此时提出得到赫尔利支持的三点反建议：中共将军队交给国民政府军事委员会，中共的合法地位就可得到承认，还可派若干人到国民政府去"做官"，实际上拒绝了成立联合政府的主张。12 月 28 日，周恩来提出了释放一切政治犯，撤退包围陕甘宁边区和袭击新四军的国民党军队，废止限制人民自由的一切压迫性法令，停止一切特务活动等四点具体意见，又为蒋介石等拒绝。（周恩来、董必武等于 12 月 7 日带着蒋介石的三条反建议飞返延安。）

10 日 日伪政府主席、汉奸汪精卫病死在日本名古屋。陈公博代理伪政府主席。日军攻陷桂林、柳州。

11 日 成都《华西晚报》社被砸。《华西晚报》是四川地方实力派潘文华所办《华西日报》社的编辑人员，利用报馆条件扩充出来的分支，经潘文华同意，由他的参谋长罗忠信任社长，中共地下党员田一平任经理。周恩来曾亲自关心过《华西晚报》的工作。抗战期间，《华西晚报》宣传中共团结抗战的主张，并对国民党反共阴谋进行了抨击。其于本日就 10 月 31 日发生的"市中事件"发表题为"市中事件的重大教训"的社论，提出："切实尊重民权自由，彻底改善党化教育政策"，明确表示支持学生运动，因此受到成都市市长余中英的警告。此后，报馆遭到特务砸抢，造成严重破坏。

11 日 日机分三批袭川，先后在梁山等地投弹。

12 日 四川省商会联合会第一届第二次会员代表大会在成都开幕。会议提出要求国民党当局简化政府机构，严惩不法税政人员，减轻对商民的临时摊派款项等议案。

13 日 文化工作委员会在重庆宴请周恩来、王若飞、张晓梅等。参加宴会的有艾芜、沙汀、夏衍等 100 余人。周恩来介绍了延安情况、时局和国共谈判问题。

14 日 美国垦务局设计总工程师萨凡奇博士离渝返美。萨凡奇博士应国民政府资源委员会主任翁文灏、副主任钱昌照的聘请，于 1944 年 5 月抵达重庆，就任资源委员会顾问。他同几位中国工程师考察了大渡河、马尾河、都江堰等地。9 月抵达长江西陵峡，踏勘了三峡的山川形势，在中国技术人员协助下写成《扬子江三峡计划初步报告》（《萨凡奇方案》），送交资源委员会。

15 日 川康区各地专卖事业机关实行划一。所有烟类专卖局、办事处、火柴公司一律裁撤，合并改组为八个专卖局，分设于重庆、成都、内江、泸县、万县、雅安、广元等处。

△国民政府兵役部成立，鹿钟麟任部长，秦德纯、徐思平分任政务、常务次长。

16 日 四川省农学会代表大会在成都举行。四川省政府主席张群应邀致辞。他希望四川省农学会成立后，能够领导全省农民，共同致力于四川农业的改进。

20 日 国民政府任命陈诚为军政部长，俞鸿钧为财政部部长，张厉生为内政部部长，朱家骅为教育部部长。

21日 四川省政府批准成都市市长余中英、市警察局局长方超的辞职报告。同时任命陈离代理成都市市长，徐中齐代理成都市警察局局长。

27日 成都中央信托局与成都市银行联合举办手工业短期贷款，质押每户最高5万元，信用最高2万元，期限3个月，利率2.8分。一般民众反映是数目不大，手续过繁。

11月28日 日军侵入贵州，突破黎明（立门）关，有直逼四川企图。重庆人心紧张，市面浮动。

29日 节约献金总会会长冯玉祥在重庆记者招待会上就其发起节约献金运动答记者问。他说："我发起节约献金运动有四大原则，一、捐款由总会直接呈交国民政府主席；二、献金用于慰劳前方将士、荣誉军人及苦难同胞，多则用以购买飞机、大炮和坦克；三、凡为献金工作的一切费用，均由发起人自掏腰包，不得从捐款中开支一文；四、捐款完全出于自愿，不加一丝勉强。自发动献金以来，以本人在重庆、自贡、荣县、乐山、夹江、眉山、彭山、新津、双流、成都、江津、合江、泸县、内江、隆昌、富顺所见，四川各地民众莫不热烈响应，无论男女老幼，人人自动争先献金，爱国但恐人后，令人钦佩感动。"据国民党中央宣传部统计，四川各地献金总额，约达5亿。献金最多的是自贡市，7月份献金即达1.3亿元。隆昌献金会上，一老乞丐把乞讨来的20余元全部献出。冯玉祥拿着这笔钱，激动得热泪盈眶地说："感谢你伟大的鼓励！"

△动物学家胡秀氏考察川康山地归来称：发现大熊猫在川西汶川县与西康宝兴县附近活动。该山地高2,000米~4,000多米之间。熊猫以当地拐竹棍、甜竹为食料。

△联合国战罪委员会远东及太平洋分会在重庆成立。中华民国代表王宠惠当选为分会主席。

30日 四川省政府会议决定：任命陈离为成都市市长，徐中齐为成都市警察局局长。（徐中齐的重庆市警察局局长遗缺由唐毅继任。）

△赫尔利接替高思的职务，担任美国驻华大使。美国政府给赫尔利的使命是："一、防止国民政府的崩溃；二、支持蒋介石做中华民国的主席与军队的委员长；三、使蒋介石与美国司令官间的关系和谐；四、增进中国境内战争物资的生产并防止经济崩溃；五、为击败日本计，统一中国境内一切军事力量，增强对日作战的实力。"

是月 重庆各银行黄金存款达10万两。

12月

2日 四川省临时参议会第二届四次大会开幕，17日闭幕，讨论在日军进入贵州的形势下加强民众武力，发动献粮等事项。

3日 美国总统私人代表纳尔逊陪同美国会参议员普菲尔来成都，对成都工农业生产、交通、商贸情况作一初步了解。纳尔逊曾任美国战时生产局局长，熟悉业务，他于1944年9月来华协助国民政府筹建战时生产局，解决中国严重不足的战时需求问题。

4日 国民政府国防最高委员会决议：宋子文代理行政院院长，仍兼外交部部长。

5日 日军由湘桂向贵阳急进,攻陷贵州独山,全川震动。国军奋力反击,激战三日,8日收复独山。

8日 四联总处决定拨款100亿元,为扶助战时生产专款,由战时生产局支配,作为各生产单位扩大生产、改进技术之用。此项扶助战时生产专款交由战时生产局支配。

12日 据统计,重庆参军的知识青年达8,121人,超过分配指标3,000人,约占全川数额的40%。

15日 四川省第二届四次临时参议会举行第16次会议,选举参政员10名:刘明扬、廖学章、傅常、曹叔实、陈铭德、但懋辛、余蕴南、黄肃方、甘绩镛、朱之洪。另选荐王国源、郭湘、邱翥双、彭革陈、余若南、高秉生、夏亮工、李琢仁、李豢仪、傅况麟等10人,请国民政府圈定5人为参政员。

△孙科在重庆会见中共代表王若飞,向王表示:中共关于改组政府和统帅部的要求是合理的,但实行须有步骤。孙提出如下方案与王若飞磋商:国民政府国防最高会议设委员30人,其中国民党15人,军队10人,各党派5人。孙科认为蒋介石在无良策解决目前问题的情况下,可能接受此方案。

16日 国民政府立法院通过《战时生产局组织法》,中国战时生产局在重庆正式成立。由翁文灏兼任局长,美国战时生产局局长纳尔逊任顾问。战时生产局依法设置战时生产局机构和职能范围,目的是增加战时物资的生产,负责监督和联系各公私生产机构,工作范围集中在组织军、民必需品的生产、运输、分配原料、征用物资、调用生产款项、制定产品质量标准及设备技术改造。美方先后派遣工业技术专家30余人,来到重庆协助战时生产局工作。截至1944年11月16日,美国来华专家共计16人。1945年3月,又派来专家20余人(其中专家21人,顾问、助理各1人)。1945年8月,依照《战时生产局组织法》,中美结束了战时经济合作。

17日 实业、教育、文化界知名人士张伯苓、胡适、于斌、胡霖、蒋梦麟、林语堂、吴蕴初、钱永铭等12人发表《联合宣言》,要求盟国修改战略,立即采取有效的军事行动,在中国战场打击侵华日军。

18日 日机数架由鄂袭川,在梁山、万县及成都等地投弹。

21日 赫尔利再电周恩来,希望周恩来再到重庆谈判。

22日 马寅初在重庆星期五聚餐会上发表题为"中国工业化与民主不可分割"的演讲,指出:中共在西北所做的工作,就是国民党自己应做的事,也就是最接近于社会经济和政治的民主制度。唯有从速组织联合政府,召开国是会议,开放言论,确立各党派合法地位,建立地方自治,并且必须在和平会议以前实行,中国的工业化才有可能。

25日 中国西部科学博物馆开馆典礼暨中国科学社30周年北碚区纪念会联合大会,在北碚西部科学院举行。到会科学界人士有300余人。翁文灏任主持。中国科学社社长任鸿隽报告该社社务情况。通过该社成立30周年纪念宣言。

△国民政府陆军总司令部在昆明成立,何应钦任总司令。

28日 重庆市临时参议会选举潘昌猷、邓华民、胡仲实、陈介生4人为国民参政员。又选荐龙文治、戴经尘、冯若斯、罗承烈等4人,请国民政府从中圈定2人为国民参政员。

31日 四川省银行统计：1944年投资16个行业计35个单位，账面金额为846万余元，照票面估值的金额为2,224万余元。其中以成都自来水公司的1,000万元为最多。

是月 重庆的物价指数为1937年6月的485倍。截至1944年底，法币发行总额为1,895亿元，发行指数为13,464％，较上年增加151.1％。同期，重庆批发物价指数为5,8774％，较战前增长180.8％，货币购买力指数为战前的0.17％。物价腾贵，金价猛涨。商民从保值角度考虑，多将法币投入黄金储蓄。11月，重庆黄金存款已达10万两。重庆外汇比价：官价，法币20元折合1美元；黑市价，法币542.2元折合1美元。

△1944年度重庆海关统计：经由重庆海关进口货物总值2,884,000元，出口贸易总值2,183,000元，全年对外贸易总值5,067,000元。由于豫、湘、桂对日作战失利，出现全线大溃退，四川通往外省的几条公路均被切断，对外贸易直接受阻，贸易总额直线下降。

△杨森27集团军所部川军20军，自9月中旬奉命增援桂（林）柳（州）会战。11月10日柳州陷落，该军逐次抵抗，向龙江河转移，并坚守黎明（立门）关。27日，日军突破黎明关防线，向独山进犯。20军北撤榕江、黎平整补。

△1944年冬，在西康省主席刘文辉与国民政府军事委员会西昌行辕主任张笃伦授意下，西康当局调集24军靖边司令部的两个团和彝务团4个团，分三路向大凉山、廖雄、莱子山等地彝族聚居区（今布拖、普雄两县所属）进攻。彝人战败，承认除已被进攻部队掠去的牛羊1,000余头外，另赔偿军费银12,000两。此次战事，从进攻部队自西昌出发起，到撤回西昌止，共历时3个月。

是年 四川地主不断增加地租，平均已达收获量的80％。农民濒于破产，无力抗衡灾荒。灾民达2,000万。重庆每日饿死街头无人收尸者，平均在15人以上。许多妇女为生活所迫沦为妓女。

△国民政府财政部通过中国农民银行、中国国货银行抛售黄金（包括运用美国贷款在美国购买的黄金），1944年内共出售885,142两。自1944年8月开办黄金存款起，截至12月，共发售黄金存款197,921两。

△12月开始，日军进占贵州独山，四川危急。夏秋以来，国民党军队在豫、湘、桂等省战场大溃退，中共中央南方局为准备在西南地区开展抗日游击战争，曾在重庆开办了一期农村工作训练班，学习农民运动经验，组织武工队、开展武装斗争；并陆续派一批党员和青年积极分子到上、下川东的广安、大竹、渠县、达县、宣汉、南川、石柱、万县、云阳、奉节、巫溪、巫山等县，与当地党组织结合，在农村开展工作，建立了一定数量的武装队伍。年底又派张友渔到成都向川康地方实力派宣传中共的方针、政策，同他们研究在日本对西南的进攻面前，如何保卫家乡的问题。

△截至1944年底，重庆市公私银行共75家。

△1944年内，四川征送壮丁391,112人。

△1944年度发生美金公债舞弊大案。1942年开始黄金公债劝募，截至1944年底，重庆已达1,000余万美元，为全国之冠。四川省银行董事长潘昌猷趁中央银行通知停止代销1942年同盟胜利美金公债之机，采用倒填年月方式，以每元公债合法币20元的牌

价，收买余存未销出的美金公债 100 余万元，获得巨额差价，绝大部分进入潘昌猷私囊，直到 1946 年才被揭发出来。

△1944 年底四川各类工业统计：

纺织工业 391 家，企业平均资本额 830,058 元，生产棉、丝、麻类纺织品企业 333 家、服饰企业 58 家，企业合计资本 324,552,990 元；

化学工业 670 家，企业平均资本额 1,051,000 元，企业合计资本 704,170,000 元；

食品工业 408 家，企业平均资本额 568,000 元，企业合计资本 23,174,400 元；

机械工业 649 家，企业平均资本额 728,588 元，生产机器工厂 494 家、五金工厂 155 家，合计资本 472,853,990 元；

矿冶工业 65 家，企业平均资本额 9,523,000 元，合计资本 618,995,000 元；

电气工业 86 家，企业平均资本额 1,054,000 元，合计资本 90,644,000 元；

印刷出版工业 58 家，企业平均资本额 779,000 元，合计资本 45,182,000 元；

其他工业 55 家，企业平均资本额 991,000 元，合计资本 54,505,000 元。

△1944 年户口概况：四川全省总户数 8,042,584 户，人口总数 47,500,587 人；其中，男 24,530,539 人，女 22,970,048，性别比例为 1∶1.07。每户平均 5.92 口（本表依据四川省民政厅《民政统计》1945 年户口演变，未列重庆直辖市人口数据）。

1945 年

1 月

1 日 重庆《新华日报》刊载：中共中央主席毛泽东在陕甘宁边区参议会发表题为"1945 年的任务"的演说，号召人民起来为建立民主的联合政府而奋斗。

△蒋介石向全国军民发表广播演讲，宣称"准备建议中央，一俟军事形势稳定，反攻基础确立，最后胜利更有把握的时候，就要召开国民大会，颁布宪法，归政于全国的国民"。

△四川省政府主席张群发表讲话，指出今后八项工作：（1）改善粮政；（2）改进兵役；（3）增加生产；（4）管制物价；（5）整顿地籍；（6）清查户籍；（7）建立乡镇；（8）组织民众。

△国民参政员黄炎培、褚辅成等 60 余人在重庆联名发表《为转折时局献言》，要求国民党和各党派切实合作，挽救危局。

△第三党负责人张伯钧在重庆发表《元旦献词》，提出召集紧急时局会议，建立以实行三民主义为最高国策的各党派的民主统一改府。

△救国会领导人沈钧儒发表《新年希望》，希望迅速改进国民政府领导机构，使举国一致之政府能早日实现。

△前川军总司令兼四川省省长刘成勋在大邑原籍逝世。

2 日 四川省经济建设委员会成立，向传义为主任委员，李肇甫、何北衡、李璜、李天民等 49 人为委员。该会的设置缘于 1943 年 6 月四川省参议会的建议和历次会议的不断研讨。

3 日 张澜在川北旅蓉同乡会上发表谈话，强调团结互助，保川卫国，实行民主。

4 日 张申府发表《一个呼吁》，提出"由各党派及其他社会有力人士开诚协商，订立共同纲领，成立全国一致的统一政府，以增加抗战力量"等 14 点主张。

△川康盐务管理局核定 1945 年度川康区产盐总额为 630 万市担。

6 日 四川省政府公布：31 县市米麦价上涨。乐至县米价最高，每石 6,400 元；灌县麦价最高，每石 4,700 元。

10 日 四川省政府决定：1945 年度征兵总额共计 34 万人，限三个月征集完竣。

12 日 川军王泽濬 44 军参加湘鄂赣边区会战，在湖南安仁、茶陵一带拒敌，直至 2 月中旬会战结束。

13 日 国民政府以改善前线士兵待遇的名义，以前线急需粮食为由，发动大户捐献军粮。规定1月开始收集，3月办竣。献粮标准：凡收益在10,000市石以上者，捐献40%；收益在5,000至10,000市石者，捐25%；收益在500至1,000市石者，捐15%，收益在100至500市石者，捐10%。

14日 重庆报纸报道：重庆市煤荒严重，需煤7万余吨，供需差每月在1万吨以上。黑市每吨煤价较官价高达万元。停电、停工、停航不断发生。

△西康省1944年预算，经国民政府行政院核定，总额为1.5亿元。

△重庆市七大商业团体请求废止统购统销办法，国营民营一律待遇，以便打开贸易出路。

15日 重庆大纱厂如豫丰、申新等厂因原料短缺，决定从2月份起，只开工纱锭2/3。

△中国民主同盟发表《对时局宣言》，提出立即结束一党专政，承认各党派合法地位，召开党派会议，产生举国一致的政府等10条政治主张。

16日 四川省临时参议会议决：将政府1944年应偿还粮民的粮食库券本息260万市石折价款，移作四川经济建设之用，不直接归还粮民。

19日 乐山丝业不振，各大丝厂均先后停工，仅华兴一家仍在开工。

21日 重庆市商会牛羊皮、猪鬃肠衣输出业公会，生丝输出业公会，药材输出业公会，因实行统制以来，生产日蹙，货弃于地，联名呈请国民政府废止统购统销。

24日 周恩来自延安抵重庆，发表谈话："此次来渝，是代表中共中央向国民政府、中国国民党、中国民主同盟提议：召开党派会议作为国是会议的预备会议，以便正式商讨国是会议和联合政府的组织及其实现的步骤问题。"翌日国共开始谈判。

△据统计，截至1944年底，重庆共有公私银行75家。

27日 川康区1944年度产盐较1943年度增加20余万市担，销四川省320余万担，外省180余万担，存盐170余万担，较143年度滞销。

是月 在中共中央南方局青年组领导下，团结重庆广大青年开展民主运动的"'陪都'青年联谊会"成立。

△全国共收黄金存款20余万两，重庆即达10余万两。

2月

1日 四川省政府公布：1944年四川田赋征实征借，收入1,800余万石，约占总额九成以上。

△成都知识青年第四批志愿从军健儿120人出发，赴泸县入营受训。截至1945年2月3日，全川已登记的男青年达23,443人，女青年达5,714人，共计29,157人。呈报登记的县市局共129个单位，其中100个单位合格男青年12,396人，女青年321人，共计12,717人。

6日 重庆市政府召集有关单位商讨实施献粮、献金办法。该市献粮任务为2万石，献金任务为2.704亿元。

7日 报纸报道：四川30县市米麦价：乐至米价最高，每市石8,400元；巴中最低，每市石4,000元。麦价遂宁最高，每市石6,450元；内江最低，每市石2,850元。

10日 国民政府派王缵绪接替刘峙任重庆市卫戍总司令，刘戡、康泽任副总司令。

13日 重庆妇女界史良、白杨等104人联合签名发表《对时局的主张》，要求政府立即邀集各党各派和各方人士举行全国紧急会议，共商国是，成立联合政府，给人民以言论、出版、集会、结社等基本自由。2月22日，重庆文化界300余人联合签名，由郭沫若起草的《对时局进言》要求召开临时紧急会议，商讨战时政治纲领，组织战时全国统一政府；并提出废除一切限制人民集会、结社、言论、出版、演出等自由活动之法令；取消党化教育之设施；停止特务活动；释放所有政治犯及爱国青年；废除一切军事上对内相克的政策等六项具体要求。4月，成都文化界1,000余人在《对时局进言》的声明上签名。

△重庆《新华日报》将《"陪都"妇女界发表对时局的主张》一稿送检。国民政府军事委员会战时新闻检查局重庆新闻检查处声称："内容纯系捏词攻击政府，响应奸党荒谬主张。"该处遂以"送检太迟"为由，将原稿予以扣压；又警觉该文业已暗中排印，立即派员赶赴报馆，途中发现两辆载报纸的自行车迎面而来，当场扣阅，该文已用大字标题刊发在首页显著地位，遂将两车报纸扣存本处，又分别通知各有关机关拦截、扣邮。复查《大公报》《新蜀报》亦曾送检此稿。由于此稿来源特殊，系由妇女界春节联欢会后发表，列名者有冯玉祥夫人李德全、国民参政会参政员刘王立明，及各报著名女记者，如《大公报》彭子纲、《新民报》浦熙修、《国民公报》黄彬、《商务日报》梁柯平等人。《新华日报》试图破局，未能成功。

△台湾革命同盟会在重庆召开第四届代表大会，发表宣言，重申台湾回归祖国的愿望。

14日 王世杰在重庆举行外国记者招待会，宣称在近半个月的国共谈判中，国民党做了若干重要的"让步"，但隐瞒了国民党愿做这些所谓"让步"的先决条件——必须是：（1）共产党交出军队；（2）国民党在国民政府中的一党统治地位不能动摇——以欺骗舆论，将本次谈判未获结果的责任推给中共。

15日 周恩来就国共两党谈判问题发表声明，驳斥国民党代表王世杰在外国记者招待会上的谈话，指出：王的谈话是不坦白和不公平的，隐瞒了事实真相。两党此次谈判未获结果，是由于国民党拒绝了共产党关于成立民主联合政府和联合统帅部的建议，坚持其一党专政，并要共产党交出军队，否则就没有合法地位。为此，中共代表须回延安报告。希望国民党政府释放政治犯，取消一切镇压人民的法令，停止一切特务活动，撤退包围边区和进攻八路军、新四军的军队。

16日 国民政府粮食部为商讨四川省田赋粮食管理工作，召集四川各区行政督察专员兼督粮委员，分成都、重庆二区举行会议。川东区为第3、第6～12、第15等9区。2月23日，川东区会议在重庆召开，由粮食部部长徐堪主持，四川省政府委派建设厅厅长何北衡、粮政局局长康宝志代表出席。会议主题为：1.县级田粮机构合并后，应如何完成任务案？此次调整，拟将粮政科撤销，改为县田粮管理处。储运业务较繁的县分别设立专处。2.各专员兼督粮委员与储运区分局切取联系案。3.川东各县历年欠

粮追收办法：此种欠粮者，多为大粮户。如其不追，不只未得其平，且亦不能令先交者折服。4.四川省献粮如何如期如数完成案。5.粮食之集中运输如何完成案。6.革除田粮弊端案。

19日 第五批成都知识青年参军入伍，前往泸县入营受训。

20日 重庆电力公司工人胡世合前往中韩文化协会饮食部检查违章用电时，被特务分子田凯枪杀，时称"胡世合事件"。杀害无辜工人案发生后，引起了市民的极大愤慨。中共中央南方局因势利导，发动工人和市民开展了反特务暴行的正义斗争。许多工厂、学校和人民团体纷纷发表声明或宣言，声讨特务暴行，要求警察当局缉凶偿命，保障人权，反特务斗争赢得了广大群众的支持。事件发生的10天中，以工人、市民为主导的群众前往吊唁。参加公祭胡世合的民众和抬棺游行的工人、市民达20余万人次，形成声势浩大的群众性民主运动。26日，在众怒难犯的形势下，国民党当局枪毙了杀人凶手田凯；同时，宣布从27日起公祭三日，首日由重庆市市长贺耀祖主持公祭，并对胡世合遗属加以抚恤。3月1日，重庆上万市民参加了为胡世合举行的送殡示威游行，这场斗争取得完全胜利。

△重庆文化界知名人士郭沫若、茅盾、巴金、老舍、夏衍、陶行知、沈钧儒、金仲华、胡绳、侯外庐、柳亚子、徐悲鸿、马寅初、冯雪峰、傅抱石、郑君里、戴爱莲、谢冰心、顾颉刚等312人联名发表《文化界对时局进言》，要求召开各党各派和民主人士参加的紧急国是会议，制定战时政治纲领，组织举国一致的联合政府，结束国民党独裁统治等六项主张；并提出取消党化教育，停止特务活动，释放一切政治犯，枪口一致对外。

25日 四川省献粮任务，经国民政府行政院核定为375万石。国民政府粮食部拟具进行派献的办法12条，提交川东区田粮会议通过，限5月底办竣。

28日 四川省经济建设委员会第一次全体委员会议在成都举行，讨论通过了四川省政府交议的四川经济建设计划。决议：1945年应办工程33件，工程费54.89687亿元。

是月 4日—11日，斯大林、罗斯福、丘吉尔在苏联克里米亚半岛的雅尔塔举行会议，发表《克里米亚会议公报》。

3月

1日 宪政实施协进会第五次全体会议在重庆开幕，蒋介石出席讲话，明确拒绝关于取消党治，建立民主的联合政府的主张。宣称：在国民大会召开以前，不能结束训政；国民党只能"还政"于国民大会，不能还政于联合政府；政府准备组织一个包括美军代表在内的三人委员会，办理整编共产党军队为"国军"的一切事宜；并声称将于1945年11月12日召开国民大会。

5日 国民政府兵役部宣布：兵役控告案件（案情内容包括卖、放、虐待、强拉壮丁等）580件中，四川省有380件，占67%。

△国民政府行政院公布重庆物价调查：1944年12月较1937年7月前，物价增加485倍；1945年1月增加为655倍。

7日 四川省建设厅厅长何北衡向四川省参议会驻会参议员报告建设施政：（1）食糖征实，1945年仍维持税率11％；（2）四川省政府拟定解决川盐困难办法，即战后对川盐实施等差税。确定湖北五府一州（湖北省在清代的五府一州所辖各县）为川盐统销区；（3）四川省政府与国民政府经济部资源委员会合办都江电厂，已向四行借款5,000万元；（4）增加彭、灌两地煤矿生产及运输。

△四川省政府拟定五项办法调整县政府组织，限年底完成：（1）各县政府一律设民、财、教、建、粮、社六科；（2）县政府员额依照等级，重新厘定；（3）地政科、警佐室、合作指导员暂照旧；（4）会计室，统计室暂照旧；（5）技佐、缉毒员、留县办理禁烟人员、防空科员、粮食调查员一律裁撤。

△四川省政府拟定三项原则处理国民政府归还的1941、1942两年度粮食库券1/5的价款：（1）以公债方式换发粮户；（2）以股票方式换发粮户，作为经济建设机构的股东；（3）请粮户捐出，作为省县公有建设基金。

△川西区田粮会议在成都召开，由四川省政府主席张群主持，议决要案如下：1.省级田粮机关属省政府管辖，由国民政府粮食部监督。2.县级田粮机关仍属省级田粮机关，由四川省政府监督指导。3.每县以设置一种仓库为限。4.追收欠粮，不得以代金券折价。

8日 东南亚盟军总司令蒙巴顿将军偕夫人到达重庆。英国驻华大使薛穆、丘吉尔首相驻华私人代表魏亚特将军、重庆市市长吴国桢夫妇、海军司令桂永清、中国驻英国大使顾维钧等中外官员、重庆市妇女界代表，共计70余人到机场欢迎。当天下午，蒙巴顿将军与国民政府军事委员会委员长蒋介石会谈了战区军事合作问题。蒙巴顿夫人以英国圣约翰救护团总监身份参观重庆市各医院、学校。3月21日，蒙巴顿将军夫妇离开重庆，飞往昆明。

△第六批成都知识青年参军入伍，前往泸县入营受训。

10日 四川省经济建设委员会向传义、何北衡、石体元赴重庆，同国民政府粮食部、财政部洽商决定：国民政府应归还四川粮券本息计265万市石，照1944年谷价作价折合为法币68亿元，分期拨付，第一期支付5亿元。

12日 四川省财政厅公布：全川已成立市、县银行112个。

△中国地质学会在沙坪坝重庆大学举行第二届年会。李四光当选为理事长。

13日 中国民主同盟扩大谈话会在重庆特园举行，传阅周恩来9日致王世杰、赫尔利的信。该信主要内容是：（1）因蒋介石3月1日公开谈话，反对召开党派会议、建立联合政府，坚持召开国民党一党控制的国民大会，中共已无须再起草关于召开政协会议的建议；（2）国民党独占参加旧金山会议代表是不公正、不合理的，中共已派出周恩来、董必武、秦邦宪三人参加出席会议的中国代表团，若国民党不接受，中共将反对国民党的分裂行为，并保留表达一切意见之权利。几天后，赫尔利自美国复电周恩来，要求周恩来勿做最后决定，待他来华后商谈。11日，王若飞在重庆良庄沈钧儒寓所，将赫尔利这一复电内容转告了在重庆的民主党派人士。

△成都至西昌公路开始行驶邮车，收寄邮件。

3月15日 国民政府军事委员会调查统计局（简称"军统"）派员监督《新华日报》。军统奉第35100号电令，"本会调查统计局勋鉴：战时新闻检查局2月22日报告，以中共包藏祸心，其机关报《新华日报》一再刊发反动稿件，亟待加强管理，以杜反动宣传，拟由重庆新闻检查处联合本市军警、中统局、军统局各派干员二人参加等情。除电复准予照办并分行外，特电仰遵照办理为要。"派出赵震华、徐云龙两人监督报馆。

△江津白沙镇士绅夏首勋等集资4,000万元，利用驴溪高洞水力，组织水力发电公司。

17日 川北26县旅蓉同乡会招待新闻界，报告各县灾情，谓1944年早雪，红苕烂光，1945年小春受冻，未能长成，2,200万人陷入困境，吁请政府急赈。

18日 犍乐盐场亏损过巨，赔款累积达2亿元。盐场派代表赴重庆请愿：（1）请迅发生产贷款6亿元；（2）迅发洪水存煤贷款3亿元；（3）切实调整盐业成本；（4）预付盐款一月。

20日 据统计：全川共有各类工厂1,377家，资本总额5,794,681.953万元。自抗战以来，四川工业有了较大的发展。1937年底，全川符合《工厂法》规定标准，即拥有动力设备和雇佣30名工人以上的工厂，仅115家，占全国工厂总数的2.93%；共有工业资本214.5万元，占全国工业资本总额的0.58%；共有工人13,019名，占全国工人总数的2.85%。到1945年，全川已有工厂1,377家，资本总额579.47亿元，平均资本为42.08万元。工厂分布地区集中，重庆496家，成都232家，江北101家，乐山48家，其余500家分布在四川其他地区。

四川工业的快速发展，主要原因有两个方面：一是东部大工业内迁，凡关系国计民生的工厂都迁移到西南地区，其中许多重要企业迁到四川；二是国民政府实施开发西南的经济战略计划，加大了向四川工业的投资、借贷的比重，造成了工业的大发展局面。在各类工业中，以机械、五金、电力、矿冶、建筑、建材等工业的增长比例最大。1944年，上述工业拥有企业总数为800家，合计资本为118,249万元，占当时企业总数的33.6%，占资本总额的46.5%。

22日 四川省军管区为如期完成1945年度紧急征兵30万名的任务，派员分三路赴各师管区督征。

△四川省1944年征实征借，截至1945年2月，已实收1,920余万市石，占原定征借额的96%，为全国各省之冠。

27日 国民政府行政院发表中国出席旧金山联合国会议代表团人员名单：代理行政院院长宋子文为首席代表，成员有王宠惠、李璜、吴贻芳、魏道明、胡适、顾维钧、张君劢、董必武、胡霖，顾问是施肇基。

29日 四川省政府决定：四川省田赋粮食管理局与粮政局合并为四川省田粮管理处，任命康宝志为处长，王锡圭、赵述言为副处长。4月16日正式成立。

△国民党四川省第一次党员代表大会开幕。4月5日，选出漆中权、徐中齐、李天民、李琢仁、王之晖、杨义、许伯超等分任省党部执、监委员，漆中权为书记长，会议当日闭幕。

△黄金官价由每两 2 万元提至 3.5 万元。在此消息公开宣布的前一天,即 28 日,重庆泄漏黄金提价消息,一批达官贵人大量抢购黄金,仅重庆一地这一天就卖出黄金存款 2.1447 万两,比平常多卖出万余两。其中,在银行关门后以转账申请书或以本票、支票购买的即达万余两。社会各界对银行内部出现的黄金存款舞弊案,表示强烈不满,纷纷要求公布当日大量购进黄金存款者的名单,追查泄漏黄金提价消息者的责任。政府当局迫不得已,只得抛出几个小人物来惩办,以搪塞舆论。

30 日 国民政府军事委员会政治部下令解散由郭沫若领导的文化工作委员会。

△川军第 22 集团军所部 41 军、45 军、47 军,分别投入豫西、鄂北会战。其中,45 军的 125 师自 3 月 30 日开始,在 122 师、127 师的支援下,与围攻老河口的占有优势的敌人浴血奋战十余日,4 月 11 日奉命撤出。125 师师长汪匣锋以战功获"青天白日勋章",这是川军在抗战后期获得的又一次优异战绩。

△四川农业公司增资 800 万元,办理康、藏、松潘羊毛外销业务,在松潘阿坎设羊毛整理处,在灌县设打包厂。

4 月

1 日 文化工作委员会举行聚餐晚会。重庆文化界、新闻界人士,民主党派人士、国际友人 100 多人出席。郭沫若设置签名纸,题写"始于今日(国民政府军事委员会政治部第三厅成立于 1938 年 4 月 1 日),终于今日,憎恨法西,勿忘今日",并谓:"终于今日也正是我们文化工作者从事新民主主义文化工作的开始。"

2 日 国民政府财政部部长俞鸿钧电宋子文:"存金只可付至 4 月 24 日止,现售黄金欠 311,460 两,折金存款欠 1,355,249 两。"到期不付,将"促使资金转移目标,刺激物价,良堪忧虑"。自 1943 年 6 月财政部宣布黄金解禁,以所谓使法币回笼、稳定物价为由出售黄金以来,截至 1944 年 11 月,国内所存黄金已悉数发售,向美国贷款购买的黄金迟迟不能运回国内,售出的黄金现货改为期货,原许 3 个月为期,到期亦不能兑现,一延再延。1944 年 12 月 30 日,财政部部长俞鸿钧曾电孔祥熙告急,要求与美方洽商,将价值美金 8,000 万元的黄金克速起运。

△四川省政府核准四川省银行增资为 1 亿元。

6 日 国民政府不再举办乡镇公益储蓄,已办的应即日结束。乡镇公益储蓄推行以来,因强迫摊派,近于勒索,而收效甚微。所收储蓄每被各县挪借,领券不交款的比比皆是。

△四川省政府决定划峨眉为风景区,设管理局负责文物保管及导游事宜。

△中国民主同盟举行茶会,欢迎由延安抵重庆,将前往旧金山出席联合国家国际组织会议的中共代表董必武。12 日,董必武偕秘书章汉夫、翻译陈家康飞离重庆,经印度加尔各答前往美国。

9 日 重庆各民主党派和人民团体设宴慰问郭沫若和原"文化工作委员会"人员。柳亚子、沈钧儒、王若飞、邓初民、马寅初、陶行知等百余人出席并讲话,控诉国民党

顽固派摧残文化，扼杀民主，表示将为争取民主自由继续斗争。

10日 魏德迈自美国返重庆，发表谈话，谓此行已彻底研究反攻日寇计划。

△国民政府粮食部部长徐堪在行政院例会上报告川北灾情，向该部及四川省政府正式申报赈灾款。此次川北受灾者已达19县之多。四川1944年气候反常，雨雪过多，红薯在未收掘前已受影响。川北13县先后报灾请赈。四川省政府主席张群4月9日召集受灾各县县长座谈，听取春荒报告，并有如下指示：1. 兴办水利工程，开辟堰渠，发展交通，可利用1941、1942年粮食券到期本息的半数兴工，实行以工代赈；2. 酌拨一部分粮谷，平粜出售，平抑物价，稳定市场；3. 增加农贷资金，以便农户购买耕牛、种子；4. 加拨急赈款项，酌予救济；5. 酌贷备荒积谷，于1945年秋收以后再行归还；6. 受灾较重县份，对于1942、1943年旧欠田赋，准其折征贷金；7. 1944年尾欠田赋者，准其折交小麦。

△中央银行业务局致电其驻美代表席德懋：3月29日宣布黄金提价（每两提为3.5万元）后，"黑市反应非常锐敏，4月7日价6.3万元，9日7.3万元，10日7.8万元，最高达8.2万元，金价继续上涨"。

11日 国民政府公布第四届国民参政会参政员名单。名额由原来的240名增加为290名。四川省参政员为刘明扬、廖学章、傅常、陈铭德、但懋辛、余际唐、黄肃方、甘绩镛、朱之洪、王国源，重庆市为潘昌猷、邓华民、胡仲实、陈介生。依照《参政会组织条例》第三条丁项遴选的川籍人士有邵从恩、张澜、李璜、陈豹隐、曾琦、周道刚、晏阳初、彭革陈、何鲁之、吴玉章、冷曙东。

△重庆山洞建川煤矿突然爆炸倒塌，矿工被封于洞内，死亡百余人。

△中国民主同盟四川省负责人李相符、杨伯恺、于渊、田一平及成都市文化界人士120余人发表《时局献言》，提出立即结束国民党一党专政，召开普选的国民大会，释放一切政治犯等10项主张。

13日 蒋介石到重庆美军驻华总部悼唁美国总统罗斯福（罗斯福于4月12日逝世），并令全国自14日起，志哀三日。

15日 康藏茶业公司制售边茶，获利极大，增资为5,000万元。

△四川丝业公司资本，由3,000万元增为1亿元。对蚕农售种购蚕，采自由贸易方式，不加限制。

△重庆物价不断飞涨，猪肉每斤450元，鸡蛋每个28至30元。各业公会均采10日一议价的办法，议定后送主管机关审核执行。

16日 康定水力发电厂已供电，马力为700匹，工程费1.5亿元。

△国民政府财政部在西康设立川康直接税管理局。

17日 成都市设立安乐寺第一市场管理所。场内交易以黄金、美钞、白银为主。

21日 重庆黄金市价每两突破10万元。成都市美钞大票达7.45万元。

△中央农业实验所完成四川省牲畜调查。据称：每年可产水牛217.7万余头，黄牛11万余头，马12.7万余头，骡11万余头。全省森林面积共约96,670,990市亩。

22日 《华西日报》复刊。4月17、18日，成都《华西晚报》两次被特务捣毁，《华西日报》亦遭破坏。损毁数千份当天报纸，拆损电话机，捣毁全部字架，并殴伤工人多人,报纸被迫停刊。在社会舆论的声援下,晚报于21日复刊,日报于本日出版。

△成都物价大涨,食米每石2.5万元,洋纱由2.4万元涨到4.7万余元。

23日 中国共产党第七次全国代表大会在延安召开,会期到6月11日结束。中共四川地方组织派出代表小组,组长廖志高,副组长程子健,代表14人,前往延安出席会议。

5月

3日 1945年度同盟胜利公债重庆市配额为6.5亿元,自1945年7月起开始发行。

△川康兴业公司1945年度股东大会及董、监事联席会议,对于战后准备筹办的事业决定:甲、关于工矿部门者。1.设立水电厂,拟就灌县韩家坝及紫坪铺西岸先设第一、第二发电厂,以水电供应灌县及成都一带之需要,其第一期装机容量暂定为4,000~5,000千瓦;2.在成都附近设立化学肥料厂,制造氮气肥料,如石灰氮气与硫酸铔;3.兴办纤维木浆造纸及人造丝工业;4.利用四川所产各种原料,兴办颜料、油漆、油墨等工业;5.兴办纺织染料工业,拟订购英国纱锭10万锭,战后在川北设立纺织染料工厂;6.开发犍为县五通桥盐区附近的煤矿。乙、关于贸易部门者。1.经营桐油业务,从产、制、运、销各方面加以整理规划,务求改良,并以出口桐油换得的外汇,采购川康经济建设所需的机器设备及其他必需的物资;2.经营川康外销特产,如生丝、猪鬃、药材、五倍子、白蜡等。

4日 四川省调整田粮机构,所有粮食征收工作统一由储运处办理,各县田赋粮食管理处将征收部分交由储运处接收。省内各县储运处,经核定为90处,处长一职一律专任。粮食储运过少的县份,即刻撤销。县级经收处移归储运处后,决定裁并1/2。各县粮政科全部裁撤。

△全国文艺界抗敌协会为纪念成立七周年暨庆祝第一届文艺节,在重庆召开年会,通过要求保障作家身体自由、写作自由等提案。

△中共川康特委通过"民协"发动成都市各大学105个学生团体,在华西坝联合召开"五四"篝火晚会。叶圣陶、吴耀宗、范朴斋、陈中凡、文幼章等应邀参加,并在讲话中谴责学校内特务统治。会后在"发扬五四精神""反对一党专政""成立联合政府""特务滚出学校去"的口号声中,举行了数千人的火炬游行。

5日 国民党第六次全国代表大会在重庆开幕。

7日 德国宣布无条件投降,蒋介石分别致电英、美、苏、法四国领袖致贺。

△全国文艺界抗敌协会改选,郭沫若、茅盾、老舍、孙伏园等21人当选为重庆理事,朱光潜、沙汀2人当选为外地理事。

8日 四川省大户献粮献金派额,核定为献粮375万市石,献金42.225亿元,限6月底以前完成。

10日 话剧名导演贺孟斧在重庆病逝。

△中国辞典馆馆长杨家骆在重庆报告其与顾颉刚等组织考察团赴大足考察北山、宝

顶山石刻的丰硕成果。

11日 长江筲箕背险滩疏浚工程完工。叙渝线航轮已能直达，分段接航方法终止。

△第七批成都市的成都、华阳二县志愿从军抗日的54名女知识青年入营，并在市区列队游行，受到市民热烈欢送。

16日 重庆市望龙门缆车通车。

19日 成都市政府发表截至1945年4月份该市人口统计数据：全市共计159保、2,928甲，合计88,349户、666,770人。

21日 国民党第六次全国代表大会在重庆闭幕，选蒋介石连任总裁。会议决定1945年11月12日召开国民大会，拒绝了中共关于成立联合政府的主张。在对中共问题的两个决议案中，声言"续求政治解决"的同时，又诋毁中共"妨碍抗战，危害国家"，并在其特别报告中宣称："与中共之斗争，无法妥协。今日之急务，在于团结本党，建立对中共斗争之体系，即创造斗争之优势条件与环境。"

23日 据教育行政当局统计：全川共有4,555乡镇、63,266保。已设中心学校及分校4,776所，国民学校45,934所。

28日 重庆金融市场出现的疯狂投机，震撼了后方的大小城市。市民排队抢购黄金、黄金期货和黄金存款，美汇由450元飙升至650元。银钱业公会每晨熙熙攘攘，异常拥挤，虽然遭到明令取缔，却自发转移到民族路另行开辟，有行无市问题已压倒贵贱问题。

29日 国民党当局迫使潘文华辞去成都《华西日报》董事长，派军统特务刘自新任社长，接管该报，并于本日停刊，以"整顿内部"；旋又完全截断《华西晚报》与该报的联系。《华西晚报》为对付国民党的压力，聘张澜为董事长。

31日 国民党六届一中全会在重庆闭幕（28日开幕），选任宋子文、翁文灏为行政院正副院长。

是月 中共中央南方局调训四川地下党领导干部，在重庆开办农村工作训练班。

6月

1日 中比（比利时）新约在重庆换文。

2日 褚辅成、黄炎培、冷遹、王云五、左舜生、章伯钧、傅斯年等7位参政员致电毛泽东、周恩来，要求访问延安，商谈国是。6月18日，毛、周复电表示欢迎。

△抗战胜利在望，四川缫丝业日趋活跃，对于战后的国际贸易，积极筹划，扩大生产规模，增加生丝产量，提高生丝质量，准备争取国际市场的销售份额。1945年，复兴公司所规定的B级丝标准，各厂均能做到。四川丝业公司为扩大产销业务，在美国订购新式机器，新设备正在设法起运中。该公司筹款10亿元，作为收购春蚕的价款。川北一带市价较低，每市斤由1,600元跌至1,200元，预计可收购80余万斤，缫丝1,000余担。该公司总经理范崇实特于日前驰赴三台、遂宁等处，视察各单位业务。

△川江上下游各线引水工人要求调整待遇、发付实物、改善福利设施、完善工作设

备等，实行罢工，并派代表到国民政府社会部请愿。罢工斗争持续了5个多月，工人要求得到圆满解决。

5日 四川省政府请准国民政府财政部增加1945年度棉花生产贷款2亿元。集中贷放射洪、荣县、蓬溪、阆中、南充、中江等8个受灾县份，确保1945年度棉花产量。生产贷款原定为2亿元，这次灾后追加2亿元，1945年度四川棉花贷款合计为4亿元。

6日 越南国民党代表团潘针等一行抵重庆观光。

8日 国民政府行政院宣布：提高黄金官价，每两定价5万元。6月12日，重庆市银、钱业两公会奉国民政府财政部令，为取缔黄金、外汇黑市买卖，由两公会组成营业市场管理委员会，场内限定以存、放、汇及法令许可的银行业务为交易范围。管委会主要任务是：调解市场内因营业发生的纠纷，纠察违反市场规则的行为，维持正常交易秩序。交易简章及管理规则同时公布。6月下旬，投机买卖黄金和购金保值的人，排成长龙办理黄金存款。中国银行的长蛇阵从一楼一直排到三楼以上。因交通银行让"有关系的"抢先到柜台里办理，发生了争吵、打斗。在一片提款谣言声中，许多小银行面临难关，难以应付，只好宣布停售，于是又造成黄金、美钞黑市涨价。

△郭沫若应邀出席苏联科学院代表大会。中苏文协、全国文协、全国剧协等三团体在重庆文化沙龙举行欢送大会。

10日 国民政府军事委员会成都行辕设立外事处，办理盟军接待事务。赵丕承任处长。

11日 中共第七次全国代表大会在延安闭幕。会议通过了毛泽东所做的政治报告《论联合政府》、朱德的军事报告《论解放区战场》、刘少奇的《关于修改党章的报告》和新的党章。大会制定了党的政治路线："放手发动群众，壮大人民力量，在我党的领导下，打败日本侵略者，解放全国人民，建立一个新民主主义的中国。"四川地下党出席"七大"的代表在"七大"以后，根据中共中央的安排，与已在延安工作的四川地下党人，对四川地下党在土地革命和抗日战争时期的工作，进行了检查、总结。

17日 成都启明电灯公司继1944年贷款3,000万元之后，再次向国民政府经济部借贷储煤专款1亿元，并呈准自6月起，每月配拨嘉阳煤1,000吨；再向国民政府资源委员会租用岷江电厂的500千瓦电机，可以实现成都供电量的大幅度增加，从而满足成都不断增长的供电需求。

20日 四川省霍乱流行，内江一地已有500人死亡。重庆公私医院收容病者1,700余人。成都已死亡1,100多人。疫情尚在蔓延。首例霍乱疫情6月1日发生在内江，迅即扩散到资中、富顺、乐山，以至西康各县。数日后，在重庆以及川东地区传染。6月24日，病毒在成都流行，蔓延川西地区，北至广元。据部分医院统计：接收病人在2万名以上，死亡3,300余人。如眉山县城7月18日发现病人，疫情迅速传遍全县乡镇，疫毙者太多，无法掩埋，被弃之河心，顺流东下，浮尸盈岸。城内居民关门闭户，眉山县城俨然一座死城。当时，仅在重庆、成都、自贡设立了检疫站，开设临时霍乱医院，限定在部分机关团体人员、学校师生及部分居民中免费注射霍乱疫苗。由于注射、输液设施奇缺，患者死亡惨重，平均死亡率在10%以上。

24日 重庆文化界七八百人在西南实业大厦集会，祝贺茅盾50岁寿辰。《新华日报》发表王若飞为茅盾祝寿的《中国文坛的光荣，中国知识分子的光荣》。成都等地文化界亦集会为茅盾祝寿。

△重庆引水工人因待遇问题，自6月22日起，对三斗坪、万县、涪陵等线停航。经有关方面交涉解决，本日复航。

25日 国民政府财政部下令停止收受黄金储蓄。成都、重庆黄金存款，自开办迄今，共存黄金总额96.8478万两，收回法币267.5408175亿元。自1944年11月底将国内所存价值2,000万元的黄金悉数支尽外，尚欠已售出而未支付的黄金28.9万余两，因在美国购买的黄金迟迟未运回国，已售的黄金期货无法兑现，政府当局被迫于5月22日和28日先后宣布停办黄金存款，停售黄金。自1943年6月财政部宣布黄金解禁，抛售黄金以来，迄1945年5月停售黄金止，共售出黄金1,145,458两，回收法币800亿元之巨。自1944年8月开办黄金存款，到1945年5月停办时止，共发售黄金存款1,624,793两。

27日 国民政府行政院院长兼外交部部长宋子文、三民主义青年团干部学校教育长蒋经国等组成的中国政府高级代表团离开重庆前往苏联谈判签订《中苏友好同盟条约》。6月30日，两国政府代表开始正式谈判，苏方斯大林参加谈判。7月12日，宋子文以回国请示为由离苏，谈判中断。8月6日，美国军方在日本广岛投下第一颗原子弹，斯大林当天要求立即恢复中苏会谈。8日，中苏双方重开谈判。同时，苏联宣布对日开战。8月14日，在苏联做出不再支持中共，并将中国东北行政主权交还国民政府的慎重承诺之后，双方正式签署了《中苏友好同盟条约》。8月24日，中苏双方在重庆交换了各自政府批准生效的正式条约文本。

△褚辅成、黄炎培等7名参政员谒见蒋介石，提出两项建议：(1)由政府召集政治会议；(2)国民大会问题由政治会议解决。蒋介石表示可商谈。

△四川省发放蔗糖增产贷款3亿元。

28日 国民政府资源委员会在四川江油探测油田，定于8月中旬开钻。所需器材约300吨，大部分已运到。8月26日，据资源委员会调查：四川石油储量丰富，以资中、仁寿、巴县、犍为、泸县、自贡、富顺、荣县、蓬溪等9县最为可观，估计储量达到570兆桶以上。四川省政府与国民政府经济部决定合资开发，利益均沾。10月17日，经济部在江油划定石油矿区59亩，从事石油勘探。1946年7月，资源委员会矿产测勘处派出工程师杨博泉、孙万铨到遂宁蓬莱镇大井沟勘探石油。资源委员会正在开采的石油矿产有三处：江油海索溪、隆昌圣灯寺、资中罗泉井。

29日 四川省政府与国民政府经济部合办的都江发电厂开始兴建。计划先安装火电，厂址择定在岷江上游紫坪铺，在美订购的2,000瓦发电机，已由美国运抵印度。

△中航公司增设成都至雅安班机，每周往返一次。

6月底 金融市场枯竭，物价大幅度上涨。成都市金价每两突破20万元。从1945年2月份开始，重庆因竞购黄金期货及法币折合黄金存款，银根极度紧张，银钱业票据交换差款9亿元，黑市利率高达12分。4月18日，重庆《金融通讯》发表社论，认为重庆两个月中黄金存款100亿元，黄金期货迟迟不至，物价仍然上涨两三倍，黄金政策对平抑物价无补。5月16日，重庆《新华日报》发表龙季子的评论《黄金不能解决目前的物价问题》，认为放款紧、利息高的原因是黄金被诱进了投机市场。

△截至1945年6月，法币发行总额为3,978亿元，发行指数为28,289％。同期，重庆趸售物价指数为213,320％，货币购买力指数为战前的0.4％。

6—8月 根据中共中央建设中原解放区的战略部署，中共中央南方局青年组在中央大学、复旦大学、育才学校等学校，先后发动和组织510位青年学生到中原解放区。1946年4月，又在重庆和成都录选了英语基础较好的大学生积极分子80余名，分三批从重庆到张家口晋察冀军政干部学校外语干部训练班学习（后转入华北联大外语学院），并组织了一批教师到延安工作。这批干部，后来都成了各条战线的骨干。

7月

1日 褚辅成、黄炎培、冷遹、傅斯年、左舜生、章伯钧等6参政员，由王若飞陪同由重庆飞延安访问。

5日 褚辅成等6名参政员自延安返重庆。在延安期间，他们曾就停止召开国民大会，从速召开政治会议事宜，与中共领导人取得一致意见，并将会谈结果拟就《会谈记录》带返重庆。

△国民政府粮食部部长徐堪向记者谈川粮运输问题，谓四川粮食的外运和再度集中，平均每天要民伕20万人，共需民伕2,000多万人次。

6日 重庆《新华日报》专页刊载毛泽东在中共"七大"的政治报告《论联合政府》。

△中国民主同盟重庆市支部欢迎自延安归来的6名参政员。张澜在会上呼吁，要将国内不民主的现象澄清。目前最迫切的问题是民主团结。

△国民政府财政部发行美金公债1亿元。

△西康毛革公司增资4,000万元，由西康省政府及西康省银行各投资半数。

△国民政府兵役署署长程泽润以"办理兵役，舞弊多端"罪被枪决。此前，因程泽润有褒何（应钦）贬蒋（介石）言论，被"军统"报告给蒋介石。蒋介石曾亲赴新兵转运站察看，当场怒打了程泽润。

△成都市公布人口调查结果：截至1945年6月30日，成都市共有226,271户，人口超过70万。

7日 第四届国民参政会第一次大会在重庆开幕（20日闭幕）。因国民党拒绝了关于建立联合政府的主张，单方面决定召开国民大会，中共参政员拒绝出席，以示抗议。其他方面的参政员如张澜等，亦未到会。在290名参政员中，仅有180名出席，为历届参政会到会人数之最少者。

△国民政府军事委员会公布：八年全面抗战迄今，毙伤及俘虏日军共250余万人。我方阵亡官兵130余万人，负伤1,170余万人。

△成都市各界人士在少城公园举行抗战八周年大会。

10日 1945年度全国征实总额为6,474万石。四川担负2,000万石，计征实900

万石，征借 1,100 万石。

11 日 国民政府行政院参事张平群在外国记者招待会上称："1945 年 6 月份物价指数为 1937 年 6 月的 1,579 倍。"

12 日 三青团四川支团部干事长李天民报告支团部概况：该团辖地方分团 59 个，筹备员室 11 个，学校分团 11 个，职业分团 9 个，共有团员 86,510 人。

15 日 四川省图书杂志审查处在成都召开成立 4 周年大会。文化界呼吁放宽检查尺度。潘公展宣称："检查是为维护国权，制衡人权，不容宽假。"

△由各党各派爱国民主妇女组织的中国妇女联谊会成立。李德全任主席。联谊会的任务是：团结爱国民主妇女，对外争取抗战最后胜利，对内开展民主运动。

16 日 四川省盐政局负责人称："1945 年自贡南场产盐额定产量为 402,322 担，1 至 5 月份，平均每月超额 9%。"

17 日 重庆 70 余家纸烟厂，因税额提高，纷纷停工。靠卷烟为生的 2 万余湘桂难民、荣军、抗属、贫民，生活无着落。

△綦江炼钢业同业公会以国营钢铁厂低价强购矿砂，统制原料，民营企业濒于破产，向国民政府兵工署及生产局请愿。

△中国战区美陆军航空队司令斯特拉耶格二级上将在重庆就职。

19 日 荣县大水，城内水深 5 市尺，东西南三区房屋、财物、人畜多被漂没，寻获尸体千余具。

20 日 自贡大水，死 35 人，财物损失在 1 亿元以上。

△国民参政会四届一次大会闭幕。关于国民大会问题，经过激烈讨论，通过了一个"本会同仁意见未尽一致"的妥协性决议：请国民政府酌情决定国民大会的召开，并在召开前采取政治步骤及协商精神，求取全国的统一团结，保障人民身体、言论、出版及集会、结社的自由，依法承认各党派的平等地位。在军事报告的决议中，污蔑中共和 18 集团军"妨碍统一，影响抗战"。大会选举林彪、董必武等 31 人为本次参政会休会期间驻会委员会委员。

26 日 中美英三国发表《促令日本投降之波茨坦公告》，促令日本无条件投降，践行《开罗宣言》，严惩战犯，建立民主新日本。

27 日 西康省保安司令部成立，刘文辉兼司令，王靖宇任副司令。

28 日 四川七处水利工程告竣：1. 彰明县长清堰，可灌田 1.5 万亩；2. 梓潼县宏仁堰，可灌田 3,600 亩；3. 邛崃县三桥堰，可灌田 8,000 亩；4. 乐山县牛头堰，可灌田 1.34 万亩；5. 犍为县绥水堰，可灌田 1 万亩；6. 内江县大水沟，可灌田 1.8778 万亩；7. 夹江县永兴堰，可灌田 4,000 亩。七县堰渠合计灌田 7.8978 万亩。

29 日 四川省卫生处长陈志潜向记者谈话称：四川省 1945 年霍乱猖獗，自 5 月 27 日在叙永发现后，截至目前霍乱流行已达 46 县市。

30 日 川军 20 军参加桂（林）柳（州）反攻作战，奉命侧击百寿。7 月 25 日攻克百寿后，又于 28 日协同友军进克桂林。

是月 重庆黄金市场平均价格，每两高达 19.6 万元。（1945 年 6 月平均价为每两 13.54 万元，较官价每两 5 万元高 8.54 万元。）

8月

1日 国民政府财政部通告：黄金储蓄存户在1两以上者，捐献40％。此通告缘于7月30日国民政府国防委员会决定：黄金存款存户一律征献存款总额的40％，以法币缴纳，并将官价由每两5万元提高至17万元。征献起点为1两，不分大小存户，一律征献。于是储户怨声载道，指责政府"失信于民""太不公平"。重庆《新华日报》评论指出："制法的人不讲法律，讲信用的又不守信，吃亏小民只好饮恨吞声。"整个黄金政策和政府信用均受到损害，得不偿失。

△国民政府战时生产局为奖励嘉陵江区及南川区煤矿增产增运，以确保重庆区焦煤供应，特制定9条给奖办法，并立即实施：奖励办法中所指定的各煤矿，以甲种煤矿为限，各煤矿每月产运数量，以各该矿1945年度1月份至前一个月份所产焦煤运经出口地点的平均吨量为最低产运标准。凡各矿产运较最低标准增加10％以上者，每吨给奖金1,000元，超过最低标准产运量30％以上者，加给每吨奖金1,000元。

3日 民盟主席张澜在重庆举行外国记者招待会。他指出："对于足堪引起内战或使之扩大，甚至造成国内分裂的所谓将在1945年11月12日召开的国民大会，目的只在使党权专政合法化。"他提出召开政治会议，改组国民政府，成立临时民主政府等主张。

5日 四川省政府公布全省人口统计：全省142县市，共有人口47,489,540人。

6日 四川省建设厅厅长何北衡报告四川省建设近况。动力方面：南充、遂宁、江津、三台、达县、万县、巴县等水电厂已开工，灌县最近可开工。经费方面：国家占十分之六七，本省占十分之三四；工程方面：土本工程占十分之六七，电气工程占十分之三四。全省水田4,000万亩，现能灌溉者仅400余万亩。

△报载：奉节、邻水、开县、威远、荣县等山洪暴发，灾情惨重。仁寿、三台、懋功、酉阳等县冰雹为灾。永川等31县久旱不雨，田土龟裂。

△四川省政府省务会议决定：1945年度田赋征借实物及各县市局征借粮食配额，照1944年旧例办理，各县配额不变。计征额900万市石，借额1,100万市石，加配额160万市石，共计2,160万市石。

10日 日本政府向中、苏、美、英四国发出"请降照会"，宣布接受《波茨坦公告》，唯一要求谅解处为保留天皇。

△在日本政府宣布投降前，7月26日，中、美、英三国发表《促令日本投降之波茨坦公告》，日本政府却置若罔闻，继续顽抗。美国于8月6日、8日，先后在广岛和长崎投下两颗原子弹。苏联政府宣布从9日起与日本进入战争状态，并加入《波茨坦公告》签署国。苏联元帅华西列夫斯基指挥100万苏联红军进入中国东北，向日本关东军大举进攻。在盟国强大的军事压力下，日本被迫宣布投降。

△朱德总司令发布命令，要求各解放区人民抗日武装部队依据《波茨坦公告》，收缴其附近各城镇及交通要道之敌伪武装，接受日军投降。

△当日下午7点左右经美国新闻处证实日本投降消息后，重庆百万市民自发涌向街头，彻夜欢腾，大街上到处是人潮、车潮，从中一路到新街口，张贴着《中央日报》号外的墙壁前，万头攒动，连不识字的车夫也挤在前面，听人朗读号外。人们欢歌笑语，互相道贺。朋友家人热烈拥抱，热泪交流。新站服务所广播员一遍又一遍地播送合众国际社、中央社关于日本无条件投降的新闻。青年学生开始火炬游行，鞭炮声通宵不绝。

△日本无条件投降的消息经四川省政府证实后，成都百万市民一齐涌上街头，鞭炮齐鸣。民众在国父孙中山铜像前鞠躬献花，花篮、花圈堆积如山。成都沉浸在如盛大节日的气氛中，鞭炮声震耳欲聋。自发组成的欢庆游行队伍长达数公里，队列前导为一大卡车，车上坐满人群。车前悬挂中美两国国旗，左右伫立着两位装扮成自由女神的姑娘，十分引人注目。

△成渝两地的欢庆活动一直延续到9月3日。这一天，成渝两市举行庆祝抗战胜利大游行，参加者各有五六万人。这期间，全省市、县、乡镇均举行了各具特色的欢庆活动。

11日　国民政府军事委员会委员长蒋介石发布三项命令：（1）命令日伪军切实维护地方治安；（2）禁止18集团军所属部队向敌伪进击，令其应原地驻防待命，不得擅自行动；（3）命令国民党各战区将士加紧作战努力，一切依照军事计划与命令积极推进，勿稍松懈。

△日本无条件投降后，四川全省金融、商品市场发生剧烈波动。成渝两市市场黄金每两由20万元跌至11.5万元，美钞跌至1,850元。百货猛跌40%至50%。五金、西药等价格急剧下降，银根奇紧。桐油、茶叶等出口物资，以外销有望，价格上升。9月6日，内江糖价每万公斤由2,400万元跌至900万元；宜宾白蜡每百斤由40余万元跌至十余万元；一般商品价格均呈现狂跌趋势。8月26日，重庆市商会因物价暴跌，向国民政府财政部请愿，要求政府贷款100亿元以解困境，被财政部拒绝。中小银行、钱庄资金周转不灵，出现倒闭。一般商店、工厂面临困境，纷纷停业、停产。据12月31日四川省建设厅宣布：因资金不足，全省1,655家工厂中有40%倒闭。

12日　麦克阿瑟以远东盟军总司令名义，对日本政府和中国战区日军下令，只能向国民政府及其军队投降，不得向八路军、新四军缴械。此前，美国参谋长联席会议向中国战区盟军参谋长魏德曼将军发出命令：全面援助国民政府军队，以武力取得所有日本占领区和日军的装备。

△国民政府军事委员会委任大汉奸周佛海、罗君强为上海行动总队正副司令，伪军庞炳勋为第一路军总司令，伪军孙良诚为第二路军总司令；命令他们驻防原地，等待国民政府及其军队接管。

13日　毛泽东在延安干部大会上做《抗日战争胜利后的时局和我们的方针》的讲话。

△朱德总司令电蒋介石，拒绝其11日的错误命令。

△全国文艺界抗敌协会举行庆祝抗日胜利座谈会，并成立"附逆文化人调查委员会"。老舍、巴金、夏衍、以群等18人为委员。

15日　日本天皇广播《终战诏书》。中美英苏四国正式宣布接受日本投降。

△中国妇女联谊会发表《对时局宣言》，就团结建国、争取民主、警惕内战阴谋和妇女解放问题，提出召集各党派和无党派政治会议，组织举国一致的政府等7项主张。

16日　中国民主同盟在重庆发表《在抗战胜利声中的紧急呼吁》，提出"民主统一，和平建国"的十项主张。

19日　民生公司向美国订购江轮18艘，布匹1,000吨。

23日　蒋介石第三次电邀毛泽东到重庆进行谈判。（前两次电邀为8月14日及20日）

　　△国民政府陆军总司令何应钦命令侵华日军总司令冈村宁次向解放区军民作"有效之防卫"，"收回"被八路军、新四军解放的地方。

25日　重庆《新华日报》刊载中共中央《对目前时局的宣言》，提出当前任务是巩固团结，保证和平，实现民主，改善民生。要求国民政府承认解放区的民选政府和抗日军队，撤退包围与进攻解放区的军队，召开各党派与无党派代表的会议，成立举国一致的民主政府，以避免内战，奠定和平建国的基础。

26日　中共中央发出《关于同国民党进行和平谈判的通知》。

　　△四川省政府发表四川省特产调查的结果：茶叶年产40万担，甘蔗年产2亿斤，桐油年产26.17万担，蚕丝年产1.5万担，棉花年产60万担，猪鬃年产20.4万斤，烟叶种植面积100万市亩，每年可产300万市担。

28日　毛泽东应蒋介石之邀，在周恩来、王若飞以及美国驻华大使赫尔利、国民政府代表张治中陪同下，由延安飞抵重庆，举行国共谈判。国民政府主席蒋介石的代表、国民参政会秘书长以及各民主党派和无党派人士均到机场欢迎。数十名中外记者也到机场采访。毛泽东在机场向中外记者发表书面谈话："本人此次来渝，系应国民政府主席蒋介石先生之邀请，商讨团结救国大计。现在抗日战事已经胜利结束，中国即将进入和平建设时期，当前时机极为重要。目前最迫切者为保证国内和平，实现民主政治，巩固国内团结。国内政治上、军事上所存在的各项迫切问题，应在和平、民主、团结的基础上加以合理解决，以实现全国之统一，建设独立、自由与富强的新中国。希望中国一切抗日政党及爱国志士团结起来，为实现上述任务而共同奋斗。"当晚8时，蒋介石在重庆山洞林园设宴为毛泽东、周恩来、王若飞洗尘。赫尔利大使、中国战区盟军参谋长魏德迈将军以及国民党参加谈判的代表张群、王世杰、邵力子、张治中等出席作陪。

　　△成都市连降大雨，市郊多成泽国，为20年未有的大水灾。由于连天霖雨，时而转为倾盆暴雨，雨量高达605毫米，成都四门进水，街道汪洋一片，时见舟楫往来，千余户无家栖身。城内交通阻滞，工商停业。市区被淹街巷有115条，淹没区水深者达到2米。成都郊县金堂两度遭遇洪水，损失严重。8月连天大雨，29日洪水进城，附城街巷尽成汪洋，城内公园街、北街、公安街、余家湾被大水淹没，房屋倒塌，大树被冲毁，重庆两江暴涨，水位高达100米。

　　△重庆市牛角沱至朝天门一带房屋大半被淹没。合川倾盆大雨，涪江两岸洪水泛滥。9月初再度遭遇洪灾，水位高过历年，玉虹桥水电厂被淹，城墙大段浸毁，房屋庐舍倒塌甚多，公司财产损失惨重。

29日　毛泽东、周恩来和蒋介石、张群、王世杰、张治中、邵力子开始会谈。毛泽东等全面驳斥了蒋介石等人所谓"中国没有内战，只有剿匪"的诡辩。

30日 毛泽东在桂园接见了前不久在延安访问的参政员褚辅成等6人，后又和周恩来一道往访宋庆龄、于右任、孙科、赫尔利、张澜。

△周恩来与国民党谈判代表张群、王世杰、邵力子讨论军事政治问题。

△加拿大加华联谊会等9团体自渥太华致电毛泽东、蒋介石：希望国共两党谈判立场能重新接近，以防止任何内战。认为最必要的是立即取消一党专政，并尽早完成民主的联合。

△何应钦密令重印《"剿匪"手册》，称："'赤匪'不灭，军人之羞。"

31日 国民政府财政部拨款20亿元，由四行两局在重庆贷放。凡商会会员可用黄金抵押借款。黄金存单亦可按捐献四成后的余额抵押。

△毛泽东在桂园宴请柳亚子、王昆仑等，就团结问题交换意见。

△重庆《中华论坛》《宪政月刊》《国讯》半月刊等八大杂志主办人章伯钧、黄炎培、张志让、杨卫玉、钟天心、左舜生等举行会议，一致认为，战争时期业已过去，审查书籍杂志制度已无必要存在，决定除致函国民党中宣部、国民参政会，请求明令废止外，从9月起不再送审。

9月

1日 毛泽东、周恩来、王若飞应邀出席中苏文化协会为庆祝《中苏友好同盟条约》签订而举行的鸡尾酒会。国民党党政要员和重庆文化界、新闻界300多人到会。

△国民政府财政部、经济部、战时生产局、四联总处与中央银行商定公布《紧急后方工贷实施办法》，规定贷款总额50亿元，以原料、机器、成品作押，月息3.4分，期限一年。申请贷款的厂矿应取得战时生产局证明，请财政部总担保，中央银行按9成转抵押。公文用划一格式，以便随到随办。财政部虽将这一办法告知工业界代表胡西园，但实际情况复杂，对押品的估价、公证、存仓手续，费时较长，而且需要由全国工业协会与迁川工厂联合会两会全体会员做连环保。

△成都市公布人口统计：全市共有711,448人，其中男性434,452人，女性276,996人。

2日 日本投降签字仪式于东京湾内的美国军舰密苏里号上举行。至此，中国人民抗日战争胜利结束，世界反法西斯战争也胜利结束。

△中国民主同盟中央常委会宴请毛泽东、周恩来、王若飞。晚8时，蒋介石宴请毛泽东、周恩来、王若飞。宴会后，毛、周、王与蒋介石单独会谈。

3日 国民政府下令举国庆祝抗战胜利，放假1天，悬国旗3天。成都、重庆两市举行庆祝抗战胜利大游行，参加者各五六万人。

△四川省政府主席张群发表《胜利日感言》，肯定八年全面抗战中四川人民对支撑抗战大局所做出的无与伦比的巨大贡献：四川应征赴敌之壮丁，达300万人；征购捐献粮食约7,100万石（未包括1945年度征购粮）；建筑空军基地33处；征工90万人。其

他建设、公路运输、水上航道的清理,各种公债、储蓄之劝派,以及各种税捐,如营业税、各种专卖税(火柴、食盐、食糖、酒类)、印花税、所得税、地价税等,或创始于全川,或在全川扩大推行。综计川人直接、间接各项负担数字,无一不超过全国其他各省。

△王世杰到桂园拜访毛泽东,并作单独会谈。周恩来、王若飞与张群、张治中、邵力子会谈,将中共提出的会谈要点11项交国民党谈判代表。毛泽东往访于右任、戴季陶、白崇禧、吴稚晖后,又在桂园分别会见了郭沫若和韩国临时政府成员。

△国民政府下令,褒恤抗战时期阵亡将士和死难同胞;褒奖全体官兵;停止征兵,免赋一年;分别检讨废止各种战时法令。

△一些在重庆参加由中共中央南方局发动和支持的"民主与科学"座谈会的科技界人士,举行扩大会议,庆祝反法西斯战争胜利,反对蒋介石的内战阴谋,争取和平民主,决定成立九三学社。毛泽东在会见九三学社筹备会成员许德珩等时,建议把九三学社搞成一个永久性的政治组织,得到筹备会的一致赞同。

△1951年8月13日,中华人民共和国中央人民政府政务院发布通告,确定以每年9月3日为抗日战争胜利纪念日。

4日 毛泽东视察《新华日报》营业部。美国大使赫尔利和驻华军事代表团团长魏亚特,分别设宴招待毛泽东、周恩来、王若飞。

△国民政府军事委员会举行茶会,招待各国驻华使节和国际友人。毛泽东应蒋介石邀请参加了茶会,并于会后与蒋介石再度会谈。

△周恩来、王若飞与张治中、张群、邵力子会谈。国民党方面提不出解决问题的具体方案,又声称中共提出的11条建议"距离太远",是"恃其武装向中央要地盘,根本无从讨论",拒绝接受。中共代表严词驳斥了国民党方面的诬蔑,并指出:要求得到问题的解决,必须承认中共的政治地位,承认解放区的军队与政权。

△毛泽东接见《大公报》记者,指出:"我国政令、军令,如果再不统一,的确为不得了的事体,然统一之政令、军令,必须建立于民主政治之基础上。只有包括各党、各派、无党派代表人士之政治会议,始能解决当前国是,民主统一之联合政府始能给全国人民以幸福。民主者,人民有力量之谓也。边区解放区情形与其他区不同,有民选政府,有自卫军,无保甲长。保甲长为统治人民者,最要不得。"关于国民大会代表,"中共方面不主张维持旧代表,原则上主张实行普选"。

△毛泽东在桂园接见中国妇女联谊会代表和各方友好人士。

△蒋介石在中央干部学校举行茶会,招待苏联驻华大使彼得罗夫。毛泽东、周恩来、王若飞应邀出席作陪。

月初 重庆市公布历年日寇轰炸重庆死伤人数初步统计:死亡6,596人;伤9,141人;但对大隧道窒息死亡确数未予公布。

△岷江、沱江、涪江和嘉陵江持续暴发洪灾。涪江流域夏秋之际大雨连天。9月5日,支干流水势齐发,酿成自1821年以来的特大洪水,涪江流域人民遭遇空前水灾,各县沿江农舍漂没、秋禾荡然无存,哀鸿遍野。绵阳、潼南两城被淹,遂宁以上水患最甚,水位之高、水势之猛,皆为世人所未见。受灾地区交通断绝,绵阳东南巨邑丰谷镇

街道成江河，深可行舟。射洪太和镇死伤数百人。三台东北大学水灾损失达数千万元。中坝淹死2,000余人，房屋稻田多被冲毁，中药材大量损失，数以亿计。

△阆中、苍溪等地8月大雨，嘉陵江洪水暴涨，蓬安洪水决堤，江水进城，两岸人畜稻禾全被淹没。重庆、北碚河街一带尽成泽国。9月3日，两江上涨丈余，朝天门一带水漫堤岸，街道房屋多被冲毁，居民淹毙不少，轮渡停航。9月4日，重庆再度遭遇洪峰，太平门、朝天门一带，数万栋住房倒塌，人畜死亡无数。这次水灾，岷江、沱江、涪江、嘉陵江流域33县受灾，是百年难遇的最大洪灾。

6日 毛泽东往访居正、柳亚子、张伯苓和中正学校、中央大学故旧。中午，于右任设宴招待毛泽东、周恩来、王若飞。晚上，宋庆龄宴请毛泽东。宴后，毛泽东往访苏联大使。

△内江糖价大跌，每万公斤由2,400万元跌至900万元。宜宾白蜡，每百斤由40余万元跌至10余万元。一般物品价格均在狂跌中。

△中华全国文艺界抗敌协会发表《为庆祝胜利告国人书》，提出"立即结束一党专政"等6条措施，要求建立一个团结、民主、和平的国家，为民造福。

△成都文化界集会，发表《对时局呼吁》，要求民主统一，和平建国。李劼人、姚雪垠、陈白尘、陈翔鹤、张天翼、叶圣陶等248人签名。

9月7日 毛泽东、周恩来、王若飞访问英、法、加拿大驻华大使，表达了中共追求和平协商、实现民主政治的愿望。

△国民政府财政部决定以50亿元作为紧急工贷，期限为18个月。自第13个月起，分6个月摊还。申请贷款的工厂，可径向四联总处接洽。

△四川省军管区司令部公布：八年全面抗战期间全川征送壮丁共2,578,810人。

8日 周恩来、王若飞出席中国劳动协会兴建的重庆工人福利社及美工堂落成典礼。

△国民政府行政院分电各省（市）政府，关于四川等后方11省（市）1945年度田赋，为配备复员期间军公粮食紧急之需，仍照常征收征借（包括带征县级公粮在内），依限扫解。

△毛泽东、周恩来在桂园举行茶会，招待各国在渝援华团体负责人，宋庆龄及英国驻华大使薛穆、美国联合援华会艾德敷等相继在会上讲话，表示将在和平建设方面继续给予帮助。

△周恩来、王若飞就军队和解放区政府问题继续与张群、张治中、邵力子会谈。会谈结束时，张群将该阶段全面交换意见之纪要以及国民党方面对中共所提11项建议的答复，交与周恩来。

△由华西晚报社带头发起，成都川康通讯社、新中国日报社、大学月刊社等17个新闻、文化单位联名发表致重庆《国讯半月刊》8个刊物的公开信，宣布响应该8个刊物"反抗检查制度，维护言论自由的英勇行为……决定报纸和通讯自即日起，杂志自即期起，自负言论与报导之责，拒绝送交任何机关审查"。

9日 中国战区日军投降签字仪式在南京陆军总部大礼堂举行。

19日 中国兴业公司因受严重经济危机逼迫，将其钢铁厂停产。10月18日，成都市手工棉织业受物价暴跌打击，大多数织户陷入困境，停业破产，出现失业工人万余人。棉织业公会呼吁国民政府转请国家银行贷款20亿元，以缓解困境。

25日 重庆永兴机器厂等27个工厂的工人发表联合声明，斥责国民党当局和资本家合作，让工人在抗战胜利后处于失业和饥寒交迫之中，号召工人们团结起来，改变自身的厄运。10月，重庆5万多失业工人选出自己的代表，成立失业工人请愿团，向当局请愿。请愿团提出安置和救济失业工人的要求。10—11月，渝鑫铁工厂工人带头罢工，要求增加工资；重庆机器厂、纺织厂、兵工厂、化工厂、印刷厂等不同行业的工人，联合发出呼吁，要求和平，反对内战。为了及时引导工人运动，中共重庆市委于10月份组成了重庆地区工人运动领导小组，由市委书记王璞担任组长，其任务是以反内战、反独裁为中心，支持工人的合理要求，把政治斗争与经济要求结合起来。

29日 黄炎培等在重庆集会，决定筹备民主建国会。12月16日，中国民主建国会在重庆正式成立。

30日 奉国民政府军事委员会电令，日本间谍罪犯彬野一助、森村荣、野奇八郎等三人在成都被执行枪决。此三人于1937年先后被关押于成都监狱，1942年竟结伙越狱，复被逮捕。

本月末 毛泽东率领的中共代表团在重庆期间，先后同国民政府主席蒋介石会晤谈判多次，分别在桂园、红岩村等处会见国民政府和国民党高级官员、各民主党派负责人和无党派人士、新闻记者和文化界名人、外国使节和友好人士等，或宴请、拜会他们，进行长时间的交谈；或出席他们的宴会和会议；或阐明中共的政治立场，提出建立和平、民主、独立、富强的中国的政策和主张；或提出两党谈判的重大原则性意见和回答他们提出的问题。

△在重庆谈判期间，国民政府提出，必须先实现"军队国家化"，然后才能实行政治民主化。中共代表团针锋相对地回应：要实现"军队国家化"，首先必须实行"国家民主化"，废除国民党一党专政的政府，成立民主联合政府，然后实行"军队国家化"，国共两党都将所领导的军队交还民主联合政府。经过反复磋商，国共双方按照美国总统特使马歇尔的建议，达成整编、统编军队的方案，这个方案的要点是：将中国陆军整编为108个师，其中国民党占90个师，共产党占18个师，以后逐步整编为60个师的国防军。双方虽然承诺签约，但实施困难。

本年秋 国民政府军事委员会参谋总长陈诚，秉承蒋介石整编川康军队的指令，于抗战胜利后，即带领军务署署长方天、整编科科长裴治镕，从重庆赶赴成都，与川军各将领会商，着手整编川军。

当时驻扎后方的川康军队计有：24军刘文辉部所辖刘元瑄的135师和陈光藻的136师；56军潘文华部所辖陈兰亭的163师和彭克汉的164师；95军黄隐部所辖谢无圻的126师和杨晒轩的新9师；另外还有刘树成的新17师，李根固的新25师和彭斌的新1旅，共计8个师一个旅。刘、邓、潘三军都是一个军辖两个师，表面上看，兵力不相上下，实际上他们各保有一个独立旅的空番号。另外，刘文辉的西康省政府又直辖有邓秀廷的靖边旅；邓锡侯则有川康绥靖公署邓亚民的警卫团；潘文华除遥控刘树成、李根固师和彭斌旅外，还有一个李元宗旅和潘清洲的巴山警备旅。当时，他们都想暗中增强各自的实力或保持原状,甚至还想扩编,只是迫于严峻的整军形势,不便启齿而已。为了表示对陈诚的尊重,这些部队在成都的校级军官都在约定的时间,集中到中央军校礼堂,聆听参谋总长的训话。

陈诚训话的要点是:1.盟军战胜日本,因素很多,依实力论,单是美国海军空军的力量,就足以夷平三岛。他亲自在硫黄岛战场上空视察,发现全岛就像烤焦了的面包一样,日寇虽负隅顽抗,也不得不无条件投降。现在盟军剩余军用物资很多,根据美援计划,可先装备国民政府12个军、36个师;其余则用国产枪械装备。抗战胜利了,摆在国家面前的任务是和平建国问题,而建国的主要一环又是建军。国家平时编制,按国力最多只能保持90个师,所以现在就应着手改编并充实,也就是实行整军。2.有人担心,如果现在开始整军,异党问题又怎么办?陈诚说:"其实这不足为虑。想当年在江西,大家只要齐心,加上一把力,加紧封锁,恐怕早已不成问题。现在抗战胜利,国运转隆,如果他们不听命于中央,割据称兵,我保证三个月内将其消灭。"3.现在川康后方的绥靖部队,除各军独立旅的空番号同意撤销外,其余可暂时不动。但部分老弱官兵也需预做复员的打算,有事将来再征召为后备军,无事则解甲归田。陈诚在成都仅三日,就匆匆返回重庆。

是月 抗战初期迁入重庆办公的中央银行、中国银行、农民银行、交通银行(简称"四行")和中央信托局、中央邮汇局(简称"两局"),正陆续迁回上海办公,在四川只保留分支机构。其他较有影响的商业银行也纷纷迁回原籍。

9—12月 抗日战争胜利的消息传来,全川市场物价暴跌,产品滞销,成都、重庆等地工商企业纷纷倒闭、破产。

10 月

1日 中国民主同盟临时代表大会在重庆召开,选举了中央委员会,推举张澜为主席,并发表了宣言,提出召集各党派和无党派代表会议、协商国是等19项主张。

5日 民生公司民淳轮在重庆朝天门码头象鼻子附近触沙滩倾倒沉没,乘客生还者240余人,死亡者达70人。失事原因:轮船年久失修,驾驶人员疏忽失误。

△重庆市出征军人家属互助联谊会举行大会,庆祝抗战胜利。蒋介石及征属代表数百人出席了会议。

10日 国民政府代表王世杰、张群、张治中、邵力子与中共代表周恩来、王若飞,在重庆市曾家岩桂园客厅签署了《政府与中共代表会谈纪要》(简称《双十协定》)。这是国共两党代表自8月29日以来,经过多次反复谈判,就实现国内和平达成的协定。

《双十协定》分12款,要点为:1.关于和平建国的基本方针;2.关于政治民主化问题;3.关于国民大会问题;4.关于人民自由问题;5.关于党派合法问题;6.关于特务机关问题;7.关于释放政治犯问题;8.关于地方自治问题;9.关于军队国家化问题;10.关于解放区政府问题;11.关于汉奸伪军问题;12.关于受降问题。其中,关于国民大会问题、军队国家化问题、解放区地方政府问题,双方歧异较大,采取求同存异、逐步缩小差距的方式处理。由于双方在核心问题上不能妥协，这个协定注定是一纸空文。

在重庆谈判期间，中共中央主席毛泽东在周恩来的协助下，与重庆各方面代表人物进行了广泛接触，增进了各界人士对中共的了解，促进了民主力量的进一步团结、壮大，上层民主力量陆续组织起来。11日，毛泽东飞返延安。

△国民政府向抗战有功的文武官员授勋。吕超、王缵绪、邓锡侯、潘文华等川籍官员，分获胜利勋章和忠勤勋章。

19日 重庆文化界人士举行鲁迅逝世九周年纪念大会，周恩来、柳亚子、沈钧儒、许寿裳、叶圣陶、茅盾、巴金、曹靖华、冯雪峰、胡风等500余人到会。周恩来在会上发表讲话，说："抗战胜利了，民主革命的任务尚未完成。"他号召文化工作者用愚公移山的精神去动员广大民众为新民主主义的文化而奋斗。

24日 重庆市政府决议编纂市志，以市长为主任委员。

31日 四川造纸企业因资金短缺，原料、工资成本过高，大半停产，余则紧缩开支、减少产量，赖以维持现状。就手工纸业而言，夹江原有槽户2,000余家，现仅存40%。就机制纸厂而言，全川原有9家，现仅存4家，日产量由20吨下降为6~7吨。

11月

2日 四川省政府据国民政府粮食部电：四川历年征购存粮，计1941年775,620石，1942年967,985石，1943年3,291,793石，1944年909,097石，应当全部拨作特别准备粮食，并速将各县存粮集中于长江沿岸，以备运济下游各埠。四川省政府令饬各县迅速拨交备运。1946年初，粮食部核准拨运川粮100万石下济汉口，因枯水季节运输困难，直到3、4月间水运畅通后才运输完毕。6、7月份，国民政府中央党政军各机关留重庆联合办事处主任朱绍良奉蒋介石令，以京沪湘鄂等地粮食需求紧迫为由，着令川江航运以粮食为主，还都人员及商货均暂停两月。12月6日，国民政府需粮甚急，令长江联合办事处每月运粮万吨东下，限于运输条件和存粮不敷，均未达预期数字。10月份东运5,354吨，11月份3,026吨，12月枯水季节少至2,000吨。

3日 四川省政府奉国民政府主席蒋介石令，拟定四川为全国建设实验区，作为全国示范。

11日 綦江铁路建成，举行通车典礼。该铁路起自重庆上游的猫儿沱，至綦江三溪矿区止，全长85公里。1942年5月开工，时辍时修，共用筑路工程费88,057.46万元。全部钢轨采用大渡口炼钢厂生产的35磅标准轨为此路的特色。綦江铁路主要用于煤矿、铁厂的原材料运输。12月14日，綦江铁路建成后，管理权移交国民政府军政部兵工署。该铁路共有员司120人，工人169人；其中员司70人除由国民政府交通部调派平津、京沪、武汉、黔桂、粤汉各区工作外，其余人员由兵工署全部留用。

14日 各小型机器厂困难重重，重庆市500余家小型机器厂全部停工。国民政府对他们的收购与订货无具体指示，工贷也无着落，各小型工厂筹组小厂联合委员会向政

府请愿。

18日 四川省政府制定1946年预算,经国民政府行政院核定,总额为380亿元。1946年4月6日,四川省政府会计处审核1946年度四川各级单位全年预算总计为130余亿元。5月10日,国民政府行政院第440次会议通过:四川各级单位全年各项支出经费为117.88亿元。

19日 重庆各界人士500余人集会,成立"重庆各界反对内战联合会",郭沫若、陶行知、黄炎培等在会上发表反内战讲话。会议制订了章程,发表了宣言,号召全国人民动员起来,制止内战;号召国民党官兵拒绝内战。呼吁早日成立联合政府,反对美国干涉中国内政。

20日 《中央时报》发表社论《国民政府移驻重庆第八周年》。

是月 成都市内的四川大学、燕京大学、金陵大学、华西大学、齐鲁大学的21个社团联合发表《制止内战宣言》,号召学生共同努力,挽救时局危机,组织强大的社会舆论和精神力量去制止内战。11月13日,重庆市内的重庆大学、复旦大学等30余个文化教育单位强烈呼吁和平,反对内战。27日,重庆大学学生致书美国学生,呼吁美军退出中国,要求一致行动,阻止美国政府资助国民党政府加剧内战。12月2日,中央大学、重庆大学、四川省立教育学院等5院校学生签名,反对内战,提出立即停止内战等3项国是主张。

12月

1日 犍为、乐山间迁川工厂均告停工或减产。

△新任重庆市市长张笃伦就职。

△西南联大等院校学生在云南省昆明市举行反对内战集会,遭到不明身份的武装暴徒殴打,造成4人死亡、数十人受伤,是为震惊全国的"12·1惨案"。消息传来,四川各界群众极为愤怒,各民主党派和民众团体、各界人士及广大群众纷纷举行集会,发表声明,发出通电,强烈抗议国民党反动派制造的暴行。12月7日起,四川学生为声援昆明学生反内战活动,成立"12·1惨案"后援会。

5日 四川省参议会在成都市纯化街国民党四川省党部大礼堂举行成立大会,出席大会的参议员共计139人(男138人、女1人)。四川省政府主席张群主持参议员宣誓仪式并代表国民政府致辞,谓誓词中"恪遵国父遗教,奉行三民主义,服从法令,尊重地方人民公意,忠心及努力于本职",从积极方面看,应视为准则;从消极方面看,绝不能营私舞弊和接受贿赂,应视为戒条。四川省参议会公推74岁高龄的参议员曾省斋致答词,谓誓必代表民意,促成民主宪政,建设新的四川。

△四川省参议会举行正副议长选举会议,向传义当选议长,唐昭明当选副议长,罗文谟当选秘书长。议长向传义在致辞中说:"在《组织条例》第三条中规定,省参议员之权责有七项:一是关于建议省府之兴革事项;二是有关人民权利义务之兴革事项;三是省经费之支出分配事项;四是省府交议事项;五是听取省府施政报告,并提出询问;

六是接受人民请愿；七是其他法令赋予之职权。"会议除通过四川省政府1946年度工作计划、岁出岁入概算及施政报告外，并有建议案450件，其中较重要的议案有：抗战结束后，请中央明令停止田赋征实，以利民生案；从严取缔高利贷，实行农贷，以救农村，恢复繁荣案；请继续修筑川甘公路川段路线，以利西北交通案；《四川建设纲要》与《四川经济建设公司》案。四川省政府主席张群在闭幕式上表示，省政府当分别性质，就人力、财力所及，实施所通过的各项经济建设方案。

9日 成都市大中学生5,000余人在华西坝召开追悼昆明死难烈士大会，大会发出通电，声援昆明学生。会后举行了示威游行。

△重庆各界群众万余人在长安寺举行追悼大会，公祭"12·1惨案"死难烈士，公祭连续举行3天，中共代表董必武、王若飞出席了这次追悼大会。参加追悼会的各界群众一致要求惩办祸首、取缔特务组织，保障民主和自由。此外，成都、重庆各校还分别举行了昆明死难烈士追悼会。

10日 中国兴业公司、渝鑫钢铁厂、恒顺机器厂、张瑞生机器厂、华生电器厂、华安电工厂，呈请国民政府经济部，准予遣散员工，停止生产。

11日 重庆市38炼油企业家，大多宣告停工。各大纱厂因原料接济不上，濒临停产。

22日 美国总统特使马歇尔将军抵达重庆。日本无条件投降后，美国对华政策的目标，是支持一个由蒋介石领导的、容纳包括中国共产党在内的各个党派、内政统一的联合政府。1945年12月11日，美国总统杜鲁门、国务卿贝尔纳斯与马歇尔一致议定，美国将继续支持蒋介石。12月15日，杜鲁门任命马歇尔为特使，前来中国完成调停国共冲突的特殊使命。12月26—27日，苏、美、英三国在苏联首都莫斯科举行的外长会议上声明：必须在国民政府领导下建立一个团结、民主的中国，中共、其他党派、无党派人士必须参与国民政府一切部门的工作，停止导致人民蒙受苦难的内战，实现国内和平。苏、美、英三国声明：绝不干涉中国内政。苏、美两国各自声明从中国撤军的立场。

22日 中国人寿保险股份有限公司与四川省公路局签约，为复员军人办理旅途意外保险，保险费按途程远近分段计收，最短途程为60公里以内，保费200元；最长途程为300公里以上，900元。索赔办法：乘客意外死亡，赔付30万元；伤残，赔付15~25万元。行李损失，赔付5万元。

23日 中国经济事业协进会成立，董必武、叶剑英、邓颖超、沈钧儒、马寅初、梁漱溟、胡厥文应邀出席。会议通过了章程，推举阎宝航为理事长，沙千里、杨修范、林大琪、罗叔章、胡子婴、王寅生、耿一民为理事，通过了《对当前经济问题的意见书》，反对国民党的统制经济政策和四大家族官僚资本的垄断行径。

24日 岷山区煤业由260余家锐减至60余家。

27日 在马歇尔的调停下，国共再度举行会谈。1946年1月5日，国共双方达成停战协定。1月7日，成立了由马歇尔将军、张群（后为张治中、徐永昌）、周恩来组成的三人小组。1月10日，三人小组会议发布"停战令"。1月17日，在北平成立了由叶剑英、郑介民、罗伯逊组成的军事调处执行部（简称"军调部"）。2月25日，国共双方达成军队整编基本方案，但该方案仍是一个无法解决实际问题的方案。6月，蒋介石发动全面内战。1947年1月29日，美国宣布退出"调处"。2月21日，中共驻北平军调部全体人员返回延安。军调部随之取消。

是年征粮统计：1941—1945年，四川粮食征购、征借数额总数约在7,700万石以上。1948年《中华年鉴》所载《历年田赋征实征借（购）收起数量统计表》揭示，四川历年收起数量：1941年度为6,892,232市石；1942年度为16,612,428市石；1943年度为16,163,529市石；1944年度为19,493,839市石；1945年度为18,331,016市石。此项数字合计，比四川省政府主席张群《胜利感言》所发表的总数约7,100万石高，且尚未包括献粮在内。又据时任国民政府粮食部部长的徐堪在《抗日战争时期粮政纪要》中追述，四川征粮总数达到8,200余万市石，约占全国粮食征购、征借总数的31.63%。

△生丝产销状况：1937—1945年，全国主要生丝产区江苏、浙江、广东等省受战争影响停产，国内外生丝供应多依赖四川。川丝每年外销量约为1万担，其中销往欧美约6,000担，销往缅甸约4,000担。内销部分约1.9万石，其中成都地区约3,500担，乐山地区约3,000担，南充地区约2,000担，四川其他地区约1,500担。1943年，国民政府对生丝实行统购统销，四川的外销生丝由国民政府贸易委员会统购而后统一出口。抗战结束，国民政府虽然名义上取消了统购统销法令，但仍规定生丝必须交由国民政府信托局统一出口。

△金融物价状况：截至1945年度上半年，法币发行总额为3,978亿元，发行指数为28,289%，较1944年增长210%。同期，重庆批发物价指数为213,320%，货币购买力指数为战前的0.004%。

△外贸概况：经由重庆海关进口货物总值2,955.1万元，出口货物总值3,187.4万元，1945年外贸总值6,142.5万元。1945年上半年，本地贸易普遍发展，1月份战时消费税取消后，大批海关支卡被裁撤。8月中旬，日本宣告投降，物价暴跌，官方介入干预，市场危机缓解。随着战时各种限制的取消，贸易复苏，进口货物，特别是洋货大幅度增长。

△1945年，四川共征送壮丁283,086人。全面抗战八年间，四川共征送壮丁2,578,810人，加上西康征送的壮丁30,938人，共为2,609,748人。各特种部队和军事机关、学校直接在四川招募的壮丁及1938年夏以前出川抗战的11个军和1个独立师自行回乡招募的壮丁，均不包含在上述数字内。

△四川工厂开工年份统计（根据国民政府经济部统计材料）：总计2,382家，四川省864家，重庆直辖市1,518家。按工业门类、经营状况、资本数额分类统计，计有：

纺织工业229家，企业平均资本额816,524元，经营棉、丝、麻纺织业者有333家，经营服饰加工业者58家，合计资本186,984,120元；

化学工业361家，企业平均资本额386,982元，经营门类包括酸、碱、炼油、制药、造纸、制革、火柴、皂、烛、玻璃、陶瓷，以及其他化工产品生产，合计资本139,700,770元；

食品工业131家，企业平均资本额517,003元，经营酿造业者77家，经营食品加工业者54家，合计资本67,727,451元；

机械工业267家，企业平均资本额754,387元，经营机械制造业者217家，经营五金加工业者50家，合计资本201,421,480元；

矿冶工业67家，企业平均资本额897,895元，行业合计资本60,158,999元；

电气工业77家，企业平均资本额883,827元，经营电气工业者41家，经营电器制造业者36家，行业合计资本68,054,731元；

建筑、建材工业28家，企业平均资本额306,989元，经营建筑、建材（不包括营造业）者若干家，行业合计资本8,595,713元；

印刷出版业75家，企业平均资本额89,984元，经营印刷、出版业者54家，经营教育文具业者21家，行业合计资本6,748,854元；

其他工业287家，企业平均资本额375,331元，经营烟草业者185家；

其他性质不详的企业102家，行业合计资本107,720,050元。

1941—1945年间，西南地区进口的洋货主要是药品、染料、金属、棉纺织品；出口货物主要是猪鬃、生丝、钨砂、桐油等。其中，猪鬃和生丝大多空运到印度再转口。

△四川人口概况：1945年8月5日，四川省政府公布全省人口统计数据，全省142县（市），共有人口47,489,540人（未包括西康省）。

1945年年底，国民政府公布了四川抗战以来伤亡及财产损失情况。经四川省政府统计处汇核统计，兹节录初步结果如下：

一、人口伤亡损失

四川省自1938年至1944年7年间，除1942年未遭受敌机轰炸外，其余6年中遭受敌机轰炸的负伤人数共有26,000余人，死亡人数共有22,500余人。从各年人口伤亡数字看，伤亡人数最多的是1939年、1940年和1941年。在此三年中，负伤人数共有25,600余人，约占六年负伤总数的98.67%。死亡人数共有22,300余人，约占六年死亡总数的99.3%。

若依各县（市）人口伤亡分布情形看，六年中负伤人数在万人以上的只有重庆市；在1,500至10,000人之间的城市有成都市、万县、奉节县三市（县）；在500至1,000人之间的有自贡市、合川县、泸县、涪陵县、乐山县、梁山县六市（县）；在500人以下者有温江县、郫县、华阳县、新津县、崇庆县、新都县、双流县、内江县、简阳县、永川县、巴县、綦江县、璧山县、铜梁县、北碚区、峨眉县、宜宾县、隆昌县、富顺县、合江县、纳溪县、丰都县、南川县、秀山县、开县、忠县、巫山县、巫溪县、云阳县、城口县、大竹县、渠县、广安县、长寿县、南充县、南部县、武胜县、遂宁县、三台县、蓬溪县、盐亭县、绵阳县、金堂县、梓潼县、苍溪县、广元县、阆中县、达县、松潘县等49个县（区）。

死亡人数在1,500至10,000人之间的有重庆市、成都市和万县；在1,000至1,500人之间的只有奉节一县；在500至1,000人之间的有合川县、泸县、乐山县、三台县；在500人以下的有自贡市、温江县、华阳县、新津县、崇庆县、新都县、双流县、内江县、仁寿县、简阳县、永川县、巴县、江津县、綦江县、铜梁县、璧山县、北碚区、宜宾县、隆昌县、富顺县、合江县、涪陵县、丰都县、南川县、秀山县、开县、忠县、巫山县、巫溪县、云阳县、城口县、大竹县、渠县、广安县、梁山县、长寿县、南充县、南部县、遂宁县、三台县、盐亭县、绵阳县、金堂县、苍溪县、广元县、阆中县、达县、松潘县等49个县（区）。

各年度负伤人员在治疗期间所需医药费用，共计2,420万元。若依1945年成都物价指数折算，此项医药费用为38.736亿元。至于死于轰炸者所需的埋葬费用，共计5,044万元，若依1945年成都物价指数折算，此项费用为107.32亿元。这两项费用合计为146.0561亿元。

二、人民财产损失

此项损失项目极为繁多。四川省依据各县（市）呈报的财产项目加以归纳，分为13项，计在六年间被炸毁的房屋共有233,200余间，损失衣服共有346,000余件，牲畜共有2,100余头，人力车共有60余辆，板车80余辆，汽车60余辆，木船3,500余艘，汽船13艘，实物共计97.59万件，现金共计7,729.8万元。各年财产损失以1939年、1940年两年最为严重，1941年、1943年次之。各县（市）财产损失以重庆市、成都市、合川县、泸县、合江县、涪陵县、万县、奉节县最为严重；以自贡市、内江县、富顺县、梁山县次之。以上13项财产依据各年损失时价计算，共计12.5665亿元；若依1945年成都市物价指数折算，应该是1,354.5912亿元。

以上人口伤亡所用医药费与埋葬费用，以及各项财产损失，若依1945年物价指数折算，共计损失1,500.6473亿元。这只是限于四川各县（市）已呈报材料加以统计的结果。至于曾经遭受轰炸，尚未呈报损失的县份，如新繁县、荣县、荣昌县、眉山县、夹江县、屏山县、江安县、中江县等，以及本省各项公有财产直接、间接损失，尚未计算在内。所以，四川省在抗战时期实际遭受损失总数，远不止此。

附 录

这次由四川省人民政府文史研究馆组织修订的《四川抗战历史文献·大事记卷》，涉及大量新出的档案史料，由于体例所限，无法将更多有价值的资料纳入正文之中。为给有兴趣的读者和从事文史工作的同行提供一些资料线索，在"大事记"之外，我们另设"附录"一门，将史料价值高的资料检出，分别归纳为十四个栏目，以方便读者按图索骥，寻求深入钻研抗战大局来龙去脉的路径。这些资料来源于国家第二档案馆，后由国家出版基金资助出版，总书名为《中国抗战大后方历史文化丛书》，其中包括《抗战时期的四川——档案史料汇编》（上、中、下三册），《战时动员》（上、下册），《从重庆通往伦敦、东京、广岛的道路》，《迁都、定都、还都》（均由重庆出版集团重庆出版社出版）。所收资料除部分来源于报刊外，其余都来自国家第二档案馆抗战时期历史档案。特此说明。

一、迁都重庆

国民政府发布移驻重庆办公宣言训令

（1937年11月20日）

国民政府训令第七五一号
令国民政府政务官惩戒委员会
为令知事：查国民政府移驻重庆办公，业经于十一月二十日发表宣言。
文曰"自卢沟桥事变发生以来，平津沦陷，战事蔓延，国民政府鉴于暴日无止境之侵略，爰决定抗战自卫。全国民众，敌忾同仇，全体将士忠勇奋发，被侵各省均有极急剧之奋斗，极壮烈之牺牲，而淞沪一隅，抗战亘于三月，各地将士闻义赴难，朝命夕至，其在前线以血肉之躯，筑成壕堑，有死无退，暴日倾其海陆空军之力，连环攻击，阵地虽化煨烬，军心仍如金石，临阵之勇，死事之烈，实足昭示民族独立之精神，而奠中华复兴之基础。迩者，暴日更肆贪黩，分兵西进，逼我首都，察其用意，无非欲挟其暴力要我为城下之盟。殊不知我国自决定抗战自卫之日，即已深知此为最后关头，为国家生命计，为民族人格计，为国际信义与世界和平计，皆已无屈服之余地，凡有血气无不具宁为玉碎、不为瓦全之决心。国民政府兹为适应战况、统筹全局、长期抗战起见，本日移驻重庆，此后将以最广大之规模，从事更持久之战斗。以中华人民之众，土地之广，人人本必死之决心，以其热血与土地凝结为一，任何暴力，不能使之分离，外得国

际之同情，内有民众之团结，继续抵抗，必能达到维护国家民族生存独立之目的。特此宣言，惟共勉之"等语。除通行外，合即令仰知照，并转饬所属一体知照。此令。

中华民国二十六年十一月二十日
主席　林森
（原件存中国第二历史档案馆）

国民政府明定重庆为"陪都"令
（1940年9月6日）

四川古称天府，山川雄伟，民物丰殷；而重庆绾毂西南，控扼江汉，尤为国家重镇。政府于抗战之始，首定大计，移驻办公。风雨绸缪，瞬经三载。川省人民，同仇敌忾，竭诚纾难，矢志不渝，树抗战之基局，赞建国之大业。今行都形势，益臻巩固。战时蔚成军事政治经济之枢纽，此后自更为西南建设之中心。恢闳建置，民意佥同。兹特明定重庆为陪都，着由行政院督饬主管机关，参酌西京之体制，妥筹久远之规模，借慰舆情，而彰懋典。此令。

（原载《新重庆》1卷3期）

重庆各界庆祝重庆"陪都"建立宣传大纲
（1940年9月27日）

一、重庆陪都建立之经过

自我伟大神圣民族抗战展开以来，我政府为统筹全局坚持长期战争，毅然移都重庆。驹光飘瞥，忽忽已届三年！在此三年中，敌寇无日不想破坏我抗战建国之中枢，于去年"五三""五四"两日起开始向我战时首都施行惨无人道之轰炸！渝市人民在四十余次之残酷轰炸下，沉着应变，奋斗不懈，愈励敌忾之心，益坚抗战之志！此种伟大坚忍之精神，可以寒敌胆而正国际视听。我政府俯纳人民之要求，顺应抗战之趋势。爰于三年元月六日明定重庆为陪都，并督饬有关机关筹谋久远之规模，恢闳之建设，当不难早观厥成也。

二、庆祝陪都建立之意义

尝考史籍，一国都之建立，古今中外不乏先例。昔俄罗斯帝国曾以莫斯科为陪都，倭寇以西京为陪都。我国西周时代亦以洛阳为陪都，前清时代以盛京为陪都，其意义均在准备应付非常事变，适应战争需要。重庆绾毂西南，控扼江汉，在战略上有进攻退守之便利，在经济上有自足自给的宝藏，在交通上有水陆空运之建设，无论天时地利人力均占优势。今蒙政府明定为陪都，不仅使我重庆市民获得极大之光荣，尤其对于抗战建国获得一根据地，其必胜必成之功，盖可操左券之保证也。

三、陪都人民当前应有之急务

陪都各界定于十月一日举行热烈庆祝大典，吾人于欢欣鼓舞之余，除诚恳接受中央此种光荣赐予，矢志拥戴之外，尤应注意努力完成下列当前急务，以副中央期许，以答全民渴望。

1. 积极建设：陪都过去惨遭敌机轰炸，亟应充实空防力量，扩大建设空军，以打击敌寇。当此建设陪都声中，吾人必须厉行"有钱出钱""有力出力"之抗建原则。努力航空建设，增加生产运动。踊跃参加兵役，建全自卫组织等。尽我国民天职，促进抗战胜利。

2. 节约储蓄：节约储蓄为建设之本。无论人力财力物力，节约一分即多储蓄一分。以之进行建设，始无匮乏之虞。四川为天府之国，物资丰富，然因一时未及普遍开发，尚有待吾人继续努力，今在"军事第一""胜利第一"目标下，吾人必须为事撙节，提倡俭约，以暂时拮据换取将来永远无穷之享受。一切醉生梦死之生活，皆应彻底革除。踊跃购买救国储蓄券，自身既直接可获稳固保证，国家亦间接增加巨大财富，诚属一举数得。

3. 繁荣市面：近来市间发现极不合理现象，即各物价格飞涨不已，影响市面至巨。此殆由于一般奸商罔识大义，囤货居奇，投机取巧之所致。其行为之危害国家，直无殊于汉奸。凡我陪都人民，均负有平抑物价与检举奸商之任务，切望一致努力清除败类，然后市场赖以安定，正常秩序借以维持，而陪都之真正繁荣始可期也。

上述当前任务固极艰苦，但抗战愈益接近胜利之时其艰苦程度亦愈加增。行都人民本其既往坚忍不拔之奋斗精神，在最高统帅直接领导之下，咬紧牙关向前迈进，为全国表率，达成吾人伟大之任务，而中华民族革命史中将留万世景仰之事迹，自无待言矣！

重庆各界庆祝重庆陪都建立筹备委员会印发
（原件存中国第二历史档案馆）

二、西康建省

西康建省委员会拟呈西康建省方案

（1938年）

查西康地位，内屏川、滇；外控藏、卫，北通青海、新疆而密为支援，南接缅甸巫山而直当冲要，诚我国西陲国防之重心，在历史上与国家安危相关联者，盖千余年于兹矣。唐代吐蕃、南诏屡酿巨患，而边筹棘手。宋代西番寝衰，而西夏勃兴，劳师糜饷，国力大耗，遂为契丹所乘；南诏分裂，大理继起，大渡河外悉为捐弃之地。元代乃先平大理，返定西番，分其地以为郡县，封其高僧而为帝师，由是西陲稍靖。明清因之，赖以宁谧，然皆袭用羁縻维系一时，未尝采积极政策彻底治理。故惟清代盛时，尚有廓尔喀之侵入、金川酋之据乱，用兵至数年之久，耗帑达万万之巨。国家所费既多，后患仍难尽弭。时无强邻，犹可暂安。逮乎近世，国家多故，经营不及，边民携贰，政府之鞭长莫及；外人乘隙，侵略之野心未已。边患潜滋，隐忧日广。兼以消息不灵，平时不为国人所注意；交通未便，临变复感救济之困难。是以深识世界潮流及亚洲情势者，每谓由大陆背面袭击之侵略，其为患我国，实有甚于由海洋直捣之侵略，诚非过论。故复兴中国，必先巩固西部国防，早日健全西康省制，始可以言内卫外捷也。清末怵于英、俄狡谋，亦曾锐意经营，略著成效，惜其规制未宏，基础不立，偶遭挫折，前功遂弃。鼎革以还，又值国家多故，未遑远虑，藏方内侵，疆土大削，康局益复杌陧不安。设有他虞，非特甘、新炭炭难保，即川、滇亦在在堪虞。此充实西康、健全藩卫，吾国上下当协力会心、急起直追者也。惟其经营难易之原因，情势变迁之结果，振衰起颓之转机，适应需要之缓急，以及建制伸缩之影响，用度增损之准则，实非躬历其境、身当其冲者所不能措施咸宜也。兹值统一告成、民族复兴之伊始，举凡建立行省、树立新基，皆国家百年大计所系，而此后成败利钝之关键，尤视乎今日虑始之筹谋为何如。谨就历年治边经验考虑所及，胪具方案，并揭橥要点，为我中枢一缕陈之：

一曰，西康宜以国家的力量经营，方能有成也。在昔赵尔丰鉴于西康自谋发展之不易，而抗疏陈词曰："大凡创造一物，必需几费经营，乃能完全美善。而将来地方富庶利益仍在国家。外人每得一地，皆由国家自出帑金极力缔造，糜费在所不惜。盖其所见者，获利在远而不顾目前小费也。如新疆、云、贵等省，开辟已二百余年，至今仍恃各省协济；云、贵亦仍赖川中助款，是皆地不足以养其民，民不足以养其官。而先朝必建置之者，非仅侈开拓之功，实皆固疆圉之计。故年年糜费金钱，至今虽数千万而不惜。夫财力足则功效速而利益大，财力绌则时机失而贻误多，此实国家受其影响，于边务大臣无与也。"夷考其时，清廷之于赵氏，信任专笃，力排梗阻，既可一意经营，复有乃兄赵尔巽督川优予供给，使其从容展布，宜无间然。而犹必为之说者，诚以为国启宇之图，当有宏识远览之慨，赵氏老成谋国，殆亦未可厚非。

惟查赵氏之经达也，载在档案。其由户部拨给者，有如江海、江汉两关之税款百余万两，指由川藩库开支之俄、法赔款四十八万两，英、德赔款五十五万两。其由川省协助者，有如油、糖两税每岁供银四十八万两。滇省夏另有协饷，以备常年开支。他如开垦建设之大宗经费，则又特别受济于中枢，俾用度有余而运用自如。更就宣统三年度支部核定之川滇边务经费观察，其初步预算即有三百四十九万五千余两，约合国币四百八十四万余元。是以赵氏能于数年之间收复全康境土，而厉行改土归流政策。版图之广，东自打箭炉起，西至丹达山止，计程三千余里；南抵维西、中甸，北至甘肃、西宁，计程四千余里。已设治及拟设治者共有三十余县，逐渐增设，可得八九十县。其已设治各县，可征之粮约三万余石，可征之税约藏洋十一万五千余元，益以盐税藏洋三万余元、茶课十万余元、常杂各税十万余两、矿税万余两，又合国币五十余万元。若全康悉能征收赋税，加以川省常年协款补助，则行政方面已不患于竭蹶；军事底定后，更酌划一部分军费为逐年建设之用，则次第举办，亦不难渐臻完备；西康至今或已大有可观。

乃草创未就而局势屡更，继其后者每况愈下。始而以协拨各款遽告停止，尚与川省联为一气，并月支盐税十余万元。继则盐款减至八万元，犹为按目可待的款，且以川省近边各县赋税划归边区直接经收、自行挹注。然负责经边者，又复徒事内争，无由赈拨，西康边事遂乃溃决而难于收拾。

文辉拜命防边，适当边区残破之后，维时从事整理，尚有赖于川省内地数十县之供给。但自二十二年夏秋以后，既减之盐款即已分厘未拨，边县之税收复又交还川省，今则专恃西康荒凉寂寞之十余县区之赋税，以供给各项要需。即无"赤匪"之扰乱，已不能支持艰局，独□过去三十年来，因西康既耗之财用固无论矣。而西康事乃一再磋跌，甚至金江以东之残局亦几不保，可为太息。迩者，内外情势日迫，譬诸琴瑟不调，不改弦而更张之不可鼓也。故必以国家之力提挈经营，择有经验而勇于负责之大员，课以专责，假以时日，一方面资以庶政兴革之必需而责以成效，一方面排除事业进行之障碍而严其考核，庶几所用虽巨，所就必宏；费在一时，利在永久。若仍从事苞系，而听西康自谋，微论目前之西康断无自足自立之道，即欲保持残局、暂维现状，亦已无可为谋。而世变方殷，藏情诡谲，未来之患更难胜言。此实经营西康之最大关键。文辉溯往察来，又不能以在位之故而竟引嫌不言也。

二曰，西康情势变迁，以后应及时以谋根本救济也。查西康自民七丧师失地以还，疆土人口损失过半，人民生计日蹙，政府收入锐减。益以藏军频年东窥，斫丧殆尽，边境防务薄弱堪虞。其金沙江以东，形势仅完；邓柯、德格、白玉、石渠四县，亦经文辉督部恢复。然现在实辖之区域合计不过十九县，其中人口经初步调查，结果虽有六十四万余丁口，除俄洛、绰斯甲两部六万九千余，及各县"夷匪"约三分之一尚未就理外，实仅有四十二万六千余丁口。复遭"赤匪"扰害，死亡又十分之二。是以西康目前实辖人口，已不过三十余万耳。此十九县中，县长能彻底行使职权者，为康、泸、丹、九四县；道、炉、巴、理、雅、甘、瞻七县次之；邓、德、白、石四县又次之；乡、稻、得、义四县，则县长虽能到任，而政令能否推行，犹视土酋之意向为转移。若非临之以兵，实未易于尽服也。至于全康各项税收，前经整理结果，虽有四十余万元，然丧乱之余，大非昔比。文辉为体恤商艰、休养民力起见，已次第核减茶课至八万余元，并蠲除历年积票，裁撤各地厘卡，实行一税制，减低出口税率至百分之三，又分别豁免各县粮税，故目前收入，全年已不足二十万元矣。支出则因生活程度高涨，增于往岁数倍。行政机关之开支不敷甚巨，赈灾救急费用更无着落。以言交通，则西康本境，山谷高深，行旅感崎岖荒寒之苦，运输惟人兽力役是赖，凡百困难，莫不随以俱来。往年台站乌拉稍经整顿，近复毁坏缺乏，而川康公路、航空又遽难实现，上自行军、施政，下至通商、惠工，胥受其制。而乌拉病民，莫为之替，滞留要公，贻误戎行，犹有无可奈何之叹，诚全国各省中所仅见者也。以言生活，则康民衣食住行之资本极薄弱，生产技术又甚幼稚，平日已少余裕，一经丧乱，更复十室九空、流离四散，而夹坝横行，商旅裹足，生机不绝如缕。以言文化，则康人尊崇喇嘛，驯服上司，迷信特深，盲从极易。其在高尚喇嘛，虽以善人向善为务，而恪守清规、陷于消耗；其卑劣者，则怙恶肇乱，无所不为。安分之土司，虽以率民守法为怀，然亦惟知自保；狡黠者则放纵恣睢、乘隙思逞。将欲力挽颓风，惟期教育宣传。而人才、经费，同苦缺乏，迄今尚无大效。且土司虽经改流，势力根株仍在，频年官军散失之械弹、政府遗漏之粮税，胥为其抗乱凭借之资。野番、夹坝，从而附和，不肖喇嘛，随之勾结，竟成积重之势。军队威信、行政权力，在边事劣时期剥丧已甚，仅余之一线功能，复因"共匪"经年之蹂躏、宣慰人员多方之煽惑，人民生计、地方秩序迨已摧毁无余。劫后余黎，渴盼来苏，又以缓不济急而未获尽慰，一般民众遂陷于彷徨无归之状态。倘国家迄无根本办法及时救济，正恐威日替而德日衰，势愈炫而变愈大，一经奸人利用，溃堤决防，则收拾之难，将十百倍蓰于今日矣。是以欲康区人民之自力更生，决非地方政府之空言绥抚、现有军队之虚声震慑所能收效。允宜健全省政府组织，由国家专力经营，因势利导，转危为安，化险为夷。此就现时紧迫情势言，西康实有从速成立省府、健全省政组织之必要者也。

三曰，西康亟宜正式建省，以资提挈也。西康建省之议，创自清末，早在热、察、绥、青、宁夏建省之先。但博嵩之奏方入，而清室已倾，遂归搁置。民国已还，牵于中、英交涉，康、藏纠纷，荏苒未就，贻误良多。溯自北伐完成，中央为保全国家领土，发挥民族主义，对于边疆尤极注意，乃于十七年九月五日第一五三次中央政治会议决议："热河、察哈尔、绥远、青海、西康，均改行省；省政府之组织，委员暂定五人，设民政、财政两厅，并得酌设建设厅、教育厅，余照《省政府组织法》办理。"嗣又于十八年九月二十五日第一九七次中央政治会议决议："咨请国民政府迅行规划组织西康省政府。"仰见中枢訏谟宏远，遐迩咸钦。惟热、察、青、宁诸省早经建置就绪，而西康一隅竟因种种障碍迄未实现，致使西陲要区，一切瞠乎人后。当黄专使慕松赴藏时，曾将康、藏民众要求意见归纳为：（一）划清康、藏界限以免纠纷；（二）力谋康、藏亲善以固国防；（三）充实军政经费以建西康省治；（四）实行开矿垦荒计划以裕民生；（五）发展康、藏邮电事业以利庶政；（六）扩充文化事业以革陋俗；（七）恢复康、藏交通以便商贾。电呈在案。中央对此七点，亦已发交有关部会审核，其结果，仍以积极建设西康省治为务，在未建省以前先设西康建省委员会以为过渡办法。乃由二十三年十二月二十五日第一九二次行政会议简派西康建省委员会委员，并于二十四年二月二日由国民政府正式公布《西康建省委员会条例》在案。文辉等拜命以来，未尝不勉竭鲁钝，冀效驰驱，然而两年中亦只图为补苴罅漏之计。若夫恢复疆宇，充实边区，使文化、物质两有进展，以副我中枢经边勤远之大猷者，则实愧未能。今者中央"剿匪"成功，国家统一告成，安内攘外，固边为急，西康关系綦重。故欲发展其物力、人力，使军事、政治、文化、经济诸大端悉为有条理之进步，舍正式建省无由资其提挈。即为对藏之初步，亦非完成省治无以建威消萌。且使西康"领土"由放任而即于保全，由保全而进于充实，西康民众由羁縻而入于保育，由保育而期于畀倚，进以内联各省而外慑藏、卫，北助青、甘而南御缅甸，俾为我西陲国防之支柱者，胥惟建省是赖。此实为国家宏远久大之图，非徒计一时一隅之利害已也。

四曰，西康正式建省，宜酌增近进各县，以臻健全也。西康建省，为国家充实边区、同化边民之百年大计，然倡议虽早，徒以地旷人稀、财赋艰窘，言形势则回旋不足，言设施则力薄易蹶，故清末锐意经营，卒以规模未宏、体制难言而不克实现。民国以还，康、藏累起纠纷，疆土日蹙，祸患日深。中央惩后惩前，亟行建省；复慎重其事，先成立建省委员会从事筹备，凡所巩固国防、开发边区者，前惟今后建省之条件是视。而根本上最要之条件，则为新省疆域之区划。斟酌适宜，可收事半功倍之效，否则本境虽多方努力，中央虽尽量助济，终难弥补其本身天然之缺憾，而不免糜财耗日，荏苒无成。盖西康既已沦没之土地，在中央对藏不能用兵以前，地方官吏亦未敢侈言规复，致挠大计，而现状单位仅有十九县，人口不过四十余万，地方税收以前最旺时亦四五十万，自经"赤匪"扰乱以后，地方残破，百业摧颓，益以免粮减税、罢除繁苛，近则全康收入并此亦以不足矣。欲以残余之人力、财力，担当国家发展西陲之重任，实为至难。前此经营维系，端赖国库之支给、邻省之协助，三十年中合计已达一万万元左右。但历来除赖数兵勉强撑持空虚而外，实际并无设施；偶有设施，亦多半途而废，莫竟全功。匪特财力难乎为继也，人力之缺乏、后盾之薄弱，大为主因。若仍故辙相循，是直奉国家艰窘之财力，徒供边区消极之耗费；所谓巩固国防，已不获尽如国人所期，而时虞中央西顾之忧，遑言同化民族、开发边区。故深识远虑之士以为，边疆分省问题须于中国全民族之利益一点着眼，对于西康建省，多主张援热河、察哈尔、绥远、宁夏、青海等省划入邻近之河北、山西、甘肃多数腹县以为新省主干之先例，将四川边远县分，在历史、地理、文化诸方面与康区颇有关涉者，划入西康新省区域以内，如西北之松潘、茂县、汶川、理番、懋功、靖化六县，正西之雅安、芦山、天全、荥经、汉源、宝兴六县，西南之越西、冕宁、西昌、会理、宁南、昭觉、盐源、盐边八县，与西康合并，恰为完整匀称之天然区域，以臻于健全。盖必如是，乃能增厚其基础，发展其效能，使国防设施与开发事业同时并进，以达于充实与垂久之一途。此在学理、事实需要种种方面均有正确之依据，谨择其显著者陈之于次。

（甲）就地理形势言。政治区划及经济区划，必以自然区域为依据，然后治理始易，联系始密，进步乃速，发展乃大。盖山之所环，水之所绕，自然地理成为一区，其气候、物产大抵相类，交通路线大抵相连，民质民性大抵相宜，生活需要大抵相依，自然互资利赖、易相感通，关系因之而切，结合因之而固，可使人尽其才、地尽其利。政治地理合为一区，则四维完备、百脉贯通，以之施政，可期乂同；以之保民，可期乂安；以之成教，可免参差；以之御乱，可免猜疑；共贯同条，趋向一致，令行禁止，自易为功。此古今中外建置沿革之大准则，亦专门学者所极力主张而期其逐步实现者也。

川省之宁、雅两属及松、理、茂、汶、懋、靖各县，其间山脉，由嶓山之羊膊岭起，迤逦而南为邛崃山脉，纵贯松、理、茂、汶、懋之境及雅属各县而达于大渡河北岸，恰与宁属之山衔接，古人所谓"岷山导江"，即以岷山为成都盆地与西部山地之天然界线。山脉之西，渐入于高寒地带，为耕、牧二业之过渡区域，而林、矿二业则与西康为整个体系。其间之水，南北纵流，湍激多峡，亦与康境河川相似。宁属之山，为发脉于康定西南明雅贡嘎之大凉山系，盘纡于金沙江大曲间，与邛崃山系同为四川大盆地之西弦。宁属之水，如安宁河、打冲河等，复导源康境，联成一气。故此等区域之生活情形、发展需要，实与西康相得益彰。虽进化之先后不齐、程度有别，其所待于新省区成立后之垦殖、经营则一也。此就地理形势言，宜将以上三属划入康省以臻于健全者，一也。

（乙）就政治形势言。四川宁、雅、松、理、汶、靖等属，其在土司制度下所沿之习惯，在部落社会中所受之影响，犹多存在，举凡地权、地粮之规划整理，治匪、治夷之布置进行，与夫民族之调融、生活之改善、工商业之指导与保护，咸以隶于同一行政单位，因地制宜，始易进步。若夫最关重要之交通组织，则康南、康北、康雅、康宁、康灌五大干线，均以康定为中枢，距离分布亦颇匀称，将来向西南、西北推进，以联络滇、青与金沙江以西要地，于国防及经济上咸有价值。欲其成一完整系统而谋设备管理之便，能宅中图治，而又与军事配备、与经济发展相辅并行，尤有同隶一省之必要。况经营康、藏之最感缺乏者，首为粮食与人口，而邛崃山脉之温暖区域，及紧接西康之宁属地面，粮食之产量颇丰，人口之增殖亦速。资其粮则事无不兴，宜其力则功无不举，以政治为经、交通为纬，自然易于调适。若以分属两省之故，在川则苦鞭长莫及，在康则为鸿沟所制，不特为通力合作之累，亦且使西康发展因而濡滞；即上列三属之人力、物力亦陷于阻塞，不能资为边区开发之先进干部，而反沦为川省施政之尾闾僻壤。现于上列三属二十县中，人口总数已在二百万以上，而困顿之状数十年如一日，教育、建设诸大端，与川、康大多数县分相较，尤瞠乎其后；至于此二十年之财赋，就民国十五年所出之四川财政核算，正粮总数仅与邛崃县相当，税契总数仅与资中县或江津县相当，烟酒税总数仅与崇宁县相当，油税总数仅与彰明县相当，肉税总数仅与邛崃县相当，其他各税皆微或且全无。是以此二十年中，言政治，则以难以治理之故，繁缺仅占七县之多；复以地不重要之故，简缺竟占十县之多，中缺才二三县耳。言财赋，则各县征收局列于六等（每年收入在五万元以下者为六等）者只有一县，列于七等（每年收入在四万元以下）、八等（每年收入在三万元以下）者亦各只有一县，其余咸列于九等（每年收入在二万元以下）或不列等，并有无征收机关者，综计其额，尚不及四川之一次等县份。而管理之费，即以治夷一项而论，已足全耗之而无余。最有望之采矿业，虽亦有甚旺之时，然秩序未臻安定，多归停顿，其沦为夷巢匪薮、鸦片出产之场、捐税繁苛之境，病国病民，徒供不肖之徒滋为弊乱，有由来矣。是以惟有健全之行政，然后可期健全之行政设施；有健全之行政设施，然后可望健全之地方发展。此诚施政之大经、求治之正轨也。顾昔日苟且羁縻之计，本非国家经远之图。兹幸中央积极注意国防、西康建置行省，以上各县夙为四川施政所不易者，一转眼间便可资为新省发育之主干。所谓合则两美、离则两伤，顺应自然，无逾于此。此就政治情势观察，宜将以上三属划入西康省区，专意经营，以臻健全者，二也。

（丙）就经济情形言。建设新省，其省区之划分，宜注重经济发展之需要，已成为一种普遍趋势。欧洲著名学者多主张使国内分区，每一区域皆有其地理上之个性，换言之，即成为一经济区域是也。各区域之首府即为该区域天然之经济中心与文化中心，依此建省可以增加国家全体之政治力量。德国新宪法中且规定："各联邦领土可因联邦重大利益之要求，由联邦政府主持，按照经济及文化利益伸缩变更、重新分配，以巩固国家而使国内统一之维系更增密切。"其在我国，总理之《建国方略》《实业计划》已先着眼于此，而政府之筹划、学者之主张亦有同一趋向。查内政部颁布之《划分条例》已郑重申言："同属国家疆土，属甲属乙，本无此疆彼界之分。"倘能由中央政府确定勘划界线原则，以土地天然形势及行政上管辖之便利为立疆定界之标准，所有违背时代精神、偏重历史观念、富于封建思想之部落纷争自可迎刃而解。本此推求，所谓谋行政管辖之便利，而以土地天然形势为标准，进一步即足以促进经济之发展。西康建省宜增划宁、雅、松、理、茂、汶、懋、靖等地，俾能同臻于健全，已如上述矣。经济发展为充实边区、巩固国防之基本条件。西康与上举各地，在国家宏规远图之下，所占之地位若何，体系较大，诚不敢妄为论列，仅就此等地方当前之需要而言。其经济之发展，一方面固视乎本境之生产状况如何，一方面尤视乎生产、消费之联系如何及生产品之吐纳如何。生产、消费之联系不密，则缓急失宜、衰旺靡定，而源流两方交受其弊。生产品之吐纳不活动，则一地之蕴藏纵富、生产力纵强，仅能达于自给自足之程度而止，余额即归无用，而有货弃于地之叹。又西康全部，几于纯赖康定为唯一之经济中心，而无便利吐纳之其他都市，与为经济上密切之联系，因之产场、销场咸随之而转移。故大失活动之机能，尤不易得增进效能之组织。其大宗必需物品，如茶叶、布匹、粮食之属，仰赖于宁、雅、松、茂、理、懋等地者至切，而此等地方之倚西康为生者亦至密。乃因经济生命与货物进出之枢纽未隶于整个统一之下，生产与消费两方面不能获调适之益，工商业不能获联络之效，于是改良制造、便利运输、酌济盈虚、交通有无诸要务，莫不同受梗阻，经济遂难臻于稳固、趋于振兴。是以康南之巴安、理化，康北之德格、甘孜等地，本可渐成为繁荣之市场，竟以受此扼制而不能发展；宁属之粮食及雅州、松潘等地之茶叶，与夫他种产品，亦以销路失其把握之故，而滞歇衰败。其前途定发不保，其本身亦奄奄一息，尚何发展之足云。故言发展西康及上举各县之经济，必使雅安、荥经、汉源、西昌、会理、松潘、茂县、理番等与康定联为一气，构成经济之基本连环，有如健全之循环统系，然后能扩张其范围；必使本境所需之经济基本融为一体，构成生产之主要机能，堪以自由支配，然后能增大效能。有此符合经济条件之区域为基础，在最近之将来，可使以上各都市同臻发达；在相当时期内，各种开发事业，无论为国营、省营、民营及由本境自谋或由境外投资，皆有可循之途径而顺利进行矣。夫经济之进行，有分类以图功者，所谓物有本末是也；有分期以著效者，所谓事有先后是也。二者皆以分区得宜为张本。至于其发展之形式，必由腹地而及于边地，由本境而及于外境，由本国而及于外国，始可获经济之独立与自由。兹者康、藏因印茶侵销、外货流入之故，基本需要有受外人操纵之虞。康、藏既感自身之竭蹶，而与之有密切经济关系之地方，如上举各县属，亦有隳颓不振之势，经济倒退之现象渐臻显著。是政治上之联系尚难免因之而失，遑言经济之合作与互助；现有之利源尚且不保，遑言产业之开发与振兴。故为挽回现状，而作亡羊补牢之计，既宜将上举各属与西康同隶一省，以助其自然结合而达其经济要求。至其在国计民生方面关系之重大，更无待详陈矣。此就经济地理上目前之需要及将来之发展着想，宜将以上三属划入西康省区共策进行，以臻健全者，三也。

（丁）就历史成例言。历史有基于自然之演进而当依据者，如政治文化之推进是也；有基于一时之现象而不当固执者，历代之因革变置及内政部分，所谓违背时代精神者是也。查四川为我国西部重镇，自元、明以迄于清，凡有新收复之区域，或新归附之部落，在西部者恒以附丽之而便镇慑、羁縻，故于政治、文化、经济诸大端之设施，未能深入普及。盖其用意，偏重于弭乱，而罕在于求治，惟以不生事端，勿扰内地为贵耳。及邻近之区，已有建省趋势，或因特殊需要，往往由四川划出若干地方以促成之，衰多益寡，资为先导。如：划遵义等地以完成贵州之建省，而苗民向化，人文蔚起，溪洞之蛮，不复为患；划东川、昭通等地于云南，使滇省有后援之利，无阻扰之虞，乃能注意极边，远及"野人"地带，为我国西南砥柱。此等先例，皆章章〔彰彰〕也。兹者，西康建省，需要殷切。溯其历史，唐代控制吐蕃、南诏，即以松、维、黎、雅为重镇，其地即今之松潘、茂县、雅安、汉源是也。宋代忽于远图，南则划大渡河而守，松、维一带，则逼处西夏，肘腋之患不除，对外乃以不竞。元代平大理，定吐蕃，于前藏置宣慰司都元帅府专理藏事，分其地为郡县。所谓前藏，大部分今之康境也。宪宗时尝于四川徼外碉门、鱼通、黎雅、长河、西宁设置安抚司，隶属吐蕃宣慰使。世祖又分其地为郡县，即今之天全、雅安、汉源、康定、宝兴、金汤是也。由此观之，以上诸地在昔因为一统治区域，故西陲以安，与今日情势固无大异也。明代初年，以四川地旷山险，控扼西番，特增置卫、所，如松潘建昌诸卫，天全□番招讨使，长河西、鱼通、宁远宣抚司等，并设朵甘、乌斯藏二指挥司，此亦足征以各地之宜合而治也。清初尚仍明代旧规，至雍正时，始厉行改土归流政策，建昌卫之改为宁远府、雅州之升为府、松潘之裁卫而龙安府同知治之、打箭炉之设同知，皆在是时，殆为建省之嚆矢矣。考之志乘，全川诸属，除叙州府略有少数土司□□□□□□至今，为雷、马、屏一带土司外，特以上举三属之土司为最多，总计达二百四十以上，而全康在名义上，咸属雅州统治，由建昌兵备道镇慑之，殆表现军民兼理之规制焉。即此足见以上三属与西康在历史上有深远关系，而改土归流政策之彻底推行，尤须合为一体，以统整之规划、齐一之政令治之理之，始克奏效。盖隶于川省，既不能骤强之，使同于内地；又不能放任之，使背于政府，诚所谓缓急两难、宽严俱失、无益于一方而有害于全体也。若将此等地方划入西康，转移昔日捍卫内地之任务为化导边区之工作，庶于政教、习俗之因革损益，地方、人民之得失利弊，有统筹兼顾之余裕，无因循操切之失着。因势利导，善用其民，俾不至诱土人以作奸，亦不至诈主人以自利。两情惬恰，共焕新猷，则其进步亦自速矣。复考明、清两代省区之因革损益，综其要旨，或取其便于治理，或取其易于控制，或期于广狭匀称，或期于辅导有资，惟属积极之举，仍具消极之意。至于我中枢建议新省，则纯为积极性质。其首重边省而多划内地县分以使之健全者，盖边防、国防之供给当由全国共同担负之，边区之政治、文化当由国内优秀健全之分子以领导之，边区之经济工具当由国内投资以助长之。惟边区之同化作用及日常之基本工作，则赖近边之民以负荷之。是以青海建省，必划旧时甘肃、西宁道各县与和硕特等旗及玉树诸土司等境，而使之臻于健全；宁夏建省，必划旧时甘宁宁夏道各县与阿拉善旗及土尔扈特旗，而使之臻于健全；绥远建省，必划旧时山西道各县与伊克昭盟及乌兰察布盟，而使〔之〕臻于健全；察哈尔建省，必划旧时直隶口北道各县与锡林廓勒盟，而使之臻于健全；热河建省，必划旧时直隶热河道各县，与昭乌达盟及卓索图盟，而使之臻于健全。盖必如此，然后形势乃备，成效是期。即如口北道十县，以地形、水道、工业与夫生活习惯言，皆与北平有密切关系，而政府竟毅然划归察省，虽十县人民竭力请求复归河北省而政府亦不之许者，诚以就地方与国家之需要两相比较，当先国家而后地方也。大凡重要边地，应增划内地县份以为健全基础，然后能以迅速之工夫，使边区之经济、文化、军事、政治诸方面，得以早与内地省份齐驱并进，为国家有力之屏藩。是故由筹边历史之程序，而知政治方面之过去、现在、未来三阶段有相倚为用、相得益彰之关系；由建省历史之演进，而知国家措施之所特重与夫化边为腹之所必需，皆足以昭示西康省区之应增划内地县份毫无疑义。此就历史成例言，应将以上三属划入西康，以臻于健全者，四也。

（戊）就民族习性言。民族之意义，在边区关系最大。苟善用之，足以化异为同，增长整个国家之民族力量；不善用之，则徒以养成封建思想，增长各地民族之部落纷争。宁、雅、松、茂各属，在清初大部分尚为部落盘踞之区，迭经康、雍、乾诸朝改流设治，或由土人汉化，或由汉人移居，历二百余年，渐成内地。就中雅属以路当西南孔道，同化较远，今仅有汉源赵侯庙一带略有猓猓遗族，宝兴硗碛一带略有西番遗族而已。盖往来频繁，自然水乳交融，彼此相忘也。宁远各属及松、理、懋、汶、茂各县，则以比较偏僻之故，同化较迟，然亦因改流之功，汉化较易，特因政治本能锐进，致尚有大多数之猓猓、薄猓子、番子，自为风气耳。以此诸区人民与西康之关系言，雅属各县人民，大抵具有向康区发展之趋势。唐代李韦防边所练之兵，清末赵尔丰经边所募之卒，多求资于雅属各县，已为明征。今巴安、理化一带之早期垦民，雅江之水手，关外各县之力夫，康定之商贩，乃至康境之教员、康定各校之学生，亦已〔以〕此等县份之人为多。由此推测，则其将来之发展，尤以向西康方面为最适宜而有望也。宁属之汉人，颇多在康定、九龙一带经商者，其间之猓猓民族，估计有百万左右，则颇为〔与〕康族混乱杂，如宁属木里一带为康族，而康境泸定、九龙及盐井、杂榆等境，则有猓猓，历史上吐蕃、南诏且累有联合，皆可见其昔日关系之深、现时杂居之广也。猓猓民族，无固有之高等文化，而易于受外人同化；无固定之宗教，而易于受佛教熏染。惟天性犷悍，而种类分布甚远，所谓"野人地带"大抵为此族支系所在。宁属夷患之不易根本解决，即由于其介居川、康边境，范围过广，难于穷治，近且为人利诱，后患尤须早弭也。松、理、茂、汶等境之人口，汉、蕃各半。其地山川险固，部落观念易于产生，昔年大、小金川曾酿巨乱，近时懋功八角哪〔喇〕嘛亦有据地之举。且其地介居川、康、甘三省边徼，由绰斯甲以通于俄落野番，与木里介居川、康、滇边徼以通于稻城、定乡之匪数相似。绰斯甲土司之抗拒改流，倡言洗汉，亦与木里项喇嘛之邀截军火、据地自雄相若。皆以距川窎远，鞭长莫及，而具浓厚之部落封建思想。此维赖适宜之政治力量，始足以杜其狡谋也。综上三区之民，或与西康上族源为一体而有种族上之联系，或因发展所向而有经济上之联系，或由历史上之渊源、宗教上之接近与乎治理上之便宜而有政治、军事上之联系，咸以划入一省区得以专理为宜。昔以分隶二省之故，以致措施不能一致，乃有此严而彼宽、彼张而此弛，全失轻重缓急之宜。欲收羁縻之效尚且不能，安望同化与团结？惟合为一省而纳入一定之轨则，斟酌全般情形，尽其辅翼匡直之功、惩奖诱掖之宜，以先进区域之民族扶植后进而视若兄弟，共同奋力于政治、文化、经济之发展，则汉人既不以隶于边省为耻、边民亦不以化于汉人为羞，同心同德，无猜无忌，相勖相助，共存共荣，则设施自易、开发自速。互相通婚而生之子女，亦可以居于上流地位，而奏同化之功。此诚民族文化发展之最要者也。且西康得此诸县之二百余万人口，加入于现有之三十余万人口，略可与新建诸省人口相埒，既不易陷于有土地、政事而无人民之现象，复能顺乎各种联系之自然契合而无喧宾争主之嫌；又以内地人口活动耐劳之性质、勇往进取之精神调剂西康民族好静之习、守旧之风，复以西康宗教驯化猓猓民族残犷好杀之俗。其足以增进建省前途之力量与生气而减少梗阻，可预期也。尤有进者，方今强邻窥伺，边情日亟，明侵暗诱，无孔不入，而边疆辽阔、边民蒙昧，国防设备既未易骤及，边民之国家观念复极其薄弱，威吓利诱之余即莫知适从。惟加入内地人民，施以领导，借共同卫乡之观念，以达共同卫国之目的，庶可救济于无形。昔者台湾建省，因与内地之民不相联系，台民同化之功未深，故建省不久，偶遭外患，即归沦亡。新疆孤悬西北万里之外，强邻垂涎亦非一朝，而地域相连，又可朝发夕至，特因有甘肃之镇西府旧地以为联系，厥后建省，即隶属之，西域赖以保持至今。以西康而言，藏方无论矣，英人展界至高黎贡山以内，复利用"野人"为前驱暗中进行，不遗余力。西康处此情势之下，尤急需内地人民与之联系，共固疆圉，是又势所必然。此就民族习性言，应请将以上三属，划入西康，以臻于健全者，五也。

以上各端皆足证明，西康正式建省有待于宁、雅、松、理、茂、汶、懋、靖等属之划入，势理至为皎然。就四川言，即使其现有之面积、人口，已仅如旧时之河北、山西、甘肃等省，犹不可不划出相当地方，以顾全国家之重要建置，以竟其提携之义务。况民不加少，地不为蹙，而又顺应其天然形势也。就西康言，岂惟现在人口寥寥、回旋不足之情况需要如是，即将来金江以西之先地恢复，亦为必不可少之需要。不特目前之经营赖于是，即他年之经营亦莫不赖乎是。诚以西康建省之根本条件非此不备，国家巩固国防、开发边区之大计非此无由完成。今西康奉令建省，凡兹健全办法，当在中枢通盘筹划之中。而文辉犹不惮琐琐渎陈者，良以肩兹重负，其居使然。此关于康省辖境之区划，先有待于中央主持施行者也。

（一）军事。西康目前对内镇慑反侧，对外防止侵略，皆需有相当之兵力。而局势之能否安定，政令之能否推行，咸视此以为转移。查康区因紧连藏、卫，其大部分居民尚未与我同化，而藏方对我态度又若即若离，益以强邻垂涎窥伺匪伊朝夕，凡可以威胁而利诱者，盖以无所不用其极。藏方亦利用外援，常思内犯。自占据金沙江西部以后，即于昌都设置边防督办，常派重兵沿江驻扎，俨然敌对势形。据最近调查，昌都附近有常备兵二千余名，冈拖渡口一带有常备兵三千余名，乘隙侵扰，狡谲多端。对中央则提报军情，诬我开衅；对土司则多方恣愚，反对汉人。康境不逞之徒，每每乘之为乱。此诚西陲肘腋心腹之患，在平时已诸多可虑，一旦国家有事，不遑西顾，其危殆曷可胜言。故现有兵力，实未足以资应付。考清末赵尔丰《会陈练兵事宜折》中，谓："川之屏藩在藏，而藏之后路在边。今日转移得失之数，一视兵力之厚薄如何。四川应练兵三镇，以二镇驻腹，以一镇驻边，其数万难再少，部筹谅亦相若。既定分配之数，即当各自为谋。其改隶进藏一镇，开办经费及常年额支兵饷，拟请即在部认一镇经费饷项之内划拨。此镇练成，不但为后路布置，藏有事固可以顾藏，川有事亦可以顾川，滇有事亦可以顾滇。盖地居二处之中，又附川、滇各夷巢之背，左提右挈，建威消萌，所关至巨。"揆之今后，尤为急需。若以川省现时兵额为例，则今昔相差，不可思议矣。兹者，国家励行民兵制度，固以自卫为原则。惟现在西康人口不过三十余万，壮年可用者，即包括喇嘛、妇女在内，亦不过十余万。而从事耕牧者须十之六七，从事运输者又需要十之三四，所余无几，自卫乏力，即勉强以应急需，亦不过十之一二，而势同乌合，缓急难恃。语文隔阂，指挥训练，事事困难。故目前西康边防，仍赖有相当之固定兵力，将来国防上之部署，尤须中央以整个的国力另为规划也。就现状言，金沙江沿岸，藏方兵力略如上述，我之配备，必期优越，方能制其野心。西康南路，素称难治，非有多数兵力，不足以资镇慑。北路野番，迄未向化，时出劫掠，现在亟应肃清匪患，将来收复辖境，增设县治，亦须有相当兵力，始能推进。至于中路之兼顾，后路之应援，与夫异日沿边防线之延展，在在均须适当兵力，分资配备，应如何统筹决定数额，当候中央之衡裁。第体察康境现况之需要，兼顾地方之事实，此刻至少亦须十二团以上之兵力驻戍康境，尤必精选勤练，充实素质，增添骑队，庶几措手足资，平、战无虞。此关于军事，应请鉴核施行者也。

（二）交通。交通为各项建设事业之母。西康最大缺憾，此居其一。若不于此着手，其他多属空言。惟西康建省，既以国防为重心，其交通建设，即当以适合国防条件为原则，而由国家担负经费，如俄国之西北利亚铁路然，因不仅顾及经济价值而已。谨分述如次：（甲）铁路。查川康及康藏铁路，清末早有拟议，总理更着〔著〕之《建国方略》中。兹者，国家鉴于内陆铁路之重要，而由西南铁路着手。若能先将蓉康主要干线提早完成，尤于发展西陲、巩固国防有莫大之价值。边民仰望甚切，亟盼由中枢有关部、会审议筹划，从速着手。（乙）公路。查康雅、康宁两大公路及康南、康北二大干线之完成，其详细情形已见于前年呈请批准之《开辟西康交通四年计划》中，惟如何着手、何日动工尚未奉到明令。查川康公路之康雅一线业经测定，并由委员长行营成立预算、指拨经费、限期竣工，旋又陷于中止。此路在军事价值及经济价值两方面，均甚重要，在川康铁路未成以前，于西康关系尤巨。康宁公路由康定以通西昌、会理，已测有简捷易修之路线。此路若成，即就粮食一项而言，已可使宁属无所销售之余粮运达康东军民而得善价，康境则期以平泉而期调节，诚为双方之利。且此路南通昆明，并使西南交通脉络贯通愈广，其裨益更为宏大也。康南为旧时官道所经，今已渐就荒废，然其间若干地方既号难治，亦不能不赖乎交通。且此路由巴、安、盐井而南展，可通商务较旺之维西、阿墩，向西南延展，可通于垦殖之门空、杂榆一带，复为康藏捷径所在，而足防御缅甸亚山之进逼，则军事上之价值既重，经济上之价值亦非轻也。康北干线，通于界古、昌都二要枢，沿线各地居民较繁，产业亦较发达，现时由之而未往者且日渐增加，则其性质之重要更可知也。以上各地之修筑费用，以四年分期进行，每年约需二百万元。修筑愈早，则利益愈大，成效愈宏。惟赖中枢有以主持而促成之。（丙）航空。航空为交通捷径，于边区遐陬另有其广大作用，如军事上之侦察镇慑，地形之测绘等，皆显其特长。若能于泰宁、巴安、甘孜、德格、理化等处修筑机场，及早通航，则西康交通上之阻碍，赖以救济多矣。（丁）牧站联运。去军廿六年驻防康定时已另拟计划专案呈核。

（三）民政。建省急务，厥为制度之根本。户口、保甲之清查，政区之厘正，差役通病之改良，司法之筹备，惩奖之规定，是皆行政方面不可或缓之要图。文辉在康，对于现任行政官吏固已严加考核，县令守法奉公，勤慎将事，随时躬莅民间详察利弊，以化除官民阂隔为先着，以安辑劳徕为急务。官吏果有贪酷，不惜尽法以惩。复呈准委员长行营，于康定开办县政人员训练所，以宏造就。第一期招考具有相当资历而能力充足、体格健全者七十名，现已开始授课，并注意于康区民俗、语文之训练，期于官民遇事直接、不假舌人，借免通译总保辗转欺朦〔蒙〕之积弊。第一期毕业后，更拟将现任人员分别调回、轮施训练，以为刷新吏治根本之计。

（四）民团。查西康民团向无合法组织，所有民间武力悉操诸土司头人之手，调整之方不可过急，应以渐进方式默化潜移。对于有力之土头，可录用者，暂委以民团相当名义，使之有名无实；可裁抑者，裁抑之。务期操纵在我，消患无形。同时，为使地方实权归于政府，在本省保安处未正式设置以前，先就建省委员会内成立民团整理处。一面调整康区原有自卫组织，统一其名称，确定其事权；一面开办保安、保甲干部训练班，更图调集汉、康青年入所受训，毕业后陆续派赴各县，深入民间，组织汉团，训练民众。并以成康军队暂兼保安任务,分全省为四整理区,以驻防各该区之旅、团长兼任指挥官,以便督策进行,加强整理力量,借收速效。其详细办法已专案呈请核示在案。

（五）宗教与教育。西康为喇嘛教盛行独尊之地,僧侣自为特殊阶级,固守积习,一般人民之精神生活、物质生活亦多仰其指导、受其支配。盖以土司威力所慑,一切更难自由,同化之功已多梗阻,且语言不同,好尚有别,更使内地文物难期水乳。然礼义廉耻之观感虽殊,仁爱忠信之趋向则一。苟善于因势利导,崇其教而渐易其俗,厚其生而渐移其习,稍假时日,亦未始无可收之效。昔之治康者昧于斯旨,处处与之异趋,遂成格格不久之势。尤以与喇嘛立于反对地位,只知压抑而增其疑忌,不知优容以获其助。此为同化无效之最大原因。盖千言万语诱之而不足者,片词只字离之而有余,此实办理边疆教育者所当深察而明辨之也。故边地教育,当注意广义的教育,而不宜专求诸形式。自赵氏以还,在边者未尝不频频言及教育,而思想语言之隔阂如故,种族意见之参差如故,实因其所取之教育方式及设备,首先与边民之观念不相近、生活不相适,遂使之不感兴趣与需要,而目为学差,相率逃避。初步如此,尚安望有更大之作用乎？故今后办理西康之教育,应当力矫前失。举凡与康人生活习惯□相违背之教材、教法,不宜遽然采用。应先多用康语设法善诱、广为宣传,增设学校,汉、藏语文并重,举办电化教育,使能了解近代文化及科学之威力,以期逐渐破除神权高于一切之传统思想。并本三民主义教育宗旨养成健全公民,更于实用、实物之中寓同情合作之意。举凡医药、工艺之需求,公务人员之任用,咸当使之明了与教育皆有密切之关系。而其中尤当注重者,为施教之人才及设备。此则非由国家多予补助,不易为功。查清末巴塘学务局呈报宣统二年已成立学堂将近百五十所,以后按年可以增五十所。故以二百所为预算之数,统男、女高等小学及各官话学堂,经常岁出,再三搏节,约需银六万一千五百三十八两八钱,连局中额支经费银一万二千三百两,全年实需银七万三千八百三十八两八钱。是当时金沙江以东各县之教育,仰给于库款者,已达十万余元之数。而今日康、泸、丹、九等人口较多之县尚不在内,且生活高涨,物价昂贵,每年纵由国库补助此数,其用途尚不及当时之半。今后高等教育、社会教育之所需,尚不与焉。故拟特增常年教育经费至少国币五十万元以上;其创办设备各费,请准予作为临时开支,随时请拨,以利进行。又,昔日之维系喇嘛、土司者,既有名位封号,复有衣单费、熬茶费、赏赉费、赡养费等。今宗教联系渐趋薄弱,根绝土司,尤须有以安慰之。故对于喇嘛、土司之待遇,寺庙之助修等,亦须特定经费,以资应用。拟并恳作为临时经费专案请发,务期事有实效、款不虚糜。余如边民观光内地及出外留学之奖励等,亦采如是办法。苟能于宗教、教育两端,得其要领,而更继之以通婚之提倡、新生活之推行,则同化之功效,不期宏而自宏矣。

（六）生产开发。西康之开发与繁荣,视乎开发之程度。此实与国防互为经纬、[与]政治同其消长,而为经营西康彻始彻终之要务。西康建省,自亦当以此为急切之谋。然言开发边区,千头万绪,有赖于专家指导进行者为多,未敢于此妄为侈陈。惟当择其易行者,竭力从事。如：勤调查,以明实际；广宣传,以事招徕；扶助现有各业,使得进展；诱导土人合作,以求互利；利用水力,以兴工业；改良农牧,以增生产；酌量筹办各种设备,若金融机关、试验场、传习所、介绍所之类,以利进行；尽力促成各种组织，若小规模之农牧矿业、小工业交易所、运输行之类，以期稳健。如是由小而大，由近而远，庶不致蹈空言无成之弊。其各项有国防性质及有国营价值之实业，则大焉者，当由国家之力量规划进行；次焉者，由本省政府督饬办理。以保护现有之工商业为初步，并奖励外来投资，逐渐扩充。查开展〔发〕西康之主要阻碍，莫过于资本缺少、粮食昂贵、人力缺乏、方式拙劣四者。资本缺少，可以国库助济、外资招募以补救之；粮食昂贵，可以开辟交通、改良运输以补救之。而人力缺乏，则有待于移民垦殖；方式拙劣，则有待于科学研究。斯二者，皆以试验与调查为初基。盖非有精密之调查、科学之指导，不足以厚民生而裕国计也。迨试验既审，调查既周，然后妥为规划，庶不致再蹈前辙，而西康之开发乃可以策进行。将来人力集，地利兴，然后扩及于他项相连带之工业，可利用之范围自能顺序就理、分途呈功。现在已饬属着手于康定之木雅乡、道孚之泰宁乡筹设垦殖试验区，并征求专家以从事各种经济调查。惟试验区自以多设、善用为佳，调查范围亦以广包、深入为贵，然皆视经费多寡为转移。拟适应需要，别为专案呈请优予补助。

（七）建设计划。凡所设施，无不悉心考求、竭力从事，于准备务求妥善，于步骤务求适宜，期于日起有功。故对于经边人才之储备，则以训练培训为先，更积极整顿师范教育，增加名额，扩充内容，以期适合康民邀〔要〕求；对于各喇嘛寺，亦正从事招致声望素著之高僧大德，相与谘谋改善演教、阐教办法及寺庙管理规则；对于文化、经济之准备，则拟于最高省政机关内增设文化委员会及经济委员会，司搜集、调查、研究、设计之任务，而于试验区、试验场实行之。举凡地方文献之编译、方案之审拟、志乘之撰述、教科书之编订、法制之因革草创、教义之采择宣扬、风俗习惯之考察、语言人种之研究等事项，均由文化委员会主持；地质矿物之调查、动植分布生产之调查、工商业销〔消〕长之研究、生产销〔消〕费情形之考查、资本运用之指导、生产改善之指导、金融流通之设计、制造方法之介绍等事项，均由经济委员会主持；而各项文化组织、经济组织亦受此两种委员会之指导与考核，时时以求改善与进展。委员会中，皆罗致专家，实事求是，务使不致虚具形式。

至于进行步骤，应力求斟酌得宜，相资为用。如：住〔驻〕康军队，其第一步则注重军事训练，俾人与地相习，不为康境之艰险劳苦所制，而有迅速之行动、严正之纪律，足以应急变、树声威、消乱萌、导民众；其次，则施以职业训练，俾能供筑路之助、屯垦之用，作将来化兵为民之准备。交通之第一步为进行简易工作；其次，乃择各县较易修筑之重要路线，分段从事，多段并举，然后及于险峻之山岩、巨大之桥梁；更次，乃及于运输设备。政治之第一步，注重明了地方情形，化除官吏隔阂；然后期其信赖，使其乐从。宗教则第一步破除其与国内文化漠不相关之态度，然后诱其合作，求其勷助。教育之第一步，注重引起边民向学之观念，然后因其需要妥为设备，以渐达于公民训练、职业训练之要求，自然可臻于文化教育之境地。经济第一步注意恢复康民生机，及保护西康现有工商业，然后从事于大规模之开发。

凡此皆属一定之程序，而皆有待于中央之力，以启其端，宏其绪，竟其功也。

结论：西康财力不足，宜暂由中央补助经费，以利进行也。查民力薄弱、难于自立之省份，用费巨大、不能自谋之设施，或由邻省协济以期均平发展，或由国库支给以期从容就绪，各国大抵相同；而瘠贫边区，易为内在之弱点所困、外来之侵袭所乘，尤赖国家特加培植；及其已达自立自谋之程度，犹必不时补充，期益臻于强固。西康正式建省，除目前急切需要应待中央接济外，关于经常及事业各费，在近数年内，仍望中央优予补助，以利进行。盖西康自清代收入版图以还，虽在羁縻政策之下，已由国帑支给若干必要费用。清末正式经营，开办维持各费，亦大部分仰给国库，小部分恃赖协款。其时国家财政状况内外同一艰窘，亦必斟酌缓急需要而力顾之，放边事赖有可为。至宣统三年，始有度支部核定之川滇边务岁出预算，未及实行而清社已屋〔覆〕。此后二十余年中，西康治边费用，或由川省接济，或由在边当局据地自筹，终以来源无定、预算不立，军务日即于废弛，政事日趋于窳败。丧师失地，国家固受其害；筹粮借款，人民亦罹其殃。

兹既建为行省，正剥复绝续之交，而确立预算，以便按部设施，尤为经营一切之先务。西康因产业未兴、交通不便、供给缺乏、百物高昂，日常生活增于内地数倍，衣食两项根本之需要已占巨额。例如：食米一项，在清末及民国初年，名、雅等产地每斗价不过一元，每斗每站运费不过角余；今则产地每斗价已涨至三元左右，运费亦增三倍有余；昔年康境尚有本地余粮足资补助，自经"赤匪"扰乱，储藏已空，民食亦感不足矣。军装一项，价亦倍涨，而边地苦寒，所需尤较内地为多，纵不力求完备，亦当足备风雪，此费已属不赀。至于行政事业经费实际所需，亦不在少，盖边地设备多缺，人民程度不齐，推行政令耗用自多。教育、建设等项，亦皆毫无基础，不似内地各校院，有学田学产，复有学费、捐款及其他补助费等，边地则一无所资，尚须以多量实物、金钱奖励学子，其进行之难可想而知。其他事业，亦以无所凭借，或需专门人才特别准备者，尤觉着手莫由矣。即就一般工作而论，内地因组织灵便、监察易周，可收十分效率者，在西康缺乏此种便利则大有逊色，所有设施大都较内地磨费而少功，是又事势所必然，故无如之何也。

乃以西康各项经费与邻近之四川相较，则相差殊巨。例如：四川二十五年度《岁出总预算书》所列之各县政费，小县亦多在十万元左右，而西康平均每县尚不及万元，全省收入合计尚不及四川一大县之数。以西康之教育经费言，全境数千里，人口四十余万，而本境自筹、中央补助之费，计不满十万元。其远逊于四川一大县故不待论，即与邻接西康之僻小县份如汉源者相比亦不如之。盖汉源县纵横不过二百里，人口不及十万，其教育费乃在四万元以上也。西康教育一端尚且如此，其他各项之支出可知。且与内地比较，所以相悬绝者，内地则取精用宏，众擎易举；西康则事事草创，独立难支。是以非暂赖国库之补助，或邻省之协济，无能为役。

查宣三川滇边务国家岁出预算，已达库平银三百四十五万九千余两，实合国币四百八十四万二千余元。其中军费及陆军一镇之需，原定二百八十万两，较内地规定多一百万两，以符边区特别情形。陆军经费以外，尚有防营饷项、新军饷及转运粮饷费等，共计二十四万七千余两，各项合计则军费一项约达国币四万元，行政费为二十五万余两。然其时仅有边务大臣衙门及知县数缺、委员十余额，以较今日，则当时实甚优厚也。此外即属民政、财政、学务、工程等费，然仅足供萌芽之用，且有多数要政未尝计及也。川边岁出预算之略具规模者，仅见于此。其后则并此而无之矣。民国二年尹昌衡任内之川边军费，仅有总数可稽，计川军十一营及陆军十二营之概算，岁出为库平银二百零二万两，而军米购运等费每月十四万五千两尚不在内，全年供给为三百五十二万两，约合国〔币〕五百万元以上。至于各县政费，则就本县收入苟且维持而已，其他设施无力顾及也。民国三年以后，即漫无稽考。据《四川财政录》所载，则川边军费，在元、二年均系实支实报；三年度核定年支一百六十万三千六百元；六年度曾编专案预算送部；七年由镇守使造送预算，共列为二百二十一万九千七百一十八元，亦已编送专册，未经报部核准；八年度编制预算时，仍就其年度预算开列，编入川省临时支出门。查四川军费，在民国三年为七百八十余万，故供给川进者约当全额六分之一而强，七八两年规定为一千四百零七万余元，故与川边经费预算比较，则供给川边者亦为六分之一而强。此其大较也。然在民五以后，川边镇守使因举兵以事内争，而置边防于不问，各县知事亦多由营长之类兼理，复有私售枪支于敌人之举。类乌齐割草肇衅之内幕，即系因售枪而发生。于是西康之军事、政治全归败坏，以致丧师失地，不成形势也。厥后西康改为屯垦区域，所资以接济者则有自新津以达宁属之数十县收入，然其时戍军则减至一旅以下，政治则败坏已久，未能整顿，其他更难言及，西康仅苟延旦夕而已。十六年中央鉴于西康岌岌堪虞，乃以文辉兼顾康防，急为固圉绥边之图，历年以来亦全赖以川济康，用资挹注，终苦于一隅之力，所济有限，仅乃收复邓、德、白、石四县，完成金江以东之局面，以作初步设施。据此，足见西康本身，因未达于自给自立之程度，而必仰结于外；复以供给不足而苟延残喘，预算无定而百事难行。综计二十余年来，每年以西康名义所耗者恒在三百万元以上，而地方之各种供给尚不预焉。卒以未加统筹，政府无由监督，一任在边当局借口缺款毫无建树，坐听边事堕于冥冥之中。

文辉鉴往思来，既不敢苟且因循，以贻尸位之讥，由〔尤〕不敢避位引嫌，致遭寒蝉之诮，是以披沥上陈，应恳中央于近数年内，对于西康经费优予补助。其数额即以宣统三年核定之预算为设施最低标准，衡以今日生活程度，尚需加倍支给。西康前途，利赖是多。维〔惟〕以此种请求，与西康历来预算及实支额相形，不免过巨。然分析用途，则西康既为全国之重要国防所在，一误不堪再误。是虽为西康直接应负之责，间接当由全国担负，而与之唇齿相依、关系最近切之邻省仍当照旧协济。故于国防至关重要之军备费用及交通设施费用，当在中央统筹之下，使其分配比例，能顾及将来需要而定其标准，非仅依据成案而已。文化、教育诸大端为国家推行民权、扶植民族之业所在，必期其普遍发展，国家基础始得健全。边疆文化教育大抵落后，而以西康为最甚，其目下自动推进之力亦最薄弱，故在近数年内，尚赖国家特加重视，供给以必需之费用，非仅均摊而已。开发西康之各种准备程序，如调查、实验、奖励、补助等项，不特与西康一省之民生问题有关，且与国家经济之将来发展亦有关。盖以西康之情势而论，其臻于繁荣之途径，如移民垦殖、振兴工商等大规模事业，或有赖于国家之经营，或有待于境外之投资。是其初步费用虽由全国分担，其将来开发之益仍由全国共享，非仅一隅之利而已。国家政令之期于普遍实行者，积极方面如人口之调查、土地之整理等，消极方面如鸦片之禁绝、瘾民之革除等，须全国一致进行，西康亦当及时办竣，故其费用仰给国家，始易为力也。至于地方行政费用辄赖地方自筹，而西康固有元气极为薄弱，屡经丧乱，尤难恢复，办理善后、准备新设施，均须急起直追，已非曩时之因陋就简、虚有其表者所可奏功，反之地方行政不良、不能消解隐患，设有变乱，所耗尤多，是以目前仍有待于补助。国家在暂时虽略增支出，然怀来柔远、启宇开疆，非仅增加行政效率而已。如上所陈国防方面，以思患预防为原则，移事后救济之需，为事前设备之费，则收效甚大；政治、文化、经济诸方面，以及时图谋为原则，积历年置诸虚耗之成数，为同时并举之用途，则奏功甚捷，诚一劳永逸之上策也。

然治边者，仍当体中央筹款之艰难，极力撙节不必要之开支，而特别注重事业之发展，使款不虚糜、事有实效，尤当力谋逐年减轻国家之负担，使不致长期为累。例如：交通方面之费用，能于四五年内使各公路修筑完成、设备就绪，则每年可以减少二百余万元；开发之初步准备，于二三年内竣事后，每年又可减少数十万元；军队于一二年内装置、训练完备后，即转而从事屯垦一类事业，其所生产之粮食足以自给，则军费应可削减；各地方之碉堡、仓廒及其他建造完成之后，每年即只须少数保持之费；地方元气逐渐恢复、各项收入逐渐整理增加之后，教育行政等费亦可渐望自给，则国家补助之费可以逐渐减少。如是，多则十年，少则五六年，西康本身可以臻于自谋自给之一境；而边区开发之结果，又足以使其繁荣巩固，与内地同时进步，庶几可副国家建置康省之宏旨。

所有经常及事业费用，除分别另列预算呈请鉴核外，此关于西康经费有赖于中央暂时代予补助以利进行者也。

（原件存中国第二历史档案馆）

行政院准予西康建省电
（1938年11月28日）

特急。康定。刘委员长：△密。西康准予建省，于二十八年一月一日成立省政府，业经本院第三九○次会议决议，并呈报国民政府，函达行营，及以敬（二十四日）院一电饬知该会及四川省政府。前呈请将西康省改为建康省一节，康省与西藏毗连，界务未清，更改省名，恐滋误会，自宜暂用原名，以免纷更。特达。孔祥熙。俭院印。

（原件存中国第二历史档案馆）

三、四川建设

四川后方国防基本建设大纲
（1937年四川省政府制定）

吾国对日抗战，将何所恃以操必胜之券？徒恃前方将士忠勇杀敌，壮烈牺牲，此可以致胜，而不可以必胜。必胜之道将奈何？在使后方对于长期战争，有源源不竭之供给，有坚强不破之力量。先立于不败之地，而后始有胜算可操也。

四川地广物博，据有天险，为后方比较安全、大有可为之地带，国人皆以复兴民族最后之根据地目之。故论其地位之重要，不惟关系长期战争最后之胜负，亦实为国家民族最后生命之所寄托。

吾人今日对于四川，既真切认识其地位，宜迅速增厚其基础。在原有各种建设事业，除增进速度、努力完成外，尤宜应非常时期军需及民生两面之要求，尽量开发其富有之资源，创立或扩大重要之工业，并修筑打通国际路线，及作战需要之铁道，以完成后方重心地之国防基本建设。

能如是，则四川之产业经济交通，不难继今日受敌人摧毁之重要商埠而崛起勃兴。对于长期抗战之贡献，将不仅在兵员陆续之补充，而要在发挥古来所谓天府之国之富力，予国家以最大之供给。此固为支持长期抗战必要之图，亦为缔造新中国基础之良谋也。惟兹事体大，宜集中全国之人力财力以共赴之，绝非四川一省之力量所能担负也。爰本斯义，谨拟《基本建设大纲》于左〈下〉：

（一）尽量开发五大资源

1. 动力资源——煤、石油、水力

煤。四川煤藏量，据中央地质调查所统计，为九十八万七千九百万公吨，占全国第三位。即就四川建设厅年余以来二十余县之调查，其确实可靠者，已有五十一万七千三百余万公吨，现仅年产一百二十万吨左右。即此已知之确藏量，已知之产额，即可供四千三百余年之需。若增掘十倍于今日之量，即年采一千二百万吨，亦可供四百三十余年之用。而全川产煤县份约有七十县之多，则〔且〕陆续发现者，尚不在此数。

石油。我国石油，东三省既陷于寇，陕甘又已知无望，新疆、西康油源亦尚待查测，现今全国可望产油省份，四川实居首位，已由资源委员会于巴县、达县两地，从事钻采，俟获相当成功征候，更应循其油脉发达方向尽量钻采，前途当不可限量。

水力。全川地势，西北高而东南低。全川河流亦多由西北而东南，全川山脉又适多由西而东，故河流坡度本已高峻，而峡谷复东水下流，可作水力利用之水源，逐处皆是。最著者如岷江、雅河、涪江、渠河、马边河、长江上游各流域，皆足供巨大工业之动力需要，至于小规模灌溉及日用所需之动力，则各流域沿河之地，几于逐处皆可供用。

2. 金属资源——铁、铜、锑、金、铅与锌

铁。太平洋区域之储铁分布，以中国位居第一。国内储铁丰富之区，除华北外，以长江流域而论，四川又为各省之冠。由夔门以迄于海，各省储量仅三千余万吨，而四川据建设厅二十五年之调查，已得铁矿藏量约六千五百万吨，川近各铁矿区，其藏量尚不在内。现我国钢铁进口总额年约六十万吨，开发四川已查知之铁矿，以含纯铁平均百分之四十计（綦南铁矿区据西部科学院所推算，藏量一千九百余万吨，化验成分百分之五十零），使每年制铁二十万吨，可供一百三十年之开采。

铜。铜荒已为中国一般现象。云南昔以产铜著，兹亦输入外铜。四川已由行营着手调查之彭县铜矿，其藏量在二百万吨左右，会理、炉厂、通安铜矿据可靠之估计，其藏量约有四百三十万吨，含精铜约三十五万余吨。

锑。川省产锑区域，如天全、宝兴均极丰富，应即开采以应军需及民用之需要。

金。全中国年产金十二万两，川康年产占其四分之一。现省政府除对各著名岩金积

极整理,及派员再度详勘宁属岩金外,更竭力提倡广事淘取沙金,其产量当可激增。

铅与锌。中国铅锌产地,向以湖南常宁为主,四川之越西、金汤、天全、石柱、会理各县,亦富铅锌矿藏,即会理天宝山锌矿,据建设厅调查推算,亦有二百四十万吨以上之储量。

3. 化学资源——硫、硝、盐

硫。四川磺铁产地,随处皆是,为炼硫磺制硫酸之唯一原料。全川三十余县产硫,其最著者为雅属之天全、宝兴及华蓥山周围,各县总计年产硫磺在三千吨以上。此种原料,可谓取之不竭。

硝。硝石矿在四川尚无发现,虽硝酸钾之量有限,尚可济一时之用,而利用空气液化,以得亚莫尼亚之后,则更可勉强解决硝酸之供给问题。

盐。四川年产盐约六百万担,首仅供食用。年来因楚岸滞销,颇有剩余。兹以对日抗战,长芦盐田被侵,江浙盐田停产,川盐应大量增加,俾提供下游省份之需要,复利用以作化学资源,供工业及军用之原料。

4. 粮食资源——米、麦、杂粮

全川现有粮食作物面积,约为八千万市亩,年产稻麦、玉米、甘薯等共约一万九千万市石。就原有面积,运用检定品种,防除病虫害等方法,要求治标的急速地增加产量十分之一,即增收一千九百余万市石。更就边区竭力开垦,要求杂粮之增加。复从消费方面,力事撙节,现正联络农本局建设仓库,联络金融界大量储押,当可于抗战期中为相当之贡献。

5. 服装资源——棉花、羊毛与皮革

棉花。四川年产棉花五十余万担,棉田占一百六十余万亩。若尽数种植改良棉,则可产棉花六十六万余担。改良棉开始推广于二十五年,二十七年可达九万亩,二十八年可达五十万亩,二十九年增加棉田至二百五十万亩,可产花一百万担,除三十万担作絮袄使用外,犹可供二十万纱锭之需要。

羊毛与皮革。四川羊毛产量甚微,年仅百余万斤,但华北羊毛市场既遭破坏,应一面利用边区广大牧场,从事繁殖,一面吸收青、甘羊毛,以资利用。至牛羊皮,过去年输出约二百万元,而他方面又有大量熟皮输入,故应尽量自行制造,以资军装需要。

(二)创立或扩充八大工业

1. 钢铁部门

重庆已设有小型炼钢厂,惟系收集机器废铁,尚未能利用川产生铁。现建设厅正努力计划土法冶铁之稍加改良,使能制灰口生铁。在不能建立大规模之新式制铁厂时,即应用此等土法改良设备,大量增产,以供扩大现有炼钢厂及一般机用铁之需要。

2. 炼铜部门

冶铜之条件,较便于冶铁。行营设立之彭县铜矿局,应设法完成新式设备从事冶炼。若因战争影响,急切无法安装,应改良土法,广为采冶。同时开采会理铜矿,以求产量增加。

3. 兵工部门

a. 宜酌将他省之兵工厂,移设于四川相当地方。金陵兵工厂已有移设重庆之决定,省府当一切予以协助。

b. 利用四川现有军民之修造兵器设备，使最低度能担任小型军火之补充，及军器修理之工作。

4. 机器部门

省内小规模之母机设备，尚属完全，应加以扩充，并欢迎上海各厂一部分迁到重庆。使能：

a. 增造基本机器。

b. 制造一般农业、工业及军需之小型机器。

c. 修理汽车。

d. 修理飞机。

5. 基本化学部门

利用藏量丰富之磺、铁、盐，与可济一时之硝（硝酸钾），谋硫酸、盐酸、硝酸之供给。至盐基类，则由电解食盐以得钠，其量尚不虞匮乏，已联络永利化学公司在自井设一分厂。惟钾之产量，恐不甚丰，盐务局亦正从事筹设钾厂。安莫尼亚则利用空气中之氮，惟非有完全新式设备莫办，但终有可图之道也。有此酸碱之基本原料，而后可应军用化学之需求。

6. 水泥部门

重庆已有年产三十万桶之水泥厂。过去全国产量为一百八十万桶，今已大半毁于战争。对于四川之水泥厂，应尽力扶持，以谋扩大其产量。

7. 纺织部门

四川土棉可纺制十二支纱，惟目前产量，即搏节絮袄之消费，所余亦仅敷一万锭之厂用。如待改良棉之推广，又须到二十九年始有大量之希望。但目前因沪汉受战争威胁，鄂陕棉产可转供四川创立纺纱厂之需，一面待四川改良棉之逐年增加，而逐增锭数，前途当有把握。已联金城银行组织嘉陵纺纱厂购买江苏现有纱机运到四川开工纺制，纺织机器单位颇少，四川造机力量，可任仿制，只调派技术人员到川，即可着手规划，以求实现。

8. 伐木部门附设造纸部

四川边区如松、理、茂、汶、天全、宝兴、峨边等县，成材林木非常丰富，宜次第开发。已联铁实、两部及川黔公司在峨边设立伐木公司，计设采伐搬运，则修筑铁道之枕木，造纸需用之木浆，及建筑所用之材料，皆可供给。

四川小纸厂甚多，其原料较丰而产量较多者，厥为乐山与夹江两县，每年所产约一万三千吨，但全属民营，资本颇不充实，制造亦系人工，未用机器，宜由政府予以补助，使其增加生产，倘改用机器，则更当成为一种大产业。

（三）次第修筑三大铁道

1. 修筑成昆铁路

企图由昆明接滇越线，增一国际道路，并绕道宁属，开发该区宝藏，并增加铁路之给养，已联铁部派遣测量队着手测量。

2. 修筑成宝铁路

企图便利华北作战输运上之需要,并为陕省棉产增一出路,已由铁路部积极进行。

3. 完成成渝铁路

企图便利长江下游作战输运上之需要,并便利成渝粮食、燃料之交换,现正赶工建设中。

(四)为实现以上资源、工业、铁道三大项建设,应使四川金融活动,并筹集巨额资金

1. 由中央特定办法,使四川金融活动,达到四川物产,得尽量化为活动资金,以应用于生产事业。

2. 欢迎省外金融界及工商业界组织投资团体,大量向四川生产事业投入资金。

3. 派员分赴海外,欢迎侨胞投资。

(五)为推动本计划之进行,设立统筹机关

1. 设立四川后方国防基本建设统筹委员会。

2. 由中央特派大员会同四川省主席商订组织办法,并主持统筹事宜。

3. 统筹委员会之职责:

a. 统筹本计划各种建设工作之进行步骤。

b. 拟定本计划各种建设工作之具体办法。

c. 调整本计划各种建设工作。

d. 分别建设事项之性质,划清中央与地方之权责。

e. 督促视导本计划各种建设工作之进行。

f. 建议本计划以外急要的建设事项。

(六)为促进本计划之实现与完成,应普及后方国防基本建设运动

1. 提供本计划之进行状况,所有一切材料于中央宣传部及军委会第二部介绍于各省,以促起各方面之赞助。

2. 与全国产业、教育、文化各界,联合造起促成本计划实现之运动。

3. 以左〈下〉列简单口号,为造起四川后方建设运动之目标。

我们集中全国力量,
完成四川后方建设,
尽量开发五大资源,
创立扩充八大工业,
修筑完成三大铁道,
充实长期抗战能力。
打倒日本帝国主义!
复兴中华民族!
创造世界和平!

(原件存中国第二历史档案馆)

四川省施政纲要

(1939年12月5日制定)

为使四川成为民族复兴根据地，为政首要，应从转移地方风气入手，使政府人民明了各人所负责任之重大，立志奋发，努力迈进，先求安定地方，禁除烟毒，进谋增加生产，普及教育。从政人员，应本"少说话多做事"之精神，权衡重轻，先其所急。于作始之时，慎重考虑，计划既定，即以全力赴之，求其实现，不宜多所更易。凡所设施纵未能尽求恰当，但使实惠及民，动机纯正，稍有差失，宜可原看。本此原则，订为施政纲要如次：

甲．治安与剿匪

一、整顿省县警政，从加强训练、充实设备入手，以增强其维持治安之力量。

二、保安团队，应酌量实际需要，分配于各行政区（每区一大队以上）及其所辖各县（每县一中队以上）。专员兼区保安司令暨县长兼国民兵团团长。对所属保安团队，均各有指挥监督行政考核奖惩之全权，并得由区保安副司令、督导大队长及各县国民兵团副团长、督导保安中队长、自卫中队长分负训练责任，使专员、县长对于本区、县保安团队，能灵活使用。

三、一县之匪，由县长在三个月内负责肃清；县与县间窜扰之匪，由专员负责清剿，限六个月内完成。为养成地方自卫力量计，应尽量使用区、县团队。本区团队力量不足时，得商请驻军派队协助。

四、仅有零星散匪之县，应使搜剿与缉捕并重，同时严密保甲组织。省政府并应随时派员分赴各县，抽查督导。

乙．禁烟

一、禁烟务须如限完成，并绝对重禁。过去已有之禁烟收入，除用于禁烟设施外，绝对不准移作他用。

二、统一禁烟行政，封锁边区运烟（派宪兵及军队执行），训练戒烟医生及查缉人员，以增进禁政效率。

三、各县烟民实数，应于三个月内调查完毕。每县在规定期限内，应依其区域之广狭、烟民之多寡，设立能容五百人至一千人之戒烟所一处或二处，俾得如期达到戒绝之目的。

四、无论何处，绝对不准私存烟土，偷种烟苗，余毒并应依限彻底肃清；如有寸苗粒种铲除求尽，或私存烟土及制运贩吸毒品者，一经发现，应即依法严惩。

丙．吏治

一、依据法令，切实执行甄审、训练、实习、任用、考核暨奖惩等办法。

二、甄拔下级行政人员，使贤者有上进机会，知所奋勉；其品行端正而能力稍差、有心向上者，抽调训练，使人尽其才。

三、加强县长用人与用钱之权责。

四、特别提高边区县长人选标准及其待遇，并增加其事业经费。

附注：各县县长于地方烟匪确实肃清、本县财政整理著有成绩者，省府应予特奖；

地方士绅，能努力协助者，政府应予特别礼重。

丁．地方自治

一、鼓励党员从事地方自治工作，由省党部限期登记，会同省政府甄核选用，依照县各级组织纲要，分任地方自治工作。

二、县各级组织纲要实施程序，依照本府计划办理。

戊．财政金融

一、关于财政方面者，除应确立省县预算、实行会计审计及公库制度、厘定税制、整理财务行政机构、改善纳税手续、考核税改人员外，应以不再增加人民负担为原则。各县因整理增加之收入，应以一部或二分之一作为基本经济建设经费。因此所得之利益，作为扩充教育建设事业之用。

二、关于金融方面者，应与中央各银行合作，建设全省金融网，限一年内完成。除各行政区在专员驻在地，可请中央各银行设立分行外，全省各县区暨重要乡镇，应设立本省金融机构。

三、关于财务行政及地方金融人才，得委托本省各大学，视实际需要代为训练。会计及审计人才，请由中央训练机关招收川籍学生，训练派用。

附注：为促进建设、增加生产计，对于现有税收税率，在未求得抵补办法前，暂不增减。

己．地政

现已办过上陈地报（原文如此，应为"土地陈报"）县份，应就整理增加之收入，继续办理土地测量；尚未办理陈报县份，除边区贫瘠各县外，统限一年半内完成土地陈报工作，五年内完成土地测量工作。（陈报后，收入增加之县份，若提一年增加之全数或半数，即可开始办理土地测量；测量完毕，土地经过整理，负担平均，更可确定增加收入。）

庚．卫生

一、委托各大学研究本省出产之药材，并大量训练药剂化学人员。

二、筹设边区医院，训练兽医人才，并增加血清制造量。

三、训练卫生行政人员及初级医务人员、各地行业之中医及助产士，使能服务卫生事业与诊治贫民疾病。

辛．经济建设

一、设立生产计划委员会。先就本省必不可少之物品，有赖国外输入者，估计其需要数量，分别设厂自制，务期达到自给之目的，以固抗战基础。此计划委员会，应由教育与建设主管机关切实合作，务使人才之供给切合事业需要。为防生产过剩，应尽量组织工业合作社，使供求相应。

二、扶助设立消费合作社，以减轻低薪人员之生活负担。

三、就本省现有水道，分别建筑闸坝，以利航运。其主要水道，在三年内，除灌溉利益外，应使终年通航。此项测量计划工作，应于六个月内完成。

四、为便利政令推行，增进行政效率，应于一年内完成全省电话网的建设工作。（如一时不易铺设长途电话，可于偏远县份设置无线电收发报机。）

五、为调剂全省地方金融、扶植农矿工商各业、增进生产、发展经济,应设置四川兴业银行。

壬．教育

一、本政教合作与建教合作之宗旨,务使学校造就之人才切合实际需要。整理办法,先从慎重任免、整饬学风、充实学校设备及督促教员进修入手。

二、划定中等学校学区,根据人口密度与交通情况,作平均分配,并改进其质量。

三、切实推行义务教育及民众教育,提高小学教师待遇。依据县各级组织纲要规定办法,务使每保有一国民学校,每乡(镇)有一中心学校,在三年内务须普遍设立。文化较为落后之边区,教育经费不能自给者,应特予补助。并训练边区工作人员,以应发展边教之需要。

(原件存中国第二历史档案馆)

四、抗日救亡

四川自贡抗敌后援会成立宣言
(1937年7月21日)

自"九一八"国耻演成以来,日本帝国主义侵略日亟,东北半壁,形成残破,扶持儿皇,僭号称帝,怂恿殷逆,组府冀东,武力走私,毒化华北。复欲深窥内地,非法设领成都。现更大势演兵,无端轰我宛平,咄咄逼人,处处挑衅。远如华北之新要求,近如汕头之殴警案,莫不令人发指,疾首痛心!

此次卢沟桥开衅之初,经我政府提出抗议,彼愿撤退肇事之兵。殊料阿蛮善诈,媚言诳我当局,阴谋加强在华兵力,甲车列列,继续开来,飞机炸弹威胁上空,似此狼子野心,早干人神之怒。幸我守土将士,誓愿竭尽孤忠,作北道之干城,靖边疆之狼虎,浴血杀贼,存亡共土。我自贡市廿万民众,虽偏处西陲,而国家兴亡,责亦共乎匹夫,乃于斯时组织自贡市抗敌后援会,自愿枕戈仗剑,歼彼顽虏,敌忾同仇,沉舟破釜,拥护中央之国策,保持领土之完整,作前敌将士之后援,不受任何环境而气馁。以倭奴之血,膏我白刃,以倭奴之肉,饷我饿哺,不收复失地,何颜以见先烈!不踏平三岛,誓不反身回顾。谨此敬告国人,尚望赐以方略,共起御侮,群策群力,王相车辅,俾奠国基于磐石,□倭患于永平,则党国甚幸,本会甚幸。

1. 卢沟桥事件是日本帝国主义者破坏东亚和平的暴行!
2. 卢沟桥事件是日本帝国主义者欲灭亡中国的初步!
3. 卢沟桥事件是日本帝国主义者对中国能否抗战之最后测验!
4. 卢沟桥事件是日本帝国主义者夺取华北之最后试探!
5. 全市民众一致在党国唯一领袖指导之下团结起来共御外侮!
6. 全市民众一致在党国唯一领袖指导之下团结起来收回东北失地!

7. 全市民众在此最后关头应巩固自卫阵线！
8. 全市民众在此最后关头应在攘外不忘安内原则之下肃清汉奸。
9. 全市民众在此最后关头应在中央策动之下援助守土将士！
10. 三民主义万岁！

（原件存中国第二历史档案馆）

四川各界抗敌后援会关于成立大会的通电
（1937年7月23日）

（1）就成立事通电全国

各省市（衔略）钧鉴：吾国内忧方靖，外患频生，暴日侵凌，有加无已。近来芦〔卢〕宛之变，举国兴悲。天下兴亡，匹夫有责，凡我同志，应抱爱护党国之革命热诚〔忱〕，拥护领袖之四大伟论，同心同德，磨砺以须。现在本省已于七月十七日成立各界抗敌后援会，一俟全国总动员之日，定当事先效命，救亡图存，冀以倾国之师，大雪积年之恨，敌忾同仇，曷胜奋勉。特先电达，不尽鄙忱。四川各界抗敌后援会叩。皓。印。

（2）电呈蒋委员长

南京。蒋委员长钧鉴：此次芦〔卢〕宛事变，寇犯平津，举国同心，图存御侮。远领伟论，至佩尽忱。敌忾同仇，自当奋勉。现在本省已成立抗敌后援会，发各界民众，无不披发缨冠，枕戈待命。谨先电呈，伏惟爱察。四川各界抗敌后援会叩。

（3）电呈川康绥靖主任公署主任刘湘

急。成都。川康绥靖主任公署刘主任钧鉴：塞寒秘电悉，钧座忧国忠谋，请缨杀敌，和平绝望，洞见机先，说论尽筹，极深钦仰。本会爱国不敢后人，现正加紧工作，扩大宣传，誓为抗敌后援。于中央整个计划之下，共赴国难，危亡迫切，宁惜牺牲。特此电呈，不胜悲愤。四川省各界抗敌后援会叩。漾。印。

（4）通电声援宋哲元

急。北平。宋委员长明轩勋鉴：强寇入室，窥我堂奥，贵部捍卫守土，浴血奋斗，艰苦支持，动在在典□凡在国人，闻风兴起。敝等集合全川志士，誓为后盾。特电奉慰，敬祈炤察，并盼捷音。四川省抗敌后援会叩。鹄。印。

（原件存中国第二历史档案馆）

成都市政府调查"民先成都总队"活动情形呈
（1938年3月14日）

案奉钧府秘字二十七年一月二十六日发第一一五○号密令，饬查报成都民先总队部于一月十六日，有无在盐道街集合队员及下乡宣传情事，以凭呈复。等因。奉此，当经派员多方秘密调查，兹据报称："该队名称为中华民族解放先锋成都总队部，于民国二十五年六月成立，其内容组织，系总队部下设若干区分队，每队队员约十余人，负责人为韩天石（现住四川大学理学院）、周海文等。工作地点多在成都附近各县及乡镇，其宣传品有《民先汇报》及抗日先锋刊物。据盐道街该管警署、保甲人员暨同院附近各居民声称："上月十六日，并未见有人在该处集合。"并据该队负责人称："决于短期内解散其组织"等语。前来。查该队组织及所发刊物，均未依法呈经本府核准有案。核阅刊物内容，大致以宣传抗日为主旨，其工作地点，多在本市辖区以外。有无越轨行动，无从揣测，除饬随时严密注意外，所有查明情形，理合检同原刊物五份，具文密呈钧府俯赐鉴核，指令祗遵。谨呈四川省政府。

（原件存中国第二历史档案馆）

四川省会警察局侦缉队调查胡绩伟及《力文》《大声》等刊情形呈
（1937年3月15日）

窃职顷奉发下邮电检查所交来川大法学院胡绩伟致自流井陈劲秋函一件，饬查具报。等因。遵查《大声》刊物即《力文》刊物化身，过去当西安变起，《力文》刊文上载有《关于巩固抗日力量问题》论一篇，言论反动，经省府明令停刊后，即改名《大声》，继续出版，其编辑、发下、住址等，除已于该刊物上著名外，胡绩伟等实与。然查胡绩伟系川大法一年级生，与周海文、涂万鹏三人同寝室。更有史学系二年级之康乃尔（住留清院）、韩天石（农一年级，住理学院）、彭文龙（数一年级，住文院西院）等，与胡绩伟均同声气，大约均属于"人民阵线"者。该项刊物，据查其印制完整后，即由各个人分散介售，其祠堂街努力餐挂牌发行所亦留有一部，不久曾有人向彭文龙处购得少数。更查去岁陕变中，此间发出学生会传单者，亦该刊物中人所为。第彼辈此日仅做文字工作，尚未见有若何反动行为。仅将查得情形具报鉴核。谨呈代局长周。

（原件存中国第二历史档案馆）

张曙时给中央的报告
（1937年12月20日）

〔上略〕

自去年冬在我们领导及影响下的如学生、妇女、新闻记者、文化界、业余等三十几个单位团体，发起组织各界救国联合会，即不断的救国工作在继续开展着。这在上层刘湘方面是主张抗日而予民众救国运动以便利，下层群众受各省救国运动蓬勃的浪潮所波动，一般热情分子，在顺利的环境下，逐渐增加起来，左派刊物如《大声》《救国周刊》及我们所出的《新时代》《建设晚报》，皆先后出来了。以民族统一阵线、抗日救国的政治为号召，刘湘又在救国联合会的推动之下，坚持抗日救国立场。在这种上下层配合与联系作用上，刘湘的影响很大。同时，重庆方面的救国联合会也发动起来，重庆虽在行营压迫下比较困难，而在领导人的技术上运用得法，尚未遭受什么意外。一直到春天，川军改编时期，国府与党部令禁各地救国运动，曾有一度的压迫，我刊物被禁止出版，法西斯方面还主张抓捕救国分子，可是，在刘主张抗日的作用下，我刊物不久也就坚持下去。

自我秋月返川后，适他们以抗敌后援会的组织来分裂救国运动，想用党政军统制来统治民众。我们在民族统一阵线及和平、合法、公开的原则下，群众一致参加抗敌后援会去争取工作，以工作来代替他们统治。救国会活动，暂时保留作推动机关，以后援会为工作工具，取得公开合法的基础。一切下层各部门的工作，虽然他们党政军在领导地位，左倾群众〔已〕在中下层执行救国的任务了。抗敌后援会上层内部计划的人，我们群众与同志皆打入去推展实际工作，在这工作中普遍发展起来的每个城市住户，皆在推展组织，乡村中也在扩大宣传。而具体的组织上，如歌咏队、妇女抗敌会、各学校抗敌会、记者会，各区指导组〔织〕国防剧团、文化救亡协会、救护班以及雨后春笋班〔般〕的救亡刊如《星芒》《救亡》《青年文艺》《文化界》《妇女呼声》《现代教育》，国防剧社、国防教育促进会等。另外，在这种救亡运动开展中，如民族先锋队、各学校的读书会、座谈会、小组会等等接近我们领导的群众组织，也就增加了。抗敌会出版的《国难三日刊》，也由我们同志与民众在编辑而收很大的效果。

〈下略〉

（原件存中国第二历史档案馆）

中统局关于重庆文化救国团体及共产党人活动情况的通报

（1939年8月3日）

溯自"七七事变"以迄国民参政会在渝开会后，一般共产党徒均纷纷先后来渝，从事大规模之活动，如把持救国团体、文化团体及吸收青年学生与工人等，以事宣传煽动。自"五三"敌机狂炸本市区后，该党亦多随民众而移往四乡活动，其昔之对象，如"青运"方面之中国学生总会，因五月书店（该会原设该店四楼）之迁移及各校之疏散而迁往北碚，文化方面则随书店而散入各市镇，工运方面亦以印刷工人等之迁移而移动。至向以一般浅识小市民为对象之平民法律指导所（沈钧儒领导）今已门庭冷落。但共党之全盘工作，并非完全停滞及分散，至城外及各邻县积极活动，树立基础。兹将其最近在渝活动概况，查报如左〈下〉：

一、共产党在渝之一般活动方法

查共产党在渝之活动对象系专门注意吸收青年学生及工人，本市沙坪坝因中央大学、重庆大学、南开大学等均设于此，严〔俨〕然成为文化区，故学联会在此设有分会，担任吸收青年之任务。青年职业互助社亦由城内迁化龙桥工作，白沙因设有大学先修班，江津因川东师范、重庆女师在此，故均有共党秘密活动。民族剧团自出发合川、遂宁等地流动公演，共党之宣传亦随〔之〕而深入各地，至一般尚留市内之团体，以人员分散不易召集，故一切活动较为困难，惟富于宣传与煽动性之壁报，则普及市内，并有利用电力厂汽车带至郊外张贴，吸收乡民。另外更积极煽惑青年印刷工人，如重庆各印刷业及各报社排字工人，其思想左倾者占大多数。在文化界则由《新华日报》领导，利用生活书店、战时书报供应所等外围团体从事活动，大量售卖赤色书籍，以麻醉青年，在政治上则利用周恩来、郭沫若、邹韬奋、柳湜等之政治关系，与人民阵线派及武汉华北宣传队、华北同学工作队等，以救亡名义相号召，吸收一般徘徊歧路之青年，在言论上则曲解主义，谬放厥词，如对三民主义及国民精神总动员之解释，左倾刊物上每多作歪曲之理论（六月二十一日《新华日报》华北版——重庆出版——社评《挣扎论》，即暗中攻击本党）；在军事上，则以第十八集团军办事处及各共党要员私人关系为主体，吸收各部队之下级干部，但活动力尚微小，此外并常派人加入我三民主义青年团各机关活动。

二、共产党在渝活动之基干机关

查中共中央于本年五月派有党代表何克全由延安来渝指导渝市下列基干组织，加紧"中学"（中国共产主义青年团）及"大学"（中国共产党）之工作活动。

（一）新华日报社社址设［于］西三街二号，负责人［为］社长潘梓年，总编辑［为］华西园。该社发行有《群众》周刊一种，专门宣传共产主义理论及夸大颂扬第八路军战绩，以煽惑现代青年心理。该报前因军委会令归并重庆《联合日报》停刊，现已于八月十三日复刊。查该报除总社址设于市区外，并在化龙桥正街一六五号设有营业部分售所一处，为共党在成渝公路一带较重要之活动机关，职员十余人，由易继光、周曼清负责。除与第十八集团军驻渝办事处相呼应外，并大量推销《新华日报》华北版（查《新华日报》华北版，近在本市各军警机关已奉军委会令查禁）及各种共党出版之赤色书籍。又小龙坎亦有《新华日报》发行站一处，亦系共党活动机关。但除化龙桥、小龙坎二处外，其在沿成渝路一带之最活跃机关当推该报沙坪坝代派处。该处设于沙坪坝生活书店内，负责人系生活书店经理李某（李系共党中较重要人物）。前在汉口成立之赤色团体作青年运动最力之中国学生联合会及中国共产党重庆区委组织，亦均设于内。在共党要人、现任军委会政治部副部长之周恩来氏，未离渝以前，每星期往返此间数次，是征其重要性之甚也。

（二）第十八集团军驻渝办事处。处址设在成渝公路红岩嘴复旦中学附近，处长钱之光（浙江人），但实际负责人为共党中央要人董必武（董现任国民参政会参政员）。兹将处内重要职员（活动有力党员）开列于下：科长刘恕，科员刘士杰，副官刘露、李吉大、史维然、陈维志、牟爱牧、钱士良、董献之，文书边爱莲（女）等，其活动对象除担任一部分青年学生运动外，则多半从事军队下级干部运动。

（三）董必武私人住宅。董系鄂人，为共党中央要员，现为参政员，住距化龙桥半里之红岩嘴三十三号，妻何氏，不详其名。共党要人中如史乃展、邓颖超（周恩来之妻）、秦邦宪、吴玉章、潘梓年之辈，均时在其住宅内聚集谈话，并就近指挥沿成渝路一带干部人员活动。

三、渝市共产党基本外围团体调查表

团体名称	领导人或负责人	原住地及新迁地址	近来活动概况	备考
中国学生救国联合会	郑代巩、程全楚、杨永栋、争曦	原住米花街五月书店四楼，迁北培支店四楼	该会文件由生活书店收转，郑代巩常在该地活动，并常到沙坪坝各大学活动	

续表

团体名称	领导人或负责人	原住地及新迁地址	近来活动概况	备考
中华木刻界抗敌协会	冯换、郫中铁	由东口楼六十四号迁至公园路十八号	最近工作沉寂	
自强读书会	冯兰瑞、刘景钟等	原设本市青年会少年部内，现仍未迁移		已并入青年会少年部内
战时书报供应所	钱俊瑞、邹韬奋	原设王爷石堡四号，近迁至通远门外罗家湾二十一号	现仅出壁报，其他活动沉寂	
书世界同人联谊会	张国钧	现仍住曹家巷二十八号	轰炸后无公开活动	
七七少年剧团	罗时惠	原住巴蜀中学，迁入菜园坝树德小学	近来较沉寂，无多活动	

四、本市共党之普通外围团体

团体名称	领导人或负责人	原住地及新迁地址	近来活动概况	备考
民族剧团	彭盛保	原住朝阳门十六号后院，因流动演剧，相抵遂宁	自出发合川移动演剧，现已至遂宁，作甚热烈，开幕前报告时，势多左倾	
七七宣传队	程远女士	仍住白象街七号	近来作演剧活动	
中航歌咏队	华斌	仍住上南区马路一八二号	除仍吸收该公司以外之青年妇女外，无其他活动	
一二九剧团	王德硕、郑代巩	原为秘密活动，无固定地址	自成立后只注意思想训练，不注意艺术研究，故尚未演出即陷于停顿	现已解散
青年歌咏研究社	罗昌友	原设青年会少年部内		现已并入青年会少年部
戚继光中年团	王俊生、方义学等	原设青年会少年部		现已并入青年会少年部
民众歌咏会	舒稷、杨仲尧、汪敏、苏文海等	原设青年会少年部内		现已并入青年会少年部

续表

团体名称	领导人或负责人	原住地及新迁地址	近来活动概况	备考
青年职业互助会	桂华之、李济安、杨永栋、周日辛等	原设一牌坊十九号，现迁至化龙桥六十二号	出壁报、组织剧团，以作宣传工作	
铁血少年团	李德宏、陶牟	原设青年会少年部内		
中国平民法律指导所	沈钧儒、牟布希、徐焕章等	仍设青年会内	除有共党秘密文件指导机关之嫌疑外，无大活动	

五、共党分子参入之团体（在本市内）

团体名称	领导人或负责人	原住地及新迁地址	近来活动概况	备考
怒吼剧社	唐合生、傅伦、黎明、李淑耀、余克稷、康庄	原住铁板街中央通讯社内，轰炸后迁入电力厂宿舍及川康银行二楼	现正积极推进工作，城内由唐、傅等召集，城外由李、黎召集	轰炸后损失器具计四百多元
华北同学会工作队	王世槐、郑代巩、黎明诺、张瑞芳	先借住市党部，后迁至市商会内，六月六日迁至府街抗敌会战时服务团二楼	除壁报仍照常出版外，其他工作停顿	该团系以抗敌后援会慰劳组之战时服务为掩护

附记：查中国文艺协会重要分子舒舍予（老舍）、宋之的、陈纪滢、罗荪、赵清阁均为著名左翼作家，最近老舍等数十人组织文艺协会慰劳团已赴北战场劳军，彼辈行恐与延安中共中央发生其他作用。

（原件存中国第二历史档案馆）

四川省政府转饬调查车耀先在蓉活动情形密令

（1939年1月7日）

字第0066号令成都省会警察局

案准中国国民党中央执行委员会秘书处本年一月十二日发渝俭文字第七四号密函开：据报，共党车耀先在蓉活动情形：（一）车与薛特恩（前共党成都市市委书记，为理发工人出身）等所主办之《星芒周刊》停刊后，现又创办《新生周报》，社址设于祠堂街努力餐馆内。（二）组织抗敌歌咏团，下分抗一、抗二、抗三三大队，尽量吸收成都各阶层中之优秀分子。惟车本人对歌咏本属外行，故主要负责人为新由陕北抗大归来之学生张鹏举等语。除分函外，特此密达，即希查照，密切注意等由。准此，除分令成都市政府、警备部知照外，合行令仰该局遵照，即便遴派干练精细人员，严密注意侦查该共党行动，并将其活动情形随时详密具报，以凭核办为要。此令。

（原件存中国第二历史档案馆）

四川省政府为查明车耀先被捕情形密令
(1940年3月19日)

秘一字第3096号令成都市政府

案据成都市祠堂街民妇车黄体先三月十七日报告一件内称：窃氏夫车耀先，年四十六岁，大邑县人，住祠堂街一六三号，开设努力餐楼生理。突于昨夜十二时，被无符号无证件携带短枪之十余人，破门入室，不说缘由，禁止馆内人等行动，四处搜查箱柜后，估将氏夫拉去，不知去向。氏以该等既无证件符号，又无保甲军警同路，若谓政府逮捕人民，决不至毫无手续，当即驰报西区警察局，奉谕赓即予以清查，仍将被拉经过情形具报备案等因。除分报外，谨将经过情形具报钧府，恳予彻查究竟，以重人命而维治安，不胜迫切待命之至。等情。据此，除批示并分令外，合行令仰遵照查明办理具报，勿延为要。此令。

兼理主席　蒋中正

（原件存中国第二历史档案馆）

五、川军战绩

川康绥靖公署主任刘湘为民族救亡抗战告川康军民书
(1937年8月26日)

中国民族为谋巩固自己之生存，对日本之侵略暴行，不能不积极抵抗，此盖我全国民众蕴蓄已久不可动摇之认识。今者，自卢沟桥事件发生，此一伟大之民族救亡抗战，已经开始；而日本更乘时攻我上海、长江、珠江、黄河流域各大都市，更不断遭其飞机之袭击。我前方将士，奋不顾身，与敌作殊死战，连日南北各路，纷电告捷；而后方民众，或则组织后援，或则踊跃输将，亦均有一心一德、誓复国仇之慨。

默察此次战事，中日双方均为生死关头，而我国人所必须历尽艰辛，从尸山血海中以求得者，厥为最后之胜利。目前斗争形势，不过与敌人搏斗于寝门，必须尽力驱逐［其］于大门之外，使禹域神州，无彼踪迹，不平条约，尽付摧毁，然后中国民族之独立自由可达，而总理国民革命之目的可稍告完成也。惟是艰苦繁难之工作，必须集四万万人之人力财力以共赴。而四川为国人期望之复兴民族根据地与战时后防重地，山川之险要，人口之众多，物产之丰富，地下无尽矿藏之足为战争资源，亦为世界所公认。故在此全国抗战已经发动［之］时期，四川七千万人民所应担荷之责任，较其他各省尤为重大。我各军将士，应即加紧训练，厉兵秣马，奉令即开赴前方，留卫则力固后防。各界奉公人员与文化知识分子，更应集中精力，分配部门，一致努力于后方民众之组织训练与战时管理建设诸工作。我农工商各界广大民众，为组织中华民国之主要分子，尤应认清责任及民族解放与民族抗战之不可分割，敌忾同仇，毁家纾难，在国家统一指挥下，整齐步调，严整阵容，在整个民族解放战线上做最前进之先锋，在实际战事上为前方之后盾。如此军民一心，上下共济，舍国家民族无意识，掷身家性命于脑外，只知抗敌是目前唯一的中心，只知抗敌解放中国是唯一的坦道，排除一切歪曲的认识，克服一切事实的障碍，前仆后继，百折不挠，则最后胜利必属于我民族，而抗战始于斯时告其完成。

湘忝主军民，誓站在国家民族立场，在中央领导之下，为民族救亡抗战而效命。年来经纬万端，一切计划皆集中于抗敌。睹我七千万同胞抗敌情绪之高亢激昂与其意识之坚决，所以领导提挈之者，惟恐落后。今战幕已启，正吾人躬行实践之时，是非诚伪，正于斯时判决。我各界人士尚不及时奋然兴起，平日空言高论之谓何？务即摩顶放踵，贡献民族斗争。湘倘或不忠于抗战，愿受民众之弃绝；抑或各界人士反暴弃退缩，湘亦执法以绳其后。须知国家民族之生命系于此时，非可再容吾人之瞻顾与假借也。至敌我长短，政府知彼知己，早经分析；连日前方战报，亦已予吾人以事实上之证明。

总之，我民族为自己生命及世界人类公理与正义而奋斗，势逼处此，虽赤手空拳，犹当与彼飞机重炮一角。何况我优势正多，前途利钝，只系于吾人今后决心与努力之程度如何。我各界人士，其共兴起！我各界人士，其共凛之哉！

（原件存中国第二历史档案馆）

孙震、邓锡侯报告一二四师等部在阳泉平定一线战况密电

（1937年10月）

（1）10月27日密电

南京委员长蒋钧鉴：枕密。职宥亥秦参电计入钧览。职刻行抵潼关，渡河北岸。顷据〈124〉师曾旅感亥电称，职旅宥夜赶到阳泉，奉黄副长官、孙总〔司令〕连仲命令：星夜兼程赴平定县前方石门口，部署阵地。感巳方到石门泺〔口〕，午刻即与敌人接触。敌以飞机、大炮、机枪猛攻石门，我阵地自午至亥，死伤甚重。职督部尽力撑持，暂以牺牲决心，固守该点。等语。至王师战况，候得报，即转呈。职孙震叩。感亥潼参。印。

（2）10月30日密电

急。委员长蒋钧鉴：枕密。职等本晨到达太原。〈122〉师及〈24〉师曾旅，现在南磐、平定、阳泉之线，正激战中，归孙连仲指挥。〈127〉师之一旅已到达榆次，一旅在同蒲道上，〈125〉师在宝鸡至西安路上。除战况另电详报外，谨呈。职邓锡侯、孙震叩。卅巳。晋。印。

京委员长蒋：○密。宥亥秦参电计入钧览。顷据王师俭申电称，职师王、童两旅在西回村与敌遭遇，经有、宥两日激战后，官兵伤亡二分之一以上。计塞团陈营在争夺阵地中全营牺牲殆尽，王团连长伤亡十员，排长廿余员。现奉黄副长官命令，撤守平定县西南上下磁头大道，并从事整理。等语。又据曾旅俭称，职旅奉命扼守平定前方石门口、西郊村一带，感巳起迄俭止，与敌激战。我七四四团伤亡颇重，其黄营因迭次向敌

逆袭，全营牺牲，仅余数十。现奉命移守北阳、夏庄之线。等语。谨呈。职孙震叩。卅亥。并参战。印。

(原件存中国第二历史档案馆)

第二十军杨森部淞沪会战战斗要报
(1937年11月)

一、战斗经过概要

淞沪会战开始后，军于九月一日动员全军，由贵阳出发，徒步沿湘黔公路强行军，于九月二十四日兼程赶到长沙，当夜改乘火车，沿粤汉、平汉、陇海、津浦、京沪线，向东战场急行输送，于十月八日在南翔附近下车，加入战斗。

十月九日，军主力在上海近郊老人桥、郁公庙、新泾桥、谈家头、池后宅、战头桥之线，构筑第二阵地带工事，一部在输送中。时敌在淞沪方面正第三次增援，第四次总攻，企图[以]中央突破，截断京沪联络，故蕴藻滨附近之战斗甚为激烈。我在塘北宅、盛宅地区之友军第七八师，死伤惨重。军曾遵19AG总司令薛电令，以先到达之134D集结谭家头、新泾桥，准备增援。余仍续行筑工原任务。

十月十日，南翔西北地区，敌攻势亦极猛烈。当晚军尚未全部集结完毕，即奉命接替税警总团及22D盛宅、桥亭宅、顿悟寺、陈家行之线之守备，遂进入阵地直接与敌发生血战。十二日拂晓起，敌以一旅团之众，配合特种部队，指向陈家行东侧猛攻。经我134D迎头痛击，反复冲杀，激战至十四时，敌势不支，陈家行失而复得。十三、十四两日，敌再兴攻势，增援一部，在优势炮、空军掩护之下，向我原线，以排山倒海之势，继续进犯。我亦增加133D（缺在输送中之399B）猛烈出击，官兵前仆后继，视死如归，其壮烈牺牲之精神，洵足惊人。不意，苦战至十四日十五时，我各兵种未协调，顿悟寺西侧工事被敌摧毁，守军先纠华营全部殉国。一点突破，全阵几为之震撼。此时军长在小南翔，本与阵地共存亡之决心，令134D师长杨汉忠率部努力施行逆袭。该师长忠勇奋发，在敌机俯冲轰炸与扫射下，虽弹穿左股，亦能不顾一切裹伤前进，遂致全军感奋，而于是日傍晚恢复原阵地。十四日夜，军当面敌再度增援，再度猛进，锐不可当。我副军长炯、133D杨师长汉域，均在第一线坑壕指挥督战，须寸土必争，故陈家行、顿悟寺一带阵地形成焦土，当第三次告失守，而终于十五日黄昏前由盛宅反复施行逆袭，迅速夺回原地，全线屹立，依然无恙。十六日晨，敌又作第四次侵犯，然已一鼓作气，再而衰，三而竭，与我争夺半日，毫无所获矣。亘全战斗经过，军长以下各高级指挥官均亲临前线，士气旺盛，诚所罕见。

十六日十二时，军在陈家行、顿悟寺及其附近原阵地，依照规定绘图，正式交代48A接替后，即在纪王庙、吴淞江西岸附近，构筑后方阵地。并整编133D、134D残余部队为一个师，归133D师长杨汉域指挥。编余官兵，由134D副师长李朝信率往安庆训练新兵。

迄十一月七日夜，军奉命经安亭、昆山道向吴（苏州）福（福山镇）线转进，受11C军团长上官云相指挥，构筑甪直镇、真义镇、吴家滨、巴城镇、东塘堡、古里村亘梅李（常熟东）之线之阵地工事。十一月十三日由长江西周市、浒浦镇登陆之敌，于突破我江防友军阵地后，忽向军133D（缺397B加402B/134D）侧背急袭，赖我官兵沉着应战，未受意外重大损害。

十一月十八日，军在洋〔阳〕澄湖、昆成湖、常熟之线占领阵地，构筑工事。时昆成湖西岸有敌小部登陆。十九日晨，苏州亦告失陷，我15AG正逐步向西转进，1A在无锡南方沿苏锡公路布防中。军以掩护15AG主力南侧安全为主任务，经努力奋斗，艰苦撑持，始得遵限于十九日晚完成任务后，亦向溧阳西进，准备尔后之作战。

二、敌兵力、部队号及特异之装备

与本军战斗之敌为近卫师团之一旅，第三师团、第九师团、第一〇一师团之各一部，另配属空军、战车、炮兵，总兵力约在二万以上。

敌之陆空军装备均较我为优，我制空权殆为敌掌握，我炮兵殆为敌炮压制，难以自由活动。

三、敌我损害概数〈略〉

四、所见

当军由贵阳出发时，滇黔绥靖主任公署给予本军之行军计划，规定五十九日到达长沙，但军仅费二十四日即已赶到，足见各官兵同仇敌忾，爱国情殷。进入淞沪战场后，其杀敌精神更不可侮。军在南翔尚未集结完了，战场内敌情、地形、友军状况亦未十分明了，即奉命加入战斗，致犯仓猝及逐次使用兵力之过失。既设阵地内，坑壕过深、过窄，交通、防空、排水及逆袭设备不良，防御正面有限，全线特别拥塞，更蒙极大不必要损害。亘全战斗经过，军无直协炮兵，故步炮协同困难。各级指挥官无阵地战经验，牺牲精神有余，歼敌能力则不足。

附表〈略〉

军长　杨森
中华民国二十六年十一月

（原件存中国第二历史档案馆）

邓锡侯、孙震致蒋介石密电

（1938年3月18日）

特急。武昌委员长蒋：勉密。一二四师自滕县冲出之通信兵丁世俊报称："我军死守滕城，自删迄篠，敌军大部突攻，飞机、大炮猛轰不绝。铣日城已轰塌数处，随以麻袋填补。友军联络迄未取得。篠日城垣轰毁尤多，王师长、税副师长督临官兵浴血抗御，伤亡无数。至篠日敌乘城倾塌冲入城内，我军誓死巷战，全军完全壮烈殉城。"等语。职军迭受军训成仁尽职。此次为保障津浦北段，王、税两师长及王永械团在滕城、谭团在龙山、姚团在普阳山均全部牺牲以尽军人天职。除派员侦查最后冲出官兵设法收容外，谨呈。职邓锡侯。孙震。18·14。柳战。印。

（原件存中国第二历史档案馆）

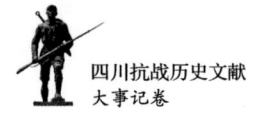

四十一军一二四师三七○旅鲁南战役战斗详报

(1938年7月16日)

一、战斗前彼我形势之概要

敌寇以邹县为战略据点，以两下店为战术据点，厚集兵力于邹县，其主力指向我津浦路以西山地本旅地区，置于石墙、羊宿，其迂回部队绕向三山，威胁我高庄、池头集之侧背，拟一鼓将我扫荡后，直扑滕县，进陷徐州。我师以巩卫滕县及巩固界河阵地为目的，以本旅（缺两营又两连）位置于东深井、纪寨、长峪一带地区，掩护界河之左翼，以三七二旅余团（缺一营）位置于池头集、高庄，掩护我左翼。

二、影响及于战斗之天候气象及战斗地之状态

旬日以来，天候晴明，日出于午前五钟左右，日没于午后七钟左右，晚有星光月色，颇可辨识途径。敌常于黎明后运动部队，午前九钟或十钟试攻，十一二钟则全力攻击，至午后五钟左右则停止攻击。敌飞机亦常从午前八九钟活动，至午后四钟左右。我则常利用夜间运动部队，规整阵地及作一切补给之处置。然敌战车在开旷地中，亦常于夜间不断活动，敌攻滕城时，因目标显著，夜间仍炮轰不绝。东深井、长峪、纪寨、高庄均为小山丛绕，可以扼制敌之战车活动，堆山皆石质，于我守御无益。又金斗山以东及以北，窟窿山及界河以南，同滕县附近，均系开旷之平坦地，足资敌之战车活动，我攻守均感困难。

三、敌我之兵力交战、敌兵之部队番号及将帅姓名

沿津浦本道南侵之敌，为矶谷师团及板垣师团同刘桂堂匪部，我当面之敌为矶谷师团之福蕊旅团。

四、各时间之部署及其附带之理由

三月八九两日，据陆续侦报，敌从津济专车运兵到邹县，日夜不息。本旅奉命由游击态势转为防御准备，当部署如下：吕团蔡营附陈营（缺两连）为右地区队，就长峪至金斗山一带地区，占领阵地；王团康营为左地区队，就金斗山迤北至纪寨一带地区，占领阵地；王团雷营为预备队，位置于东南深井，并就窟窿山东西一带高地构筑预备阵地。

三月十五日，敌突破我右翼及界河，而进扑滕县，我后防空虚，乃乘夜移转至李店和福村及大小坞一带地区占领阵地，本旅位置于李店和福村，曾旅位置于大小坞，互为犄角。

三月十六日，敌围攻滕县甚急，午后三时三十分，奉副师长税命令，其要旨如后：1. 师有巩固滕县、待汤军团增援之目的；2. 曾旅肃清西门外之敌，保持后方交通；3. 本旅肃清南门外之敌，巩固滕城。午后四时三十分，分两纵队：曾旅为左纵队，本旅为右纵队，向滕县转进。午后七时占领大小阎村，午后九时完全肃清腾城西外一带敌寇。当又奉副师长税命令（要旨）：1. 曾旅即在西门外占领阵地，保持交通；2. 本旅以一营接守东门外一二二师严管阵地，其余为城防预备队，位置于城内，当作如下之处置：1. 令雷营驰赴东门外，接守一二二师严营阵地；2. 令蔡营、康营（战后新编不足两连）、陈营（缺两连）为城防预备队，位置于城内，并各赶筑坚固防御工事。

五、各时间之战斗经过及其关联之邻接团队之动作

三月十二日正午十二时，敌之攻击部署似已完成，以步兵约三四百、附炮两门，攻我簸箕掌蔡营徐连阵地，炮轰后并以步兵冲击，激战约三小时，经派高连从左翼出击，敌即引退。是役，毙敌约数十人，我亦略有伤亡。

三月十三日午后一时，敌之迂回部队已到三山，并以步兵约一营、骑兵数十、山炮四门，由羊宿绕攻纪寨迤北至我康营阵地，中途被我伏兵截击，毙敌指挥官一名，敌骑十余，步兵数十，敌前锋完全溃散，故未敢再进，乃以大炮向我阵地轰击，约两小时之久。此役，我只伤亡十余人。同日午后，三七二旅余团长率兵两营到达池头集，并奉命归职指挥，当令进驻高庄监视三山方面之敌。

三月十四日午前十一时，敌以大炮七八门，轰我金斗山陈营阵地约一小时后，续以骑兵五六十、步兵七八百，分路进扑，激战至午后二时，经我蔡营抽兵三连由右翼出击，敌不支，溃回石墙。

三月十五日午前七时，敌步兵约二千余人，骑兵百余，大炮十余门，沿石墙至南阳镇公路向我康营阵地进扑。又敌约七八百，附骑兵数十、山炮四门，由三山向我侧背之高庄绕袭。另有敌千余、骑兵数十、大炮八门，由大颜村向长峪、金斗山我蔡陈两营阵地进袭，各路敌炮同时轰击，达九时许，我全部警戒阵地被敌攻陷。但长峪、金斗山一带阵地因地形良好，十分巩固，敌乃集中炮火，用主力向纪寨我康营阵地猛攻，炮轰后以步骑联合冲锋，同时敌机五架低飞助战，几度冲入我阵地，均被我奋勇击退，敌机亦被我击毁两架，落于石墙附近。迄十一时许，康营官兵伤亡过重，已不能支持，乃立令雷营程子仪连跑步往援，到达时，敌已陷入阵地，程连长即率领该连猛勇反冲，并身先陷阵，敌不支挫退，不幸程连长于此时负伤，其部下亦伤亡过半。十二时许，敌增援部队又到，继续猛扑康营汪连阵地，我增援未及，敌已陷入，汪连及其全连官兵同时殉职。敌既得势，乃奋其全力，以扑高庄，冀从池头集绕截我后方，置我于包围之中。赖我余团长坚奋力抗战，予敌痛创，敌乃未逞，然仍继扑不已。我一面规整部队，就窟窿山东西高地进入预备阵地，同时令陈营长洪刚率兵两连，从东深井出击，奇袭敌之侧背，借以支援我高庄之余团。午后三时许，高庄战况至为激烈，敌人枪声极为隆密，当以为倒击我之陈营业已得手。俄顷，高庄枪声反向南进，故甚诧异，立即派员侦察，据报陈营并未出击，尚滞留于深井附近民家，造整午饭。职当愤集雷营余部，拟亲出击，适得余团方面消息，敌已进陷高庄，该团现就池头集附近高地扼拒敌人。同时，得官长谍报及军部魏副官函告，谓敌已突破右翼友军阵地，界河车站已有敌踪，切嘱注意。正疑难间，奉副师长税函令（要旨）：1. 曾旅长率兵两营兼程增加我左翼（余团即归还建制）；2. 本旅即扼守现阵地。其时虽已午后四钟，敌仍续轰池头集我余团阵地不止，当即规整阵地，编配部队，拟入夜后发起逆袭，规复原阵地。五时许，敌攻击停止，只断续以大炮向我阵地轰击，黄昏前敌已占领界河，向北沙河及我阵地后方之韩庄附近活动。我左翼之敌亦已越过池头集之侧后，入夜后曾旅长到达职处，乃研究情况，加以判断，决心于本晚就大小坞、和福村、李店一带地区占领阵地，免于明日为敌所乘。曾旅即于是晚移大小坞，本旅移和福村及李店，并置夜将各处主要阵地完成。

三月十六日午前十时许，敌以战车五辆，直冲和福村雷营阵地，被我赶逐之外壕阻

滞。同时,我又以密集火力猛射,敌不逞,退去。午后三时三十分,奉令(要旨见前)为守城部队。午后九时许,进入腾城,十时许各部到达指定位置(处置及经过见前)。敌澈〔彻〕夜炮轰不绝。

十七日午前四时许,敌攻东关外雷营阵地甚烈,先以重炮及山炮数十门,集中东外十里许之高地临下猛轰。至五时许,东外房屋尽燃,墙壁全塌,敌步兵利用场四周低地凹道,乘拂晓进扑,势极汹勇〔涌〕,但每次均被我击退。敌既受挫,复以重炮如密雨向城内城外乱轰,至八时左右,东外悉成焦土,雷营工事全毁,伤亡累累,敌再度进扑,〔我〕几难支持,立命七四〇团王团长麟率陈营营长陆续移转阵地于西门外。东外阵地既陷,滕城完全失所凭借,敌更移重炮一部至南关外数里处,向城夹轰,并以坦克车掩护步兵冲锋,但每次接城,均被我击退。敌乃集中炮火专轰东南城墙两点,同时以大量烧夷弹向城内轰射,至午后三时左右,南门城墙轰塌丈余,敌即乘势攀登,守城之刘营部队竟以不支,同时城内房屋皆着火,烟尘弥漫,几难睁眼,职当亲率蔡营冲上南门城墙,将登之敌尽数歼灭。蔡营第三连奋勇杀敌,前仆后继,几全部阵亡,徐连长树森、杨排长汉三、傅排长用乾、张排长月清均英勇殉职。但敌以炮火掩护,仍不断向此坍城缺口猛扑,冲入几次,均被我反冲击退,但蔡营伤亡已极惨重,故职一面令在盐店抬运盐包堵塞缺口,一面选派勇迈士兵数人,潜身伏于坍城之内斜面,不断以手榴弹向坍城外投掷,间隔一分钟即投掷一次,使敌无法接近。四钟许,闻东城亦坍丈余,敌已登城,职即立令蔡营高连飞往驱逐,鏖持至六时左右,敌炮火之猛,倍于午前,一分钟之内,计有百余炮弹着于城内,故阖城悉成灰烬,城垛全平,工事尽毁,南门城墙又坍数丈,我伤亡过半,预备队亦已用尽,职面部亦受破片漱〔擦〕伤,然仍亲赴各处勉励各级官兵,誓死抵抗,勿稍回顾。全体官兵及各负伤将士,无不奋励十倍,齐呼杀贼,如此鏖持至七钟左右,敌由东南数处缺口登城益众,并已抢夺西门城楼。汪副旅长朝濂闻报,立督特务排奋勇夺取,汪副旅长竟因以连负两伤,特务排士兵伤亡殆尽,同时东门之敌,亦沿城墙进扑北门城楼。城内各部残队,虽尚有七八百,但混杂无序,指挥困难,然如敌占北门城楼而合围,则此七八百之我军,必同陷绝地,职当奋声急呼,励众一战,并集合蔡营残部数十,亲身先导,冲上北门城楼,将由东门来袭之敌击退,当分配其余官兵,抢据工事,向东南西三方敌寇抗战。是时,东南西三方城上之敌寇机枪火力,完全集射北门城上,我英勇士兵当被击中不少,参谋主任罗毅威随侍职倒立即阵亡,上尉参谋纪文典身负两伤,职头部连中两弹,当即昏蹶〔厥〕。事后据报,幸蔡营长征继续督饬残部,与敌鏖持,入夜后始自毁北门(原系埋塞),分前后两队冲出敌围,一直突贯敌之后方约十余里,再折向西南,追寻本队。职则由梁宴清排士兵以楼梯绑作临时担架,抬负随行。

十八日至夏镇,而临城、韩庄业已失守。归路既断,乃越微山湖,到沛县回徐归队。

(原件存中国第二历史档案馆)

陆军第四十五军战斗详报

（1938年7月30日）

一、战斗前彼我形势概要

敌自台庄会战受创后，其残余部队及新由后方抽调来之生力军，凭据峄县及韩庄各要点顽强抗拒。另以大部一由金乡鱼台，一由萧县掠占砀山、黄口，截断陇海交通，会攻徐州。

本军自四月二十日攻略韩庄未收成果后，即奉命转饬一二五师就周家营、张厂、曹庄之线，对刘庄及韩庄之敌取攻势防御，一二七师协同友军负守备运河由新□子至姚庄一段之责。连日以来，因情势转变，于五月十四日午后十一时奉命全军撤回南岸，守备运河。除以一二五师之一团及一二七师之两团担任河防外，其余部队位于柳泉，为军预备队。

二、敌我兵力及长官姓名

当面敌为矶谷师团、坂垣师团及东北伪军，约数万人。本军自滕县战役后，一二五师并编为两团，即七四六团谭尚修所部，与七四九团李传林所部，统受三七五旅旅长瞿联丞指挥。一二七师并编为两团，即七五七团王永械所部，与七六一团李岳嵩所部，统受三七九旅旅长陈泽指挥。以上瞿、陈两旅为作战部队，统归一二五师王师长士俊指挥。又两师之空旅团营部，因杨、卢两旅长一因病调养后方，一在军训团受训未归，命令统交三八一旅副旅长刘公笃指挥，驻徐州附近训练干部，鲁南转进者全数参加。

三、转进经过

五月十八日午后九时奉总司令孙命令节开：本集团奉命取道孤山集、潘塘镇。官桥、高村、永固镇、观音堂，向是县转进，该军立即开始运动，等因。当转令王师长士俊督率所部，准上列路线开始运动，军师部同特务连及陈龙光营取道清山泉、大庙、韩刘庄、杨庄，向亳县运动。十九日午前八时，军师部及陈营行抵大庙南端，即被敌机十二架往返轰炸至二三小时之久。该处地形开阔，毫无隐蔽，同时，由徐州撤下之部队甚多，麇集一处，疏散不及，以致人马伤亡甚重。午后十二时到达杨庄，彼时情况如下：

1. 王师瞿旅所部正向阻断津浦路敌人冲击中，是否可以越过铁路，尚不可知。
2. 徐州情况不明，我杨庄当面铁路一线之敌，已向我严密布防。
3. 第三集团于总司令会商结果，采取避实就虚之方式，向泗县转进，再相机越过津浦线。

上项办法确定后，当转饬王师飞令瞿旅改道向泗县。讵此命令因距离过远，未能送达，而该旅于十九日晚即已越津浦线。此后，师旅间联络即行断绝。军师部同特务连及陈龙光营跟随陈泽旅后，于二十日入暮开始运动，取道前后尘、张山子、大李集向泗县前进。午后十二时，行抵张山子附近，即与敌人遭遇，激战至拂晓，卒因众寡悬殊，被敌冲散。二十三日，在泗县收容各部溃兵约千四五百人，奉令编为若干小队，统拨归曾代师长甦元指挥，就泗县、宿迁等地区发展游击战术。约一周后，奉命突围，取道明光临淮关间、凤阳寿县间，冒雨奔驰，不分昼夜，虽途中累遇敌小部队，但无激烈战斗。到达六安后，再经立煌、信阳等处，到达樊城。且为避免敌人注意计，部队均系化整为零,以故被服、装具等除遇敌损失外,沿途复累被汉奸、土匪及所谓红枪会、刀儿会等之劫夺,损失特重。

王师瞿旅自与该师失去联络后,即独断处置,仍取避实就虚方式,于十九日晚越过津浦线,取道高村、桃墟、柴里,向睢溪口前进。二十九日到达项城,再到信阳,调赴樊城整理。该旅在转进中,累与敌遇,亦无剧烈战斗。但在官桥、桃墟、睢溪口,均被敌机多队往返轰炸,械弹、行李、公物、马匹损伤特大。又两师之空旅团营及新领之新兵二营,当徐州吃紧之际,奉总司令孙命令统归一二二师王代师长志远指挥。五月十六日午后四时,奉王代师长志远令向拾屯转进,再经安集、新集、王集,向高寨前进。一二七师一部于五月十八日拂晓,在周家寨附近旧黄河故道内行进,遇敌坦克车二十余辆及步骑兵数百人,往复冲击,伤亡甚大。其他各部沿途冲过敌之警戒数道,亦逐有伤亡。十九日,奉王代师长志远命令,在商丘西南门外收容两师失散新兵。二十一日到达柘城,再经周家口。鄢城,于六月十日到达信阳。

总合此次转进经过,各部一再遇敌发生战斗,备受敌飞机、战车之威胁。因轰炸及汉奸、土匪、红枪会等之掠夺,公私物品、武器、被服、装具等损失甚重。所有此役人马伤亡、械弹损耗附表呈报。

四、转进后本军现态

本军各部到达信阳后,奉命集中于樊城,整理训练,于七月二十日编整完竣,计编作战部队一师,其余新兵编为训练部队,分驻于樊城通老河口公路及通南阳大道附近,遵照总部临时训练大纲开始训练。

(原件存中国第二历史档案馆)

李家钰致蒋介石密电
(1941年5月3日)

渝委座蒋:张密。(加表)情报。据高军长桂滋冬电称,(一)自卯敬迄俭,由临汾、潞安一带抽集闻喜敌三百余。艳翼城敌千余,经横水窜闻喜,当晚沿铁路南下,闻系卅六师团二二四联队。现闻喜东北有敌炮兵千余,十五生的以上口径重炮四门,其他重炮七八门,山炮卅余门,民夫三百余,扬言扫荡中条山,渡犯黄河,相机进据西安,以三个月为限。(二)敌先后由北运安、运帆布船二百余只,造木船七百余只,降落伞千余,并在闻喜一带村庄征木板、麻绳甚多。(三)临汾敌养日派出密探四名,赴风陵渡联络渡口船户,又以现住曲沃下郇村(某部谍报员为敌利便〔用〕),日内赴垣曲渡口等情。除饬侦防并将续侦敌动向外,谨闻。职李家玉叩。辰江巳。参义。印。

(原件存中国第二历史档案馆)

杨森致徐永昌密电

（1941年12月30日）

即到。渝军令部长徐：384密。艳日战报："甲、孙军新十一师卅三团艳寅在长湖歼敌步骑官兵中佐以下二百余员名，并获战马十匹，轻机枪一挺，步骑枪廿余支，文件装具百余种，我伤亡官兵百余员名。又卅三团艳子由肖家坡（洪桥西五公里）撤回至洪桥，遭遇敌三四百名，激战一小时，毙敌五六十，我伤亡卅余。乙、杨军：（一）一三四师四〇一团，艳辰攻击三江口西附近之敌，敌遗尸甚多，我夺获文件、战利品甚多，证明该敌为有马部队、井木部队。又四百团艳午在黄旗墩（长乐街东南五公里）与敌骑百余遭遇，毙敌四十，余向时丰铺回窜。（二）一三三师三九八团官兵三百余名艳辰以前已回部，又三九九团景团长俭日报告，亲率残余部队已向北突围到平桥河（黄沙街西北三公里）附近。丙、孙军刻在周庆祖、冯家桥、弹子神、剑滩、石字碑之线，杨军刻在石字碑、张家冲、黄旗墩。清江口之线就攻击准备位置，自东北向西南，攻击大荆街、渡头桥、长乐街一带之敌。"谨呈。平。杨森。亥卅丑。战。印。[平江]

（原件存中国第二历史档案馆）

蒋介石致杨森等密电稿

（1942年1月6日）

特急。第九战区杨副长官、王副长官、58A孙军长、20A杨军长、37A陈军长、78A夏军长：〇密。此次长沙会战，举世瞩目，现敌主力已被我击破，残部现由捞刀河纷纷向北溃退中，我军欲期获得完全胜利，与空前歼灭战果，全视各军能否施行果敢勇猛之包围与截击。仰严督所部，不惜任何牺牲，发挥最高度攻击精神，努力围歼残敌，以求获得空前胜利与光荣之战绩。倘有堵截不力，纵敌逃逸，定予严办。仰即知照并转饬遵照为要。渝。中〇。鱼亥。令一元九。印。

（原件存中国第二历史档案馆）

杨森关于集团军各部作战任务及行动部署密电

（1944年11月5日）

限三小时到。第二十军杨军长：密。命令：（子）当面之敌第三师团全部已抵修仁，西江方面敌已窜抵武宣及宾以南地区，湘桂方面敌已窜抵永福东南地区各附近，与友我各军激战中。综计进犯战区之敌，约七八个团。我西江方面军，正在武宣、宾以南，桂林方面军正准备在路清江西岸地区击破敌人。（丑）集团军以固守柳江西岸战略要线要点之目的，以一部在四排圩、榴江之线以东地区极力阻敌进犯，主力即转移于象县、江口乡、雒容以西沿河之线，阻止敌之进犯，并相机击破之。（寅）各部队之任务及行动如次：（一）37A（附象县民团）应于戌虞前在象县及上西乡、水山村、龙合村概要之线沿河直接配备，阻敌西进。（二）26A（附柳江民团）应于戌虞前以柳江民团在丹竹乡、双仁村之线,以一部在阳和、上村、静蓝村、雒埠(实地雒垢不含)之线,沿河警戒,主力迅速集结柳州及其以南地区,担任该方面之作战。但须先以一师接替62A柳州防务,其阵地编成要图,在长官部参谋处。(三)20A(附炮十八团第一营野炮兵一连及雒容团队)应一部在四排圩、榴江之线以东地区,尽力迟滞敌人主力,于戌虞前转移于雒容、大陆岭、石塔岭、高庙岭之线,沿河直接配备,阻敌西进,并相机击破之。对左翼黄冕、理定村方面友军,特须确取联系。(卯)作战地境:37A与江西方面军为太阳村、穿山乡、西塘、大樟圩、马练圩之线,线上属左;37A与26A为黎冲村、大合村、烟厂村之线,线上属右;26A与20A为东泉镇、洛埠乡、雒容、下大、白村、四排之线;20A与桂林方面军为大安村、中渡、黄冕街、黄泥坳、苦竹河、七塘之线,线上均属左。(辰)总司令部戌鱼后位置:洛满乡。(巳)后勤设施,另令规定。(午)遵办情形具报。杨森。戌微午。埏。战。印。

(原件存中国第二历史档案馆)

杨森命所部第二十、第二十六两军在水扛一带阻敌前进令

(1944年12月1日)

三十三年十二月一日十一时命令,于荔波总司令部。

一、当面之敌,仍为第十三师团,其主力在洞塘、联保道上及其以东地区,一部在水扛东西之线,与我第二十军战斗中。旬日以来,该敌迭受重创,极为残破疲惫。

二、集团军有固守荔波之任务,续在水扛、毛兰之线阻敌北窜,以火力摧毁敌人后,再求歼灭之。

三、各军任务:

1. 第二六军以一部在水扛东西之线占领阵地,并接替廿军一三三师防务,先阻敌北窜,尔后待命转移攻势,歼灭敌人。

2. 第二十军即在水扛(不含)以东同梨、毛兰之线,阻敌北窜,尔后待命转移攻势,歼灭敌人。

两军在防御态势时,务尽诸种手段,封锁敌可能向我后方窜扰之小道,防范敌人对我各军侧翼之迂回及绝壁态岩之窃登瞰制。

四、作战地境为荔波、旧县、大坳至水扛、永康相连之直线,线上属二六军(用十万分之一图,并如背面附图)。

五、两军在水扛附近之阵地交代,限明〔二〕日午前三时实施完毕。

六、各军粮秣,由分监部在荔波交付,伤病官兵,送荔波,由分监部后送榕江。

七、明〔二〕日三时以后,第二六军用荔波至水扛乡村电话线,第二十军用荔波至毛兰乡村电话线,与本部通讯。

八、余在荔波县府。

右令第二十军军长杨汉域。

兼总司令 杨 森

(原件存中国第二历史档案馆)

六、战略基地

四川省 1938 年至 1944 年义务劳动人数统计表

项别 年份	共计		自卫事项		筑路事项		其他事项	
	人数	工数	人数	工数	人数	工数	人数	工数
1938 年	5,100,252	146,819,171	229,161	2,188,500	1,896,514	1,735,000	—	—
1939 年	……	……	……	……	……	……	—	—
1940 年	39,172	390,529	1,103	3,594	30,463	67,889	—	—
1941 年	25,090	523,085	529	8,170	14,356	219,463	—	—
1942 年	141,291	3,942,269	4,942	13,672	641,271	1,732,357	—	—
1943 年	515,785	3,098,792	850	75,400	271,137	1,584,465	2,550	53,250
1944 年	558,682	……	17,680	……	165,471	……	19,512	……

（原件存中国第二历史档案馆）

四川省1940年至1944年推行地方建设工事成绩

表1

项别\年份	自卫工事					筑路工事			水利	
	要塞（座）	修筑碉堡及哨台（座）	挖掘防空壕（道）（公尺）	整修城墙（公尺）	建修城门（座）	培修县道（公里）	整修乡道（公里）	建修桥梁（座）	开凿塘堰（口）（公分）	整修堰渠（道）
总计	6	51	82,860	250	1	3,688,943	10,312,207	1	198,421,804,050	1,958
1940年	—	5	32	—	—	98,654	—	—	418,846	—
1941年	—	11	—	54	—	305,500	—	—	5,100	—
1942年	6	20	860	196	1	1,046,589	—	—	330,976,102	—
1943年	—	15	50	—	—	2,238,200	10,248,194	1	1,653,391,363	1,958
1944年	—	—	—	—	—	—	64,013	—	1,212,639	—

表2

项别\年份	工事		地方造产工事			其他工事				
	修理河渠（公里）	修理河堤（公尺）	各种林木栽植（株）	垦殖公有田地（市亩）	建筑公仓（座）	协运军米（包）	运输军粮（市石）	搬运军器（担）	搬运汽油（公吨）	修筑体育场（所）
总计	3,372,009	100	4,841,903	13,881.4	15	17,400	17,275	300	30	1
1940年	—	—	109,180	—	—	—	—	—	—	—
1941年	1,447,126	—	17,967	—	—	—	—	—	—	—
1942年	1,915,883	100	528,923	—	—	—	—	—	—	—
1943年	9,000	—	2,291,353	10,424	12	13,500	10,260	300	30	1
1944年	—	—	1,732,771	3,457.4	3	3,900	7,015	—	—	—

（原件存中国第二历史档案馆）

1941年至1945年粮食年度四川省粮食征借统计表

单位：市石

项别	1941年	1942年	1943年	1944年	1945年
预算数					
共计	14,431,334	17,733,679	17,763,044	21,523,616	21,345,639
应征额	7,215,667	10,093,744	10,064,613	9,822,080	9,780,207
应借额	—	—	7,698,431	11,701,536	11,565,432
应购额	7,215,667	7,639,935			
实征购数					
共计	13,821,635	16,579,777	16,024,113	19,412,173	……
已征额	6,910,818	9,388,329	9,158,229	9,203,538	
已借额	—	—	6,865,884	10,208,635	……
已购额	6,910,817	7,191,448	—	—	……

附注：本省粮食征购均依稻谷计。粮食年度为每年10月1日起至翌年9月30日止。

（原件存中国第二历史档案馆）

成都市政府主席余中英对出发远征军的演讲

（1943年12月27日）

先生：

我国浴血抗战，将届七年，前仆后继，愈战愈强，最后的胜利，转瞬即临，惟古训有云，"行百里者半九十"，愈是胜利快要接近，而肩负的责任愈为艰巨，所以冯副委员长不辞道路的跋涉，劝谕呼号，发起全国国民节约献金救国运动，来激励全国民众有国无家，有公无私的爱国热忱。我们读了他给热心救国朋友的四封信，〔其中〕叙述了许多市县献金的情形，真是可歌可泣，可歌可喜。这固然是冯副委员长公忠体国的精诚所感召，亦足见我国的民气蓬勃奋发不能摧毁的铁证，诚如蒋主席回他的信上说，钱是一回事，把民众的心与抗战连接起来，更是一回重大的事。我们成都市，是四川首善之区，为全省观瞻所系，爱国运动，素不后〔于〕人，抗战以来，出钱出力而副〔负〕国农之期望者，班班可数。此次冯副委员长提倡之献金救国运动，我们固应当竭诚响应，此不仅是争取我们成都市的光荣，亦所以继续以往爱国运动的功绩，务请同志先生踊跃输将，尽力捐献，须知道我们出一分钱，即使前方将士得到一分的安慰，尽一分心，即增加抗战的一分力量，合万人之心而为一心，集多数之力而成共力，必能迅速地将倭寇赶出去，光复我们的大好河山，申〔伸〕张民族的正义，恢复民族的自由，这是多么伟大而神圣的事业，多么重要而艰巨的使命！敬祝健康。至盼！努力！努力！

（原件存中国第二历史档案馆）

四川省政府兼理主席张群为优待参加远征军之各大中小学生及公教人员办法致财政厅训令

（1943年12月）

案准四川省军管区司令部三十二年十二月信嘉格字第二五一四号亥佳代电开："案查本部为优待此次自动请求参加驻印军之各大中学生及公教人员，并求永保此种蓬勃气象以励来兹起见，经以查本部参谋长徐思平此次出巡资、潼、绵、成各师区宣达役政。各处大中学生及公教人员自动请求参加驻印军者已有数百人，士气振奋，役政增辉。为永保此种蓬勃气象，以励来兹，拟恳：（一）务请准就各县市先发被服，以免长途受寒且碍观瞻；（二）在泸验收不合格者，仍准回校或回职；（三）请特选干部由泸合编一队送印；（四）请电驻印军，对此项员生优予待用；（五）闻部已派徐参谋长到三台慰奖应征学生。确否？以上五项立候电示。等词。电请军政部去讫。兹奉军政部亥冬役宣电开戌艳信参电开所拟第（一）（二）（四）项均照办；第（三）项赴印运输可另编一队；第（五）项已另电派徐参谋长前往慰奖。除分电外，特复，等因。除转令各师管区知照外，特电查照，并请转令各机关学校，并分函各国立学校查照，仍请见复为荷。"等由，准此。除函复并分令外，合亟令仰知照，并饬属一体知照。此令。

（原件存中国第二历史档案馆）

自贡市民华熟之送子参加青年军快邮代电

（1944年）

自贡市知识青年从军征集委员会主任委员勋鉴：窃自日寇占我国土以来，于兹八载，大有直趋腹地之势。熟之自愧年逾五旬，又有家小之累，目前不能亲赴前线，手刃罪魁；前乃遣胞侄德培由联大学院请假投考翻译员训练所，结业后奉国民政论外事局派在盟军五四五团团部充翻译官，业已调赴前线作战。兹读委座手谕："国势阽危，非全民抗战不能收复失地，乃发起知识青年从军之组织。"熟之仅有一子名壁辉，曾受军事训练，特嘱报名从军。幸蒙检查身体合格，准其入营听候编制。除嘱整装待命外，并盼我知识青年同胞本"国家兴亡，匹夫有责"之义，急起直追，同赴国难，趋赴前线，灭我〔彼〕凶顽。不旦〔但〕复我山河，还须扫平三岛，痛饮黄龙，扬我国威，为国宣劳，名垂青史。国家幸甚！民族幸甚！谨此上达。华熟之。

（原件存中国第二历史档案馆）

冯玉祥为国民节约献金向自贡市各界的讲话

（1944年6月29日）

各位父老，各位同胞，各位中华民国的青年主人们，各位武装同志们，请稍息！

刚才主席在这里说了冯玉祥这许多好话，我自己真是觉得惭愧。为什么呢？因为我自己不会种地，而自己天天吃着〔的〕白饭，不都是老百姓给我的吗？我自己不会织布,而我穿得很整齐,我不会盖房子,然而到哪里都有避雨的房子给我住。这是哪来的?这都是老百姓给我的。我们看老百姓家里养的狗,是为了来看门的,养猫是为了捕老鼠的,养鸡鸭是为了下蛋的,养牛是为了耕田地,养着冯玉祥是为了保卫国民的。现在我们的土地掉了那么多,并且许多人民都在水深火热中过日子,我觉得罪该万死,罪大恶极,我们真是惭愧到了极点。这个话是一点客气都没有,不但我该如此想,这真是我们武装军人的奇耻大辱。这一段话是听主席介绍后临时想起要说的,现在说我预备要说的话。

首先要说的是,因为我是国民政府委员,每一次开委员会的时候,蒋主席向各位委员说,如果我们在什么地方会着父老同胞们时,千万代他问候,所以我今天特别在此郑重其事地代表蒋主席问候各位父老健康,也就是问候各位同胞的好,并且问候各青年人们的进步,还有许多本党同志,所以代表总裁问候各同志健康。因为我是军事委员会委员,所以代表蒋委员长问候各位武装同志的好,不知道你们听不听得懂。(全场雷动的声音回答:"听得懂。")

其次要说的,自去年本人走自流井过,节约献金也就由此开始推行。出乎意料地,自流井一下子就献了二百多万元,自流井成了电灯厂的发动机。因为这发动机发动电力,所以四处都亮了起来,尤其是蜀光中学特别热烈献金,数目极大。所以说今天的节约献金能够达到113万万之多,教育行是原动力,而且要归功于自流井的首先发动。上次绕道五通桥、牛华溪、嘉定、成都而折返重庆后,又由渝出发赴江津、合江、泸县,再返渝参加十二中全会,此次经隆昌、内江,又到贵地来了,这是我经过地点的情形。走了许多地方为了什么呢?就是为了节约献金救国运动,为了打走日本鬼子。为什么要打走日本鬼子?因为他杀死了我们的妻子儿女,与我们有不共戴天的大仇。这仇比海还深,若是不报此仇,我们活着真是不够一个人味,不像人样。各位都知道,日本鬼子还在宜昌,而最近在湖南、在河南都有紧张战事,如不把他打出去,我们就没法子活。各位知道,在上海、南京,沦陷区里,日本鬼子在车站上任意用枪瞄准我同胞的脑袋射击,每天这样死去的有几十、几百〔人〕,那些人都是我们〔的〕兄弟姐妹,还受鬼子任意杀害,我们不痛心吗?沦陷区里收获的大麦小麦,日本鬼子给贴上一张封条,禁止食用,而另外发一种所谓"粮食",给我们同胞吃那种粮食,就是花生皮等掺和磨成的粉末,而且六十岁以上、十岁以下的人连这种所谓"粮食"也是被克扣的。各位要知道,这种粮食吃了是解不出大便的。好多人都因此致疾身亡。所谓"亡国奴不如丧家之犬"就是这个样子。还有许多说不出口的事情,都是鬼子给我们〔带来〕的。就是我们说话这一刻工夫,在前线上我们忠勇战士已不知死了三百或五百呢?这因为别人的飞机大炮厉害呀。这些武装同志为了祖国,为了我们在后方安静地过日子,所以他们用血肉筑成了一条新的长城。各位同胞,我们有谷有布,这是怎么得来的?这都是我们武装同志用血肉换来的,他们自己不愿活着,他们愿意我们安静地住在后方,我们的将士献上他们的性命,为了我们,他们家里的人孤儿寡妇,这正是为了大家呀。我们想,我们也是四万万五千万人的一份子,人家整个身子献给国家,我们该献上什么才对得住良心呢?(问)懂得吗?(答)懂得了。我到各地说节约献金,就是为了这个。现在我们国家实在危险,国家收入减少,而支出增多,比如战时较平时的兵员增到五六百万人,每人一顶帽子，就是五六百万项，而随着一个兵需要的附属物正多着呢！（举例）这样收入天天减少，支出天天增多，仗又非打不可，为了你我大家活在世界上像个人样，不要说我们今日是三十五个国家同盟，无论怎样有把握，收入少支出多这怎么过日子。国父说，推倒"满清"一家的买卖，四万万五千万人都成了股东主人，而我们不能不对这个大公司、大家庭不问了，我们是主人呀。困难固然是困难，不过哪一个国家都困难的。我们看苏联还是一样的困难哪。有人说苏联的军队很能打仗，为什么德国鬼子打到莫斯科、列宁格勒了呢？与其说〔他们〕会打仗，不如说会献金。人家献金第一个自动献十五万，第二个十万，第三个三百万，第四个四千万，三个月当中献了七十万万四千万，用以购买武器，一反攻打跑了德国鬼子，假若没有武器，我们在场这许多人能与一架坦克车相碰吗？所以精神与物质应该是并重的。我们看看我们的国家，也是飞机少大炮少，死的人多，打不跑日本鬼子。应该学苏联，老百姓必须自动起来，把尽可能〔多〕的东西献给国家，这是一件大事。江津县献金五次，谈到各地同胞热烈献金情形，江津献金有一位国立九中的女工杨大娘，献了一千又献一千。有人问她你怎么献这许多呢？她说献金就是为自己出保险费，否则鬼子来了，我到哪儿去工作呢？又有一位女教员，有三个孩子的负担，家庭生活清苦异常，她把结婚〔的〕金戒指献了。我问她时，她说如果国家好，我的孩子也就好了，如果国家不好，孩子们吃得愈好愈丢脸，穿得愈好愈可耻。开献金大会那天有一位太婆，走上台献了十万元，同时又把手上的一封金圈子重三两五钱一起捐献。她对人说，献金就是为孩子们置产业。在重庆有一位王尔昌先生，首先捐了一个大数目，后又发动自己公司员工组织献金队，发动自己家庭妇女组织妇女献金队，又发动孩子们组织孩子献金队，发动亲友们组织亲友献金队，按月长期捐献。我曾对主席说过，假如全国人们都像他，就一个人出一块钱，每月就是四万万五千万元，十块钱就是四十五万万五千万元，一年就是五百四十万万元，这要买多少飞机大炮坦克车呢？说到合江县，它是一个小县份，献金总数为一千五百四十万，竟然超过江津、泸县，以五千二百万这个数目震动了全国以及包括我们的仇敌在内的全世界。在白沙大学先修班的学生及其他各校学生当场脱衣服、皮鞋将其义卖捐献，真是可歌可泣。敌人知道了我们有这种精神，知道了他自己要吃败仗了。同时还有一群孩子在街头向一位白发的老人跪道：免受亡国的痛苦。这些都是一般青年受了教育，明白国家的痛苦，要求他们多多献金救国，许多人受了感动。隆昌一县仅三十万人，竟献了二千五百多万，五百多金戒指，亦有很多感动人的史〔事〕实：一个十二岁的小女孩一夜不睡，织草鞋三双卖二十元钱捐献。这个女孩的二十元钱比有钱人的二百万还多呀！内江献金成绩亦有十三项突破纪录：总数五千四百万，赛过泸县；金戒指五六百只；学校献金共一百三十几万，大洲中学以这个数目超过了泸县；内江县中学学生个人献金五十七万；妇女界一百万，献金戒指妇女界出力最多，她们拿了金戒指来换取我制备的钢戒指；个人献金，曾仲海一百三十万元，李焕章每年献黄谷六百市石，约合国币二百四十万元以上。以上各项均为十三项纪录突破者。内江因为文化〔水平〕高，真是爱国，可是自流井的文化〔水平〕更高，爱国必能超居人前。最后我有一份礼物，就是我把一千万、一千万的与委座送去，继而得他复信说，叫我"大声疾呼"。各位想想，这话的意义多够味哪。所以我把他〔它〕制成礼物转送各位，什么礼物呢？就是"大声疾呼"。希望诸位转去以后，碰着亲友便对他说：同胞同胞醒醒吧，你把那用不着的钱献给国家，好使我们打走日本鬼子，好使我们子子孙孙活着像个人样。这样全自流井、全四川、全中国都热起来了！

附：献金歌

说献金，道献金，
献金救国是仁人。
趁着新年来谈心，谈谈如何挽国［运］。
前方正血战，前方正同敌人把命拼，
五百万好汉和英雄，
用他们的血肉筑成一条新的长城！

保护了我们的财产，保护我们的性命，
还有我们的工厂和我们家中所有的人。
忠勇将士们，不愿自己长存，
保护我们民族永生，
献上他们血肉之身。
英雄豪杰真盖世，真个是志士仁人！
对待我们后方大众，不能说不是大恩，
如此我们该当怎样？方算尽一点我们的良心！
节约献金，节约献金，
慰劳他们，更要大量地建立机械化的新军，
多买飞机大炮坦克车，好快快打走日本人。
我们也要救济苦难同胞和荣誉官兵！
收复失地，就在我们下一个新的决心！
大众火热起来，大众一条心，
真正是黄土亦能变成金！起来呀！
大家节约献金！大家节约献金！

（原件存中国第二历史档案馆）

抗战期间迁川工厂概况统计

（1945年）

一、抗战期间迁川工厂概况

截至1940年共有：1. 震旦机器厂，原在江苏无锡广勤第一支路，有资本400,000元，生产机械，1938年3月开工，随来职工25人，每年产量及估值700,000元；2. 上海机器厂，原在上海东区杨树浦丹阳路武昌炉坊口，有资本100,000元，主产机械，1938年4月开工，随来职工100人，新招50人，每年产量及估值600,000元；3. 美艺钢铁厂，原在申、汉，有资本100,000元，主产军用物品附件、军用器材、钢铁、五金，厂基占地8亩，随来职工60人，新招20人，每年产量及估值360,000元；4. 老振兴机器厂，原在上海沪军营，有资本20,000元，生产制造及修理针织机器，1938年9月开工，新招3人，每年产量及估值30,000元；5. 大公铁工厂，原在上海南市局门路，有资本100,000元，主产及修理军用品制造机器，厂基占地100亩，1938年10月开工，随来职工28人，新招19人，每年产量及估值240,000元；6. 中国实业机械厂，原在上海澳门路，有资本50,000元，主产华英文打字机及国防用品，厂基占地10亩，1938年7月开工，随来职工140人，每年产量及估值100,650元；7. 大鑫钢铁厂，原在上海齐物浦路，有资本500,000元，主产钢铁，1938年8月开工，随来职工300人，新招20人，每年产量及估值3,500吨；8. 顺昌铁工厂，原在上海沪西周家桥陈家渡苏州河南岸，有资本400,000元，主产制造机器磨矿石钢粉，厂基占地15亩，1938年4月开工，随来职工60人，新招10人；9. 合作五金公司，原在汉口大智路，有资本150,000元，主产机器，每年产量及估值200,000元；10. 陆大机器工厂，原在山东济南，有资本280,000元，主产发动机、轮船、起重机、锅炉、挖掘机、钢铁建筑，厂基占地80亩，1938年11月开工，随来职工64人，每年产量及估值250,000元；11. 鼎丰机器制造厂，原在汉口江汉路，有资本5,000元，主产教育仪器、国防五金，厂基占地0.5亩，1938年10月开工，随来职工14人，每年产量及估值30,000元；12. 复兴铁工厂，原在江苏无锡，有资本100,000元，主产机器，1938年6月开工，随来职工80人，新招40人，每年产量及估值240,000元；13. 精华机器厂；14. 启文机器厂；15. 广元制罐厂，原在上海虹口华德路，有资本200,000元，主产印刷、制造罐头食品、五金门锁、教育用品，厂基占地10亩，1938年12月开工，每年产量及估值2,000,000元；16. 中新铁工厂，原在汉口守波里，主产经济油炉；17. 中华铁工厂，主产机器军需；18. 公益铁工厂，主产纺织机；19. 周垣顺机器厂，主产机器军需；20. 陈信记翻砂厂，主产翻砂；21. 洪利华机器厂；22. 新昌机器厂；23. 广利纱奢厂；24. 精一机械厂；25. 铸亚铁□厂；26. 华孚制造厂；27. 利泰翻砂厂；28. 洽生工业公司；29. 协昌机器厂；30. 希□氏□钟厂；31. 康升机器厂；32. 福泰翻砂厂；33. 永和机器厂；34. 大来机器厂；35. 复鑫祥机器厂；36. 永丰翻砂厂；37. 复兴昌翻砂厂；38. 张瑞庄电焊厂；39. 肖万兴铜器厂；40. 锅铜铁厂；41. □兴电焊厂；42. 永利公司铁工厂；43. 招商局铁器厂；44. 新民机器厂；45. 公信金属品厂；46. 大同五金号；47. 中国铜铁工厂；48. 中兴球轴公司；49. 建昌机器厂；50. 明亚机器厂；51. 荣昌铁器厂；52. 耀泰五金厂；53. 华兴电焊厂；54. 大何沟钟表厂；55. 天源电化厂，原在上海白利南路，有资本1,050,000元，主产烧碱、盐酸、漂白粉，厂基占地100亩，随来职工100人，每年产量及估值为烧碱2,640吨，盐酸4,620吨，漂白粉2,640吨；56. 中兴赛潞洛硝厂，原在上海科士〔斜土〕路，有资本80,000元，主产赛摊珞硝化棉，厂基占地30亩，每年产量及估值硝化棉324,000磅；57. 中央化学玻璃厂，原在上海平凉路，有资本70,000元，主产化学仪器，厂基占地10亩，随来职工12人，每年产量及估值150,000元；58. 中法制药厂，原在汉口江汉路，主产药品，1938年5月开工，随来职工8人，新招50人；59. 永利化学公司，原在江苏六合，有资本600,000元，生产硫酸钚，厂基占地30亩，1938年4月开工，随来职工36人，新招58人；

60. 久大盐业公司，原在河北塘沽、江苏大浦，有资本 2,100,000 元，主产精盐、牙粉、牙膏、牙水、炭生镁，厂基占地 30 亩，1938 年 9 月开工，随来职工 50 人，每年产量及估值 700,000 担；61. 新亚制药厂家庭工业社，原在上海，主产化妆品；62. 天盛陶器厂，主产化学品、陶器；63. 中国煤□公司；64. 提炼轻油厂；65. 三星工业社；66. 光亚铅粉厂；67. 天和淡〔氮〕气厂；68. 建华油漆厂；69. 汉中制革厂；70. 海普药房；71. 中国铅丹厂；72. 植物油厂；73. 金钢橡胶鞋厂；74. 科学仪器厂；75. 华光电化厂；76. 国华精棉厂；77. 炽昌新制药厂；78. 益丰搪瓷厂；79. 瑞丰玻璃厂；80. 汉光玻璃厂；81. 中国无线电公司，原在上海，有资本 125,000 元，主产无线电收发报机、广播、电台、电话机及发电机，厂基占地 40 亩，1938 年 7 月开工，随来职工 75 人；82. 华生电器厂，原在上海；83. 华光电化厂，主产电焊条；84. 中国电池厂，主产电池；85. 振华电器制造厂，主产手电筒；86. 汇明电池厂，主产电池；87. 资委会电机厂；88. 中华无线电社；89. 孙立记电器厂；90. 京华印刷厂，原在南京，有资本 90,000 元，主产印刷物；91. 开明书店，原在上海梧州路，有资本 300,000 元，主产印刷；92. 时事新报，原在上海受多亚路，有资本 200,000 元，主产印刷；93. 生活书店，原在上海；94. 南京类丰祥印刷所，原在南京，主产印刷品；95. 中国科学图书公司；96. 劳益印刷社；97. 时代日报；98. 汉新印字馆；99. 七七印刷所；100. 振明印刷局；101. 正中书局；102. 武汉印书馆；103. 新华日报；104. 汉口正报；105. 大东书局；106. 军学编译社；107. 南京军用图书局；108. 商务印书馆；109. 汉益印书馆；110. 华丰印刷铸字厂，原在上海，有资本 100,000 元，主产铸字印刷材料，1938 年 10 月开工，随来职工 25 人，每年产量及估值 250,000 元；111. 中国国货铅笔厂，原在上海斜徐路，有资本 120,000 元，主产铅笔、蜡笔，每年产量及估值铅笔 155,000 罗，蜡笔 10,000 打；112. 精一科学仪器制造厂，原在上海虹口公路，有资本 10,000 元，主产教育用品、测量器械、绘图仪器、中西文具、国防机械冲模工程、电镀各色精修仪器，厂基占地 8 亩，1938 年 7 月开工，随来职工 30 人，新招 5 人，每年产量及估值 60,000 元；113. 中国科学仪器公司，原在上海，主产科学仪器；114. 财政部造纸厂；115. 龙章造纸厂；116. 大明纱厂，原在江苏武进、湖北武昌，有资本 4,000,000 元，主产棉布，每年产量及估值棉布 1,000,000 匹；117. 美亚织绸厂，原在上海南市闸洲租界，有资本 2,000,000 元，主产丝绸，1938 年 4 月开工，随来职工 150 人，每年产量及估值丝绸 150,000 匹；118. 豫丰纱厂，原在河南郑州，有资本 4,200,000 元，主产纱布，厂基占地 325 亩，每年产量及估值细粉纱 4,000 件；119. 苏州实业社，原在苏州，有资本 5,000 元，主产棉布，1938 年 6 月开工，随来职工 12 人，新招 130 人，每年产量及估值棉布 10,800 匹，□纱布 600 匹；120. 康新纱厂；121. 汉口大成纱厂，原在汉口，主产棉纱；122. 震寰纱厂，主产棉纱；123. 裕华纱厂，主产棉纱；124. 申新纱厂，原在上海，主产棉纱；125. 隆昌染织厂；126. 迪安针织厂；127. 冠生园食品公司，原在上海，有资本 400,000 元，主产糖果、饼干、罐头，厂基占地 2 亩，随来职工 30 人，每年产量及估值 2,000,000 元；128. 福新面粉厂；129. 南洋烟草公司；130. 振兴糖果公司；131. 裕龙面粉厂；132. 汉口特器□□厂；133. 六合建筑公司，原在上海，有资本 75,000 元；134. 建业营造厂；135. □记营造厂；136. 新记牙刷厂；

137. 泰康祥木厂；138. 中福煤矿；139. 中兴煤矿；140. 扬子建筑公司；141. 华粉制帽厂；142. 精益眼镜公司；143. 利华煤矿。共计143家。

二、迁入技术工人数统计

迁入技术工人数：二十七年机械工业657人，纺织工业81人，化学工业66人，电器制造业154人，教育用品工业184人，饮食品工业12人，矿业15人，钢铁工业313人，其他工业50人，总计1,532人；二十八年机械工业3,817人，纺织工业736人，化学工业642人，电器制造业545人，教育用品工业527人，饮食品工业444人，矿业377人，钢铁工业360人，其他工业240人，总计7,688人；二十九年机械工业3,934人，纺织工业797人，化学工业688人，电器制造业595人，教育用品工业536人，饮食品工业444人，矿业377人，钢铁工业360人，其他工业374人，总计8,105人；三十年机械工业3,934人，纺织工业797人，化学工业688人，电器制造业595人，教育用具工业536人，饮食工业444人，矿业377人，钢铁工业360人，其他工业374人，总计8,105人。

三、迁川工厂

(一) 迁入及复工家数

业别	1938年底		1939年底		1940年底		1941年底	
	迁入	复工	迁入	复工	迁入	复工	迁入	复工
总计	134	54	223	118	254	184	254	207
机械工业	50	24	96	45	108	92	108	94
化学工业	27	5	34	17	37	25	37	33
教育用具工业	19	10	26	19	32	21	32	27
纺织工业	10	3	20	13	25	18	25	21
电器制造业	8	3	18	8	20	9	20	10
饮食品工业	7	3	12	6	12	7	12	9
矿业	4	1	4	1	4	1	4	2
钢铁工业	1	1	1	1	1	1	1	1
其他工业	8	4	12	8	15	10	15	10

(二) 迁入机械材料吨数

(单位：公吨)

业别	1938年底	1939年底	1940年底	1941年底
总计	32,873.3	44,388.6	45,257.0	45,257.0
纺织工业	16,723.9	20,414.5	20,415.7	20,415.7
机械工业	4,199.2	9,781.1	9,980.5	9,980.5
化学工业	3,010.2	3,411.6	3,689.4	3,689.4

续表

业别	1938年底	1939年底	1940年底	1941年底
矿业	2,989.8	3,642.9	3,642.9	3,642.9
电器制造业	2,224.1	2,273.2	2,273.2	2,273.2
饮食品工业	1,182.0	2,021.8	2,021.8	2,021.8
教育用具工业	1,014.4	1,137.3	1,428.6	1,428.6
钢铁工业	1,151.9	1,151.9	1,151.9	1,151.9
其他工业	377.8	554.3	653.0	653.0

(三)迁入技术工人数

业别	1938年底	1939年底	1940年底	1941年底
总计	1,532	7,688	8,105	8,105
机械工业	657	3,817	3,934	3,934
纺织工业	81	736	797	797
化学工业	66	642	688	688
电器制造业	154	545	595	595
教育用具工业	184	527	536	536
饮食品工业	12	444	444	444
矿业	15	377	377	377
钢铁工业	313	360	360	360
其他工业	50	240	374	374

(原件存中国第二历史档案馆)

七、敌机轰炸

日军大规模轰炸重庆前四次轰炸报告书

(1939年)[①]

第一次攻击重庆

昭和十三年(1938年)12月下旬,航空兵团司令官江桥英次郎中将命令第一飞行团攻击重庆,命令第三飞行团攻击近距离的要地。

第一飞行团选定12月26日为对重庆的第一次攻击日。飞行团团长对部队训练程度

---

① 转自《中国事变陆军作战史》第二卷第一分册。《中国事变陆军作战史》由日本防卫厅防卫研究所战史室著,1980年编入由中国社会科学院近代史研究所民国史研究室主编、中华书局出版的《中华民国史丛稿译稿》。

还没有充足的信心。另外,派遣军认为汪兆铭从重庆脱出后,国民政府有些动摇,24、25日是空袭的好机会,这也是决定这次轰炸时间的一个重要因素。

26日10时,第一飞行团团长根据侦察机的气象报告下达了攻击命令,重轰的攻击时间为13时30分。飞行第六十战队(九七重12架)10时30分自汉口起飞,13时35分到达重庆上空,因云层过密不能确认所在地为重庆,没有实施轰击,15时40分回到汉口。飞行第九十八战队(意式重10架)10时50分从汉口出发,在云层上前进,14时到达重庆上空,好不容易从密云间隙中发现重庆东侧地区,即以此为基准进行了推测轰击。战果虽不明,但从敌人的无线电信判断,给了敌人极大威胁。在重轰队进攻及返航时,战斗队在续航能力范围内对重轰队进行了掩护。没有和敌机遭遇,我亦未受损失。

第二次攻击重庆

昭和十四年(1939年)1月2日,有情报称在重庆爆发了对共产党的苦迭打①,判断对政略方面是一个攻击的好机会,但重庆方面天气不良。

第一飞行团1月7日判明重庆方面的天气好转,于是实施了第二次攻击。攻击部队在将要到达重庆时天气转坏,到达时云量10米、云高2500米,但扬子江上云量稍薄,可以判断江的形状,我军在东南云上望见了金佛山。飞行第十二战队(意式重9架)15时5分以扬子江的江形为基准,对重庆进行了推测轰炸;飞行第九十八战队(意式重10架)以同样方法,于15时8分对重庆开始轰炸;飞行第六十战队(七九重12架)以金佛山为基准,于15时11分推测轰炸了重庆。敌机没有迎击,所以我未受损失,战果不明。但重庆发表广播称:"重庆遭到轰炸,击落敌机8架。"从敌无线交通电信情况判定,收到相当好的效果。

第三次攻击重庆

第一飞行团根据侦察机报告的天气情况,决定1月10日对重庆实施第三次攻击。飞行第十二(意式重9架)、第六十(九七重12架)、第九十八(意式重9架)战队,从重庆上空的断续云层之间确认重庆市街后,在高约四五百米的上空实施了大密度的轰炸,据报大部命中。

在此次进攻中,除一架九七重和一架意式重在进攻途中返航外,全机未受损失,投下炸弹重量为4,500公斤。

第四次攻击重庆

1月14日,接到情报称有敌战斗机队增援重庆,但第一飞行团仍在1月15日实施了对重庆的第四次攻击,当天重庆天气晴朗。先遣的司令部侦察机14时30分在重庆上空高约4,000米,发现敌战斗机12架在巡哨,司侦机虽遭到敌机跟踪紧追但并未与之交战,而是从飞机上通知轰击队空中有敌战斗机,然后返航。

第十二、第六十、第九十八战队(共计29架)在紧密的配合下,14时50分进入重庆上空。虽遭到敌战斗机十数架的攻击和高射炮的射击,大体仍按预定计划轰炸了重庆市街和周围要地。敌机的攻击集中到意式重第十二、第九十八战队,展开了空战。在

---

① 苦迭打,意即"改变",来自日文。

这一战斗中，据报第十二战队击落敌机 4 架、炸毁 3 架，第九十八战队击落 2 架、击毁 1 架。我机虽有 4 架中弹，但均安全返航。

（原件存中国第二历史档案馆）

日机空袭四川各地概况
（1940 年）

日机在四川各地共投炸弹 15,245 枚，共死伤 14,359 人，损毁房屋 44,800 间，平均每一百枚炸弹死伤 94 人，毁房 292 间，其中以 7 月份之綦江、合川、万县、涪陵，八月份之隆昌、泸县，9 月份之南充，10 月份之成都等处损失较重。重庆方面，虽有相当损失，但较之 1939 年度之损失率减少甚多，盖 1939 年度平均敌炸弹每一百枚我方死伤 537 人，毁房 434 间，而 1940 年度每一百枚炸弹则死伤 99 人，毁房 377 间。其锐减原因，实为重庆之防空设备改进，并强迫疏散人口，有以致之。惟损毁房屋方面，因敌采取"空军闪击"战术，投掷大量高度燃烧弹，故其损失率未能与死伤率同样减低。其损害原因于后：

1. 查綦江、合川、隆昌、南充等处在 1940 年 7 月以前后从未被炸，虽有时敌机临空，但均系经过或侦察性质。此次敌机突施空袭，民众未及趋避，所蒙损害较重。

2. 7 月 5 日，敌机轰炸綦江系分两批进袭。第一批经由成都直趋合川，荣昌、泸县等处迂回进袭；第二批则于 12 时 44 分经綦江西飞后在荣昌一带盘旋，忽于 14 时 16 分趁我防护管制稍行松懈之时，折返投弹予我以不意之袭击。

3. 各次要城市之人口物质，既不遵令疏散，而当地政府又无强制执行之决心，致遭较大损失。

4. 泸县因消防设备简陋，且蓄水池太少，故损毁房屋较多。

5. 10 月 4 日成都被空袭，死伤之市民多在城墙附近，未能远离城区，遂遭灾害。

（原件存中国第二历史档案馆）

八、川康经济

四川金融商业近况
（1937 年 10 月）

本年上期，川省金融、商业，气象蓬勃，盛极一时。但自七月七日起，冀察风云变色，继以淞沪大战，骤然展开。我民族国家在复兴史上，虽已步入一新阶段，而内地经济界，则稍受不利的影响。非常时期，经济统制，尤关重要，特就川省金融、商业目前状况，略加检视，谅亦为关怀后方人士所乐闻也。

一、金融业

重庆各行庄,平时的营业,门类本多。但因领钞需要保证准备,及公债押款便利之故,资金之投放于统债、债善、建债者,数不在少。一方面,省外各银行多余之资金,亦均调集渝市,辗转融通,故以很小的资本,能扩张惊人的信用。一旦时局紧张,公债行市一再暴落,省外银行,须固根本,纷纷紧缩,收回放款,市面银风,因之立即转紧,筹码缺乏,周转发生困难,与"一·二八"后沪市的地产风潮颇有几分仿佛。中经金融界本身尽量设法,行营、省府多方维持,发行一种暂时通用的票据——代现券,俾已陷固定的资产,得以复趋活动。难关算是安度了。最近的将来,业务萧条,势不可免。所以,又有合并运动的发生。现川康、平民、商业三行,已合并营业。闻有少数钱庄,亦正在酝酿合并中。这种减少单位竞争,集中人力、资力的合并运动,就是金融市场步入正轨的先声。

二、出口业

1. 桐油业

桐油为川省唯一特产,每年销六万吨,总值数千万元。全系经由沪、汉等地运销欧美。战事既起,长江下流航运阻滞,销路完全断绝。估计各区县囤而未售出之油,约六千吨,呆搁之资金,达五六百万元。行市由四十余元跌至二十余元,甚至十余元,尚无人接手。此种折价损失及呆滞资金,身力稍薄或原即受损失者,自难支持。渝市已有庆泰成、长丰两家;万县有同义;泸县有炎记;巴中有信义丰;宜宾有同春和搁浅,[受]拖累不小。军事结束无期,转瞬新油上市,该业前途,实颇暗淡也。

2. 丝业

川丝分两路出口。细丝市场在上海,此次战事猝发,丝价骤由七百余元跌至五六百元。洋行进货,亦甚薄弱。而存栈待售之丝,或遭炮毁,或保存不善,品质变劣,各商损失不小。粗丝运滇销缅甸雁瓦者,闻尚能稍获微利。但苦乐不均,何能补偿?现川丝产销均由官商合办之川丝公司统制,销路虽成问题,而该公司对于发展秋蚕,仍不遗余力云。

3. 山货业

猪鬃亦为出口大宗。今年行市,白鬃常在一千元,黑鬃在六百元左右。沪战发生,销路断绝,各字号握存之货,总值不下七八十万元。其余牛羊皮、猪肠、倍子、芋片等物,行市莫不大跌。现古青记、鼎瑞等四家已合并营业,牌名协记,拟将存货运汉,经粤汉路南出香港销售。

4. 药材业

进口之广药虽涨价,而无来源。出口之川药,则业务清淡。

出口业中,以盐、糖两帮较有希望。盖航运受阻,淮盐不能再销楚岸。现闻汉、宜等处,淮盐存底无多,不久将虞淡食,甚盼川盐接济。故盐商正酝酿增加自贡井盐产量,以资运销。忆昔咸、同年间,洪、杨之乱,沿海灶场盐运,悉遭破坏,两湖、云、贵,均赖川盐。富、荣、犍、乐,盐业繁荣,极一时之盛。此时情形相似,或系川盐复兴之良机也。又,素为洋、广糖侵销之两湖市场,今后或亦可由川糖夺回。故川糖出口,将有好转趋势。现省府组设贸易局,总局设[于]重庆,汉口、长沙、广州、香港、海防等设分局，并派员前往考察交通、商业情形，意在使川省进出口货照常流通。但珠江封锁，日舰、日机侵扰粤南，恐运货由粤汉路出口之议，终难顺利进行。至经由陆路运滇，经滇越铁路出口，则更费事矣。

三、进口业

匹纱、杂货等帮，初因货价提盘，情形稍好。今因来源不济，进货被阻道途，严查仇货，门市批发均感萧条等关系，撑持仍甚困难。

(载于1937年10月《四川月报》第11卷第4期)

《新新新闻》评论统制粮食物品

(1937年8月23日)

前日省务会议，以非常时期，吾川地属后防，责任綦重，会决议统制粮食物品，强制实行节约。关于前者，闻已电询实部有无整个规则，并由法制室草拟《统制委员会组织大纲》，此诚吾川刻不容缓之设施也。

粮食与物品之统制，原属于统制经济之范畴。所谓统制云者，盖即以政治之力量，科学之方法，对其生产、运销、储备、消费各端，加以精确之计划，缜密之组织，严格之管理，俾供求相应，不至有意外之虞。其间又有平时与战时之分。原以非常时期，较诸平时，供给之情既异，需要之势亦殊。因社会环境变迁，而统制方式遂大不同。然而两者固不可偏废也。普通言之，平时统制为战时统制之准备，战时统制又为平时统制之加强，所差者惟轻重缓急之不同耳。

以吾川物质环境之优良，粮食物品本可自足自给。徒以祸乱相循，百业停滞，日用所需，大多仰给于外。帝国主义经济势力，深入穷乡僻野。今日全面抗战展开，后防责任愈重。今后粮食物品，不特不能仰给外人，且应求以自给；不特应求自给，且应有以供举国之需求。真所谓生之者寡，食之者众；为之者缓，用之者急。何况平时既无准备，今欲以短促时日，以求供求之相应，势非有绝大之努力不可。

兹仅以粮食一端言之：四川粮食生产，近来每有不足之感。号称天府之国，本不应有此现象，揆其原因，则以人力未尽，地利未开。而灾荒亦半由人所造成，以致饥民遍野，嗷嗷待哺，铤而走险，盗匪如麻。诚如此，纵令深锁夔门，而自身已不免于崩溃，更何况能度此非常时期？所幸春间全省遭空前旱灾，而秋收尚不使人十分失望。如能急加统制，则本年自给，当可不成问题。今后之重大任务，首在如何适应此非常时期，以贡献于国家民族。请申言之：

一曰：增加生产。

战时海口封锁，外源断绝，四川必成为全国粮食主要之供给地。故统制之道，首当增加生产。对症下药之策，自应为增加粮食之耕作面积，改良农业之生产技术，发展农业之生产力。而耕作面积之增加，则首宜开垦边荒。如雷、马、峨、屏各县，未开发之处女地，所在皆是。移内地失业者以开发之，原非难事也。而农业生产力之发展，则宜减轻农民负担。如捐税、田租、高利贷等毒害，俱足使小农经营者，无法挣扎，而大量生产，更难进行。故农村金融之调节，尤应注意。

二曰：统制运销，平准价格。

关于战时军粮之征集、采购、储备，与夫后方民食之接济，全赖运输敏捷，配销得宜。是以运销方面，应有全盘统制。至于粮价问题，过去吾川民食恐慌，生产不足，尚非主要威胁。最大原因，厥为奸商富豪，从中操纵，囤积居奇。购时抑价大量收买，直至人为恐慌形成之后，乃高抬币价，坐获厚利，甚至买空卖空，市场竟成赌场，此应严加取缔者也。

三曰：建立仓库，消费节约。

建立仓库，为防止操纵，平准粮价之有效办法。且军粮供应，民食接济，专赖统制运销，平价征集与采购，犹嫌不足，必须有充分之储备，以调济（剂）荒歉。至云消费节约，首在限制食粮之用途，如酿酒、制糖，并严禁浪费。此外，则宜先设立强力之粮食情报机关，负责调查，并按期提供关于全省粮食之生产、运销、价格、库储，及消费之精确报告，以为确立具体对策之研究参考。此乃统制委员会应有之责任也。

（原件存中国第二历史档案馆）

西康省交通及商业概况
（1938年2月）

西康位于国土西陲，广约百四十余万方里，为我国西南之屏障。居川藏之间，两地之政治、经济、文化，必赖西康为之沟通融化。地中宝藏甲于全国各省，地面森林恒有数百里广阔者，实地大物博，急待开发以调剂内地。且值此抗战期间，战区延及十余省，人力在内地日渐增加，则物力日感缺乏，急宜移有余之人力，开发西康蕴藏之物力，以增强我国抗战之力量，俾得最后之胜利。更因西康北接青海，南界云南，西连西藏，可结西北与西南成一大国防线。在战争上，此国防线筑成，确增强卫内攘外之力量不少。以上所言，相〔想〕必为国人所公认，而近来不论政府、人民，注意西康问题者亦多，故就入康考察之所知，贡献国人，以资参考：

一、交通情况及旅行应有之准备

凡入西康考察，必先至西康首县康定（打箭泸），然后再至关外各县。由成都到康定，共需九日工夫：

第一日　由成都南门汽车站乘四川公路局客车。晨八时开出，沿成雅公路进行。中经双流、新津、邛崃等县，于午后四时即达雅安。车资六元三角。雅安旅馆以川康宾馆较佳。雅安至康定，共五百五十华里，山地崎岖，中阻大川，且无公路，必须步行或坐轿及滑竿。途中有餐馆之地甚少，尚须自备八日饭菜。故第一日到雅安旅馆住定后，即应准备三事：第一，向轿行雇轿夫，大致两名轿夫，共需国币十八元左右。当交定洋五元左右，以后每日每名轿夫发国币五角。切不可预支过多，防其途中晚上逃走，途中绝难另雇。第二，准备路口油盐及两日粮食。第三，因途中须经过大相岭及飞越岭两高山，气候甚冷，冰雪甚大，温度在冬季仅华氏十数度，雪风亦大，故旅行者必须备御寒衣服；又冰雪反光甚大，眼力易受损，此病名"雪盲"，故旅行者必备一深色眼镜。衣服、眼镜如未准备，必在雅安购妥，否则途中八日所经各地均难置办。

第二日　宜早起行，以赶至离雅安九十华里之荥经住宿为佳。全日山路，气候尚无大变动，风景绝佳。

第三日　由荥经至凤义堡，四十华里，住宿。因凤义堡在大相岭山脚，越山尚有七十华里，山上又无旅店，故是日仅行四十华里。全日经过系平原，路甚平坦安适。

第四日　早餐后方起身（因山上无饭馆），多着衣服以御山上冰雪。大相岭高度为海拔三千八百公尺，森林甚多，云雾茫茫，雪深数尺。多数地方必须下轿步行，免受意外危险。鞋上宜着一草履。是晚宿清溪（汉源）县，亦在大相岭之脚下，风力甚大。是日所经全是山路，气候甚寒，实在冰天雪地中。

第五日　由清溪至宜东（泥头）七十里，气候渐温和，沿途平路较多。

第六日　由宜东至化林坪镇六十里，越飞越岭，山高海拔三千六百余公尺，一切与大相岭相同。全日山路，气候严寒，已入西康境内。

第七日　由华林坪至泸定七十里，沿大渡河岸行走，气候渐转温和。中经冷迹镇，为大相岭至康定间气候最好之地，各种水果、粮食、丝、棉均产。

第八日　由泸定至瓦斯沟镇七十里。沿途冲积砾土层，均产沙金。日来沿大渡河岸行，至此分别。

第九日　由瓦斯沟至康定六十里，全日山路。旅行至此，可略休息，并作出关之准备。康定为西康之门户，[常住]户口约一千七百户，现建省委员会即设于此。进口货物及出口货物均集中于此地，各物均能购得。由康定深入，则只能乘马，无轿可坐，夜宿帐屏，食饭亦须自炊，且必备通司（汉藏语之翻译者）。康定地高三千数百公尺，气候冬季华氏三十度左右，夏季华氏六十度左右。

二、商业情况

西康进出口货物，必经四川雅安转运。雅安东南有青衣江水道通乐山，汇合岷江；东北有成雅公路，运输均称便利。但由雅安以西而入西康之运输，既无水道，又无公路。运输货物，只靠人力背运或马力驮运。故进山口货物，此段运费最巨。因是，各种商业均难发达。兹就现在情况，略言之：

（一）进口商业

（1）茶叶。康藏人士之嗜茶，甚于法兰西之嗜酒。无论僧俗、贵贱、贫富，无一不赖茶以为生。彼等有谚语云："汉人干饱肚，藏人水饱肚。"盖西康地居高原，气候寒冽，养生食品，多为助长体温之腥、膻、油、肉类，茶性清凉解燥，适足调剂之故也。茶占西康进口货之大宗，每年营业额约六十万元。制法甚简，将茶叶采□晒干后，称四斤四两，于模型中煮熟之，即凝成小包，外面装以篾包即成。每四小包合一大包。其交易计价，以十三大包为一平，其价不一。货好价高，至百元以上，货次则低，至五十左右。茶叶大别为荥经及雅安茶两种。茶品有毛字、砖茶、金尖、金玉、金仓、粗茶六种。最近市价，毛字及砖茶每平最低五十元，最高至百元；金玉、金尖每年每平最低七十元左右，最高九十元左右。现有茶商，荥经以姜公兴、姜又兴数家较大；雅安茶则以天增公、孚和、恒泰、康宁数家较大。

（2）百货业。有三十家左右，每年营业额六十万元左右。以广布、洋布、土布及国产商品销行为多。经营百货商家，首推丰豫百货商店规模较大，次则吉泰亨、庆春等。

（二）出口商业

出口商品计有赤金、鹿茸、麝香、虫草、贝母、大黄、秦艽、羌活、赤芍、藏药、羊皮、狐皮、杂皮、鹿尾、鹿角、羊毛等十数种。其营业数：羊毛约五十万，赤金约百万元，麝香约六十万元，其他各宗约四十万元。出口商家大致各宗均办，只看有利无利。计有康宁、丰记、同永昌、黄松乔、锦荣盛、世昌隆、集义生、德泰合、义兴成、德昶裕、伍受之等。此外尚有祸川、祸国之出口商品，即鸦片烟是也。每年营业额约五十万元。然正当商家，多不经营。中日战争开始后，各出口货颇难输出，故市价大跌，商品阻滞。

三、发展西康经济之建议

（一）培养民力

欲建设西康，繁荣西康，必须对人民所经营之事业力加保护培养，使内地人民乐向西康迁移及投资。最急需者有三：第一，沟通汉夷文化，使汉夷纠纷减少，则商务日渐发达；第二，减免内地税，使进口、出口货物成本降低，农村经济渐有发展；第三，肃清路途中匪患，使商业上少受意外之损失，行旅者无生命危害之忧。

（二）改良交通

全康道路不良，交通工具仅为人力、马力、牦牛力。故西康开放已及三十年，而穷瘠固蔽，依然如旧。至少在最近应完成雅安至康定、康定至甘孜、康定至西昌三公路，则行旅较易，货物运输较便。

（三）实行督垦

康定以西地广人稀，"夷民偷安性成"，不肯多事农作。若实行移民督垦，则不数年，康无旷土，户口自易繁殖。

（四）改良及推广牧畜

西康草原辽阔博大，牲畜甚少，荒弃之良好草场甚多。若尽量利用，可增畜六十倍于现有之牲畜。国际间绵羊毛需要甚广，价值亦高。若推广及改良绵羊牲畜事业，增加国家财富，实为可观。

（五）开发森林

西康森林，面积约八万余［平］方公里。参天大木，自生至死，未识斤斧者，遍诸河谷，且多为针叶树。若能输出，每方公里之值，在百万以上。然尚有树木以外之价值，举凡西康输出珍贵物品，如鹿茸、麝香等，皆非森林不产。估计全康森林中，每年所产香、茸、毛皮、药材之属，价值约在五千万以上。其被取获成为商品者，年值不过百万，盖未及其百分之二。假使能以科学方法，严密管理，推行养鹿、养麝与栽插药材各业，则其实际生产，年值可达一万万元以上。

（六）新法开采金矿

中部雅龙〔砻〕江流域一带，产金甚富，因草原中之河流，率甚平缓，故金沙沉淀，高原躯干部分之草原、河谷中最多。昔日旧法，效率甚小，且粮食奇昂，除金夫消耗外，所余不多，故每多失败。若能采用新法——机器生产，以增效率，且探求母岩，以求大量出产，则所获自多。（二十七年二月于成都——罗素华）

（原件存中国第二历史档案馆）

财政部为消费品专卖事给四川省政府代电（抄件）

（1942年5月30日）

四川省政府公鉴：

查五届八中全会交本部办理之筹备消费品专卖，以调节供需，平准市价一案，理由略开："人民日常消费物品采行专卖制度，由政府合理分配以节制私人资本，改善社会经济，实行民生主义方法之一种。盖专卖制度系以促进生产，节制消费，调节物价，安定民生；而政府对于专卖物品，寓税于价，使居间商之利益归公财政上，可增加巨额收入，资为抗战建国之需。际此非常时期，一般工商业，每多利用时机操纵市价，博取厚利，酿成社会上分配不平之现象。施行专卖制度，抑制豪强，充裕国用，又于国计民生而有裨益。"等语。开附办法要点：先从粮、芋、酒、茶叶、火柴等消费品度办。〈……〉各地组设分支机构，即将定期实施。惟事属创始，端须当地各机关协助推进，期收事半功倍之效。相应节录芋类专卖有关贵省之业务区域表一份，随电送达，即请查照，转饬所属机关一致协助，以利进行为荷。

财政部。渝。秘。卅。印。

附业务区域表一份（略）

（原件存中国第二历史档案馆）

九、工矿资源

四川省政府开发全川矿产

（1937年9月）

省府以国防资源，矿产为重，而煤、铜、钢铁、石油四种，尤为军需工业及动力发源所必需。川省对于上项矿产，均有相当蕴藏，亟应开发，以应非常时期之需要。刻正根据资源委员会所提采炼国防矿产议案，着手办理。兹将采炼办法，撮要志次：

甲、煤矿

一、由政府遴选矿冶技术人员，分赴产煤密集区域，指示经营矿窑。并为解决排水、通风、采掘、运输等问题。其有涉讼纠纷，并予设法排解，俾得尽量增加生产。

二、应由政府减免土煤之地方税及营业税，俾得减低成本以求外销。

三、就川省已具规模之煤厂，如江合、天府、宝源、燧川、石燕、东林各厂，由政府加以人力及财力之接济，俾得尽量发展。

四、由四川省政府向中央实业部承租南川蕴盛场及犍为张沟、屏山黄丹等国营煤矿区，从事采办该地烟煤，以供燃料及炼焦冶铁之需。

乙、钢铁

一、应请政府派遣技术人员，驰赴綦江、荥经、广元、灌县暨川东南产铁区域，指导土法铁厂，使其尽量增加产品。

二、由政府投资或招商承办，就前二十四军威远铁厂废址，完成十五吨位容量之热风化铁炉，收熔附近铁矿。

三、通知抗敌后援会发起人民贡献废铁运动，交由重庆电力炼钢厂，熔炼钢料。

四、就綦江、涪陵各地，筹设大规模之土法化铁炉，熔炼附近矿石，以增加铁产量，借供炼钢原料。

丙、铜

一、应请政府派员指导各地制造铜筋方法，加以统制收买。

二、通知抗敌会，发起人民贡献废铜运动，汇集于各专署所在地，从事提炼。

三、由政府通令各关卡，严禁制钱、废铜出口。

四、于产铜著名地带，如荥经前聚坝、赵隽碧鸡山，由政府设立土法改良之炼钢厂，以资接济。俟有成效，即行招商承办，另于他处创设。

丁、石油

一、与中央资源委员会川省石油探勘处，切取联络，除该处已探之巴县石油沟、达县陈家场外，再就产油各地，普遍钻探，以凭采取。

二、由省府与金融界合作，购储外商运川之油。

三、令知路局采用木炭汽车。

四、严禁非因紧要事故乘用汽车。

五、犍为沫溪凤来厂，现有干馏煤炭之设备，应由政府查明实况，予以人力及财力之补助。

六、犍为屏山下东桥一带，所产含油页岩，储量甚多，油质亦富，应请政府派员查明，设计提炼。

七、征求已著成效之汽油代用品（如前重庆新民代汽油公司出品），由政府加以奖励培植，俾得尽量发展。

（载于1937年9月《四川月报》第11卷第3期）

军事委员会第三部为保护美籍油矿师入川查察油矿致四川省政府电
（1937年12月22日）

成都。省政府刘主席勋鉴：

设密。据周作民函陈："派赴甘肃调查油矿之美籍矿师卫勒萨东偕同孙健初、史悠明共四人行将告竣。该矿师等学术优长，拟请其由陕入川，查察四川油矿，沿途军警妥为保护。"等语。查前由顾维钧、周作民等组织公司开办油矿，曾经实业部核准在甘肃、青海、新疆三省内择地工作。有案。兹拟因便调查四川油矿，事属可行，请准饬属保护通行。但该公司尚未取得四川省内探矿权，所谓查察者，自与钻井试探不同，并希注意。

军事委员会第三部部长翁文灏。养。印。

（原件存中国第二历史档案馆）

省政府设立四川地质调查所

（1938年2月）

省府以本省矿产蕴藏丰富，际兹抗战时期，亟应设法开发，以应需要，特决定组设四川省地质调查所，办理关于全省地质矿产调查及矿山之钻探等事项。该所组织条例，业经拟定，并已委定李昱春为该所所长，于二月内在渝组织成立。一俟三月份分组完竣，即可出发工作。兹将该所组织条例志次：

四川省地质调查所组织条例

第一条　四川地质调查所直辖于四川省政府。

第二条　四川地质调查所所掌事务如左（下）：

一、关于四川全省及邻接四川边境各处之地质矿产调查及地质图与矿产图之测制；

二、关于矿山之钻探及开采、设计事项；

三、关于矿业统计及矿业资料之编纂；

四、关于关系地质之实业设计及研究事项。

第三条　地质调查所设左（下）列各组馆：

一、事务组；

二、地质调查组；

三、钻探组；

四、化验组；

五、图书馆；

六、陈列馆。

以上各组馆，其相互关系如次：（略）

第四条　地质调查所设所长一人，技师八人至十人，副技师六人至十人，助理技师三人至六人，事务主任一人，事务员五人至六人。各组馆设主任一人，由技师或副技师兼任之。

第五条　地质调查所得酌用练习生若干人。

第六条　所长承省政府之命，综理全所事务，监督指挥所属职员。

第七条　技师、副技师、助理技师，承所长之命，分任调查、研究、编辑、钻探、测绘、化验各事务。

第八条　事务人员，承所长之命，办理文书、会议庶务各事项。

第九条　地质调查所对于政府机关之咨询或请托调查事项，应优先办理，并得应实业团体之请求，代任地质矿产之调查或研究。

第十条　地质调查所，关于地质矿产调查与学术研究，得与关系机关协商合作。

第十一条　地质调查所得派员往外国研究考察，或参加国内外学术或技术会议，但应先呈请省政府核准。

第十二条　本条例自经省政府核准公布施行。

（载于1938年2月《四川月报》第12卷第2期）

蓉郊咏霓湾工业概况

（1942年10月3日）

（成都通讯）原料缺乏与交通困难，为成都工业发展之二大阻碍。以现时情况言，烟煤来自嘉定、彭县、灌县。利用板车运输，在蓉市售价每吨达一千二百元。至若化学用品，单以碱论，每吨黑市价格达十万元。此外，铁每吨六七千元；水泥每桶二千余元，均不能与陪都相提并论。故当局在后方发展工业，未将蓉市划为重工业区，只就轻工业方面，可就地取资者（原文如此，"者"字疑为"源"字）发展之。盖蓉市及其四周，固为一大消费市场也。成都工业将来较有前途者，为纺织业与面粉业。以目前情况言，成都新式工厂约二十家。包括电力厂、染织业、玻璃制造、化学工业、造纸、制革、炼钢、面粉各部门。其中稍具规模者，为建国造纸厂、建川电化炼钢厂、建国面粉厂及启明发电厂。尚有在建筑中之申新纺纱厂。此数厂将来均集中于城郊某地，现已改名为"咏霓湾"，纪念经济部翁部长也。

启明电力厂为蓉市惟〔唯〕一发电厂，现电力为三千基罗瓦特。其中三分之一已移于咏霓湾之新厂，自去年十月一日起开始发电。今后此成都之工业区，可无虞动力之缺乏。蓉市电价之高，目前可以说甲于全国。普通用户每度竟高至五元，工厂用电每户定价为每度二元，尚需加一部分煤费，此由煤之来源困难所致。

建川电化厂为后方唯一之民营炼铜厂，系西康省籍之参政员张仲簠所经营。自廿九年七月起开工，产品以八号至三〇号铜线为主。每月产五吨至六吨，全供军政、交通两部需要。现因供不应求，正计划扩充。已在滇订购机件，正启运来蓉。预料将来每月产量可增至二十吨。今后，并将制造丝棉线与胶线。因树胶为后方所无，拟试自桐油中提炼。铜之来源，大部系川康铜业管理处所供应，一部系自行收买废铜。炼化之精铜质地约可至九九九二或九九九三，因此制造弹壳亦属适宜。

建国造纸厂经两年之筹备，迄今已全部完成，日内即可开工生产。其产品以道林纸为主，兼以目前印刷纸张缺乏，故拟制两面光土报纸，其质地较嘉乐纸为优。以全部生产能力，日可出三至四吨，仅次于中央造纸厂。

造纸之机械，一部分系自武汉运川者，其中如压光机及烘干机，尚镌有"大清国度支部官纸厂总办刘世珩、李经滇监造"字样，是已为五十年前旧物矣。〔此物〕为张文襄公在两湖总督任内发展新式工业时所购置，自民国十七年武汉大水后，即弃置未用。抗战后，工厂内迁，由工矿调整处拆运来川。经中国银行投资合营，资本额为六百万元。自民廿九年初开始筹备，用费已达一千二百万元。其机件中除由武汉运来之一部份〔分〕外，余均系自行设计，由后方各工厂所制。

造纸原料以旧竹、废木、稻草为主。成都平原遍地茂林修竹，来源似不致困难。但在此非常时期，大量采购〔而〕不刺激其价格上升，亦属难事。此外，按照该厂生产量，每日约需□三□。以目前黑市价格计算，即需三十万元。故该厂决计自行提炼。

建国造纸厂现任总经理为赵学海，总工程师为陈彭年。陈氏在法习造纸业多年。过去在沪主持江南造纸厂，极著成绩。

面粉业在成都因将近小麦播种，面积尚广；当地消费量亦高，确属可发展之事业。

现有建成、兆丰两厂,日可出千余袋,百分之八十销于市区。惟麦价时生波动,未能统筹管理,遂使经营斯业者感到困难。而头号面粉价格亦提高至一百九十元,恐仍难遏制上涨。

正在建设中之申新纱厂,预计在明年一月间可开工。先设五千纱锭,将来再扩充至一万锭。开工后,每日可出纱十件。目前成都棉纱价格高涨,廿支纱每件黑市已售至四万元以上。物资局虽设专员在此管制,但未能生效。廿支纱每包为一万三千元。农本局规定以纱易布的办法,实行以来,仍有不少困难。盖私运来蓉均未能到农本局登记,而物资局专员办公处管制又极困难,遂任黑市之存在。而一般小手工业者因购纱困难,恒迁怒于农本局。福生蓉庄前数日,该庄即发生一件小风波,业已平息。目前,蓉市黑纱来源未绝,加强管制,划一价格,确属当今之要图。(九月廿七日)

(载《中央通讯社参考消息》1942年10月3日)

迁川工厂调查
(1938年5、6月)

迁川工厂,迄至现在为止,已有五十余家。正式向迁川工厂联合会登记者,共四十五家。关于机器之搬运,过去因上游轮船,全供差用,颇嫌迟缓,后差运日渐减少,上游轮船,乃以大部吨位,输运各厂机器入川。据联合会主席颜耀秋谈:各厂机器运抵重庆者,已有十余家。上海机器厂且已全部复工。至部分复工者,则有大鑫机器厂、顺昌机器厂等数家。大成布厂与三峡厂合作,亦已开工。至各厂厂名,据调查有龙章造纸公司、上海机器厂、大鑫钢厂、中央化学玻璃厂、震旦机器工厂、生活书店、华丰印刷铸字厂、康元制罐厂、达昌机器行、永和实业公司、六合公司、永利化学工业公司、青岛华北火柴公司、美亚织绸厂、开明书店、中国实业机器厂、震寰纱厂、华光电化厂、益丰搪瓷厂、精神华机器棉铁工厂、亚浦耳电器厂、顺昌公司铁工厂、中华铁工厂、中华职业学校、苏纶纺纱厂、家庭工业社、中国无线电业公司、中法制药厂、申新纱厂、裕华纱厂、大成纱厂、大公铁工厂、丽明印染厂、天原电化厂、鸿新布厂、合作五金厂、公益铁工厂、京华印书馆等数十家。

(载1938年5、6月《四川月报》第12卷第5、6期)

十、农副产业

四川主要农产品年产价值
(1939年12月16日)

(成都十四日电) 川省主要家产品年产价值,据川农业改进所统计表,共为1,176,495,000元。计皮革:2,315,000元;橘柑:4,050,000元;茶叶:4,075,000元;

蓝靛：2,315,000 元；羊毛：4,603,000 元；猪鬃：482,000 元；丝：20,000,000 元；芋叶：27,675,000 元；棉：57,400,000 元；桐油：65,000,000 元；蔗糖：98,700,000 元；麦：166,700,000 元；稻：716,655,000 元。

（载《中央通讯社参考消息》1939 年 12 月 16 日）

四川省主要农作物种植面积、产量统计表（1945）

（1）种植面积　　　　　　　　　　　　　　　　　　　　　　　　　单位：千市亩

作物种类	1938年	1939年	1940年	1941年	1942年	1943年	1944年	1945年
冬季作物								
小麦	19,337	16,529	15,162	16,800	20,139	17,890	17,210	17,287
大麦	11,018	10,945	9,481	9,681	9,846	9,485	10,051	9,665
燕麦	—	1,246	1,162	1,232	1,019	1,037	1,063	1,082
冬荞	—	987	982	736	1,028	805	880	846
青稞	—	395	474	453	508	319	373	419
蚕豆	7,516	9,217	8,751	9,313	9,229	9,217	9,765	9,233
豌豆	10,302	10,300	9,115	9,661	9,574	9,774	9,503	9,210
油菜籽	7,477	8,366	12,558	8,908	6,758	6,795	6,957	6,526
苕子	1,428	1,210	1,422	1,449	1,232	1,398	1,190	1,546
夏季作物								
籼稻	42,110①	34,459	24,887	28,379	20,353	28,269	28,097	29,068
糯稻	—	3,547	3,300	3,072	3,296	3,189	3,067	3,199
玉蜀黍	11,540	13,233	12,157	13,963	13,487	12,749	13,690	13,117
高粱	3,882	4,406	4,782	4,036	4,486	4,537	4,974	5,039
黄豆	5,576②	4,087	4,250	3,557	3,775	3,783	3,233	3,399
绿豆	—	1,899	2,190	1,899	1,758	1,887	1,561	1,761
红薯	12,883	10,950	9,182	10,606	10,402	9,602	9,186	9,475
土豆	81	860	797	784	785	621	854	1,051
花生	554	1,400	1,637	1,506	1,575	1,556	1,447	1,489
芝麻	118	806	1,038	761	803	671	771	821
棉花	2,812	2,757	3,965	2,404	2,226	3,210	3,287	3,331
甘蔗	1,388	1,226	1,490	958	720	841	939	922
伏荞	488	421	426	285	271	271	276	414
小米	84	348	319	293	350	352	348	256
叶烟	57	933	1,020	902	777	736	827	925

续表

作物种类	1938年	1939年	1940年	1941年	1942年	1943年	1944年	1945年
麻	41	333	383	344	317	270	297	294
饭豆	—	53	80	703	660	717	606	602
蓝靛	35	50	82	216	227	244	322	391

注：1938年夏作中籼稻42,110千市亩［中］包括糯稻种植面积在内；1938年黄豆5,576千市亩中包括绿豆种植面积在内。

（2）收成当十足年百分比（略）

（3）产量

单位：千市担

作物种类	1938年	1939年	1940年	1941年	1942年	1943年	1944年	1945年
冬季作物								
小麦	37,734	26,056	21,684	22,121	31,758	25,191	26,380	24,255
大麦	19,623	13,409	10,495	9,878	11,951	10,483	11,821	10,427
燕麦	—	1,407	1,100	1,090	1,052	1,013	1,057	1,069
冬荞	—	952	777	551	941	747	788	646
青稞	—	587	688	641	803	438	586	596
蚕豆	10,679	11,772	8,748	10,074	10,228	10,377	11,487	9,428
豌豆	15,854	13,941	9,707	10,013	11,093	10,741	10,974	9,701
油菜籽	8,791	7,883	10,928	6,566	5,697	5,764	6,079	4,777
苕子	—	—	1,049	960	1,022	1,056	974	1,073
夏季作物								
籼稻	123,573	131,729	60,718	77,614	82,763	78,172	95,466	98,151
糯稻	8,717	11,602	7,885	6,780	7,488	7,621	8,986	9,466
玉蜀黍	14,430	26,080	17,717	21,149	22,767	19,719	27,513	25,046
高粱	4,235	9,159	8,731	7,473	8,112	7,318	10,080	9,739
黄豆	4,464	6,052	5,077	3,371	4,339	4,059	4,363	4,597
绿豆	—	2,065	1,656	1,199	1,332	1,393	1,529	1,752
红薯	78,102	51,208	46,343	58,957	47,319	47,248	51,734	54,148
土豆	285	3,159	2,663	2,564	2,571	2,129	3,446	3,707
花生	726	2,265	2,573	2,367	2,196	2,081	2,310	2,229
芝麻	47	452	547	410	320	301	388	430
棉花	449	410	319	210	215	318	354	358
甘蔗	41,258	17,106	23,432	14,115	9,288	11,542	15,004	13,307

续表

作物种类	1938年	1939年	1940年	1941年	1942年	1943年	1944年	1945年
伏荞	296	323	268	215	180	212	229	334
小米	—	362	306	274	349	324	327	281
叶烟	—	1,425	1,306	953	884	923	1,084	1,206
麻	—	407	420	345	302	288	344	383
饭豆	—	—	—	574	526	639	614	600
蓝靛	—	—	—	728	678	813	1,165	1,526

材料来源：根据农业改进所统计室造送编制。

（原件存中国第二历史档案馆）

四川农田水利贷款会派员查勘水利工程
（1938年3月）

四川农田水利贷款委员会为积极推动兴办农田水利起见，已商请导淮委员会派顾问许心武及工程师、测量员等多人，前往查勘新津、彭县、眉山整理通堰工程，及绵阳双合场、遂宁、潼南、安岳之安居河、阆中七里坝、射洪大榆坝等灌溉工程。现正由导淮委员会组织测量队前往测量、设计，以便提前兴工。农贷委员会除派工程师刘乃桐随同许顾问等查勘以上各县外，并往三台、中江、盐亭、仪陇、苍溪等县查勘灌溉工程。另派工程师吴沐往绵阳、绵竹、梓潼、剑阁、昭化、江油、彰明、安县、广元等县查勘；派工程师文水绥往隆昌、荣昌、内江等县查勘；派工程师段毓云往武胜、璧山、蓬安、南川、綦江、巴县、江北、合江、合川、岳池等县查勘；派助理工程师陈兆龙往安岳、乐至等县勘查。并为节省时间起见，对于以上各县较小工程，先行贷款，即由所派工程师指导兴工，再行补具各项手续。其较大工程，仍须经过正式测量、设计，方可拨款兴办。

又，行营以川省本年须增加粮食产量三分之一，以应需要，现拟将农田水利贷款委员会改组，将基金增为四百五十万元，邀农本局参加，并补助基金三百五十万，以便扩大办理全川农田水利事宜。至该会委员，亦已内定左应时、宋文田、徐仲迪、盛绍章等，即以左应时为主任委员云。

（载1938年3、4月《四川月报》第12卷第3、4期）

四川农合会筹设各县合作金库计划纲要
（1938年5月）

甲、原则

一、求农村资金借贷合理化。

二、吸收农民资金。

三、建立农民自有、自营、自享之金融制度。

四、统一农村贷款方式。

乙、办法

一、各县合作金库依据实业部颁布之合作金库规程办理之。其已成立之各县合作分金库，则依该项规程变其名称及组织。

二、各县合作金库之股本总额，每县定为国币十万元。先由所在各县合作社及合作社联合社尽量认购，不足之数，由省合作金库或当地政府及其他不以营利为目的之法团认购提倡股本。

三、前项提倡股本，以后由合作社及合作社联合社逐渐增股收回。

四、各县合作金库业务区域内之合作社及合作社联合社借款事宜，由各县合作金库直接办理之。

五、各县合作金库之业务进行事项，除省合作金库与农本局合办者，应照合约办理外，悉由省府合作金库秉承省合委会之意旨，指挥监督之。

丙、步骤

本省幅员辽阔，交通不便，欲于最短期间，普及全省各县合作金库，就人力、财力而言，势所不能。兹应合作事业发展上之需要，权衡缓急，定分区推行之县份如左〈下〉：

第一期（自1937年12月1日起至1938年6月30日止）推行县份计十五县（其已设有分金库者，着手改组）：达县、灌县、合川、遂宁、三台、新都、威远、丰都、宣汉、南川、南部、巴中、永川、万县、南充。

第二期（自1938年7月1日起至同年12月31日止）推行县份计十五县：简阳、温江、阆中、绵阳、眉山、西充、乐山、广元、南充、邛崃、涪陵、郫县、綦江、奉节、广安。

第三期（自1939年1月1日起至同年6月30日止）推行县份计十五县：金堂、南溪、江津、资阳、荣县、广汉、什邡、崇庆、雅安、崇宁、资中、宜宾、泸县、成都、华阳。

第四期按合作事业之进展，成立其他各县合作金库，逐渐普及全省。

（载1938年5、6月《四川月报》第12卷第5、6期）

四川省稻麦改进所绵阳试验分场刘绍邦速成堆肥试验呈

（1938年4月30日）

案奉钧所1938年4月19日土字第一号训令开："查本所前经饬办速成堆肥试验一案，逾时已久，合行令仰该场速将该场示范、试验经过及结果详情具报来所，是为至要！此令。"等因。奉此，兹谨将试验经过详情分呈于后：

一、在分场试验者

（1）3月26日在西宅茅屋下用落叶、□秆、野草554斤，粪水200斤，草木灰10斤，菌种一罐，依照试验方法堆积。3月28日，即开始发热，以后逐日增加，至四月四日起，热度渐减。4月8日尚有微温，堆顶有水汽凝结，当其发热最高时，温度约达70度C〔℃，下同〕以上。至4月18日，则无温度发生矣，其腐熟标准与本试验实际腐熟情形比较详另表。

（2）3月26日，在西宅茅屋下用染有粪泥的稻秆225斤，落叶、蔓草105斤，垃圾（含有土粒）280斤，总共610市斤，加粪水200斤，草木灰10斤，菌种一罐，依法堆积试验。至3月30日起开始发热，温度不甚高，以手测之，约40至50度C。4月8日温度即降低，此后则与日减至4月20日，则全无温度发生。本试验结果为半腐熟。

（3）4月6日用苔子500斤，粪水200斤，菌种一罐，草木灰15斤，依法堆积。4月7日起发热，逐日上升，热能炙手，约在70至80度C之间。至4月12日，温度渐减，此后逐日降低，直〔至〕4月28日（即截至报告时），其温度尚约有30度C上下。其腐熟程度近于全腐熟。

（4）4月6日堆积材料地点同前。4月7日起发热，温度逐日上升且有大量蒸汽出现于覆草之上。至4月12日则温度渐减，此后则逐日下降，至4月30日尚约在30度C上下。最高时在70至80度C之间，结果近全腐熟。

（5）4月6日堆积材料地点同前。4月7日起温度即开始发生，4月12日渐次低降。温度最高时约在70度上下。至今温度仍未全减，尚在30度C上下，结果近于全腐熟。〈下略〉

（原件存中国第二历史档案馆）

十一、财政税收

财政部转录军政部关于解决四川财政与军费问题意见致关吉玉代电

（1937年9月17日）

重庆。军事委员会委员长行营财政监理处关处长览：

"前据该处长报告四川金融财政情形，案内关于财政亏短之影响一项称：'欠军费太巨，军纪、军心不易维持。'等语。当以1937年度，四川国、省联合预算内列军费4,100万元，几占支出总额之半。似非切实核减，不足以谋财政之救济。现在川康部队正事整编，军费当可减少，经节录该项报告原文四条，咨请军政部核定办法，见复。"在案。兹准函复："以四川财政病态，虽由军费支出过多，然其最大原因仍在年度预算不能确定，收入多不可靠，额定支出多越范围。本年度国、省联合预算收支总额，表面上虽示平衡，但现在除盐税尚能解足外，省税并未解送联合库。政费则自收自支，军费则日积月累，拖欠甚巨。中央有监督之名，无监督之实。此次整军，系就原有军费预算裁兵加饷，预算原额暂不能减少，财政方面原拟同时整理，求保平衡。嗣因刘主席请求自行整顿税收，故军费方面亦暂放弃，不予管理。该省财政如能使省税收入涓滴归公，不独军费可免蒂欠，即生产建设事业亦可进行。"等因。合行电仰知照。

财政部。筱。会。

(原件存中国第二历史档案馆)

四川国省两税截然划分
(1938年1月)

行政院于1月初通过四川省国、省联合预算执行至1937年底为止,自1938年1月起,国库经收国税,负担军费;省库经收省税,负担政债各费,办法如下:

(一)川康军费归国库支付,照陆军经理规程办理。

(二)由省税项下,每月解国库150万元,备偿各项债券本息。

(三)在省税内每年提付400万元作为基金,整理四川债券以外所负各债之本息及国、省联合担保之借款,并川省府欠缴行营之债款。责成财政厅会同各债权银行及关系机关,商洽拟具整理方案及基金收解、保管、支拨各办法,送部核定。

(四)川省原有禁烟收入,应解国库。在川康绥署派员办理期间,按照比额,扣抵军费。

(五)四川省银行,准其增发小额币券。惟须加入中央官股,以厚资力,并应积极整顿,拟具详细办法送部核定。

又,四川国、省两税划分后,国省联合金库及行营财政监理处,已无存在之必要,现已奉令结束,决于两个月内结束竣事。

(载1938年1月《四川月报》第12卷第1期)

四川省政府关于陈述整理田赋经过致行政院呈
(1938年8月13日)

〔前略〕

案奉钧院1938年6月20日训令:"查:迭据川民呈诉粮款奇重,民穷财困,力难负担,请饬减免。各等情。力求粮民负担平允,并禁吏胥婪索苛扰。并将办理详细情形,随时专案呈报。"等因。仰见钧座爱护川民,无所不至。

窃查川省地居后防,在抗战时间,责任綦重,凡属有关国防各项建设,急不可缓,需费甚多。而本省政债各费开支,尤为庞大。收支不敷,为数至巨,其艰窘情形,当在钧院洞鉴之中。但本府体恤民瘼,虽值度支奇窘,宁从减政着手,以轻人民负担。所有各县田赋,业经再予核减。自1938年下季起,改为一年两征。国难费仍照旧案,年征九成,分为上下两季,按季随粮附征四成半。已予通饬各县遵照办理。川省财政,在目前情况之下,本府此举,业已尽最大努力,以图与民休息。至于各县粮额、税率,均系依照旧案办理,并未有所增加。且因□于从前防区时代,征收粮税,系采粮差包征,团保代征办法,流弊甚多。曾经通令一律革除,改为由局自行设柜征收,并分区于四乡设置分柜,以期便利粮民。其有各级催征员丁,并经通饬规定每月薪给以及旅杂伙食等费,如果下乡发生需索敲诈情事,即予依法惩办。县局徇情袒护,并予议处。役吏婪索

苛扰等弊,自可防杜。不过川省田赋,因地籍紊乱,征册散佚,粮不跟土,户不准粮。公家收入,既日形短绌;人民负担,转益加繁重。若不妥定方策,切实加以整理,不特财政困难根本无法解决,而负担不均,人民痛苦,亦必永无昭苏之日。现经决定举办土地陈报,先行决定粮额流滥特多、征收最难县份,暂行试办,逐渐推行。其在未开办陈报以前,已责由各该县局迅将流滥粮额,就原有廒册及与田赋有关册籍,设法切实清厘,重新编造征册。以后办理情形,自当遵令,随时具报。

奉令前因,理合将本省征收田赋情形,整顿经过,呈复钧院。伏乞鉴核备查,指令祗遵!

谨呈

院长孔

四川省政府主席　王缵绪

(摘自《抗战时期的四川——档案史料汇编》(下)第1282~1283页)

十二、教育文化

成都市小学及民教概况

(1937年10月)

成都市政府,近年对于市区内小学教育、民众学校、读书会、民教馆之班次学生统计,与市区私立小学之指导,均有详确调查。兹志如次:

(甲)市立小学

一、市立第一小学,原有高初两级十二班,幼稚六班;本期添办高初级两班,又照原案办短小实验班两班,总共二十四班,学生1,239人。

二、市立第二小学,原有初级四班;本期添办一班,共五班,学生260人。

三、市立第三小学,原有初级四班;本期添办一班,共五班,学生250人。

四、市立第四小学,开办两班,已于上周开学,学生90人。

五、市立第五小学,开办两班,定下周星[期]一开学,学生80余人。

六、市立第六小学,开办两班,已于本周星[期]一(九月廿七)开学,学生80余人。

以上六个小学,共四十班,学生1,990余人。

(乙)民众学校(46校)

本期续办八十班,招得学生4,000人,已于上周星[期]二开学。

(丙)短期学校(32校)

已于上周星[期]一开学。

一、原办短期小学20校,学生3,100人;

二、本期添办12校,四十四班,学生2,200人。

以上两数共 5,300 人。

（丁）民众读书会

市府创办该会以来，进行不遗余力。前次教育部督学来川考查，对于该会，深表赞许，认为［该会是提高文化水平的］最良办法，并拟向部呈请通令全国照办。兹将现在情形略述如下：

一、原设十六会，会员 700 余人。

二、本期添设五会，会员 400 余人。连前，共 21 会，会员 1,200 余人。

三、内有三会划归民教馆办理。

四、会员队依计划训练外，对于社会调查及协助招生，颇称努力（有会员一人招生六七十人者）。

（戊）私立小学（学生约 14000 余人）

两度召集会议，对抗战教育有详细指示，并严厉执行学生午餐及□食办法，□即派员逐一视导。

（己）民众教育馆

一、整洁方面已渐改观。

二、馆□到后尚能切实取缔小贩及乞丐。

三、该馆并办国防训练班及妇女织业训练班等。

（载 1937 年 10 月《四川月报》第 11 卷第 4 期）

战区学生来川借读办法公布
（1937 年 10 月）

省府教育厅奉教育部令开："本部为救济战区专科以上学校学生学业起见，除于长沙、西安分别筹设临时大学外，并责令比较安全地域之专科以上学校，尽量大容量设法收容战区学生借读。业经于各级学校处理校务临时办法中规定临时借读办法，公布施行在案。兹再补定借读办法三则，连同可以容纳借读生之学校一览表，令饬遵照"等语。兹分志办法及本省可以容纳借读生之学校一览表如下：

（甲）办法

一、凡战区专科以上学校，均可按照科系，将志愿向表列各校就学之学生，分别移送各该校借读；或由学生就地自行请求借读。

二、请求借读生超过预定名额，或程度与院系不甚相当时，得由被借读学校酌量收纳办法，以定去取；但须在各大报登载额满通告，以免学生徒劳往返。

三、被借读学校应于开学后二星期内，按科系列明借读学生人数，呈部备案，并注明各科系尚可容纳借读生之余额。至长沙及西安两临时大学收纳战区学生办法，俟不久各该校筹备就绪，当另行公告。

（乙）本省专科以上学校可容纳战区学生一览表

校名	校址	总容量	可容纳借读学生数	
			院科容量	系组容量
四川大学	成都	650	文 300	中文、外文、史学、教育
			农 50	农学、林学
			理 150	数学、化学、生物
			法 150	法律、政经
重庆大学	重庆	815	理 280	数理：95；化学：120；地质：65
			体专科 65	
			工 300	电机：100；采冶：100；土木：100
			商 80	银行会计：40；工商管理：40
华西协合大学	成都	400	理	数理、化学、生物、制药
			文	中文、外文、哲学、教育、历史、社会
			医	医学、牙科
四川教育学院	重庆	120	教育	乡教：50；农教：70

（载于1937年10月《四川月报》第11卷第4期）

四川省改革教育三年计划

（1938年2月）

一、改革教育适应建设需要

甲、普及民众教育。

乙、普及义务教育。

丙、推进边民教育。

丁、增加完全小学。

戊、必进中等教育适应升学与就业两种需要。

（一）改办及增设省立中学十一所，并调整其分布状况，于三年内分期完成。（每一行政督察区以设一省立中学为原则。除已设立者外，就原有联立学校改办六所，移至应设各区，只新增五所。）

（二）改办或增设省立师范学校十三所，并调整其分布状况，于三年内分期完成。（每一行政督察区以设一省立师范学校为原则。除已设立者外，就原有联立学校改办十所，移至应设各区，只新增三所。至于由县立高初中改办之师范学校，应增学生膳费及其他经费，在各年度省教育经费内挪节挹注，不另列预算。）

（三）增设县立简易乡村师范学校十五所，于三年内分期完成。（为培养普及教育师资，平均以每区设简乡师范二所计，共三十六所。除已设立者外，尚应增设十五所。各校开办费，概由各区自筹。省府于其开办时，一次予以补助费3,000元。）

（四）分期增设简易师范科四十五班。（为急需造就普教师资，于省立中学及师范学校或规模大之县立初级中学附设简易师范科,三年内共办四十五班。)

(五)增设省立高级职业学校五所,于两年内分期完成。(为造就各项高级职业人才,应三年内之需要,设省立高职校十一所。除已设立者外,尚应增设五所。)

(六)改办及增办初级职校五十六所,于两年内分期完成。(为使未能升学之小学毕业者,俾得就业之知识技能,应三年内之需要,共须设县初职校七十六所。除已设立者外,尚应增设五十六所。各校应需开办费及经常费,概由各区自筹。省府仅于其开办时,一次予以补助费5,000元。)

己、高等教育应适合实际建设之需要

(一)与国立四川大学合作,使大学造就之各种人才能适应本省建设之需要。并委托四川大学农学院代办农业特种科班。如农业技术人员训练班,分期造就动物生产、植物生产、合作指导、生计训练及主持县市建设科行政等类专门人才,与夫职业学校师资,以应农村建设暨农产改良之需要。

(二)补助私立华西联合大学制药学系及医学院,造就医学方面之专门人才。并委托该校代办农村卫生人员训练班,分期培植县市卫生行政、学校卫生、家庭卫生与乡村卫生指导及技术人才,以应保健之需要。

(三)扩充省立重庆大学工商业院系,造应专门人才。并附设工商职业师资训练班,分期培植职业学校师资、县市工商业调查指导及农村工商业副产指导人员,以应三年内工商业建设之需要。

(四)扩充省立教育学院院系,增培中等学校师资。并特设农村教育人员训练班,分期培植市县乡镇教育行政人员、乡村学校师资及民众教育实施指导人才等,以应三年内教育建设之需。

庚、设科学技术奖金。

辛、增设社会教育文化机关。

(一)增设图书馆。

(二)设立博物馆。

(三)设立体育场。

壬、实施播音教育。

癸、推广电影教育。每项均分三期办理。〈后略〉

[摘自《抗战时期的四川——档案史料汇编》(下)第1585~1587页]

平津大学生到川中大学借读

(1937年8月)

教厅顷奉教部电,略谓:"华北变起,我方决计抗战。所有战区各学校教务,自无法照常进行。为补救起见,拟将战区各校,西移四川、湖南两省。教厅奉令,特分电本省四川大学、华西大学、重庆大学、四川教育学院等学校,饬将各该校宿舍、教室等,除原有学生使用外,尚可增加借读最大容量若干,估定数目,查明电复,以凭核办。估计方法:教室以每日行课十二小时为准,宿舍以两层卧铺为准。"

现据各校复电,川大可供借读七百名;重大可容八百名;华大可容四百名。

(载于1937年8月《四川月报》第11卷第2期)

迁川各大学近况
(1938年4月)

自全面抗战发生后,战区内各高级学府,为使学生安心求学起见,多迁川办理。迁蓉办理者尤多,计有清华大学研究院航空研究所、中央大学医学院、齐鲁大学医学院、东吴大学、金陵大学、金陵女子大学、光华大学、西安临时大学等八所,连同川大、华大,蓉市已有大学十所,教职员、学生不下四千人。兹将各校近况志次:

一、清华大学研究院航空研究所,研究员计有二十余人,已于二月底抵〔川〕省,三月初正在外南一带寻觅所址。

二、中央大学医学院,教职员、学生约共百余人。学生宿舍设〔于〕外南小天竺前东方美专内,教员宿舍假华西中学明德宿舍。该院于去秋迁蓉,本期现已开学。

三、东吴大学,系本期迁蓉,假华大授课。该校因办理迁移事宜,故展期于三月一日开学。

四、金陵大学,来川学生约三百人左右,男生借住华大体育室,女生借住华大女生院。该校并于华大医科教室附近赶建洋房二座,短期内落成后,即作教室及男生宿舍。本月十一、十二两日在蓉招考新生一次,现已假华大开学。

五、金陵女大,学生约三百人,除一部分抵省暂假华大借读外,其余尚在武汉及下江各地,待轮西上。该校校长吴贻芳女士,曾在美国得博士学位,吾国女子充任大学校长者,〔吴〕氏为第一人。吴氏已于去冬抵省,筹备迁校事宜。

六、山东齐鲁大学院,于去秋迁蓉,假华大借读。来川学生约数十人,分住华大华美、明德两寄宿舍。本期该院已于上周开课。

七、上海光华大学及附属高中,于去冬迁蓉,地址设〔于〕王家坝。本期在成渝两地分别招收新生多名,现已开学行课。

八、国立西安临时大学,于去冬在蓉增设分校。该分校文、法两学院设于外南武侯祠,理、工、医、农四学院设于外西青羊宫。该校学生,除已有部分抵省外,余正分别首途中。

九、川大,新校舍仍〔在〕继续建筑中,其建筑方式,采星罗棋布形式,现已落成洋楼数幢。该校收容借读学生约数百人,本期已开学行课。

十、华大,已于二月底开堂,因借读学生过多,正分别添修宿舍,充实设备。

此外,有东北大学移设潼川,大部学生已于四月份到达,定〔于〕五一正式行课。武汉大学除四年级仍留汉上课外,其余完全移赴嘉定,并定于四月份在嘉定开学。至前已移入川黔之复旦大夏联合大学,已决定自四一起,两校恢复原有组织,大夏设〔于〕贵阳,复旦设于离重庆百余里之江北黄桷镇。现复旦大学业已开课,并组织四川资料研究室,以搜集关于四川之各项资料云。

(载于1938年3、4月《四川月报》第12卷第3、4期)

教育厅签呈拟设四川省立教育科学馆
（1939年4月25日）

敬签呈者：

查职厅为谋学术与行政理论与事实之密切联系，运用科学方法与技术，辅助本省教育行政机关，改进全省各级学校教育及社会教育，以期发展教育事业，增加效率，拟于本年度内设置四川省立教育学馆一所。主管各种教育科学之研究，改进与设计事项。如教育方法及科学之实验；教育调查与测验之举行；科学设备及其他教育用品之设计及推广；各种教育参考书及读物之编审；教育科学期刊之编行暨国内外教育状况及新趋势之介绍等。是至经费一项，自本年五月份起至十二月止，经详加预计，最低数为四万元。除已于本年度省教育文化费岁出概算书内列支三万六千元外，并于总概算内编著印刷费一万五千元项下匀支四千元充任本年度内八个月经常费用。所拟是否有当，理合检同《组织规程草案》及预算书各一份签请钧座俯赐，核示祗遵。

  谨呈

  主席 王

  计呈《四川省立教育科学馆组织规程草案》及预算书各一份〈略〉

兼教育厅长 郭有守

（原件存中国第二历史档案馆，参见《四川省志·教育志》第585~586页）

十三、重庆谈判

中共中央对目前时局宣言
（1945年8月25日）

全国同胞们！由于日本的投降，我全民族八年来所坚持的神圣的抗日战争，已经胜利地结束了！全世界反法西斯战争也胜利结束了！在全中国与全世界，一个新的时期，和平建设的时期，已经来临了！中国共产党认为在这个新的历史时期中，我全民族面前的重大任务是：巩固国内团结，保证国内和平，实现民主，改善民生，以便在和平民主团结的基础上，实现全国的统一，建设独立自由与富强的新中国，并协同英、美、苏及一切盟邦巩固国际间的持久和平。全国同胞们！对日战争的胜利结束，最后扑灭了法西斯的暴政、奴役与侵略，在全人类面前展开了和平发展的前途，这是英、美、苏、中四大同盟国共同努力的结果，这是我国全体军民共同努力的结果。我们相信，我全国同胞必能以自己表现在抗日战争中的英勇奋斗、不屈不挠的精神，转而用之于伟大的建国事业中。中国解放区的一万万人民，在抗日战争中付出了最大的努力与牺牲，为中外所公认，在今后的和平建设时期中，也应继续作为全国民主建设的模范与和平团结的中坚，而尽其伟大的任务。但是，在为独立、自由与富强的新中国而斗争的道路上，不是没有

阻碍，没有困难，没有荆棘的。日本帝国主义侵略者，还没有执行《波茨坦宣言》，还没有放弃使其侵略的军国主义死灰复燃的企图，他们还在放肆地施行挑拨、分裂与奴役中国的阴谋。他们在中国的走狗们——中国的吉斯林们，正奉行其日本主子的指示，摇身一变，取得保护色彩，以图继续挑拨内战、破坏团结、阻挠民主。他们的这种企图并没有遇到打击，他们的罪行并没有受到惩处。相反，他们还受到了鼓励，愈益横行无忌。因此，中国吉斯林们及其他反动分子们的各种危险活动，重大地威胁着中国的和平、民主、团结。中国人民必须严重警戒与击破敌人的阴谋。中国共产党认为，在目前必须要求国民政府立即实施若干紧急措施，以奠定今后和平建设的基础，这些紧急措施是：

（一）承认中国解放区的民选政府和抗日军队，撤退包围与进攻解放区的军队，以便立即实现和平，避免内战。

（二）划定八路军、新四军及华南抗日纵队接受日军投降的地区，并给与他们以参加处置日本的一切工作的权利，以昭公允。

（三）严惩汉奸，解散伪军。

（四）公平合理地整编军队，办理复员，救济难胞，减轻赋税，以苏民困。

（五）承认各党派合法地位，取消一切妨碍人民集会结社言论出版自由的法令，取消特务机关，释放爱国政治犯。

（六）立即召开各党派和无党派代表人物的会议，商讨抗战结束后的各项重大问题，制定民主的施政纲领，结束训政，成立举国一致的民主的联合政府，并筹备自由无拘束的普选的国民大会。

中国共产党声明，我们愿意与中国国民党以及其他民主党派，努力求得协议，以期各项紧急问题得到迅速的解决，并长期团结一致，彻底实现孙中山先生的三民主义。同胞们！抗战胜利了！新的和平建设时期开始了！我们必须坚持和平、民主、团结，为独立、自由与富强的新中国而奋斗！

（原载1945年8月27日延安《解放日报》）

毛泽东1945年答路透社记者甘贝尔问
（1945年9月27日）

（一）问：是否可能不用武力而用协定的方法避免内战？

答：可能。因为这符合于中国人民的利益，也符合于中国当权政党的利益。目前中国只需要和平建国一项方针，不需要其他方针，因此中国内战必须坚决避免。

（二）问：中共准备作何种让步，以求得协定？

答：在实现全国和平、民主、团结的条件下，中共准备作重要的让步，包括缩减解放区的军队在内。

（三）问：中央政府方面须作何种的妥协或让步，才能满足中共的要求呢？

答：中共的主张见于中共中央最近的宣言，这个宣言要求国民政府承认解放区的民选政府与人民军队，允许他们参加接受日本投降，严惩汉奸伪军，公平合理地整编军队，保障人民自由权利，及成立民主的联合政府。

（四）问：你对谈判会达到协定甚至只是暂时协定一事，觉得有希望吗？

答：我对谈判结果，有充分信心，认为在国共两党共同努力与互相让步之下，谈判将产生一个不只是暂时的而且是足以保证长期和平建设的协定。

（五）问：假若谈判破裂，国共问题可能不用流血方法而得到解决吗？

答：我不相信谈判会破裂。在无论什么情形之下，中共都将坚持避免内战的方针。困难会有的，但是可能克服的。

（六）问：中共对中苏条约的态度如何？

答：我们完全同意中苏条约，并希望它的彻底实现，因为它有利于两国人民与世界和平，尤其是远东和平。

（七）问：日本投降后，你们所占领的地区，是否打算继续占领下去？

答：中共要求中央政府承认解放区的民选政府与人民军队，它的意义只是要求政府实行国民党所早已允诺的地方自治，借以保障人民在战争中所作的政治上、军事上、经济上与教育上的地方性的民主改革，这些改革是完全符合于国民党创造者孙中山先生的理想的。

（八）问：如果联合政府成立了，你们准备和蒋介石合作到什么程度呢？

答：如果联合政府成立了，中共将尽心尽力和蒋主席合作，以建设独立、自由、富强的新中国，彻底实行孙中山先生的三民主义。

（九）问：A. 你的行动和决定将影响到华北多少共产党员？B. 他们有多少是武装起来的？C. 中共党员还在些什么地方活动？

答：共产党员的行动方针，决定于党的中央委员会。中共现在有一百二十余万党员，在它领导下获得民主生活的人民现已远超过一万万。这些人民，按照自愿的原则，组织了现在数达一百二十万人以上的军队和二百二十万人以上的民兵，他们除分布于华北各省与西北的陕甘宁边区外，还分布于江苏、安徽、浙江、福建、河南、湖北、湖南、广东各省。中共的党员，则分布于全国各省。

（十）问：中共对"自由民主的中国"的概念及界说为何？

答："自由民主的中国"将是这样一个国家，它的各级政府直至中央政府都由普遍、平等、无记名的选举所产生，并向选举它的人民负责。它将实现孙中山先生的三民主义，林肯的民有、民治、民享的原则与罗斯福的四大自由。它将保证国家的独立、团结、统一及与各民主强国的合作。

（十一）问：在各党派的联合政府中，中共的建设方针及恢复方针如何？

答：除了军事与政治的民主改革外，中共将向政府提议，实行一个经济及文化建设纲领。这纲领的目的，主要是减轻人民负担，改善人民生活，实行土地改革与工业化，奖励私人企业（除了那些带有垄断性质的部门应由民主政府国营外），在平等互利的原则下欢迎外人投资与发展国际贸易，推广群众教育，消灭文盲，等等。这一切也都是与孙中山先生的遗教相符的。

（十二）问：你赞成军队国家化，废止私人拥有军队吗？

答：我们完全赞成军队国家化与废止私人拥有军队，这两件事的共同前提就是国家

民主化。通常所说的"共产党军队",按其实际乃是中国人民在战争中自愿组织起来而仅仅服务于保卫祖国的军队,这是一种新型的军队,与过去中国一切属于个人的旧式军队完全不同。它的民主性质为中国军队之真正国家化提供了可贵的经验,足为中国其他军队改进的参考。

(原载 1945 年 9 月 27 日《新华日报》)

国民党政府与中共代表会谈纪要
(1945 年 10 月 10 日)

中国国民政府蒋主席于抗战胜利后,邀请中国共产党中央委员会主席毛泽东先生,商讨国家大计。毛先生于 8 月 28 日应邀来渝,进见蒋主席,曾作多次会谈;同时双方各派出代表,政府方面为王世杰、张群、张治中、邵力子四先生,中共方面为周恩来、王若飞两先生,迭在友好和谐的空气中,进行商谈。已获得下列之结果,并仍将在互信互让之基础上,继续商谈,求得圆满之解决。兹特发表会谈纪要如下:

关于和平建国的基本方针

一致认为中国抗日战争业已胜利结束,和平建国的新阶段即将开始,必须共同努力,以和平、民主、团结、统一为基础,并在蒋主席领导之下,长期合作,坚决避免内战,建设独立、自由和富强的新中国,澈〔彻〕底实行三民主义。

双方又同认蒋主席所倡导之政治民主化、军队国家化、及党派平等合法,为达成和平建国必由之途径。

关于政治民主化问题

一致认为应迅速结束训政,实施宪政,并应先采必要步骤,由国民政府召开政治协商会议,邀集各党派代表及社会贤达协商国是,讨论和平建国方案及召开国民大会各项问题。现双方正与各方洽商政治协商会议名额、组织及其职权等项问题,双方同意一俟洽商完毕,政治协商会议即应迅速召开。

关于国民大会问题

中共方面提出:重选国民大会代表,延缓国民大会召开日期及修改《国民大会组织法》《选举法》和《"五五"宪法草案》等三项主张。政府方面表示:国民大会已选出之代表应为有效,其名额可使之合理的增加和合法的解决,《"五五"宪法草案》原曾发动各界研讨,贡献修改意见。因此,双方未能成立协议。但中共方面声明,中共不愿见因此项问题之争论而破裂团结。同时双方均同意将此问题提交政治协商会议解决。

关于人民自由问题

一致认为政府保证人民享受一切民主国家人民在平时应享受身体、信仰、言论、出版、集会、结社之自由。现行法令当依此原则,分别予以废止或修正。

关于党派合法问题

中共方面提出:政府应承认国民党、共产党及一切党派的平等合法地位。政府方面表示:各党派在法律之前平等,本为宪政常轨,今可即行承认。

关于特务机关问题

双方同意政府应严禁司法和警察以外机关有拘捕、审讯人民之权。

关于释放政治犯问题

中共方面提出：除汉奸以外之政治犯，政府应一律释放。政府方面表示：政府准备自动办理，中共可将应释放之人提出名单。

关于地方自治问题

双方同意各地应积极推行地方自治，实行由下而上的普选，惟政府希望不以此影响国民大会之召开。

关于军队国家化问题

中共方面提出：政府应公平合理地整编全国军队，确定分期实施计划，并重划军区，确定征补制度，以谋军令之统一。在此计划下，中共愿将其所领导的抗日军队由现有数目缩编为24个师，至少20个师的数目，并表示可迅速将其所领导而散布在广东、浙江、苏南、皖南、皖中、湖南、湖北、河南（豫北不在内）八个地区的抗日军队着手复员，并从上述地区逐步撤退应整编的部队至陇海路以北及苏北、皖北的解放区集中。

政府方面表示，全国整编计划正在进行，此次提出商谈之各项问题，果能全盘解决，则中共所领导的抗日军队缩编至20个师的数目，可以考虑。关于驻地问题，可由中共方面提出方案，讨论决定。中共方面提出：中共及地方军事人员应参加军事委员会及其各部的工作，政府应保障人事制度，任用原部队人员为各级官佐，缩编军官佐，应实行分区训练，设立公平合理的补给制度，并确定政治教育计划。

政府方面表示：所提各项，均无问题，亦愿商谈详细办法。中共方面提出：解放区民兵应一律编为地方自卫队。政府方面表示：只能视地方情势有必要与可能时，酌量编置。为具体计划本项所述各问题起见，双方同意组织三人小组，（军令部、军政部及第十八集团军各派一人）进行。

关于解放区政府问题

中共方面提出：政府应承认解放区各级民选政府的合法地位。政府方面表示，解放区名词在日本投降以后，应成为过去，全国政令必须统一。中共方面开始提出的方案为：依照现有十八个解放区的情形，重划省区和行政区，并即以原由民选之各级地方政府名单呈请中央加委，以维政令之统一。政府方面表示，依据蒋主席曾向毛先生表示：在全国军令政令统一以后，中央可考虑中共推荐之行政人选。收复区内原任抗战行政工作人员，政府可依其工作能力与成绩，酌量使其继续为地方服务，不因党派关系而有所差别。于是中共方面提出第二解决方案，请中央于陕甘宁边区，及热河、察哈尔、河北、山东、山西5省，委任中共推选之人为省府主席及委员；于绥远、河南、江苏、安徽、湖北、广东6省，委任中共推选之人为省府副主席及委员（因以上11省或有广大解放区或有部分解放区），于北平、天津、青岛、上海4特别市，委任中共推选之人为副市长，于东北各省容许中共推选之人参加行政。

此事讨论多次，后中共方面对上述提议，有所修改，省府主席及委员者，改为陕甘宁边区及热、察、冀、鲁4省；请委省府副主席及委员者，改为晋、绥两省，请委副市长者改为平、津、青岛三特别市。政府方面对此表示：中共对于其抗战军事卓著勋劳，且在政治上具有能力之同志，可提请政府决定任用，倘要由中共推荐某某省主席及委员，某某省副主席等，则即非真诚做到军令之统一。于是中共方面表示可放弃第二种主

张，改提第三种解决方案：由解放区各级民选政府重行举行人民普选，在政治协商会议派员监督之下，欢迎各党派，各界人士还乡参加选举。凡一县有过半数区乡已实行民选者，即举行县级民选。凡一省或一行政区有过半数县已实行民选者，即举行省级或行政区民选。选出之省区县级政府，一律呈请中央加委，以谋政令之统一。

政府方面表示：此种省区加委方式，乃非谋政令之统一，惟县级民选可以考虑，省级民选须待宪法颁布，省的地位确定以后方可实施。目前只能由中央任命之省政府前往各地接管行政，俾即恢复常态。至此，中共方面提出第四种解决方案：各解放区暂维现状不变，留待宪法规定民选省级政府实施后再行解决，而目前则规定临时办法，以保证和平秩序之恢复。同时，中共方面认为：可将此项问题，提交政治协商会议解决。政府方面则以政令统一必须提前实现，此项问题久悬不决，虑为和平建设之障碍，仍亟盼能商得具体解决方案。中共方面亦同意继续商谈。

关于奸伪问题

中共方面提出：严惩汉奸，解散伪军。政府方面表示，此在原则上自无问题，惟惩治汉奸要依法律行之，解散伪军亦须妥慎办理，以免影响当地安宁。

关于受降问题

中共方面提出：重划受降地区，参加受降工作。政府方面表示：参加受降工作，在已接受中央命令之后，自可考虑。

中华民国三十四年国庆纪念日于重庆
王世杰，张　群，张治中
邵力子，周恩来，王若飞

（摘自《解放日报》1945年10月12日）

十四、还都南京

《国民公报》关于中央机关还都计划与步骤的报道
（1945年8月25日）

[本报讯]中央机关公务人员之眷属，决由政府统筹交通工具，随同机关迁移，刻下各机关正在赶速登记造册中，每人多填有5口之家，流弊丛生，闻当局已令饬据实填报，非直系亲属不得列入。

[本市讯]中央各机关还都计划，中枢已决定步骤，视各机关所负任务之重要性轻重，厘定还都先后次序，分3期启行，第一期预定自南京收复后1个月内完成，第二期在收复南京后第二、三两个月内完成，第三期第4个月内完成，再视交通运输情形而定其伸缩性。前站人员规定由各机关派定1人至5人先至南京布置一切，各级首长及重要工作人员，将利用空运输送。其余工作人员及眷属随后启程，并以船运为主，眷属人数不予限制，但以同在住所者为限。随从工役，特任、简任职人员，可带工役2人，委任

可带工役 1 人。携带行李重量，限制每人以 50 公斤为度，不足 10 岁者减半，工役以 20 公斤为度。沿途食宿，由公家统筹，免费供给。

[本市讯] 据交通界方面获悉，轮船票价闻已订为渝沪直达票价 32,000 元，渝京直达票价为 26,000 元，公路及铁路票价，决维持现价不再加价。

（摘自 1945 年 8 月 25 日《国民公报》）

国民政府还都令
（1946 年 5 月 1 日）

国民政府前为持久抗战，于 1937 年 11 月移驻重庆，八年以来，幸赖我忠勇将士前仆后继，壮烈牺牲，全国官民含辛茹苦，坚忍奋斗，与夫同盟各国海空齐进，比肩作战，卒使敌寇降伏，夫功克奏。兹者，国土重光，金瓯无缺，抗战之任虽终，建国之责加重，政府爰定于本年五月五日凯旋南京，以慰众望。唯是大战之后，民生艰困，国力凋敝，亟宜与民休息，恢复元气，努力建设，保持战果，所望全国军民，同心一德，朝警夕惕，庶不负抗战建国之初衷，实现三民主义之使命。回念在此八年中，敌寇深入，损失重大，若非倚恃我西部广大之民众与凭借其丰沃之地力，何以克奠今日胜利之弘基？而四川古称天府，尤为国力之根源；重庆襟带双江，控驭南北，占战略上之形胜，故能安度艰危，获致胜利，其对国家贡献之伟大，自将永光史册，奕叶不磨。当兹还都伊迩，钟陵在望，缅维两京收之艰难，更觉巴蜀关系之重要。政府前于 1940 年 9 月，明令定重庆为陪都，近更以四川为全国建设实验区，应即宏其体制，崇其名实，着由行政院督同各该省市政府妥为规划，积极推行，使全川永为安定国家之重心，而树全国建设之楷模，有厚望焉。此令。

（摘自 1946 年 5 月 1 日《国民公报》）

蒋介石在成都发表告别四川同胞的讲演词
（1946 年 4 月 27 日）

[中央社讯] 蒋主席在蓉四日，分别视察抚慰，二十七日午曾在军校新生社公宴省垣耆宿绅学党政军民各界暨阵亡将士遗族及在蓉外侨，席次发表剀切训词，全文如次：

中央政府迁都到重庆已经 8 年了，现在抗战胜利，还都在即，中正在离川以前，此次特来四川的省会成都，和各位父老同胞辞别，要将四川省在国民革命历史上的地位，四川在此次抗战期间对国家的功绩，以及四川在今后建国时期的重要性与四川同胞对于建国所负责任的重大，加以说明，作为本人对于各位和川省全体同胞的临别赠言。

辛亥革命实际上可说是由四川开始，因为武昌革命起义是由于四川发生了路政风潮而产生的。于是满清帝制由此推翻，中华民国亦从此建立。到了此次抗战开始以后，政府迁都重庆，以四川为抗战根据地，赖我全体军民在我政府领导之下，经过八年的艰苦奋斗，终于获得最后的胜利。据此知道我们对于国家民族贡献是如何伟大，四川省与我

们国民革命的关系是如何重要了。然而本人和中央政府对于四川的期望，犹不在此。因为自从国父倡导革命以来，四川同胞信奉主义，努力革命，其在国民革命中牺牲最多，功绩最著，所以形成了四川在革命史上的重要地位。大家都知道，黄花岗殉难的烈士除了广东而外，就要算四川和福建同志最多，喻培伦、饶国梁和秦炯诸同志皆殉难于此役。而彭家珍等诸同志之炸良弼，其事迹尤为壮烈。此皆国民革命中最光荣的史诗。至于这次抗战期中，我们四川的武装同志自李总司令家钰、王军长铭章、许师长国璋以下，各级官长和士兵，为守土卫国而牺牲的更是不胜枚举。所以本人以为这次抗战的胜利，我们四川同胞的输财输粮，征工征兵的数量和成绩都在各省之上，这在将来中华民族复兴史上，必将永垂不朽，自不待言。

但是现在抗战虽已胜利，而建国的工作尚在开始，我们追溯四川已往对于革命抗战关系的重大，更觉建国期间四川的地位重要了。中国从前有一句俗语说："天下未乱蜀先乱。"这当然是一种旧语。不过我们四川过去的情形，亦未尝不是如此。但是经过了这一次抗战之后，这种事实到今日抗战胜利以后已经完全改变了，照现在中国的局势来说，是"天下未定蜀先定"，这种历史事实的改变。我们四川能由国家祸乱的根源而复为国家安定的主力，实在是我们四川最伟大的进步。今日的四川，无论经济、社会、教育以及人民生活进步程度，如与抗战以前，就是我们入川之初的时代，两相比较，实在是不可同日而语。而且今日的四川已成为全国最安乐最富庶的一省了，而四川同胞之所以能有今日这种进步与安乐，乃是各位父老贤达和全体文武同志，都能够明大义，识大体，爱国家，爱民族，以身作则，努力倡导的结果。本人今天特别指出这一点，就是希望各位一致认识我们四川与国家治乱盛衰的关系之密切，从而更进一步的认清四川同胞对建国所负的责任，实非其他各省的同胞所能比拟。我们对于今后国家的建设，必须作最大最善的努力，然后才能将四川在革命抗战史上的功业发扬光大，庶不愧为全国各省的模范。本人在民国初年上国父书中评论中国革命根据地，就始终认定在我们中国各省之中只有两省可当其选。第一是广东，广东自然是我们国民革命的发祥地。我们在民国十五年北伐以前，必须用一切的力量来求得广东的统一与革命基础的巩固。其次就要算是四川了，因为四川人口众多，物产丰富，都在各省之上。而四川同胞的天性富于民族的情感，一贯地忠于主义，勇于革新，所以我们若能以四川为革命的根据地，就更能使革命早日成功。这是我民初以来未到四川以前一贯的理想。后来本人民国二十四年初到四川的时候，目击当时四川的情形，同来的人员皆觉得距离我们的理想太远，大失所望。但我以为四川不能统一，则抗战就无基础。认为我们如要抗战，非先统一四川不可，因此我就对一般失望的同志们说："民国十五年以前，粤、桂、滇、黔、湘、赣、陕，各军在广东均割计分裂无法无天的情形，岂不是比今日四川军的内容更复杂吗？当时广东的政治社会烟毒赌匪的恶习，比之今日的四川岂非〔有〕过之无不及吗？为何我们国民革命的力量不到两年就能完全统一肃清，使广东成为我们北伐统一的根据地呢？"所以当时我在广东常说，我们革命，如能统一广东，则统一全国就不成问题。这句话，亦就可表示当时统一广东事业之艰难了。可是，当时（二十四年）四川同胞的生活确实痛苦到了极点，不仅路上所遇见的人民多半是面黄肌瘦，而且随时随地都可以看到饿莩〔殍〕。至于鸦片满野、崔苻塞途的情势，犹在其次。若再提到军事和政治的环境，则当时各军各自割据一方，即所谓"防区制"，在区内各征田赋，各取税收，漫无限制。至于交通方面，除了渝蓉公路之外，与四面临省完全隔绝，形同封闭。［面对］这种复杂困难的情形，当时许多同志认为我们无论如何努力改革，鉴于日本侵略的形势之发展，在时间上实在是迫不及待，决不能以四川作抗战根据地的。但是本人认定我们中国在对外抗战的形势上，四川地位的重要实远于广东，因为广东僻处海隅，而我国海空防御力量薄弱，敌人的海陆空军随时可以到达，中央若再以广东为抗战的根据地，则随时可能被敌人消灭。而四川则远处西陲，形势天成，估计当时敌人的实力决不能深入到四川省来。至于当时四川政治社会的情形，虽不能如吾人之理想，然本人认为四川在过去革命史上，既有这种光荣的表现，则目前畸形的现象，未尝不可能加速地改变，因此本人仍以四川为抗战唯一的根据地。当时还有一种最难得的现象，就是自中正入川以后，四川同胞普遍的有一句口号，就是"拥护中央，统一四川"，其对中央爱护之诚，要求四川统一之切，实为各省所罕见。至今回想这二句口号所发生的功效之大，不只是成为了［统一］四川最大的因素，而且是最后成为抗战胜利唯一的基础。这是四川同胞对国家无上的贡献，亦是本人始终感念而不能或心的。而且当时四川的军政当局刘故主席等，以及各位高级将领和社会贤达，对我本人更是竭诚爱护，开诚商讨如何来改革四川的政治，整顿四川的军队，转移四川的风气，开发四川的交通，统一四川的币制。首先我们决定在 3 年之内，要完成川陕、川黔、川湘、川滇 4 条公路的干线，这在当时四川一部分人士是表示不满的，以为修筑这些崇山峻岭的公路无异建筑万里长城，不知要牺牲多少人力物力，但是我们到后来毕竟以四川一省的人力、财力，不到两年时间，就将这些建设计划提早完成了。以如此蜀道多难的地形，而且毫无机械工具可资利用，竟能在这样短时期内完成这种艰巨的工作，这是出于中外人士预料的。后来这几条道路，对于抗战的效用之伟大，实在是不可以言语形容，这是大家知道的，不必本人多说了。至于当时防区制之取消，田赋税收之整顿，一般人都认为非有 5 年 10 年的时间，是不能解决的，然而我们亦在两年之内，就完全顺利解决了。由此可见，无论什么事情，只要我们在国民革命民族大义之下，领导军民，共同一致，向正确的目标，抱坚定的意志，努力奋斗，没有不成之理。过去抗战如此，今后建国亦必如此。只要我们党政军学社会各方面负责的领袖，能够在张主席领导之下，同心协力，发动四川全体同胞的力量，实行建设的计划，我相信 5 年之内，一定可以建设成功一个新的四川，成为新中国的模范省。

今后四川同胞努力的目标，自当以建设为第一，本人已经命令行政院指定四川为建设的示范省。今后中央对于各省建设的协助，无论人才经费，自然应以四川为第一。中正今天更可能向各位负责申明的，只要大局安定，中央在此 3 年至 5 年之间，一定要将成渝、天成、叙昆、渝筑以及川康（西昌）5 条铁路修筑完成，用全力来发展四川的交通，来奠立四川经济的基础与提高四川同胞的生活。交通之外，还有电气事业，扬子江水闸规模宏大，已在计划之中，此时我还不能说定完成的期限，但中央一定要设法首先完成都江堰的大电厂，使我们四川每个同胞都能享受其权利。不过这种伟大的工程事业，还要靠我们各位父老贤达以及党政军负责同志，亦以过去抗战期间一样的精神，领导全省同胞，同心一德，全力以赴，方能收获事半功倍之效。

最后还有一点要贡献于各位的，就是我们要完成四川的建设，使四川成为全国建国的模范省，关于改革社会的风气，特别的重要。我在二十四年初入四川的时候，就抱定了这个转移风气改革社会的志愿，但到现在这个抱负还没有完全实现，这是我在四川最大的遗憾。我觉得我们的四川因为历史地理的关系，文化水准比较西南西北各省都高，优点是在一般同胞，才智有余，而其流弊则伤于虚浮。补救之道，惟有以"诚""拙""实"三字为社会倡导，亦惟有以此"诚""拙""实"三字为今后教育的方针，惟诚者乃能制伪，惟拙者乃能制巧，惟实者乃能制浮。于此我要特别补述一点，因为四川人才特别众多，而且是特别聪明，所以我对四川人才，亦特别地留心与培植。自我入川以来，就有一个观念，总以为四川人才太多，非将他分配到全国各省，使他成为国家的人才，来为国家贡献不可，否则，拥挤在四川一省，不仅为国家的损失，而且是四川纠纷的祸因。所以我当时就定下一个政策，要使四川文武人才，尤其是军队将领，向省外、全国发展，而亦使全国人才协助四川的进步，这是我对四川开发和建设的一个根本政策。现在八年〔全面〕抗战，已获胜利，而四川人才，尤其高级将领，可说十之八九已在我们国民革命军领导之下，都已在革命历史上获得光荣地位，而且完成了我们抗战的大业，如不成功，亦已成仁。这是我在四川 8 年之间，最足告慰于我们四川父老同胞的一件应注意的大事。而我们四川袍泽，亦没有辜负国家与同胞的期望。我们相信这一个政策，无形之中，保全了四川不少人的生命财产，而亦造就了四川各位将领不朽的功业，这实在是中正平生最足自慰的。我想四川文武人才，如果照我这个调剂人才的方针，皆能始终受我领导前进，那是没有一个人不能成功立业的，这是我所自信的。所以各位要求多培植四川人才，多派四川学生留学，这是我的责任，亦是我的志愿，请各位不必多心。可是今后建国的工作，尤艰于抗战，我们必须以笃实践履、实事求是的精神，作坚苦卓绝、长期艰巨的奋斗，才能达成我们建国的伟大目的。今后四川同胞，人人负有建国的责任，所以希望人人都能以"诚""拙""实"三字为自立立人的〔指〕南针，如此，乃可养成宏毅坚韧的伟大人格，担当艰巨重大的建国使命。尤其是今日在座的各位贤达和学校的先生们，务望担负此一重任，时时且以"诚""拙""实"的精神为社会的倡导，来树立今后四川健全的风尚。这种精神建设，比之物质建设尤为重要，切望各位特加努力，作为对于国家民族最大的贡献。

本人留驻四川 8 年之久，四川可以说是本人的第二故乡，〔本人〕时常引以为荣，今日因为对于故乡的爱护之深和期望之切，所以对于各位的责望也就格外的殷勤。我相信各位一定能体察我这一片至诚，记取我这一次临别的赠言，共同一致，发奋为雄，把握目前大好的建国时机，发挥我们四川的伟大潜力，来建设新的四川，成为我们中国建国的模范省。这不仅是四川同胞之荣，亦是中国全国之福。

（摘自 1946 年 5 月 1 日《国民公报》）

编后记

2015年，为纪念中国人民抗日战争胜利70周年，弘扬四川抗战文化，以史为鉴、资政育人，四川省地方志工作办公室组织相关单位编纂了《四川抗战历史文献》。四川省人民政府参事室、四川人民政府文史研究馆承担了《四川抗战历史文献·大事记卷》（以下简称《大事记卷》）的编纂任务。编纂工作历时两年，全书共计50万字。

2015年6月1日，四川省人民政府参事室、四川人民政府文史研究馆召开《四川抗战历史文献·大事记卷》编纂工作会议，成立《大事记卷》编辑组，编委会由蔡竞、吴显奎、何天谷、张在德、谭继和、梁清海、钱声广、徐万华、屈小强、陈琼、伍文组成，蔡竞、吴显奎、何天谷任编辑组组长，何天谷任主编，张在德、谭继和任副主编，编写组由张在德、张学君、姚德淳、陈琼、伍文、向黄、黎明春、薛晶组成。

参加修订工作的文史研究馆馆员、特约馆员及工作人员的分工如下：1931—1936年由屈小强、龚政负责，1937—1939年由向黄、陈琼负责，1940—1941年由姚德淳、黎明春负责，1942—1943年由张在德、伍文负责，1944—1945年由张学君、薛晶负责，统稿工作由谭继和、屈小强负责。《附录》由张学君、伍文选编。

《大事记卷》在各时间段的相关内容纂写完成后，由编辑组确定专人对样稿进行编审，确保本卷的规范统一。编纂、出版工作得到中共四川省委、四川省人民政府领导的亲切关怀和殷切勉励，得到四川省人民政府文史研究馆馆员及相关学者的大力支持。在此，我们一并表示诚挚的感谢！

《大事记卷》由于所涉资料史籍繁多，研判取舍难度较大，再加之时间紧、人手少，编纂中难免存在谬误、遗漏和不妥之处，还望各位专家、读者提出宝贵意见。

2020.7